Introducción a la literatura española

Introducción a la literatura española

Antonio Sobejano-Morán
Binghamton University

Paola Bianco
Wilkes University

focus Publishing
R. Pullins Co.

Dedico este libro a mi madre y hermanos
Paola Bianco

Dedico este libro a mi hermana Tinica
Antonio Sobejano-Morán

Índice

Preface

Introducción a la literatura española offers both the advanced high school and undergraduate Spanish students at the university level a comprehensive introduction to Spanish literature. This textbook may be used as a companion book to *Introducción a la literatura latinoamericana*, and the three editions of Tirso de Molina's *El burlador de Sevilla y convidado de piedra*, Miguel de Unamuno's *San Manuel Bueno, mártir*, and Federico García Lorca's *La casa de Bernarda Alba*. Aimed to AP students of Spanish and students at the third year level of the college or university curriculum, *Introducción a la literatura española* purports itself as an introduction or survey to Spanish literature through some of the most representative works and writers. The book maps the development of the three major literary genres: narrative, poetry and theater, from the Middle Ages through the XXth. century.

All the selected works are reproduced in their entirety, with the exception of *Lazarillo de Tormes* and *El ingenioso hidalgo don Quijote de la Mancha*, by Miguel de Cervantes. In the case of *Lazarillo de Tormes*, the four selected chapters provide an accurate idea of this picaresque novel. Likewise, the selected chapters from Cervantes's novel are a good representation of this monumental novel. We have included an author, Juan Meléndez Valdéz, who is not part of the AP reading list, but the authors decided to include him because he is a good example of the Neoclassic period, a literary trend that has not been represented in the AP reading list. This poet bridges the two literary movements that precede and follow it: the Baroque and the Romantic period.

In addition to the selected readings, *Introducción a la literatura española* also features a cultural and historical overview of Spain, besides a history of its literature. This panoramic view will enable students to place the selected works within a specific cultural, historical, and literary context. Each reading is followed by a series of drills that are designed to question the student's basic understanding of the story and develop critical analysis skills. Since some of these texts may pose some difficulty, especially for non-native speakers, we have tried to minimize this burden by including extensive glosses.

Due to the difficulty presented by poetry, we have included a special section devoted to the study of poetic language, "Introducción al análisis de la poesía". This is a tool intended to help students count syllables and identify rhymes and the different types of verses. It also provides an introduction to the study of the most common rhetorical figures used in poetry.

The authors expect that the work and dedication they put in this textbook will elicit an excellent reception on the part of teachers and students.

Introduction

Introducción a la literatura española is a textbook that features a cultural, historical, and literary introduction to Spain. Besides all of the works from the AP reading list, this textbook includes a poem by one of the most representative authors of the Spanish Neoclassic period: Juan Menéndez Valdéz. The textbook is divided in four major segments or sections: the Middle Ages, the Golden Age, the XVIIIth and XIXth centuries, and the XXth century. Each of these four sections is introduced by a historical and cultural overview of that particular period, and it is followed by a history of Spanish literature. The latter provides an in-depth commentary on the major literary genres: narrative, poetry, theater, and essay. After these introductions, the text includes a number of units devoted to the selected works, and each work is studied taking into consideration the following aspects:

— A *biography* of the author. This part provides a writer's biographical and literary overview, and it studies the most relevant literary characteristics of his/her literary career, such as themes, literary techniques, and major contributions as a writer to the field of literature.

— A *reader's guide*. This is a brief section that includes a summary of the selected literary piece, and highlights some of the topics and narrative techniques the student should pay attention to. Its main purpose is not to answer questions or provide explanations, but to hint or alert the student about some important issues that need special attention when doing the reading.

— The *literary work* itself, accompanied by *glosses*. The glosses are intended to facilitate comprehension of the literary text. These explanatory notes on the vocabulary and idioms of the text are in Spanish, so that the student is not disconnected from the Spanish language, and serve to improve his/her language skills.

— A *questionnaire*. This "cuestionario" assesses the student's general or basic understanding of the components of the story, poem, or play: such as the plot, content, or the narrative structure. Answering these questions is what a first reading of the text requires. The narrative and theater selections are also followed by a *mutiple choice* section with questions that serve as an expansion of the previous ones. Students must choose one correct answer among the four listed, and sometimes the similarity of some of the answers demands further consideration and reflection. A similar section is included in the AP Spanish exam.

— A *critical analysis* section, designed for students to focus their analysis on a particular topic or subject. These questions are geared to build critical thinking abilities, and force the student to analyze the story from a critical point of view. This section offers hints that force the student to go beyond the surface, or first reading, to unravel other literary aspects of the text and provide an insightful reading. It is intended, in most of the cases, to create controversial debates and discussions among the students of the class.

— The *Essay* section consists of two or three suggested topics that deserve detailed analysis so as to be expanded into a paper. This part, specifically, is intended to prepare the student for the essay questions that appear in the AP exam, and would require the student to conduct some research to further understand the topic under discussion.

— The *Bibliography* cited at the end of the unit includes both works that we have consulted with regard to the topics presented in that unit, and works that the student may find useful for the preparation of the paper, or to widen his/her personal knowledge on that issue. These works also provide additional bibliography in case the student wishes to pursue the study or analysis of a specific topic or writer.

Capítulo I

De los albores de la historia hasta el final de la Reconquista

Introducción histórico-cultural

PANORAMA HISTÓRICO

La historia de España comienza hacia el siglo X a. C., y lo sucedido con anterioridad a esta fecha se considera parte de la prehistoria. Las primeras referencias escritas, provinentes de escritores bíblicos, griegos y romanos, aluden a la existencia de los tartesios y los íberos como pobladores de la península ibérica. Los tartesios poblaron el sur de España, y sobresalieron por sus actividades comerciales y su alto grado de civilización. Más importancia que este pueblo, desaparecido misteriosamente del país, la tuvieron los íberos. Procedentes de África, los íberos se establecieron primeramente en el sur de España para, posteriormente, extenderse al resto del país. Su base económica era la agricultura y la explotación de minas, desarrollaron su propio alfabeto, y su sistema político era democrático.

Con posterioridad a ellos, del siglo X al I a. C., llegan a la península otros pueblos: los celtas, los fenicios, los cartagineses y los romanos. Los celtas eran pueblos indoeuropeos que comenzaron a llegar a la península a partir del siglo IX. Se dedicaban a la agricultura, minería y comercio, y tenían una sólida organización política y militar. Parece ser que con el paso del tiempo los íberos y los celtas terminaron uniéndose para dar lugar a los celtíberos. Los fenicios era un pueblo semita que se dedicaba al comercio marítimo. Fundaron las ciudades de Cádiz y Málaga, y enseñaron a los tartesios y los íberos su alfabeto y la explotación de los recursos mineros. La llegada de los griegos a la península se sitúa hacia el siglo VIII a. C., y lo mismo que la de los fenicios, a los que reemplazan, tenía fines comerciales. Fundaron varias ciudades en la costa oriental, y ejercieron una gran influencia en el desarrollo de la arquitectura y escultura de España. Los cartagineses, procedentes del norte de África, llegaron a España en el siglo VI a. C. con objeto de ayudar a los fenicios en su enfrentamiento militar con los tartesios. Derrotados éstos, los cartagineses se quedaron en el sur de España hasta que fueron derrotados y expulsados de la península por los romanos a principios del siglo III a. C. Si los cartagineses controlaron la mitad sur del país, los romanos llegaron a controlar todo el territorio. En el siglo III a. C., Hispania, que así era conocida la península, se vería sujeta a un fuerte proceso de romanización. Este proceso se manifestó en la concesión de la ciudadanía romana a los ciudadanos de Hispania, en el establecimiento del bajo latín como lengua oficial, y en la aceptación de las leyes, costumbres y religión de Roma. Asimismo, los romanos trajeron nuevas técnicas de cultivo agrario, trazaron excelentes vías de comunicación, y nos quedan restos de sus acueductos, como el de Segovia, anfiteatros, arcos honoríficos y termas. Por su parte, el pueblo hispano aportó al imperio emperadores como Trajano, Adriano y Teodosio, y escritores como Lucano, Séneca y Marcial.

A la decadencia del imperio romano, acaecida a principios del siglo V d. C., siguió la invasión de Hispania por los pueblos bárbaros: alanos, suevos y vándalos. Años después, estos pueblos serían sometidos o expulsados de la península por los visigodos, pueblo más civilizado que los anteriores y que llegó a dominar toda la península. Los visigodos era un pueblo bastante romanizado que, además de adoptar el latín como lengua, llevó a la práctica el mismo sistema económico que los romanos. Su religión era el arrianismo, pero con Recaredo, siglo VI d. C., se convierten al cristianismo. Los visigodos fueron grandes orfebres y joyeros, y en el campo literario destacaron las obras de San Leandro y San Isidoro. En el año 711 d. C., el último rey visigodo, Rodrigo, fue derrotado por un nuevo pueblo invasor: los musulmanes.

DEL SIGLO VIII AL XV – LA INVASIÓN MUSULMANA

PANORAMA HISTÓRICO

Los árabes, comandados por Tarik, invaden la península en el año 711, y en poco tiempo controlaban la mayor parte del país. Algunos cristianos, mayormente de la clase alta, se refugiaron en el norte de España para iniciar, poco después, lo que se conoce como la Reconquista. Algunos de los cristianos que se quedaron en sus tierras durante la invasión árabe optaron por convertirse a la religión musulmana –*renegados*-, otros, en cambio, decidieron continuar practicando la religión cristiana –*mozárabes*. Con la reconquista, el proceso se invierte, y así encontramos árabes que, al ser reconquistadas sus tierras por los cristianos, continúan practicando la religión musulmana, no se desplazan del lugar y viven bajo el gobierno de los cristianos. A éstos se les da el nombre de *mudéjares*.

Con la conquista de la península por los árabes, España se convierte en una provincia musulmana sujeta a las órdenes del califa de Damasco. La nueva provincia, o *emirato*, tenía por jefe a un emir, y su capital fue Córdoba. Derrotada la dinastía de los Omeyas, a la que pertenecían los califas de Damasco, por la dinastía de los Abassidas, un príncipe Omeya logra huir de Damasco, vence al emir de Córdoba, y proclama la independencia del emirato de Córdoba (758). Después de varios emires, se hace con el poder Abderramán III (912), quien se autonombró califa y llevó a la España musulmana a su máximo explendor. Después del reinado de varios califas se hizo con el poder Almanzor, conocido por la hostilidad constante que mantuvo contra los reinos cristianos. A su muerte, en 1002, se inicia la decadencia del califato y pocos años después se fragmenta en pequeños reinos conocidos como *reinos de Taifas*. Tras la derrota infligida a los musulmanes por Alfonso VIII (1158-1224) en la batalla de las Navas de Tolosa (1212) queda confirmada la hegemonía militar de los cristianos, hasta que, con los Reyes Católicos, son definitivamente expulsados de la península (1492).

LA RECONQUISTA

La Reconquista fue una empresa militar cristiana que tuvo como objetivo primordial la recuperación de las tierras tomadas por los musulmanes. Durante los ocho siglos que duró la Reconquista, los cristianos y los musulmanes mantuvieron unas relaciones cambiantes. No sólo hubo períodos de paz, sino que a veces los árabes ayudaban a un rey cristiano en su lucha contra otro, o daban refugio a nobles cristianos expulsados de sus territorios. Asimismo, hubo casos en los que soldados cristianos luchaban del lado de un rey árabe en contra de otro cristiano.

La Reconquista fue iniciada por los cristianos que se refugiaron en el norte de España al ser invadida la península por los árabes. Hacia el año 718, y dirigidos por Pelayo, los cristianos logran la primera victoria contra los árabes en la batalla de Covadonga. Nace de este modo el reino de Asturias, y los monarcas que suceden a Pelayo irán, paulatinamente, ampliando sus conquistas. A principios del siglo X los cristianos ya controlaban casi la mitad norte del país, y al convertirse el reino de Asturias en el reino de León, Ordoño mudó la capital de Oviedo a León. En su lucha contra el invasor árabe, el reino de León contó con el apoyo de los reinos de Aragón, Navarra y Cataluña. Los orígenes de los reinos de Aragón y Navarra son difíciles de precisar, pero sí se sabe que tuvieron que luchar en dos frentes: en el norte contra los francos de Francia, y en el sur contra los árabes. El reino de Cataluña estuvo gobernado por condes que dependían de los reyes francos, pero en el año 874 se declararon independientes. Un hecho de capital importancia para la historia y civilización de España fue la independencia de Castilla. El condado de Castilla dependía del reino de León, pero Sancho el Mayor de Navarra lo conquistó y, posteriormente, lo dejó a su hijo Fernando I (1035-1065) como condado independiente, y éste terminó por declararse rey de Castilla en 1037. Estos cinco reinos: León, Castilla, Aragón, Navarra y Cataluña, serán los artífices de la Reconquista de España. Fernando I, que terminaría unificando los reinos de Castilla y León, llevó las conquistas hasta el río Tajo, la mitad de España, y su hijo Alfonso VI (1072-1109) conquistó Toledo en el año 1085. En tiempos de este rey vivió el célebre caballero Ruy Díaz de Vivar, el Cid, que conquistó la ciudad de Valencia. Fernando III el Santo (1217-1252) conquistaría para Castilla y León gran parte de Andalucía y Extremadura a medidados del siglo XIII. El rey Alfonso I de Aragón (1104-1134) conquistó las provincias de Zaragoza y Huesca; y el conde Ramón Berenguer IV de Cataluña conquistó la ciudad de Tortosa en 1148. Con el matrimonio de este conde y Petronila, hija del rey de Aragón, se unen ambos reinos, y el hijo de éstos, Alfonso II, heredó las dos coronas y tomó Teruel de los árabes. Y Jaime I, rey de Aragón y Cataluña, conquistó las islas Baleares a principios del siglo XIII. En este punto se paralizó la reconquista hasta la llegada de los Reyes Católicos al poder. Con el matrimonio de Isabel, reina de Castilla y León, y Fernando, rey de Aragón y Cataluña, se produce la unificación de los distintos reinos de España. Navarra sería conquistada por el rey Fernando poco después. En el año 1492 los Reyes Católicos se apoderan del último bastión árabe: el reino de Granada, gobernado por Boabdil. En este mismo año tiene lugar también el descubrimiento de América por Cristóbal Colón. Cabe señalar, a modo de apostilla, que España, a diferencia de otros países europeos, no experimentó el sistema feudal. Esto se debió, en gran parte, a que los reyes españoles lograron el apoyo generalizado de los nobles, además de la iglesia y el pueblo llano, en su lucha contra el invasor árabe.

La economía de los primeros reinos cristianos dependía mayormente de la agricultura, la ganadería, el comercio y de una incipiente industria. Uno de los frenos al desarrollo económico lo puso el excesivo número de impuestos, los cuales recaían principalmente en el agricultor, el artesano y el comerciante, ya que los nobles y el clero estaban exentos de ellos. Con la llegada de los árabes a la península se produjo un perfeccionamiento en las técnicas de cultivo agrícola, entre las que cabe mencionar el sistema de irrigación por medio de la canalización de las aguas. Asimismo, trajeron especies agrícolas desconocidas en el país, propulsaron la industria del vino, la de los cueros, y la de la fabricación de armas y papel, y destacaron por sus trabajos artísticos en cerámica, vidrio y marfil.

Otro de los pueblos que convivió con los anteriores fue el de los judíos. Éstos, que ya se encontraban en la península durante el período de los visigodos, ayudaron activamente a los árabes en su invasión y conquista de España. Durante el período de dominación musulmana, los judíos no sólo ejercieron libremente sus profesiones, sino que, además, llegaron a ocupar cargos políticos destacados. En el siglo XII se estima que su población llegaba al medio millón, y la mayor parte de la misma se dedicaba a la administración pública, el comercio, la banca y la orfebrería. La comunidad judía, por otro lado, era vista con cierta desconfianza porque se creía que los judíos conversos, o *marranos*, seguían practicando su religión. Este hecho, unido al temor que sus doctrinas influyeran en los cristianos, sirvió de pretexto para que los Reyes Católicos crearan la Inquisición, encargada de perseguir a todos los herejes. En el año 1492, los Reyes Católicos decretaron la expulsión de todos los judíos que se negaran a bautizarse, y en 1501 tomaron la misma decisión con respecto a los moriscos que no se convirtieran al cristianismo.

PANORAMA ARTÍSTICO-CULTURAL

Desde el punto de vista cultural, a partir del siglo XIII se produce un auge en la creación de centros de educación superior, como la universidad de Salamanca, fundada en el año 1215 por Alfonso IX. De gran trascendencia, durante el reinado de Alfonso X, conocido como el rey Sabio, fue la creación de la Escuela de Traductores de Toledo, en donde se tradujeron importantes obras científicas. Además de esta Escuela, Alfonso X fundó la universidad mixta de Murcia, aumentó el número de especialidades en la universidad de Salamanca, y favoreció en gran medida a los hombres de ciencias y artes. Los Reyes Católicos, igualmente, favorecieron el desarrollo cultural del país. En el año 1490 se creó una escuela de cirugía en Barcelona, en 1508 el cardenal Cisneros fundó la universidad de Alcalá, y se impulsó el estudio de las ciencias físicas y la medicina. El pueblo hispano árabe, por su parte, también prestó una enorme atención al desarrollo de la cultura. Destacaron por sus conocimientos de historia, medicina y matemáticas, y en filosofía alcanzó gran renombre Averroes (1126-1198). La comunidad judía destacó por sus conocimientos de las ciencias exactas y físicas, y por sus estudios de filosofía. En filosofía, concretamente, merecen mención Avicebrón (1025-1069) y Maimónides (1135-1204).

Por problemas derivados de la guerra contra los musulmanes, las artes no prosperaron mucho al principio de la Reconquista. De todas ellas sobresalió la arquitectura, y los tipos de construcción que se llevaron a cabo fueron las iglesias similares a las construidas por los visigodos. En el siglo XI se construyen iglesias y catedrales de estilo románico, caracterizadas por el arco de medio punto, ventanales pequeños, y una gran solidez. Las obras románicas más importantes son la catedral de Santiago de Compostela, la catedral vieja de Salamanca y la colegiata de San Isidoro en León. Al estilo románico le sigue el gótico, caracterizado por el arco en punta, grandes ventanales con vidrieras coloridas y bóvedas sostenidas por columnas muy altas. Ejemplos del gótico son las catedrales de Toledo, Burgos y León, y edificios como la casa de las Conchas de Salamanca. A finales del siglo XV, y principios del XVI, triunfa el estilo plateresco, caracterizado por el uso de elementos decorativos de la antigüeda clásica, y cuenta como muestra representativa la fachada del convento de San Pablo, en Valladolid. La arquitectura árabe se caracterizó por el uso del arco de herradura. Su construcción típica fue la mezquita, y la más impresionante de todas ellas fue la de Córdoba. Su construcción se inició en el año 786, y consta de 1.200 columnas de mármol y jaspe. Del reino de Granada descollan dos obras maestras, la Alhambra y el Generalife; y en Sevilla merece mención la Giralda. El otro estilo arquitectónico medieval es el mudéjar, caracterizado por una decoración árabe y un trazado de origen cristiano. Ejemplos de este estilo son la catedral de Teruel y el Alcázar de Sevilla.

La escultura se dedicó principalmente a la ornamentación de los sepulcros de los reyes y de ciertas partes de las catedrales, como portadas y capiteles, y a la talla de esculturas de madera para iglesias y catedrales. También destacó la orfebrería, dedicada generalmente a la decoración de cálices, crucifijos y lámparas. La pintura no tuvo mucho auge, y se centró principalmente en la decoración de códices.

CUESTIONARIO

1. Según fuentes de información escritas ¿quiénes fueron los primeros pueblos que habitaron la península?

2. ¿Por qué destacaron los tartesios?

3. ¿De dónde procedían los íberos?

4. ¿Qué pueblos contaban con su propio alfabeto?

5. ¿Qué pueblo tuvo una gran importancia en el desarrollo de la arquitectura y escultura de la península?

6. ¿Cómo se manifiesta el proceso de romanización que impusieron los romanos a los pueblos conquistados de la península ibérica?

7. ¿Qué otros pueblos invadieron la península ibérica con posterioridad a los romanos?

8. ¿A qué pueblo vencen los musulmanes cuando invadieron la península?

9. ¿Qué entendemos por Reconquista? ¿Cuánto tiempo tardaron los cristianos en expulsar a los musulmanes de España?

10. ¿Qué proceso siguió la formación y evolución de los distintos reinos cristianos? ¿Quién o quiénes unificaron estos reinos?

11. ¿En tiempos de qué rey vivió el Cid?

12. ¿Qué profesiones solían ejercer los judíos españoles durante la Edad Media?

13. ¿Qué aportaron los árabes a la economía agraria de España?

14. ¿Qué papel jugó Alfonso X el Sabio en el progreso cultural del país? Mencione alguna o algunas de las instituciones culturales que fueron creadas durante su mandato.

15. ¿Por qué tipos de conocimientos destacaron los árabes y los judíos?

16. ¿Por qué se caracterizan los estilos románico, gótico, plateresco y mudéjar?

17. Mencione algunas de las muestras representativas de la arquitectura árabe.

18. ¿A qué tipos de trabajo se dedicó principalmente la escultura de la época medieval?

IDENTIFICAR

1. Los celtíberos
2. Los cartagineses
3. Séneca
4. Rodrigo
5. *Renegados*
6. *Mozárabes*
7. *Mudéjares*
8. Abderramán III
9. *Reinos de Taifas*
10. Batalla de las Navas de Tolosa
11. Pelayo
12. Reyes Católicos
13. 1492
14. *Marranos*
15. Inquisición
16. Averroes

ENSAYOS

1. Haga un estudio sobre el origen y papel que desempeñó la Santa Inquisición. ¿Fue una institución religiosa solamente o sus poderes llegaban a otros ámbitos y esferas de la vida de la gente? ¿Qué repercusión tuvo la Santa Inquisición en la vida de los judíos y de los moriscos que se encontraban en España?

2. El año de 1492 fue clave en la historia de España. Haga un comentario acerca de los acontecimientos históricos que ocurrieron en esta fecha y que tanto determinaron el curso de la historia de España.

3. La aportación de los árabes en los campos de la arquitectura, la agricultura, las matemáticas, filosofía y otras ciencias fue de gran valor para España. Haga un estudio de algunas de estas contribuciones árabes al progreso económico y científico de España.

BIBLIOGRAFÍA

Altamira, Rafael. *A History of Spanish Civilization*. Trad. de P. Volkov. London: Constable & Co. Ltd., 1930.

Cantarino, Vicente. *Civilización y cultura de España*. New York: Macmillan Publishing Co., 1988.

Caro Baroja, J. *Los pueblos de España*. Madrid: Istmo, 1981.

Kattán-Ibarra, Juan. *Perspectivas culturales de España*. Lincolnwood, Ill.: National Textbook Co., 1994.

Mallo, Jerónimo. *España. Síntesis de su civilización*. New York: Charles Schribner's Sons, 1957.

❀ ❀ ❀

Prosa y Teatro

A medida que transcurre el tiempo en la Edad Media, el latín deja de ser comprendido por el pueblo y se generaliza el uso del castellano. Los primeros textos en español datan de los siglos X, XI y XII, y consisten principalmente de oraciones y documentos. El primer prosista medieval de relevancia es Alfonso X (1221-1284), rey de Castilla de 1252 a 1284. Por su trabajo intelectual y por su protección de las letras se le ha llamado *el Sabio*. A Alfonso X se debe el gran impulso que dio a la famosa Escuela de Traductores. Esta Escuela se encargaba de traducir obras del árabe al español y de esta lengua al latín. Alfonso X, sin embargo, suprimió el último de estos pasos, con lo cual el español cobró mayor importancia. Las obras traducidas eran preferentemente de carácter didáctico, jurídico, bíblico, moral y antropológico. Bajo la dirección, supervisión y corrección del rey se publicaron importantes obras históricas, jurídicas, científicas y de entretenimiento. Entre las primeras destacan la *General estoria* y la *Crónica general*. La primera de ellas se propuso historiar los acontecimientos más importantes desde la creación del mundo hasta su reinado, pero este ambicioso proyecto llegó sólo hasta el punto en el que se cuentan los ascendentes de la virgen María. La *Crónica general,* por otro lado, narra la historia de España desde la creación del mundo hasta el reinado del padre de Alfonso X. De sus obras jurídicas sobresale *Las siete partidas*, en cuya elaboración intervinieron notables jurisconsultos. Este vasto código del derecho español, el primero en lengua romance, comenzó a tener vigencia durante el reinado de Alfonso XI. De sus obras científicas sobresalen los *Libros de saber de astronomía* y el *Lapidario*, y entre los libros de entretenimiento destaca el de los *Libros de ajedrez, dados y tablas*. La aportación de Alfonso X a la prosa castellana es comparable a la que realizó

Ramón Llull (1233-1315) a la prosa catalana. Llull escribió más de doscientas obras en árabe, latín y catalán, y algunas de ellas se pueden catalogar como pertenecientes al género novelesco, lírico y filosófico.

En el siglo XIV, y siguiendo con la prosa, cobra una importancia preeminente don Juan Manuel, a quien estudiaremos más adelante. Y en el siglo XV aparecen varios autores cuyas obras revelan la importancia que va cobrando el género narrativo. Dos de ellos son Juan Rodríguez del Padrón y Diego de San Pedro, autores de novelas sentimentales. La novela sentimental se caracteriza por el análisis de sentimientos amorosos, la presencia de una dama compasiva, el esfuerzo del protagonista por convertirse en un perfecto amante, desenlaces trágicos, desarrollo de la acción en lugares lejanos, largos monólogos, estilo artificioso, y ritmo lento. Rodríguez del Padrón es autor del *Triunfo de las donas* y de una novela sentimental con elementos autobiográficos titulada *El siervo libre de amor*. Diego de San Pedro, por su lado, es autor de una celebrada novela sentimental, *Cárcel de amor* (1492), en la que el protagonista, como es característico dentro del género, se suicida tomando en una copa las cartas que le había enviado su amada. Digno de mención es también Alfonso Martínez de Toledo, conocido como el arcipreste de Talavera (1398? 1470), quien denunció en sus obras el exceso de sentimentalismo de las novelas anteriores. Es autor del *Corbacho* (1438?), obra de carácter moralizador que refleja con gran fidelidad el lenguaje popular y en la que el arcipreste satiriza los vicios y defectos de las mujeres.

Otro tipo de novela que se cultiva en este siglo es la de caballerías, caracterizada por el predominio de la aventura, la idealización del amor y elementos fantásticos. La obra más importante de este género es el *Amadís de Gaula*, que fue refundida por Garcí Rodríguez de Montalvo entre 1492 y 1508. Se desconoce el alcance de su intervención, pero sí sabemos que fue él quien escribió una obra relacionada con la anterior: *Las sergas de Esplandián*, en la que se cuentan las aventuras del hijo del Amadís. Después del *Amadís*, la segunda obra de caballerías en importancia es *Tirant lo Blanc* (1490), escrita mayormente por el escritor catalán Joanot Martorell.

Al cierre del siglo XV aparece una de las obras maestras de la literatura española, la *Tragicomedia de Calisto y Melibea*, mejor conocida como *La Celestina* (1499). Salvo el primer acto, el autor del resto de esta novela dialogada es Fernando de Rojas. La obra trata de cómo el noble Calisto se enamora de Melibea sin ser correspondido por ella. Calisto, entonces, requiere de la vieja Celestina sus servicios de intermediaria, y ésta le pide en pago una cadena de oro. Un día, sin embargo, los criados de Calisto matan a la Celestina por negarse a compartir con ellos parte del botín que creen que les corresponde por ayudar a ésta en su trabajo de persuadir a Melibea. Apresados por la justicia, los criados de Calisto son ejecutados. Más tarde, Calisto visita a Melibea, pero al bajar de la escalera se cae y muere. Melibea, al ver lo sucedido, se suicida tirándose desde una torre, y la obra concluye con el lamento de los padres de Melibea. La obra presenta dos mundos antagónicos, el idealista de los amantes, y el realista de la Celestina y los criados, dos mundos que veremos confrontados nuevamente en *Don Quijote* con don Quijote y Sancho. *La Celestina* es una obra que se encuentra a caballo entre dos épocas: la Edad Media y el Renacimiento. A la Edad Media pertenecen el personaje de la Celestina y los criados de Calisto con su habla popular, y al Renacimiento el amor de Calisto y Melibea y el desplazamiento de Dios por un humanismo que pasará a ocupar el centro de la vida.

TEATRO

Las primeras manifestaciones del teatro español en su nacimiento toman la forma del drama litúrgico. La primera muestra corresponde a un fragmento de un drama litúrgico que lleva por título *Auto de los Reyes Magos* (1200?), y hasta el siglo XV, con Gómez Manrique, no se conservan otros restos dramáticos en Castilla. En Cataluña y Valencia, por el contrario, sí se desarrolló el teatro, y se conservan algunas obras que datan de los siglos XIV y XV.

Gómez Manrique (1412-1490) es considerado el primer dramaturgo español, y es autor de dramas litúrgicos en los que se percibe un cierto lirismo. Dos de sus obras son *La representación del nacimiento de nuestro Señor* y las *Lamentaciones fechas para Semana Santa*. Más importante que Gómez Manrique es Juan del Encina (1469-1529), considerado el padre del teatro español. Es autor de varias *Églogas* de tema religioso, profano y cómico. Tras regresar de un viaje que hizo a Italia, en donde recibió la influencia del teatro humanístico, escribió el *Auto del Repelón*, centrado en las bromas que gastan unos pastores a unos estudiantes, y varias *Églogas* en las que el amor juega un papel capital.

Después de éstos, y otros dramaturgos de menor importancia, se abre el Siglo de Oro (siglos XVI y XVII) con un destacadísimo elenco de dramaturgos. En algunos autores medievales del siglo XV ya existen algunas indicaciones que auguran el paso de la Edad Media al Renacimiento. Por ejemplo, el marqués de Santillana introduce el cultivo del soneto, composición típica del Renacimiento. Otros escritores, como Jorge Manrique y Fernando de Rojas, abandonan ciertas creencias medievales, valga citar la de vivir esta vida pensando exclusivamente en la venidera y la de que Dios es el centro del universo, y las sustituyen por otras renacentistas en las que el hombre desplaza a Dios de este centro. Jorge Manrique, asimismo, reconoce la importancia de salvaguardar nuestra fama en este mundo; y Calisto, el protagonista de *La Celestina*, sustituye a Dios por su amada.

❋ ❋ ❋

CUESTIONARIO

1. ¿De qué consisten principalmente los primeros textos de prosa medieval?
2. ¿Cuál es la importancia de Alfonso X el Sabio en el campo de las letras?
3. ¿Qué temas trata Alfonso X en sus obras?
4. ¿Por qué se caracteriza la novela sentimental?
5. ¿Por qué se clasifica *Cárcel de amor* como novela sentimental?
6. Mencione a algunos escritores de novela sentimental y su contribución a este tipo de novela.
7. ¿De qué trata el *Corbacho*?
8. Mencione algunos dramaturgos de la Edad Media.

IDENTIFICAR

1. El sabio
2. Escuela de Traductores
3. Ramón Llull
4. *El siervo libre de amor*
5. Arcipreste de Talavera
6. *Amadís de Gaula*
7. *Tirant lo Blanc*
8. *La Celestina*
9. El marqués de Santillana

ENSAYOS

1. Haga un estudio sobre Alfonso X el Sabio y su contribución al florecimiento de la lengua castellana.

2. Escriba un ensayo sobre los dos mundos planteados en *La Celestina*. Explique las características asociadas a la Edad Media y las que se asocian con el Renacimiento.

BIBLIOGRAFÍA

Alborg, Juan Luis. *Historia de la literatura española. Edad Media y Renacimiento*. Madrid: Ed. Gredos, 1975.

Correa Calderón, E, y Fernando Lázaro. *Curso de literatura (española y universal)*. Salamanca: Anaya, 1963.

García López, José. *Historia de la literatura española*. Barcelona: Ed. Vicens-Vives, 1969.

Marín, Diego y Ágel del Río. *Breve historia de la literatura española*. New York: Holt, Rinehart and Winston, 1966.

Pedraza J., Felipe y Milagros Rodríguez C. *Las épocas de la literatura española*. Barcelona: Ed. Ariel, S. A., 1997.

Rico, Francisco. *Historia y crítica de la literatura española*. I Alan Deyermond, *Edad Media*. Barcelona: Ed. Crítica, 1984.

Río, Ángel del. *Historia de la literatura española*. New York: Holt, Rinehart and Winston, 1963.

✖ ✖ ✖

DON JUAN MANUEL
(1282 - 1348)

Don Juan Manuel nació en 1282 en la provincia de Toledo, y murió en Córdoba en 1348. Fue sobrino del rey Alfonso X el Sabio y participó activamente en la vida política y militar de su época. Sus tres obras maestras son el *Libro del caballero y del escudero* (1320?), el *Libro de los estados* (1330?) y el *Conde Lucanor* (1335), también conocido como el *Libro de Patronio*.

El *Conde Lucanor* consta de 5 partes, y la primera, la más importante, se compone de una colección de cincuenta y un cuentos didácticos y moralizadores de influencia oriental. Los temas que inspiran esta obra provienen de fábulas orientales y clásicas, de las cruzadas, de milagros, de la tradición esópica, de la historia nacional y extranjera y de experiencias personales del autor. La estructura narrativa que da unidad a toda la colección es muy ingeniosa. En cada uno de los cuentos el conde Lucanor le presenta a su consejero Patronio un problema relativo a la conducta, la moral, o al arte de gobernar. Patronio, entonces, le narra una historia, o *ejemplo*, del que se desprende un consejo que es aceptado por el noble. Al final del cuento el narrador refiere cómo don Juan juzga positivamente la historia y la incluye en su colección agregando una moraleja en un pareado que condensa el fin didáctico de la historia. Puede afirmarse que si Patronio hace de intermediario entre la realidad del conde y la del *ejemplo*, don Juan Manuel hace lo mismo entre la realidad del conde y la del lector.

La originalidad del *Conde Lucanor* no estriba en su temática, sino en la forma, en el tratamiento de los temas, en su preocupación estilística. Don Juan Manuel pone la retórica al servicio de una narración con fines didácticos. En su estilo se puede ver el uso de largas frases con numerosas subordinadas, paralelismos, simetrías, estilo indirecto y reiteraciones.

"Lo que sucedió a un mozo que casó con una mujer muy fuerte y muy brava"

GUÍA DE LECTURA

En este cuento, don Juan Manuel se sirve de la misma fórmula estructural que en el resto de los cuentos de la colección. El problema planteado por el conde Lucanor a su consejero, Patronio, da pie a la narración de un *ejemplo* con el que Patronio aconseja a su amo. En el *ejemplo* del siguiente cuento se desprende una enseñanza particular que va dirigida al conde. Por otra parte, la moraleja que incluye don Juan Manuel al final del cuento tiene un valor universal que, al ser contrastada con las anécdotas narrativas del cuento, se presta a una multiplicidad de lecturas interpretativas. Además del carácter didáctico del cuento, cabe destacar su estructura narrativa, la habilidad del autor en la creación del suspenso, la irónica resolución de la historia, y un juego magistral con la forma.

Otra vez, hablando el conde Lucanor con Patronio, su consejero, díjole° así:

—Patronio, uno de mis deudos° me ha dicho que le están tratando de casar con una mujer muy rica y más moble que él, y que este casamiento° le convendría mucho si no fuera porque le aseguran que es la mujer de peor carácter° que hay en el mundo. Os ruego° que me digáis si he de aconsejarle° que se case con ella, conociendo su genio°, o si habré de aconsejarle que no lo haga.

—Señor conde—respondió Patronio—, si él es capaz de hacer lo que hizo un mancebo° moro, aconsejadle que se case con ella; si no lo es, no se lo aconsejéis.

El conde le rogó que le refiriera qué había hecho aquel moro.

Patronio le dijo que en un pueblo había un hombre honrado que tenía un hijo que era muy bueno, pero que no tenía dinero para vivir como él deseaba. Por ello andaba el mancebo muy preocupado, pues tenía el querer, pero no el poder.

En aquel mismo pueblo había otro vecino más importante y rico que su padre, que tenía una sola hija, que era muy contraria del mozo°, pues todo lo que éste tenía de buen carácter, lo tenía ella de malo, por lo que nadie quería casarse con aquel demonio. Aquel mozo tan bueno vino un día a su padre y le dijo que bien sabía que él no era tan rico que pudiera dejarle con qué vivir decentemente, y que, pues tenía que pasar miserias o irse de allí, había pensado, con su beneplácito°, buscarse algún partido° con que poder salir de pobreza. El padre le respondió que le agradaría mucho que pudiera hallar° algún partido que le conviniera. Entonces le dijo el mancebo que, si él quería, podría pedirle a aquel honrado vecino su hija. Cuando el padre lo oyó se asombró° mucho y le preguntó que cómo se le había ocurrido° una cosa así, que no había nadie que la conociera que, por pobre que fuese, se quisiera casar con ella. Pidióle° el hijo, como un favor, que le tratara° aquel casamiento. Tanto le rogó que, aunque el padre lo encontraba muy raro, le dijo lo haría.

Díjole: forma arcaica. Le dijo
Deudos: parientes
Casamiento: matrimonio
Carácter: temperamento
Ruego: imploro, pido
He de aconsejarle: tengo que aconsejarle
Genio: carácter, temperamento
Mancebo: muchacho

Mozo: mancebo, muchacho
Beneplácito: autorización, permiso.
Partido: situación matrimonial
Hallar: encontrar
Asombró: sorprendió
Ocurrido: sucedido, pasado
Pidióle: le pidió
Tratara: arreglara

Fuese en seguida a ver a su vecino, que era muy amigo suyo, y le dijo lo que el mancebo le había pedido, y le rogó que, pues se atrevía° a casar con su hija, accediera° a ello. Cuando el otro oyó la petición le contestó diciéndole:

—Por Dios, amigo, que si yo hiciera esto os haría a vos muy flaco servicio°, pues vos tenéis un hijo muy bueno y yo cometería una maldad muy grande si permitiera su desgracia o su muerte, pues estoy seguro que si se casa con mi hija, ésta le matará o le hará pasar una vida mucho peor que la muerte. Y no creáis que os digo esto por desairaros°, pues, si os empeñáis°, yo tendré mucho gusto en darla a vuestro hijo o a cualquier otro que la saque de casa.

El padre del mancebo le dijo que le agradecía mucho lo que le decía y que, pues su hijo quería casarse con ella, le tomaba la palabra.

Se celebró la boda y llevaron a la novia a casa del marido. Los moros tienen la costumbre de prepararles la cena a los novios, ponerles la mesa y dejarlos solos en su casa hasta el día siguiente. Así lo hicieron, pero estaban los padres y parientes de los novios con mucho miedo, temiendo que al otro día le encontrarían a él muerto o malherido.

En cuanto se quedaron solos en su casa se sentaron a la mesa, mas antes que ella abriera la boca miró el novio alrededor de sí, vio un perro y le dijo muy airadamente°:

—¡Perro, danos agua a las manos!

El perro no lo hizo. El mancebo comenzó a enfadarse y a decirle aún con más enojo° que les diese agua a las manos. El perro no lo hizo. Al ver el mancebo que no lo hacía, se levantó de la mesa muy enfadado, sacó la espada y se dirigió al perro. Cuando el perro le vio venir empezó a huir° y el mozo a perseguirle°, saltando ambos° sobre los muebles y el fuego, hasta que lo alcanzó y le cortó la cabeza y las patas y lo hizo pedazos°, ensangrentando toda la casa.

Muy enojado y lleno de sangre se volvió a sentar y miró alrededor. Vio entonces un gato, al cual le dijo que les diese agua a las manos. Como no lo hizo, volvió a decirle:

—¿Cómo, traidor, no has visto lo que hice con el perro porque no quiso obedecerme? Te aseguro que, si un poco o más conmigo porfías°, lo mismo haré contigo que hice con el perro.

El gato no lo hizo, pues tiene tan poca costumbre de dar agua a las manos como el perro. Viendo que no lo hacía, se levantó el mancebo, lo cogió por las patas, dio con él en la pared y lo hizo pedazos con mucha más rabia que al perro. Muy indignado y con la faz torva° se volvió a la mesa y miró a todas partes. La mujer, que le veía hacer esto, creía que estaba loco y no le decía nada.

Cuando hubo mirado por todas partes vio un caballo que tenía en su casa, que era el único que poseía, y le dijo lleno de furor que les diese agua a las manos. El caballo no lo hizo. Al ver el mancebo que no lo hacía, le dijo al caballo:

—¿Cómo, don caballo? ¿Pensáis que porque no tengo otro caballo os dejaré hacer lo que queráis? Desengañaos°, que si por vuestra mala ventura° no hacéis lo que os mando, juro a Dios que os he de dar tan mala muerte como a los otros; y no hay en el mundo nadie que a mí me desobedezca con el que yo no haga otro tanto.

El caballo se quedó quieto. Cuando vio el mancebo que no le obedecía, se fue a él y le cortó la cabeza y lo hizo pedazos. Al ver la mujer que mataba el caballo, aunque no tenía

---

Atrevía: tenía el coraje
Accediera: consintiera
Flaco servicio: un mal favor
Desairaros: desanimaros
Empeñáis: persistís
Airadamente: violentamente, con enfado
Enojo: enfado, ira
Huir: escapar

Perseguirle: correr detrás
Ambos: los dos
Pedazo: parte, porción, fragmento
Porfías: me desafías
Faz torva: cara con aspecto de enojado
Desengañaos: no os engañéis
Ventura: suerte

otro, y que decía que lo mismo haría con todo el que le desobedeciera, comprendió que no era una broma°, y le entró tanto miedo que ya no sabía si estaba muerta o viva.

Bravo°, furioso y ensangrentado se volvió el marido a la mesa, jurando° que si hubiera en casa más caballos, hombres o mujeres que le desobedecieran, los mataría a todos. Se sentó y miró a todas partes, teniendo la espada llena de sangre entre las rodillas.

Cuando hubo mirado a un lado y a otro sin ver a ninguna otra criatura viviente, volvió los ojos muy airadamente hacia su mujer y le dijo con furia, la espada en la mano:

—Levántate y dame agua a las manos.

La mujer, que esperaba de un momento a otro ser despedazada, se levantó muy de prisa y le dio agua a las manos.

Díjole el marido:

—¡Ah, cómo agradezco a Dios el que hayas hecho lo que te mandé! Si no, por el enojo que me han causado esos majaderos°, hubiera hecho contigo lo mismo.

Después le mandó que le diese de comer. Hízolo la mujer. Cada vez que le mandaba una cosa, lo hacía con tanto enfado y tal tono de voz que ella creía que su cabeza andaba por el suelo. Así pasaron la noche los dos, sin hablar la mujer, pero haciendo siempre lo que él mandaba. Se pusieron a dormir y, cuando ya habían dormido un rato, le dijo el mancebo:

—Con la ira que tengo no he podido dormir bien esta noche; ten cuidado de que no me despierte nadie mañana y de prepararme un buen desayuno.

A media mañana los padres y parientes de los dos fueron a la casa, y, al no oír a nadie, temieron que el novio estuviera muerto o herido. Viendo por entre las puertas a ella y no a él, se alarmaron más. Pero cuando la novia les vio a la puerta se les acercó silenciosamente y les dijo con mucho miedo:

—Pillos°, granujas°, ¿qué hacéis ahí? ¿Cómo os atrevéis a llegar a esta puerta ni a rechistar°? Callad°, que si no, todos seremos muertos.

Cuando oyeron esto se llenaron de asombro. Al enterarse° de cómo habían pasado la noche, estimaron° en mucho al mancebo, que así había sabido, desde el principio, gobernar su casa. Desde aquel día en adelante fue la muchacha muy obediente y vivieron juntos con mucha paz. A los pocos días el suegro quiso hacer lo mismo que el yerno° y mató un gallo que no obedecía. Su mujer le dijo:

—La verdad, don Fulano, que te has acordado tarde, pues ya de nada te valdrá matar cien caballos; antes tendrías que haber empezado, que ahora te conozco.

Vos, señor conde, si ese deudo vuestro quiere casarse con esa mujer y es capaz de hacer lo que hizo este mancebo, aconsejadle que se case, que él sabrá cómo gobernar su casa; pero si no fuere capaz de hacerlo, dejadle que sufra su pobreza sin querer salir de ella. Y aun os aconsejo que a todos los que hubieren de tratar con vos les deis a entender desde el principio cómo han de portarse°.

El conde tuvo este consejo por bueno, obró según él y le salió muy bien. Como don Juan vio que este cuento era bueno, lo hizo escribir en este libro y compuso unos versos que dicen así:

Si al principio no te muestras como eres,
no podrás hacerlo cuando tú quisieres.

Broma: chiste, juego
Bravo: furioso, violento
Jurando: afirmando, prometiendo
Majaderos: tontos
Pillos: pícaros, sinvergüenzas
Granujas: pillos, pícaros

Rechistar: contestar
Callad: no habléis, guardad silencio
Enterarse: descubrir, saber
Estimaron: apreciaron
Yerno: marido de la hija
Portarse: actuar, comportarse

CUESTIONARIO

1. ¿Qué problema le presenta el conde Lucanor a Patronio?
2. ¿Quiénes son los protagonistas del *ejemplo* narrado por Patronio? ¿Son moros o cristianos?
3. ¿Qué acostumbran hacer los familiares de los novios en la noche de bodas?
4. ¿Cuál es la situación económica de los novios?
5. ¿Cómo reacciona el padre de la novia cuando el padre del mozo le pide la mano de la hija?
6. ¿Qué reputación tiene la novia?
7. ¿A quién o quiénes mata el novio la noche de bodas?
8. ¿Qué sorpresa se encuentran los familiares de los novios al día siguiente de la boda? ¿Cómo los recibe la novia?
9. ¿Qué hace el suegro del novio una vez visto lo ocurrido con su hija? ¿Cómo responde su esposa?
10. ¿Qué piensa don Juan Manuel del cuento y qué hace él a continuación?

SELECCIÓN MÚLTIPLE

I. ¿Cuál es el primer animal que mata el novio durante la noche de bodas para amansar a la novia?
   1. El caballo
   2. El gato
   3. El perro
   4. El conejo

II. El mancebo se casa con la muchacha porque
   1. Estaba enamorado de ella
   2. Su familia arregló el matrimonio
   3. Quería formar una familia
   4. Le interesaba el dinero que tenía ella

III. La mañana después de la boda todos pensaban que el marido
   1. Estaba herido o muerto
   2. Se había escapado
   3. Había matado a la novia
   4. Estaba feliz con el matrimonio

IV. El novio amansó a la novia con
   1. Ejemplos violentos
   2. Amor y cariño
   3. Regalos caros
   4. Paciencia y comprensión

ANÁLISIS CRÍTICO

1. De acuerdo a la temática del cuento, ¿cuál sería el origen de esta historia?

2. El marco, tanto en literatura como en otras manifestaciones artísticas, sirve para separar dos niveles distintos de realidad. ¿Qué niveles narrativos puede distinguir en este cuento? ¿Existe alguna relación analógica o de paralelismo en las anécdotas de uno y otro nivel narrativo?

3. La tensión narrativa del *ejemplo* se crea a partir de un proceso de gradación. Explique cómo se produce tal gradación y el propósito de la misma.

4. Identifique y comente la función de las distintas voces narrativas del cuento.

5. ¿Está de acuerdo con la enseñanza de la moraleja? ¿En qué personajes del cuento se cumple ésta? ¿Piensa que los novios realmente se muestran como son en la noche de bodas? ¿Cree, como dice el narrador, que los novios van a vivir en paz?

6. ¿Cómo aparece representada la mujer en este cuento?

7. ¿Conoce otros ejemplos de la literatura universal en los que se repite el mismo tema presentado en este cuento?

8. Comente algunas de las particularidades formales del cuento: su estilo, la lengua, o el uso de frases subordinadas.

ENSAYOS

1. Escoja otro cuento del *Conde Lucanor* y haga un estudio comparativo de la estructura narrativa de ambos cuentos. Tenga en cuenta el marco, el ejemplo y la moraleja y la relación temática existente entre una y otras partes.

2. Haga un estudio general de la obra en prosa de don Juan Manuel centrándose en la contribución de este escritor a la prosa escrita en español.

BIBLIOGRAFÍA

Alborg, Juan Luis. *Historia de la literatura española. Edad Media y Renacimiento*. Madrid: Ed. Gredos, 1975.

Castro y Calvo, José M. *El arte de gobernar en las obras de don Juan Manuel*. Barcelona: ed. Planeta, 1945.

Gaibrois de Ballesteros, Mercedes. *El príncipe don Juan Manuel y su condición de escritor* Madrid: Publicaciones del Instituto de España, 1945.

García López, José. *Historia de la literatura española*. Barcelona: Ed. Vicens-Vives, 1969.

Marín, Diego y Ágel del Río. *Breve historia de la literatura española*. New York: Holt, Rinehart and Winston, 1966.

Pedraza J., Felipe y Milagros Rodríguez C. *Las épocas de la literatura española*. Barcelona: Ed. Ariel, S. A., 1997.

Rico, Francisco. *Historia y crítica de la literatura española*. I Alan Deyermond, *Edad Media*. Barcelona: Ed. Crítica, 1984.

Río, Ángel del. *Historia de la literatura española*. New York: Holt, Rinehart and Winston, 1963.

Poesía

Introducción literaria

Los inicios de la literatura española se encuentran en las *jarchas*, canciones líricas de origen andaluz escritas a partir del siglo XI. La *jarcha* es una estrofa intercalada al final de las *muwashahas* árabes y hebreas pero, a diferencia de éstas, la *jarcha* estaba escrita en mozárabe, dialecto romance hablado por los cristianos que vivían en la España musulmana. El estilo de la *jarcha* es sencillo, y en ellas suele hablar una mujer lamentándose de la ausencia de su amado.

El mismo carácter lírico que las jarchas lo tiene la poesía juglaresca en gallego, escrita durante los siglos XIII y XIV. Esta poesía costituye una de las más importantes aportaciones a la poesía de este período, y aunque era preferentemente una poesía cortesana o trovadoresca también se hizo eco de formas populares gallegas y castellanas. Estas composiciones líricas reciben el nombre de *cantigas*, y su cultivo se sitúa principalmente en Galicia. Las *cantigas* se dividen en tres grupos: de amigo, de amor y de escarnio. Las *cantigas* de amigo son breves poemas cantados por una enamorada ante la ausencia de su amigo o amado. Las *cantigas* de amor son cantadas por un trovador, y van dirigidas a una amada; mientras que las *cantigas* de escarnio tienen generalmente un tono satírico. Uno de los escritores más destacados en el cultivo de esta modalidad poética fue el rey Alfonso X el Sabio, autor de una obra titulada *Cantigas*. En esta colección de poemas, escritos en lengua gallega, el rey alaba a la virgen o nos cuenta leyendas relacionadas con ella.

Al estudiar la poesía medieval debemos distinguir dos escuelas o mesteres. La una, propia de los juglares, se conoce como *mester de juglaría*; y la otra, cultivada por los clérigos, *mester de clerecía*. El *mester de juglaría* emplea versos irregulares, y los temas que escogían servían para entretener al público que se reunía en las plazas o patios de los castillos. Por norma general, el juglar cantaba historias de guerras en las que participaban grandes héroes –poemas épicos–, pero en otras ocasiones echaba mano de canciones líricas y populares. Sus obras, por tanto, pertenecen al género épico y lírico. El poema más importante del *mester de juglaría* es el *Cantar de mío Cid*.

El *Cantar de mío Cid*, escrito hacia el año 1140, es el primer cantar de gesta español, y en él se describen las hazañas de Rodrigo Díaz de Vivar, conocido como el Cid Campeador (1040-1099). El poema se divide en tres partes: "Cantar del destierro", "Cantar de las bodas de las hijas del Cid", y "Cantar de la afrenta de Corpes". El primero de estos cantares trata de cómo el Cid, acusado falsamente de falta de honradez, es desterrado por el rey Alfonso VI y cómo logra conquistar algunas tierras a los moros. El segundo de los cantares describe la conquista de Valencia por el Cid, la reunión de su esposa e hijas con él en Valencia, y las bodas de sus hijas con los infantes de Carrión. Y en el tercero se comenta la cobardía de los infantes de Carrión, el maltrato de sus esposas, la venganza del Cid, y el nuevo matrimonio de sus hijas con los infantes de Navarra y Aragón. Se cree que el poema fue escrito por dos juglares distintos de la provincia de Soria, y aunque algunos hechos históricos han sido tergiversados, el cantar sobresale por su alto grado de realismo.

No conservamos ningún otro cantar de gesta ni anterior ni posterior al *Cantar de mío Cid*, pero sabemos que existieron porque algunos de ellos fueron prosificados en crónicas escritas en latín o castellano, y otros se fragmentaron dando lugar a los romances. Con anterioridad al *Cantar de mío Cid* existieron cantares como *Rodrigo, el último godo*, en el que se cuenta la leyenda de cómo Rodrigo es derrotado en el año 711 por los moros. Y con posterioridad se escribieron otros como *La gesta de los siete infantes de Lara*, centrada en la traición que sufrieron los siete hermanos por su tío y cómo el hermanastro de aquéllos tomó venganza, y *La gesta de Sancho II de Castilla*, en la que se describen las luchas de Sancho con sus cuatro hermanos.

Al *mester de clerecía*, la segunda de estas escuelas, pertenecían los clérigos y estudiosos, y su existencia se sitúa en los siglos XIII y XIV. Los escritores del *mester de clerecía* se distinguen de los juglares por ser mucho más cuidadosos en la métrica y versificación, y por servirse de la cuaderna vía –estrofa de cuatro versos alejandrinos y monorrimos. Los temas que tratan son religiosos, históricos, didácticos y moralizadores, y desde el punto de vista formal se aprecia en ellos una tendencia al uso de cultismos y comparaciones.

El primer poeta del *mester de clerecía* es el clérigo riojano Gonzalo de Berceo, que vivió de fines del siglo XII a mediados del siglo XIII. Berceo se caracteriza por tratar estrictamente temas religiosos. Entre sus obras más destacadas sobresalen la vida de *Santo Domingo de Silos, El sacrificio de la misa*, y, sobre todo, los *Milagros de Nuestra Señora*. Esta última obra consta de una introducción alegórica y de relatos centrados en milagros realizados por la virgen María.

Otra de las obras destacadas del *mester de clerecía* es el *Libro de Aleixandre*. Este largo poema anónimo nos cuenta la vida y aventuras de Alejandro Magno, y destaca por sus bellas descripciones. Anónimo es también el *Libro de Apolonio*, una de las obras maestras de la Edad Media, en la que se relatan las aventuras de Apolonio, rey de Tiro, durante la búsqueda de su esposa e hija. Otra obra importante es el *Poema de Fernán González*, en el que se describe el nacimiento del conde y la independencia de Castilla del reino de León.

Ya en el siglo XIV, uno de los poetas más renombrados fue Juan Ruiz, arcipreste de Hita, nacido a fines del siglo XIII y muerto hacia 1350. El arcipreste de Hita es autor de una de las cumbres de la literatura española, el *Libro de buen amor*, obra de temática muy variada. Se inicia la misma con unas canciones en alabanza de la virgen y luego pasa el autor a tocar temas profanos partiendo de apólogos, fábulas, parodias de las canciones de gesta, una novela corta amorosa en la que aparece el personaje de Trotaconventos, antecedente inmediato de la Celestina; cantigas y digresiones de corte moral. El *Libro de buen amor*, perteneciente al *mester de juglaría*, es una compleja obra en la que el juego de la ironía y la parodia propicia una multiplicidad de lecturas.

El siglo XIV se cierra con la importante aportación de don Pero López de Ayala (1332-1407), conocido como el Canciller Ayala por haber ejercido este puesto en Castilla. Ayala es el último representante destacado del *mester de clerecía*. Como poeta es autor del *Rimado de palacio*, obra que combina temas religiosos, líricos, políticos y morales. Ayala critica aquí los vicios de la época, la mala política del reino, y algunos problemas de índole eclesiástica. Como prosista es autor de cuatro *crónicas* de carácter histórico, y un *Tratado de cetrería o de las aves de caza*. Además del Canciller Ayala hubo otros escritores que escribieron obras pertenecientes al *mester de clerecía*, mereciendo especial mención las siguientes obras anónimas: *Vida de San Ildefonso*, el *Poema de Yusuf*, y *El libro de miseria del hombre*.

Tras la extinción del *mester de clerecía* en el siglo XIV aparecen tres notables poetas en el siglo XV: don Iñigo López de Mendoza, conocido como el marqués de Santillana (1398-1458), Juan de Mena (1411-1456), y Jorge Manrique (1440-1478). El marqués de Santillana participó activamente en la política de la época, y combinó el mundo de las letras con el de las armas. Aunque escribió una obra en prosa, *Prohemio al Condestable de Portugal*, su fama se debe a su producción poética. Es autor de *Canciones y decires* y de unas *Serranillas* al estilo provenzal. Las *Serranillas* son una imitación de las pastorelas francesas, y en ellas se suele describir la declaración de amor de un caballero a una pastora. Compuso, asimismo, unos poemas doctrinales, poemas alegóricos influidos por Dante, entre los que sobresalen el *Infierno de los enamorados* y la *Comedia de Ponza*, y varios sonetos influidos por la poesía italiana.

Juan de Mena, por su parte, escribió algunas obras en prosa, *Ilíada en romance*, así como algunos poemas trovadorescos, doctrinales, satíricos y alegóricos, pero su fama se debe a su obra *Laberinto de fortuna*. Esta obra consta de 297 coplas, y en ella se combinan numerosos episodios de corte histórico con una relación de vidas ilustres. Es un poema alegórico, moral, y patriótico de difícil lectura por el uso de neologismos y del hipérbaton.

El tercero de los poetas es Jorge Manrique, quien, como los dos poetas anteriores, combinó las artes con la política. Es autor de unos poemas líricos, pero su fama se debe a las *Coplas a la muerte de su padre*. Consta este poema elegíaco de cuarenta coplas, en las que el poeta elogia a su padre, y reflexiona sobre la inestabilidad de la fortuna, la gloria efímera, y la igualdad de todos ante la muerte. Al poner énfasis en la necesidad de salvaguardar nuestra fama en este mundo, el poema anticipa la llegada del Renacimiento. A estos tres poetas se puede agregar el catalán Ausias March (1397-1459), cuya extraordinaria labor poética ejerció una gran influencia en los poetas castellanos y catalanes posteriores.

La rica producción literaria del siglo XV se ve incrementada con la aparición de los romances a fines del siglo XIV. Inicialmente, los romances eran fragmentos de los cantares de gesta que, según Menéndez Pidal, fueron popularizados por el pueblo. Debido al éxito alcanzado por estos fragmentos, los juglares trataron de satisfacer el gusto de sus oyentes con nuevos romances que se centraban en temas y personajes de las canciones de gesta, pero que no estaban desgajados de éstas. Otros, temas de los cultivados eran novelescos, legendarios, franceses o relacionados con la Reconquista –romances fronterizos. Durante el Siglo de Oro muchos escritores volvieron a escribir romances, siendo de gran admiración los escritos por Góngora, Quevedo y Lope de Vega. Durante el siglo XVII cayó en el olvido el cultivo de los romances, pero reapareció en el siglo XVIII y ha seguido vivo hasta hoy día. Algunos de los escritores que se han dedicado a la práctica de este género incluyen el duque de Rivas, Espronceda, Antonio Machado, Federico García Lorca y Rafael Alberti.

CUESTIONARIO

1. ¿Qué textos marcan el inicio de la literatura medieval?
2. En la Edad Media, ¿cuál es la importancia de la plaza o el patio?
3. ¿Cómo se entretenía el público durante el período medieval?
4. ¿Quién es Alfonso X el Sabio?
5. ¿Quién escribió *El Cantar del mío Cid*? ¿De qué trata?
6. ¿Qué características identifican al *mester de juglaría*?
7. ¿Quién escribió el *Libro del Buen Amor*? Mencione algunos de los temas que se tratan en esta obra. ·
8. ¿Qué escribió Jorge Manrique? ¿Qué temas trata su obra? ¿Qué anticipa esta temática?
9. Comente algunos de los temas que se tratan en los romances.

IDENTIFICAR

1. *Jarchas*
2. *Cantigas*
3. Gonzalo de Berceo
4. Arcipreste de Hita
5. *Serranillas*
6. Canciller Ayala

ENSAYOS

1. Haga un estudio de los elementos histórico-realistas que se ven en el *Cantar de mío Cid*.

2. Escriba un ensayo sobre las diferencias entre el *mester de juglaría* y el *mester de clerecía*.

3. Haga un estudio de la evolución de los romances y de los temas distintos que tratan a lo largo de su historia

BIBLIOGRAFÍA

Alborg, Juan Luis. *Historia de la literatura española. Edad Media y Renacimiento.* Madrid: Gredos, 1975.

Correa Calderón, E. Fernando Lázaro. *Curso de literatura (española y universal).* Salamanca: Anaya, 1963.

García López, José. *Historia de la literatura española.* Barcelona: Ed. Vicens-Vives, 1969.

Rico, Francisco. *Historia y crítica de la literatura española.* I Alan Deyermond, *Edad Media.* Barcelona: Ed. Crítica, 1984.

Río, Ángel del. *Historia de la literatura española.* New York: Holt, Rinehart and Winston, 1963.

"Romance de la pérdida de Alhama"
"Romance del Conde Arnaldos"

Autoría: anónimo, como el de todos los romances. Según Ramón Menéndez Pidal, el autor de los romances es anónimo porque éstos son el resultado "de múltiples creaciones individuales que se suman y entrecruzan, su autor no puede tener nombre determinado, su nombre es legión". Los romances son breves poemas épico-líricos, no estróficos, de versos octosílabos con rima asonante en los pares. Los romances derivan de las canciones de gesta -poemas épicos, incluso algunos de ellos son fragmentos de estas canciones que, al ser transmitidos oralmente, han experimentado en el curso del tiempo ciertas modificaciones. Con la llegada del Renacimiento, algunas de las creaciones de la Edad Media siguen en vigor, como los romances. Aunque éstos existieron con anterioridad al siglo XV, es en el siglo XVI cuando empieza su publicación y divulgación a través de los *Romanceros*. Los romances presentan una rica variedad temática: los hay que tienen una base histórica, probada o imaginada, otros se relacionan con la épica francesa, los hay de carácter lírico, y otros que se centran en aventuras de tipo amoroso, caballeresco, de venganza o misterio.

GUÍA DE LECTURA

"Romance del rey moro que perdió Alhama". Este romance, que alcanzó gran éxito en el siglo XVI, trata el tema de la Reconquista de Alhama, parte del reino de Granada, por los cristianos. Históricamente hablando, la ciudad fue tomada por el marqués de Cádiz, don Rodrigo Ponce de León, el 28 de febrero de 1482, y los cristianos la defendieron de dos ataques comandados por el rey de Granada. La conquista de Alhama supuso una importante victoria política, estratégica y moral para los cristianos. El romance describe la reacción y lamento del rey moro ante la noticia de la pérdida de la ciudad, y las acusaciones de que es objeto éste por parte de uno de sus súbditos. Es importante prestar atención al punto de vista bajo el que se narra el poema y al tipo de rima.

"Romance del Conde Arnaldos". Este romance es una de las obras maestras del *Romancero*, y comienza *in medias res* –en medio de la acción–, comienzo típico de la épica europea. La versión completa de este romance sólo se encuentra en la tradición de los judíos de Marruecos, y en él se relata cómo el infante Arnaldos se embarca en una nave desconocida en la que casualmente se topa con parientes y criados que estaban buscándolo. Es un romance de aventuras, y la versión fragmentaria seleccionada carece de conclusión, lo cual dota al romance de un aire de fantástico misterio.

Paseábase el rey moro por la ciudad de Granada,
desde la puerta de Elvira hasta la de Vivarambla.
—¡Ay de mi Alhama!—

Cartas le fueron venidas° que Alhama era ganada°:
las cartas echó en el fuego, y al mensajero matara°.
—¡Ay de mi Alhama!—

Descabalga° de una mula, y en un caballo cabalga,
por el Zacatín arriba subido se había° al Alhambra.
—¡Ay de mi Alhama!—

Como° en el Alhambra estuvo, al mismo punto° mandaba
que se toquen sus trompetas, sus añafiles° de plata.
—¡Ay de mi Alhama!—

Y que las cajas de guerra° apriesa toquen al arma°,
porque lo oigan sus moros, los de la Vega y Granada.
—¡Ay de mi Alhama!—

Los moros que el son° oyeron que al sangriento Marte llama°,
uno a uno y dos a dos juntado se ha gran batalla°.
—¡Ay de mi Alhama!—

Allí habló un moro viejo, de esta manera hablara:
—¿Para qué nos llamas, rey, para qué es esta llamada?
—¡Ay de mi Alhama!—

—Habéis de saber°, amigos, una nueva desdichada°:
que cristianos de braveza ya nos han ganado Alhama.
—¡Ay de mi Alhama!—

Le fueron venidas: le llegaron
Era ganada: fue reconquistada
Matara: mató
Descabalga: desciende
Subido se había: sube, asciende a
Como: mientras, cuando
Al mismo punto: en ese instante
Añafiles: trompetas moriscas muy largas
Cajas de guerra: tambores
Apriesa toquen al arma: anuncien que con rapidez se tomen las armas
Son: señal
Que... llama: que los llama a luchar
Gran batalla: gran ejército
Habéis de saber: quiero que sepáis
Desdichada: desgracia

Allí habló un alfaquí°, de barba crecida y cana°:
—¡Bien se te emplea°, buen rey, buen rey bien se te empleara!
—¡Ay de mi Alhama!—

Mataste los Bencerrajes°, que eran la flor de Granada,
cogiste los tornadizos° de Córdoba la nombrada°.
—¡Ay de mi Alhama!—

Por eso mereces, rey, una pena muy doblada°:
que te pierdas tú y el reino, y aquí se pierda Granada.
—¡Ay de mi Alhama!—

CUESTIONARIO

1. ¿Dónde se encuentra el rey moro cuando llega el mensajero? ¿Qué decide hacer el rey moro con las cartas que recibe y con el mensajero? ¿Cuál era el mensaje de aquéllas?

2. ¿Adónde se dirige el rey tras recibir la noticia? ¿Cuáles son sus órdenes?

3. ¿Qué observaciones críticas recibe el rey moro de parte del alfaquí?

4. ¿Qué anticipa el final del romance?

ANÁLISIS CRÍTICO

1. ¿Cómo aparece caracterizado el rey moro? ¿En qué términos se refiere éste a los cristianos? ¿Cómo podemos interpretar la naturaleza de las acusaciones del alfaquí con respecto al rey moro?

2. ¿Qué predomina en este romance, la narración o el diálogo? ¿Qué reacción emocional provoca en el lector el uso de una u otra técnica de expresión?

3. ¿Qué tono y connotaciones imprime la inclusión del estribillo -el verso repetido- en el romance?

✳ ✳ ✳

¡Quién hubiese° tal ventura° sobre las aguas de mar
como hubo el conde Arnaldos la mañana de San Juan!
Con un falcón° en la mano la caza iba cazar,
vio llegar una galera° que a tierra quiere llegar:
las velas traía de seda, la ejarcia° de un cendal°;

Alfaquí: hombre entendido en la ley entre los musulmanes.
Cana: gris
Bien se te emplea: te lo has merecido
Bencerrajes: descendientes de una familia del reino musulmán de Granada que se oponía al actual rey de Granada
Tornadizos: los que han renunciado a su religión, desertores

Nombrada: célebre
Doblada: doble
Hubiese: tuviese
Ventura: fortuna, suerte
Falcón: halcón, ave rapaz
Galera: barco antiguo de vela
Ejarcia: jarcia, aparejo y cabos de los barcos
Cendal: tela fina, delgada y transparente de lino o seda

marinero que la manda° diciendo viene un cantar
que la mar facía en calma°, los vientos hace amainar°,
los peces que andan° nel hondo° arriba los hace andar°,
las aves° que andan volando nel mástel° las faz° posar.
Allí fabló° el conde Arnaldos, bien oiréis lo que dirá:
—Por Dios te ruego, marinero, dígasme ora° ese cantar.—
Respondióle el marinero, tal respuesta le fue a dar:
—Yo no digo esta canción sino a quien conmigo va.

CUESTIONARIO

1. ¿Cuándo ocurre la acción?
2. ¿Qué hacía el Conde Arnaldos cuando ve llegar una galera?
3. ¿Cómo es descrito el barco?
4. ¿Qué efectos produce la canción del marinero en el mundo que le rodea?
5. ¿Qué le pide el Conde Arnaldos al marinero? ¿Qué le responde éste?

ANÁLISIS CRÍTICO

1. ¿Cuál es la ventura que experimenta el Conde Arnaldos? ¿Tiene alguna relevancia la fecha en la que ocurren los acontecimientos?
2. ¿Cómo interpreta la ambigüedad de la respuesta enigmática que le da el marinero al Conde Arnaldos?
3. ¿Cuál es su impresión ante el final trunco, según algunos críticos, del romance?
4. El barco se relaciona simbólicamente con la iglesia. Si partimos de esta base, ¿cambia su lectura del romance?
5. Los romances nacieron para ser cantados. Relacione este comentario con la respuesta que le da el marinero al Conde.
6. Comente la economía narrativa, la sencillez y simplicidad, de estos dos romances.
7. Identifique algunas de las manifestaciones léxicas y construcciones sintácticas arcaicas de ambos romances.
8. Analice las diferencias estilísticas entre ambos romances.

Manda: pilota, conduce
Facía en calma: hacía calmar
Amainar: disminuir, calmar
Andan: nadan
Nel hondo: en lo profundo, en lo hondo
Andar: subir

Aves: pájaros
Nel mastel: en el mástil -palo vertical del barco del que se sostienen las velas
Faz: hace
Fabló: habló
Dígasme ora: Decidme inmediatamente

ENSAYOS

1. Escoja dos romances pertenecientes a un mismo ciclo o categoría y haga un análisis de los mismos teniendo en cuenta el tratamiento del tema y los recursos formales empleados por el poeta.

2. Escoja un romance y haga un estudio de las semejanzas y diferencias existentes entre el romance y otras versiones que se hayan hecho del mismo tema.

BIBLIOGRAFÍA

Alborg, Juan Luis. *Historia de la literatura española. Edad Media y Renacimiento.* Madrid: Gredos, 1975.

Correa Calderón, E. Fernando Lázaro. *Curso de literatura (española y universal).* Salamanca: Anaya, 1963.

García López, José. *Historia de la literatura española.* Barcelona: Ed. Vicens-Vives, 1969.

Menéndez Pidad, Ramón. *El romancero: Teorías e investigaciones.* Madrid: Bibliófilos españoles, 1928.

---. *Romancero hispánico... Teoría y práctica.* Madrid: Bibliófilos españoles, 1953.

Rico, Francisco. *Historia y crítica de la literatura española.* I Alan Deyermond, *Edad Media.* Barcelona: Ed. Crítica, 1984.

Río, Ángel del. *Historia de la literatura española.* New York: Holt, Rinehart and Winston, 1963.

CAPÍTULO II

Siglos XVI y XVII
El Siglo de Oro Español

INTRODUCCIÓN HISTÓRICO-CULTURAL

PANORAMA HISTÓRICO

En el siglo XVI, bajo los monarcas Carlos I y Felipe II, España llega a la cumbre de su poder político, económico, militar y cultural. Por parte materna, Carlos I era nieto de los Reyes Católicos, y por parte paterna era nieto del emperador de Alemania. A la muerte de su padre, Felipe el Hermoso, y con casi 20 años de edad, Carlos I se convirtió en rey de España. Poco después, con la muerte de su abuelo, Carlos I heredaría el imperio de Alemania.

Al llegar a España, Carlos I, que no hablaba español, asignó algunos de los puestos del gobierno a sus amigos extranjeros. Los abusos cometidos por éstos, unido al temor que Carlos I no pudiera cumplir con sus obligaciones de rey de España y Alemania, provocaron un profundo malestar entre los españoles que degeneró en un enfrentamiento entre el rey y algunas comunidades castellanas. Sofocada la sublevación, Carlos I condena a muerte a sus líderes: Padilla, Bravo y Maldonado.

Dentro del contexto internacional, Carlos I llevó la guerra con éxito a varias partes de Europa y África, y a raíz de la reforma protestante de Lutero se vio envuelto en la guerra entre católicos y protestantes de Alemania. Esta guerra concluyó con el convenio de Augsburgo (1555), y Carlos I, que luchó del lado de los católicos, tuvo que reconocer y aceptar el protestantismo. En 1556 deja la corona de España a su hijo Felipe II, y la de Alemania a su hermano Fernando, y se retira al monasterio de Yuste –Cáceres– donde murió dos años después.

Felipe II heredó un imperio que cubría partes de Europa, África, América y Oceanía, y su poderío militar lo convirtió en el emperador más grande de su tiempo. Algunas de las guerras emprendidas por Felipe II, bajo cuyo reinado la Inquisición operó de manera implacable, se debieron a su celo e intolerancia religiosa. Felipe II logró importantes victorias contra Enrique II de Francia en la batalla de San Quintín, y contra los turcos, que hacían difícil la navegación por el mar Mediterráneo, en la batalla de Lepanto (1571). Sin embargo, en su enfrentamiento con la reina Isabel II de Inglaterra, la Armada Invencible de Felipe II fue derrotada por la marina inglesa (1588). El fracaso militar de la Armada Invencible signa el inicio de la decadencia del imperio español.

Tanto Carlos I como Felipe II gobernaron de forma absolutista, y aunque las Cortes seguían siendo convocadas, lo cierto es que su poder político era muy limitado. Los nobles y eclesiásticos seguían ocupando los puestos más importantes del gobierno y los trabajadores no vieron mejorada su situación económica; no obstante lo cual, en las ciudades comenzó a surgir una próspera burguesía, y el comercio con las colonias de América ayudó al crecimiento industrial. Desde el punto de vista cultural, en el siglo XVI hubo un florecimiento de la cultura en España. Se fundaron nuevas universidades, aumentó la publicación de libros y de estudios teológicos y filosóficos que trataban de refutar las ideas reformistas de Lutero, y prosperaron los estudios de cartografía, navegación, historia, leyes, y ciencias económicas y geográficas.

El siglo XVII lo ocupan los reinados de Felipe III, Felipe IV y Carlos II. Estos monarcas dejaron las riendas del poder en manos de ministros y favoritos incompetentes que llevaron el imperio español a su decadencia. Felipe III, hijo de Felipe II, fue un rey sin dotes para el gobierno del país. Felipe IV fue un rey frívolo que no prestó suficiente atención a los asuntos del gobierno; y Carlos II, hijo de Felipe IV, fue un hombre enfermizo que no dejó descendencia familiar. Con las derrotas militares sufridas por estos tres reyes, España comenzó a perder algunos de sus territorios de Europa. Asimismo, y a nivel de política interna, se produjeron sendas sublevaciones en Cataluña y Portugal. La primera fue sofocada, pero Portugal, unida a España desde Felipe II, logra su independencia.

Al tratar de identificar y analizar las causas de la caída del imperio español, se ha responsabilizado de ésta a la ineptitud de los tres monarcas anteriores, al desgaste que supuso para una nación de diez millones de habitantes las guerras constantes, a la inversión del oro y de la plata llegados de América en el mantenimiento de empresas militares en lugar de utilizarlos para el desarrollo económico del país, a la concentración de la propiedad de la tierra en manos improductivas: reyes, nobles y clero, y al perjuicio económico que supuso la expulsión de judíos y moriscos. Desde el punto de vista de las ideas, puede decirse que el empobrecimiento económico del país fue a la par con la decadencia cultural. El espíritu intolerante de los españoles hizo que se rechara todo tipo de obras e ideas filosóficas y científicas procedentes de Europa, lo cual llevó a un aislamiento cultural e intelectual del país.

PANORAMA ARTÍSTICO-CULTURAL

La arquitectura española del siglo XVI continúa trabajando la filigrana de piedra que caracterizó al estilo plateresco del siglo anterior. Una muestra de este estilo, vigente durante el reinado del emperador Carlos I, es la fachada del monasterio de San Marcos en León, de 1537. Pero a medida que progresa el siglo se irá imponiendo el estilo renacentista, y el ejemplo más representativo de este estilo es el Monasterio de el Escorial, diseñado por Juan de Herrera (1530-1597) bajo inspiración de Felipe II. El monasterio fue terminado de construir en 1584, y se caracteriza por su sobriedad, monumentalidad, escasa ornamentación, y líneas rectas. La influencia de este estilo se dejó sentir en la catedral de Valladolid, en la Lonja de Sevilla, y en la catedral de México (México). Como reacción al estilo herreriano surge el barroquismo, llevado a la exageración a fines del siglo XVII. Ejemplo del barroco moderado es el palacio arzobispal de Sevilla, y del barroco recargado la fachada de la catedral de Jaen.

En el ramo de la escultura, y dentro del siglo XVI, destacó la escultura funeraria, sobresaliendo entre ellas las tumbas de los Reyes Católicos en la Capilla Real de Granada, obra del italiano Domenico Fancelli. Pero el escultor más conocido de este período es Alonso de Berruguete (1489-1561), que esculpía preferentemente en madera. La mayor parte de sus obras fueron retablos para iglesias, y de éstas sobresalen *Un patriarca* y *La adoración de los reyes magos*. A finales del siglo XVI se generalizó la talla de retablos, conjunto de figuras talladas en madera para la decoración de los altares de las iglesias. A principios del siglo XVII sobresalen Gregorio Hernández (1576-1636) y Juan Martínez Montañés (1568-1649). Hernández esculpió excelentes retablos y pasos destinados a las procesiones de Semana Santa; y Montañés se distinguió por la elaboración de imágenes policromadas.

En cuanto a pintura, el siglo XVI supuso una ruptura con las escuelas flamenca e italiana y el nacimiento de un tendencia pictórica caracterizada por el realismo y el naturalismo. La pintura española de este siglo se manifestó de distinta manera en cada región de España, sobresaliendo la de Castilla, Andalucía y Levante. En Castilla siguió triunfando Pedro Berruguete, nacido a mediados del siglo XV, con obras religiosas. Es notable su obra *Auto de fe*. En Andalucía descolló Alejo Fernández, muerto en 1545, autor de *La Virgen del Buen Aire*. Y en Levante sobresalió Juan de Juanes, muerto en 1579, autor de *El Salvador*. En la segunda parte del siglo se destaca Alonso Sánchez Coello (1531-1588), conocido por sus retratos de la corte de Felipe II, como el titulado *Felipe II*. Pero el siglo de oro de la pintura pertenece al siglo XVII. El primer lugar, desde el punto de vista cronológico, pertenece a Domenicos Theotocopoulos, conocido como el Greco –el griego. El Greco nació en Creta hacia el año 1547, estudió la pintura italiana en este país, y en 1576 se mudó a Toledo donde residió hasta su muerte en 1614. Los personajes de sus cuadros suelen ser santos o caballeros, y se caracterizan por el alargamiento estilizado de sus figuras, por la expresión de misticismo en sus santos, y por un uso sofisticado e innovador de los colores. De sus obras podemos citar *El entierro del Conde de Orgaz* y *El caballero de la mano en el pecho*. A mediados del siglo XVII triunfa la pintura barroca, iniciada por Francisco Ribalta (1564-1628) y José de Ribera (1591-1652). Ribalta destaca por sus cuadros tenebristas y de gran colorido, y una de sus obras más celebradas es *La Santa Cena*. Y de Ribera, conocido por sus cuadros tenebristas y de un crudo realismo de santos semidesnudos, merecen mención *El apóstol San Andrés*, y *Martirio de San Bartolomé*. Coetáneo de Ribera fue Francisco de Zurbarán (1598-1664), considerado el mejor pintor de cuadros de tema religioso de su tiempo. Zurbarán comienza pintando cuadros tenebristas, pero pronto abandona esta tendencia para pintar cuadros de mayor colorido. A su período tenebrista corresponde *La concepción*, y al colorista la *Aparición de San Pedro Nolasco*. De este mismo siglo, el XVII, es Diego R. de Silva Velázquez (1599-1660), uno de los maestros de la pintura universal. Velázquez fue pintor de cámara de Felipe IV y, por tanto, pintó algunos retratos de la familia real. Además de captar con gran agudeza la realidad de su tiempo, Velázquez incorporó dentro de algunos de sus cuadros una reflexión sobre el proceso creador del artista. De sus obras merecen mención *Las Meninas*, *Las hilanderas*, y *La rendición de Breda*. Otros pintores de gran renombre fueron Esteban Murillo (1618-1682), y Juan de Valdés Leal (1622-1690). Murillo se especializó en cuadros de la Virgen, y una de sus obras más conocidas es *La Inmaculada Concepción*. Murillo pintó también cuadros llenos de un gran realismo, como *Los vendedores de fruta*. Valdés Leal debe su fama principalmente a los cuadros que pintó para el hospital de la Caridad de Sevilla, en los que pinta la victoria de la muerte sobre la vida.

En los ramos de la orfebrería y la joyería se puede apreciar un auge en la ornamentación de las custodias. La rejería, los trabajos de madera para sillerías y puertas de las iglesias o catedrales, la cerámica y los tapices, alcanzaron gran valor artístico. En este período, y dentro del campo de la música, apareció la zarzuela, género teatral que combina la prosa o verso con partes musicales y canto. La popularidad de la zarzuela se mantendrá vigente a lo largo de los siglos venideros.

CUESTIONARIO

1. ¿Qué hereda Carlos I tras las muertes de su padre y abuelo?
2. ¿Qué provocó el enfrentamiento entre Carlos I y las Comunidades Castellanas?

3. ¿Quiénes ocupaban los puestos más destacados del gobierno en tiempos de Felipe II?

4. ¿Qué tipo de estudios sobresalieron en el siglo XVI?

5. ¿Con qué reyes se agudiza la decadencia del imperio español?

6. ¿Cuáles son algunas de las causas de la decadencia del imperio español?

7. ¿Qué caracteriza al estilo herreriano de arquitectura?

8. Mencione algunas de las obras esculpidas por Alonso Berruguete.

9. ¿Qué rasgos pictóricos distinguen a la pintura del Greco?

10. ¿Qué tema suele escoger Francisco de Zurbarán para sus cuadros?

11. Mencione algunos cuadros célebres de Diego R. Velázquez.

12. ¿Qué género musical aparece en este período? ¿De qué se compone este género?

IDENTIFICAR

1. Fernando
2. Enrique II
3. Batalla de Lepanto
4. Carlos II
5. Monasterio de San Marcos

6. Domenico Fancelli
7. Gregorio Hernández
8. Alonso Sánchez Coello
9. José de Ribera
10. Esteban Murillo

ENSAYOS

1. La derrota de la Armada Invencible en 1588 signó el principio de la decadencia del imperio español. Haga un estudio de los hechos que provocaron esta batalla y las causas de la derrota española y victoria de los ingleses.

2. Los reinados de Felipe III, Felipe IV, y Carlos II agudizaron el proceso de decadencia del imperio español. Estudie el papel de estos tres monarcas incompetentes en el desarrollo de la historia de España.

3. "Las Meninas" de Velázquez es uno de los cuadros más celebrados en la historia de la pintura universal. Analice el tema del cuadro y las distintas técnicas pictóricas que emplea Velázquez en la creación de esta obra maestra.

BIBLIOGRAFÍA

Altamira, Rafael. *A History of Spanish Civilization*. Trad. por P. Volkov. London: Constable & Co. Ltd., 1930.

Cantarino, Vicente. *Civilización y cultura de España*. New York: Macmillan Pub. Co., 1988.

Davies, Reginald Trevor. *The Golden Century of Spain: 1501-1621*. New York: Macmillan Pub. Co., 1954.

Kattán-Ibarra, Juan. *Perspectivas culturales de España*. Lincolnwood, Illinois: National Textbook Co., 1994.

Mallo, Jerónimo. *España. Síntesis de su civilización*. New York: Charles Scribner's Sons, 1957.

EL RENACIMIENTO

INTRODUCCIÓN LITERARIA

El Siglo de Oro es el período de mayor florecimiento en las letras españolas, y se divide en dos partes: el Renacimiento y el Barroco. En este capítulo vamos a estudiar el Renacimiento, y dejamos el Barroco para el siguiente. El Renacimiento comprende casi todo el siglo XVI, y surge como imitación del arte italiano de los siglos XIV y XV y de los escritores de la antigüedad grecolatina. Bajo el reinado de Carlos V, los contactos de España con Italia dieron lugar a una fuerte influencia del italianismo en España. Se imitan las formas poéticas italianas, especialmente el endecasílabo, relegando el octosílabo a un plano secundario. El verso endecasílabo se usó en combinaciones estróficas como el soneto, el terceto, la octava real, la lira y la silva. El nuevo estilo da origen a un lenguaje poético más rico, sutil, lírico e íntimo, que se basa en la noción neoclásica de armonía y equilibrio. Asimismo, la poesía española de este período muestra predilección por la representación de estados íntimos, la idealización neoplatónica de la naturaleza, y la adopción de mitos grecolatinos y temas pastoriles y mitológicos.

El amor, influido por Petrarca y a veces por Platón, se representa como un sentimiento insatisfecho, fuente de dolor y tristeza, o como un conflicto entre el mundo de la razón y el de los sentidos. Este tema le servirá al poeta para profundizar en sus más íntimos sentimientos. La naturaleza, por otra parte, será el escenario de las relaciones amorosas, e influida por Petrarca aparece idealizada como un mundo armónico que refleja la perfección natural. Los mitos paganos, tomados de la *Metamorfosis* de Ovidio, son usados profusamente como motivos literarios o símbolos de la naturaleza. Finalmente, y desde el punto de vista lingüístico, el Renacimiento revaloriza los idiomas vulgares, que terminan sustituyendo al latín como lengua científica y literaria. Veamos a continuación los más importantes exponentes renacentistas de los tres géneros literarios: poesía, teatro y prosa.

POESÍA

Dos de los poetas renacentistas más destacados son Juan Boscán (1487-1542) y Garcilaso de la Vega (1501?-1536). Boscán recibió su educación en la corte de los Reyes Católicos, y tras una conversación con el poeta siciliano Andrea Navagiero, decide escribir poesía imitando los modelos italianos, en especial Petrarca. Su poesía, publicada después de morir, ocupa tres libros. El primero, de escasa importancia, está escrito siguiendo los metros tradicionales. El segundo consta de noventa y dos sonetos y varias canciones en endecasílabos y heptasílabos, y en el tercero hay composiciones sobre el amor que siente hacia su esposa, *Epístola a Mendoza*, y poemas alegóricos, *Hero y Leandro*. Además de poeta, Boscán realizó una excelente traducción de *El Cortesano*, de Baltasar de Castiglione. El mayor exponente de la poesía renacentista es, sin lugar a dudas, Garcilaso de la Vega, a quien estudiaremos más adelante.

En la segunda mitad del siglo XVI la poesía lírica sigue dos tendencias adscritas a dos escuelas diferentes: la sevillana y la salmantina. En la escuela sevillana sobresale Fernando de Herrera (1534-1597), sevillano y clérigo de órdenes menores. Herrera se enamoró platónicamente de una condesa, y ésta llegará a ser fuente de su inspiración poética. Es autor de una obra en prosa, *Anotaciones a las obras de Garcilaso de la Vega* (1580), en la que sienta las bases del nuevo estilo poético: culto y clasicista. Herrerra, obsesionado por la perfección técnica, escribe una poesía caracterizada por el uso de un lenguaje sumamente artificioso, afectado, y plagado de latinismos y referencias clásicas y mitológicas. Dos son los temas que dominan en su poesía: el patriótico, poetizado en sus odas; y el amoroso, tratado en sus sonetos y elegías. Ejemplo del primer tema es su poema "Canción por la victoria de Lepanto", verdadero himno en el que Herrera celebra la victoria española contra la flota turca. Su poesía amorosa, influida por la lírica petrarquista, es un canto al amor real que sintió por la condesa de Gelves. Herrera fue el jefe de la escuela sevillana, caracterizada por el uso de imágenes coloristas, preocupación por la forma, e imitación de los modelos clásicos.

A diferencia de la escuela sevillana, la salmantina se preocupa más por los temas intelectuales, espirituales y otros relacionados con la naturaleza; y hace uso de un estilo más sobrio, menos artificioso, que la escuela sevillana. El representante más destacado de la escuela salmantina es Fray Luis de León (1527-1591), fraile agustino y catedrático de la universidad de Salamanca que, debido a su interpretación de algunos textos bíblicos, fue injustamente encarcelado cinco años. Su producción poética consta de tan sólo 29 poesías, que se pueden agrupar bajo los siguientes temas: 1) Deseo de escapar de los problemas de este mundo y buscar refugio en la naturaleza. A este grupo pertenece su poema "Vida retirada". 2) Reflexión científica sobre el orden del universo, que él interpreta como reflejo de la perfección de Dios. En este grupo se incluiría su "Noche serena" y la oda a Salinas. Y 3) deseo de escapar de esta vida y llegar a un mundo de perfección divina, como en "Morada del cielo". A pesar de este anhelo, su poesía no puede considerarse mística porque en ella nunca se verifica una unión mística con Dios. Su poesía es sobria y profunda, y suele emplear la silva. En prosa es autor de *La perfecta casada* (1583), en la que defiende el ideal de la buena esposa, y *De los nombres de Cristo* (1583), tratado filosófico, teológico y místico en el que Fray Luis de León reflexiona sobre la naturaleza de Dios, del hombre y de la sociedad.

En el siglo XVI se produce en nuestras letras una literatura religiosa que sigue dos direcciones: ascetismo y misticismo. La ascética se relaciona con los sacrificios que realiza el hombre con objeto de acercarse a Dios, y aquél trata de alcanzar la mayor perfección del espíritu mediante el ejercicio de las virtudes. La mística, por su parte, busca la unión del alma con Dios. Los tratadistas distinguen tres fases, o *vías*, en el camino que lleva a la divinidad: *Vía purgativa*, correspondiente a la fase ascética, y en la que el alma se purifica de sus pecados por medio de la oración. *Vía iluminativa*, correspondiente a la fase mística, y en la que el alma, liberada de sus pecados, participa de la gracia de Dios. Y *Vía unitiva*, en la que el alma llega a la unión total con Dios.

Entre los escritores ascéticos destaca Fray Luis de Granada (1504-1588), fraile dominico que vivió la mayor parte de su vida en Portugal. Su obra maestra es *Introducción al símbolo de la fe* (1583), en la que canta a la creación y todas sus muestras representativas, como la flora y la fauna, y hace una apología del cristianismo. En otra de sus obras importantes, *Guía de pecadores* (1556), Fray Luis de Granada da una serie de pautas sobre cómo alcanzar la perfección moral.

Dentro del misticismo sobresale Santa Teresa de Jesús (1515-1582), nacida en Ávila de familia noble, y fundadora de las Carmelitas Descalzas. Es autora del *Libro de su vida* (1561-1565), autobiografía espiritual en la que traza su desarrollo espiritual; *Camino de perfección*, en la que explica cómo alcanzar la perfección; y de *El castillo interior* (1577), en donde habla simbólicamente de un castillo interior, habitado por Cristo, que se halla rodeado por siete recintos. Escribió, asimismo, varios poemas religiosos que no tienen la calidad de su obra en prosa. Uno de los seguidores de Santa Teresa de Jesús fue San Juan de la Cruz (1542-1591), natural de Ávila que ingresó en la Orden del Carmelo y estudió después en Salamanca. Al conocer a Santa Teresa de Jesús se convirtió en su aliado en la campaña destinada a reformar la Orden. Su obra poética es escasa, pero de enorme calidad y profundidad. Merecen mención la "Subida del Monte Carmelo", "Cántico espiritual",

"Noche oscura del alma" y "La llama de amor viva". De todos ellos sobresale el "Cántico espiritual", centrado en la búsqueda que hace el alma (representado como una esposa) del creador (representado como el amado), y de la unión mística de ambos. Su poesía, de una gran sencillez pero de un alto grado de lirismo, expresa el ferviente deseo del yo poético de acercarse y fundirse con Dios; y suele percibirse en ella la influencia de Garcilaso de la Vega, de la *Biblia*, de la poesía culta del Cancionero y de la lírica tradicional popular. Escribió, por otra parte, algunos tratados en prosa comentando varios de sus poemas. Otra figura importante es San Ignacio de Loyola (1491-1556), fundador de la Compañía de Jesús en 1540 y autor de los *Ejercicios espirituales* (1548), obra en la que el santo expresa las normas y principios de la Compañía por él fundada

A pesar del deseo de muchos poetas de inmortalizar las glorias militares del imperio español, la poesía épica española del Renacimiento no cuenta con grandes representantes. Algunos de los poemas épicos tomaron como asunto la Reconquista, y otros ensalzaron las gestas militares de Carlos V o Juan de Austria. Hubo algunos escritores que se dedicaron a cantar las obras de grandes personajes religiosos -épica sacra-, y autores que trataron temas de la conquista de América y que estudiaremos en el volumen dedicado a la literatura latinoamericana.

TEATRO

Algunos de los autores más representativos del teatro renacentista son Bartolomé Torres Naharro, Gil Vicente, Lope de Rueda y Juan de la Cueva. Torres Naharro nació en la segunda mitad del siglo XV y murió hacia 1524. Fue soldado y luego se hizo sacerdote. Publicó en 1517 la *Propalladia*, colección de sus ocho obras dramáticas. Su teatro se divide en obras realistas y fantásticas, y a esta segunda categoría pertenece su mejor obra: *Himenea*. Esta comedia, la primera en el teatro español en tratar el tema del honor, se centra en un marqués que se opone al matrimonio de su hermana Fabea con un hombre de menor rango social, Himeneo. Al final, éste logra calmar al marqués y se celebra la boda.

Gil Vicente, portugués de nacimiento, nació hacia 1465, y murió hacia 1537. Gran conocedor del folclore español, incorpora en su teatro *cantigas de amigo* y *cantos de mayo* acompañados de música. De su obra dramática, caracterizada por un gran lirismo, destaca la *Tragicomedia de don Duardos* (1521-1525) y la *Trilogía das Barcas* (1517-1519). El asunto de la trilogía se relaciona con las danzas de la muerte medievales y con el tema renacentista de la barca de Caronte, y se proponen como una sátira social y religiosa. Las dos primeras piezas de la trilogía, sobre el infierno y el purgatorio, están escritas en portugués, y la tercera, sobre la gloria, en español. Es, igualmente, autor de varias farsas costumbristas, *Farsa dos Físicos* (1512), y tragicomedias alegóricas, *Fragoa d'amor*.

Lope de Rueda nació a principios del siglo XVI y murió en 1565. Aunque se le conocen cinco comedias, su fama se debe a los *pasos*, breves piezas dramáticas que se ponían en escena durante la representación de las comedias. Los *pasos* son obras costumbristas de carácter cómico con personajes populares y diálogos animados, y vienen a ser un antecedente de los *entremeses* de Cervantes y de los *sainetes* de Ramón de la Cruz.

Juan de la Cueva (1550-1610), por último, tiene el mérito de haber descubierto en las crónicas y el romancero acontecimientos dramáticos de la historia de España. Reflejo de este descubrimiento son sus obras *Los siete infantes de Lara* y *Bernardo del Carpio*. En otras de sus obras, de menor interés, trata temas inspirados por escritores clásicos, como la *Tragedia de Ayax Telamón*.

PROSA

La prosa renacentista cuenta con una gran variedad de formas y temas narrativos. Se escribieron numerosos tratados didácticos, obras históricas, crónicas, novelas de caballerías, sentimentales y pastoriles. La prosa didáctica tiene por exponentes principales a Fray Antonio de Guevara (1481?-1545) y los hermanos Valdés, Alfonso (1490-1532) y Juan (1490-1541). Guevara, que llevó vida de cortesano hasta que ingresó en la orden de San Francisco, se caracteriza por ser un gran estilista, y es autor de una biografía imaginaria: *Libro áureo del emperador Marco Aurelio* (1529), y de una obra en la que contrasta las desventajas de la ciudad con respecto a la vida del campo: *Menosprecio de corte y alabanza de aldea* (1539). Alfonso de Valdés, secretario de Carlos V, fue, como su hermano, seguidor de las ideas de Erasmo. Su obra más importante es *Diálogo de Mercurio y de Carón*, y en ella Carón hace unos comentarios severos a las almas de varios condenados que transporta en su barca por la laguna Estigia. De Juan de Valdés, que vivió en la corte en su juventud, la obra más importante es *Diálogo de la lengua*, en la que hace una defensa de la lengua española. De los historiadores y cronistas nos ocuparemos en el volumen dedicado a la literatura latinoamericana, pero junto a éstos hay otros que tratan temas nacionales, como el padre Juan de Mariana (1535-1624), autor de numerosos ensayos políticos y de una *Historia de España* (1592).

Mayor éxito popular que las crónicas o los tratados históricos lo tuvo la novela de caballerías. Con anterioridad al siglo XVI ya se habían escrito novelas de caballerías, como *El caballero Cifar* en el siglo XIV y *Tirant lo Blanch* en el siglo XV. En 1598 se publicó el *Amadís de Gaula*, de autor desconocido. Se considera la novela modélica del género caballeresco, tuvo un gran éxito, y sus temas fueron continuados por otros muchos escritores. La novela relata las aventuras fantásticas de Amadís, un caballero que realiza grandes empresas en nombre del bien. La obra concluye narrando las grandes hazañas de su hijo Esplandián.

Otro tipo de novela que se cultivó en este período fue la pastoril. El tema pastoril ya había sido poetizado por Virgilio y Garcilaso, pero gracias a la influencia de la novela *Arcadia* (1501), del italiano Jacobo Sannazaro, el tema pastoril pasó a la novela. La primera novela pastoril publicada en España es *Los siete libros de Diana* (1559), de Jorge de Montemayor (1520-1561). La novela peca de excesivo sentimentalismo y de un desarrollo lento de la acción, pero sobresale la excelente descripción de la naturaleza y de los palacios, el retrato sicológico de los personajes y la calidad de su prosa. La novela tuvo una gran influencia dentro y fuera de España. De más mérito que ésta son las novelas pastoriles escritas posteriormente por Cervantes, *La Galatea* (1585) y *La Arcadia* (1598), de Lope de Vega.

Otro tipo de novela cultivada en este período es la morisca, que toma sus temas de los viejos romances centrados en las relaciones sentimentales entre moros y cristianos. La primera de ellas es la *Historia del abencerraje y de la hermosa Jarifa*, que narra el amor y matrimonio de un moro, Abindarráez, con una cristiana, Jarifa. A mediados del siglo XVI se publicó la *Vida del Lazarillo de Torme y de sus fortunas y adversidades*, novela que inicia el género picaresco y que estudiaremos a continuación.

CUESTIONARIO

1. ¿En qué períodos se divide el Siglo de Oro?
2. ¿Qué país y qué escritores ejercen una decisiva influencia en el desarrollo de las ideas estéticas del Renacimiento español?
3. ¿Qué escribió y qué tradujo Juan Boscán?
4. ¿Qué temas predominan en la obra de Fernando Herrera? ¿En qué tipo de lenguaje suele expresarse?
5. ¿Qué temas y estilo caracterizan la obra de Fray Luis de León?
6. ¿En qué se diferencian el ascetismo y el misticismo?
7. ¿Qué escribió Santa Teresa de Jesús? ¿De qué tratan estas obras?
8. Mencione algunos de los dramaturgos más destacados del Renacimiento.
9. ¿Quién es el primer autor en tratar el tema del honor?
10. ¿Cuál es el tema principal de *Menosprecio de corte y alabanza de aldea* de Guevara?
11. ¿Qué variedad de formas y temas se representan en la prosa renacentista?

IDENTIFICAR

1. Petrarca
2. *El Cortesano*
3. Escuela sevillana y salmantina
4. San Juan de la Cruz
5. *Himenea*

6. Pasos
7. Amadís de Gaula
8. Los siete libros de Diana
9. La Galatea

ENSAYOS

1. Escriba un ensayo sobre la importancia de la mitología en la obra poética del Renacimiento.
2. Haga un estudio sobre la influencia italiana, en especial la de Petrarca, en la poesía renacentista española.
3. Haga una investigación sobre las características más relevantes que definen a los distintos tipos de prosa cultivados durante el Renacimiento: tratados didácticos, novelas sentimentales, pastoriles, de caballerías, morisca…

BIBLIOGRAFÍA

Alborg, Juan Luis. *Historia de la literatura española. Edad Media y Renacimiento*. Madrid: Gredos, 1975.

Correa Calderón, F. Fernando Lázaro. *Curso de literatura (española y universal)*. Salamanca: Anaya, 1963.

García López, José. *Historia de la literatura española*. Barcelona: Ed. Vicens-Vives, 1969.

Jones, R. O. *A Literary History of Spain. The Golden Age: Prose and Poetry*. New York: Barnes & Noble Inc., 1972

Rico, Francisco. *Historia y crítica de la literatura española*. II. Francisco López Estrada. Siglos de Oro: Renacimiento. Barcelona: Ed. Crítica, 1984.

Río, Ángel del. *Historia de la literatura española*. New York: Holt, Rinehart and Winston, 1963.

Wilson, Edward M. *A Literary History of Spain. The Golden Age: Drama*. New York: Barnes & Noble Inc., 1972.

GARCILASO DE LA VEGA
(1501 - 1536)

Garcilaso de la Vega nació en Toledo hacia el año 1501 en el seno de una familia de noble linaje. Recibió una excelente educación y aprendió varias lenguas: latín, griego, toscano y francés. Aunque se casó y tuvo varios hijos con doña Elena de Zúñiga, el verdadero amor de su vida, y la fuente de su inspiración poética, fue Isabel Freyre, dama portuguesa que formaba parte del séquito de la emperatriz. Garcilaso es considerado el prototipo del hombre renacentista: aristócrata, soldado valeroso, músico, poeta y cortesano. Murió en 1536 como consecuencia de unas heridas sufridas en el asalto a la torre de Muey, Francia.

Garcilaso es el poeta más representativo del Renacimiento español. Importó de Italia el verso endecasílabo y a él se debe la renovación de la poesía española al proyectar en ésta una visión idealizada de la realidad. Su creación poética es escasa: tres églogas, dos elegías, una epístola, cinco odas, y treinta y ocho sonetos; y en ella predominan dos motivos fundamentales: el bucólico y el amoroso. El primero de estos motivos, influido por la poesía de Virgilio y Sannazaro, se puede apreciar en sus *Églogas*, y el segundo, influido por Petrarca, en la mayor parte de su producción poética.

Las *Églogas* de Garcilaso constan de tres partes, y es en ellas donde la poesía de Garcilaso llega a sus más altas cimas. En la *Égloga I* los protagonistas son dos pastores, Salicio y Nemoroso, que, en la quietud de un paisaje bucólico, se cuentan sus desgracias amorosas. El primero de ellos, Salicio, se lamenta del rechazo de Galatea, y Nemoroso llora la muerte de Elisa. La crítica ha visto en los dos pastores una representación artístico-poética de Garcilaso, y en las dos amadas de Isabel Freyre. En la *Égloga II* Garcilaso cuenta de forma alegórica la historia de la casa de los duques de Alba. Y en la *Égloga III* poetiza algunos asuntos de corte mitológico, como la persecución de Dafne por Apolo. La primera de las dos *Elegías* está dedicada al duque de Alba, tras la muerte de su hermano, y la segunda, escrita hacia 1535, estaba dirigida a su amigo Boscán. A Boscán también dirigió su *Epístola*, escrita en verso suelto. De las cinco canciones la más conocida es la quinta, "A la flor de Gnido". El título alude a una hermosa dama de Nápoles que no correspondía amorosamente a un amigo del poeta, y éste le recuerda el caso de la ninfa que fue convertida por los dioses en estatua de mármol por su actitud arrogante frente a los hombres. Como novedad métrica, Garcilaso utilizó en esta canción la lira, estrofa de cinco versos que combina los heptasílabos y endecasílabos. Sus sonetos destacan por su hermosura, perfección formal, intimismo sentimental y por la recurrencia del amor platónico teñido de cierta melancolía.

❖ ❖ ❖

"En tanto que de rosa y de azucena"

GUÍA DE LECTURA

En el soneto XXIII, "En tanto que de rosa y de azucena", Garcilaso revela sus grandes dotes para la creación poética. Es un soneto en el que el poeta, dentro de la tradición grecolatina, recrea el tema del *carpe diem* horaciano, tema que pone de relieve la noción del disfrute de la juventud ante la inevitable llegada de la vejez y la muerte. El soneto se divide en dos partes, correspondiendo la primera de ellas a los dos cuartetos y la segunda a los dos tercetos. Aunque el poema carece de notas íntimas o de tono melancólico, el lector puede sentir la presencia del yo poético alabando la belleza de la mujer y animándola a que disfrute de su juventud efímera.

En tanto que° de rosa y de azucena°
se muestra la color en vuestro gesto°,
y que vuestro mirar ardiente, honesto,
enciende al corazón y lo refrena°;

y en tanto que el cabello, que en la vena
del oro° se escogió, con vuelo presto°
por el hermoso cuello blanco, enhiesto°,
el viento mueve, esparce° y desordena:

coged de vuestra alegre primavera
el dulce fruto antes que el tiempo airado°
cubra de nieve la hermosa cumbre°.

Marchitará° la rosa el viento helado,
todo lo mudará la edad ligera
por no hacer mudanza en su costumbre.

ANÁLISIS CRÍTICO

1. Haga un comentario sobre el cómputo silábico, licencias poéticas, ritmo, rima, y tipos de estrofas.

2. ¿Qué idea introduce la serie de verbos que aparecen al final del cuarto verso del segundo cuarteto?

3. ¿De qué manera queda definida o caracterizada la joven figura femenina?

4. ¿Existe algún tipo de relación sentimental entre el yo poético y la mujer protagonista del poema?

5. ¿Qué aspectos físicos de la mujer describe el yo poético?

6. ¿Qué diferencias temáticas existen entre los dos cuartetos y los dos tercetos?

7. ¿Qué tipo de figura retórica encontramos en el término "rosa"? ¿Cómo interpreta esta figura retórica? ¿Qué otras figuras retóricas encontramos en el poema? ¿Puede identificar algún hipérbaton en el poema?

8. ¿Cómo interpreta los versos tercero y cuarto del poema? ¿Cómo resuelve esa aparente contradicción que aparece en el verso cuarto?

9. Interprete el juego de palabras, "mudará" y "mudanza", que aparece en los dos últimos versos.

10. ¿Qué valor simbólico tienen los colores en este soneto? ¿y las estaciones del año? ¿Qué conexión existe entre unos y otras?

11. ¿Cómo se expresa la noción del *Carpe diem*?

En tanto que: mientras
Azucena: flor de color blanco
Gesto: cara
Refrena: contiene, reprime
Que en la vena del oro: de color rubio
Presto: rápido, diligente

Enhiesto: erguido, erecto
Esparce: dispersa, extiende
Airado: enojado, irritado
Cumbre: cima
Marchitará: secará

ENSAYO

Escriba un ensayo comparando este soneto con el soneto XXIV, "Pasando el mar Leandro el animoso". Preste especial atención al tema del *Carpe diem*.

BIBLIOGRAFÍA

Estrella Gutiérrez, Fermín. *Literatura española con antología*. Buenos Aires: Ed. Kapelusz, 1965.
Lapesa, Rafael. *La trayectoria poética de Garcilaso*. Madrid: Ed. Istmo, 1985.
Río, Ángel del. *Historia de la literatura española*. New York: Holt, Rinehart and Winston, 1963.
Rivers, Elias L. *Garcilaso de la Vega: Poems. A Critical Guide*. London: Grant and Cutler Ltd., 1980
Romera-Navarro, M. *Historia de la literatura española*. Boston: D. C. Heath y Compañía, 1928.

❊ ❊ ❊

La vida de Lazarillo de Tormes, y de sus fortunas y adversidades

Las cuatro primeras ediciones que conservamos de *La vida de Lazarillo de Tormes, y de sus fortunas y adversidades* datan del año 1554, y fueron publicadas en Burgos, Amberes, Alcalá de Henares y Medina del Campo. Con anterioridad a estas ediciones hubo otra o, más probablemente, otras ediciones que pudieron haber sido publicadas según algunos críticos hacia 1525, y según otros hacia 1552 o 1553, fechas en las que floreció la literatura autobiográfica y seudoautobiográfica. Si la fecha de composición del *Lazarillo* ha estado sujeta a todo tipo de especulaciones, lo mismo sucede con el nombre del autor. Hoy día, a pesar de todas las hipótesis que se han barajado en torno a este tema, puede decirse que no existe certeza definitiva sobre la identidad del autor.

Escrita en pleno período renacentista, la obra marca el inicio del género picaresco. El *Lazarillo* es una novela episódica en la que los distintos tratados o capítulos no tienen más conexión que la que le da la presencia del protagonista en cada uno de ellos. El narrador protagonista de la novela, Lázaro, escribe el texto en primera persona, y lo dirige a un receptor al que llama Vuestra Merced. En este texto seudoautobiográfico, Lázaro relata las distintas aventuras que le van sucediendo mientras sirve a sus nueve amos. Algunas de estas aventuras se convierten en verdaderas experiencias vitales que terminan moldeando el mundo moral, sicológico y físico del joven protagonista o, más bien, antagonista de la novela. Lázaro nos cuenta su nacimiento en el seno de una familia pobre y el firme propósito de llegar a buen puerto, de alcanzar el éxito. La vida de Lázaro es un rosario de fracasos y sufrimientos. Hacia la mitad del tratado III se produce su máximo declive económico, y a partir de aquí comienza a ascender económicamente. Sin embargo, a medida que progresa económicamente se produce un descenso moral. El mundo antiheroico que nos describe el narrador protagonista de la novela, el pícaro, surge como una reacción contra el mundo idealista pintado por la novela de caballerías y la novela sentimental. La acción narrativa de la novela se mueve entre el mundo de la realidad y el mundo hipócrita de las apariencias, y tanto uno como otro mundo son descritos con un gran espíritu irónico y sarcástico. El autor, en boca de su personaje, nos presenta una sociedad corrupta, hipócrita, decadente y empobrecida en la que el clero se entrega a los placeres mundanos: falta de compromiso moral del cura de Maqueda para con el pueblo, lujuria del fraile mercerario y adulterio en el caso del arcipreste de San Salvador. La novela se cierra con un final ambiguo en el que vemos a Lázaro en la cúspide del éxito material a costa de tener que compartir su esposa con el arcipreste de San Salvador.

Tratado I

GUÍA DE LECTURA

En el primer tratado se narra la genealogía del pícaro, Lázaro, y sus aventuras con su primer amo, el ciego. Los distintos incidentes progresan gradualmente hacia un punto climático, y estas primeras aventuras del niño pícaro marcan los primeros pasos en su aprendizaje por la carrera de su vida. El adoctrinamiento de Lázaro no sólo proviene de los sabios consejos del avieso ciego, sino también de las aventuras que pasa con él, aventuras que suelen involucrar tres partes: el ciego, Lázaro, y algún tipo de objeto que se interpone entre ellos: el fardel, las uvas, la longaniza, el toro, el poste, etc.

Cuenta Lázaro su vida y cúyo hijo fue

Pues sepa Vuestra Merced°, ante todas cosas, que a mí llaman Lázaro de Tormes, hijo de Tomé González y de Antona Pérez, naturales de Tejares, aldea° de Salamanca. Mi nascimiento fue dentro del río Tormes, por la cual causa tomé el sobrenombre; y fue desta manera: mi padre, que Dios perdone, tenía cargo de proveer una molienda de una aceña° que está ribera de aquel río, en la cual fue molinero más de quince años; y estando mi madre una noche en la aceña, preñada de mí, tomóle el parto y parióme allí°. De manera que con verdad me puedo decir nascido en el río.

Pues siendo yo niño de ocho años, achacaron° a mi padre ciertas sangrías° mal hechas en los costales de los que allí a moler venían, por lo cual fue preso, y confesó y no negó, y padesció persecución por justicia. Espero en Dios que está en la gloria, pues el Evangelio los llama bienaventurados. En este tiempo se hizo cierta armada° contra moros, entre los cuales fue mi padre, que a la sazón° estaba desterrado por el desastre ya dicho, con cargo de acemilero° de un caballero que allá fue; y con su señor, como leal criado, fenesció su vida°.

Mi viuda madre, como sin marido y sin abrigo° se viese, determinó arrimarse° a los buenos, por ser uno dellos, y vínose a vivir a la ciudad y alquiló una casilla, y metióse a guisar de comer° a ciertos estudiantes, y lavaba la ropa a ciertos mozos de caballos° del Comendador° de la Magdalena, de manera que fue frecuentando las caballerizas°.

Ella y un hombre moreno° de aquellos que las bestias curaban° vinieron en conoscimiento. Éste algunas veces se venía a nuestra casa y se iba a la mañana. Otras veces, de día llegaba a la puerta, en achaque de° comprar huevos, y entrábase en casa. Yo, al principio de su entrada, pesábame con él° y habíale miedo, viendo el color y mal gesto que tenía; mas de que° vi que su venida mejoraba el comer, fuile queriendo bien, porque siempre traía pan, pedazos de carne y en el invierno leños, a que nos calentábamos.

Vuestra Merced: Tratamiento formal con el que Lázaro se dirige al destinatario, o narratario, del relato que escribe.
Aldea: pueblo pequeño.
Proveer una molienda de una aceña: traabajar en un molino
Tomóle el parto y parióme allí: me dio a luz allí.
Achacaron: culparon
Sangrías: robos
Armada: ejército
A la sazón: en ese momento
Acemilero: encargado de cuidar una mula
Fenesció su vida: murió
Abrigo: protección
Arrimarse: juntarse con
Metióse a guisar de comer: se dedicó a cocinar
Mozos de caballos: los que cuidaban los caballos
Comendador: miembro de una orden militar
Caballerizas: establos
Moreno: negro
Curaban: cuidaban
En achaque de: con el pretexto de
Pesábame con él: no me gustaba él
Mas de que: pero como

De manera que, continuando la posada y conversación°, mi madre vino a darme un negrito muy bonito, el cual yo brincaba° y ayudaba a calentar°. Y acuérdome que estando el negro de mi padrastro trebajando° con el mozuelo, como el niño vía° a mi madre y a mí blancos y a él no, huía dél°, con miedo, para mi madre, y, señalando con el dedo, decía:

—¡Madre, coco°!

Respondió él riendo:

—¡Hideputa! °

Yo, aunque bien mochacho, noté aquella palabra de mi hermanico y dije entre mí: "¡Cuántos debe de haber en el mundo que huyen de otros porque no se veen a sí mesmos!"

Quiso nuestra fortuna que la conversación del Zaide, que así se llamaba, llegó a oídos del mayordomo, y, hecha pesquisa°, hallóse que la mitad por medio de la cebada que para las bestias le daban hurtaba, y salvados°, leña, almohazas°, mandiles°, y las mantas y sábanas de los caballos hacía perdidas°; y cuando otra cosa no tenía, las bestias desherraba, y con todo esto acudía° a mi madre para criar a mi hermanico. No nos maravillemos de un clérigo ni fraile porque el uno hurta de los pobres y el otro de casa para sus devotas y para ayuda de otro tanto°, cuando a un pobre esclavo el amor le animaba a esto.

Y probósele cuanto digo y aun más; porque a mí con amenazas me preguntaban, y, como niño, respondía y descubría cuanto sabía, con miedo: hasta ciertas herraduras que por mandado de mi madre a un herrero vendí. Al triste de mi padrastro azotaron y pringaron°, y a mi madre pusieron pena por justicia, sobre el acostumbrado centenario°, que en casa del sobredicho comendador no entrase ni al lastimado Zaide en la suya acogiese°.

Por no echar la soga tras el caldero°, la triste se esforzó y cumplió la sentencia. Y, por evitar peligro y quitarse de malas lenguas, se fue a servir a los que al presente° vivían en el mesón de la Solana; y allí, padesciendo mil importunidades, se acabó de criar mi hermanico hasta que supo andar, y a mí hasta ser buen mozuelo, que iba a los huéspedes por vino y candelas y por lo demás que me mandaban.

En este tiempo vino a posar° al mesón un ciego, el cual, paresciéndole que yo sería para adestralle°, me pidió a mi madre, y ella me encomendó a él, diciéndole cómo era hijo de un buen hombre, el cual, por ensalzar la fe, había muerto en la de los Gelves°, y que ella confiaba en Dios no saldría peor hombre que mi padre, y que le rogaba me tractase bien y mirase por mí, pues era huérfano. Él respondió que así lo haría y que me recibía, no por mozo, sino por hijo. Y así le comencé a servir y adestrar a mi nuevo y viejo amo.

La posada y conversación: alojamiento y relación sexual
Yo brincaba: lo levantaba en el aire
Calentar: estar abrigado
Trebajando: jugando
Vía: veía
Dél: de él
Coco: ser que inspira miedo, en inglés "bogieman"
Hideputa: exclamación común en la época que aquí se puede leer en sentido literal.
Hecha pesquisa: investigado el asunto
Salvados: alimento de los animales
Almohazas: objeto de hierro usado para limpiar los caballos
Mandiles: paño para limpiar los caballos
Hacía perdidas: robaba

Acudía: ayudaba
Para sus devotas… tanto: para sus amantes y los hijos nacidos de esa relación
Pringaron: castigo consistente en derretir tocino al fuego y echarlo sobre las heridas producidas por los azotes.
Pena… centenario: su madre fue castigada a recibir 100 azotes.
Acogiese: recibiese
Por no… caldero: refrán que significa " para no perder todo"
Al presente: en ese momento
Posar: hospedarse
Yo sería… adestralle: yo le podía servir de guía
En la de los Gelves: batalla que tuvo lugar en esta ciudad del norte de África en 1510

Como estuvimos en Salamanca algunos días, paresciéndole a mi amo que no era la ganancia a su contento, determinó irse de allí; y cuando nos hubimos de partir, yo fui a ver a mi madre, y, ambos llorando, me dio su bendición y dijo:

—Hijo, ya sé que no te veré más. Procura de° ser bueno, y Dios te guíe. Criado te he y con buen amo te he puesto; válete por ti.

Y así me fui para mi amo, que esperándome estaba. Salimos de Salamanca, y, llegando a la puente, está a la entrada della un animal de piedra, que casi tiene forma de toro, y el ciego mandóme que llegase cerca del animal, y, allí puesto, me dijo:

—Lázaro, llega el oído a este toro y oirás gran ruido dentro dél.

Yo, simplemente, llegué, creyendo ser ansí. Y como sintió que tenía la cabeza par de la piedra°, afirmó recio la mano y diome una gran calabazada en el diablo del toro°, que más de tres días me duró el dolor de la cornada°, y díjome:

—Necio°, aprende, que el mozo del ciego un punto ha de saber más que° el diablo.

Y rió mucho la burla.

Parescióme que en aquel instante desperté de la simpleza en que, como niño, dormido estaba. Dije entre mí: "Verdad dice éste, que me cumple avivar el ojo y avisar°, pues solo soy, y pensar cómo me sepa valer".

Comenzamos nuestro camino, y en muy pocos días me mostró jerigonza°; y como me viese de buen ingenio, holgábase° mucho y decía:

—Yo oro ni plata no te lo puedo dar; mas avisos para vivir muchos te mostraré.

Y fue ansí, que, después de Dios, éste me dio la vida y, siendo ciego, me alumbró° y adestró en la carrera de vivir.

Huelgo de° contar a Vuestra Merced estas niñerías, para mostrar cuánta virtud sea saber° los hombres subir siendo bajos, y dejarse bajar siendo altos cuánto vicio.

Pues, tornando al bueno de mi ciego y contando sus cosas, Vuestra Merced sepa que, desde que Dios crió° el mundo, ninguno formó más astuto ni sagaz°. En su oficio era un águila. Ciento y tantas oraciones sabía de coro°. Un tono bajo, reposado y muy sonable, que hacía resonar la iglesia donde rezaba; un rostro humilde y devoto, que con muy buen continente° ponía cuando rezaba, sin hacer gestos ni visajes° con boca ni ojos, como otros suelen hacer. Allende desto°, tenía otras mil formas y maneras para sacar el dinero. Decía saber oraciones para muchos y diversos efectos: para mujeres que no parían; para las que estaban de parto; para las que eran malcasadas, que sus maridos las quisiesen bien. Echaba pronósticos a las preñadas: si traía hijo o hija. Pues en caso de medicina decía que Galeno no supo la mitad que él para muela°, desmayos, males de madre°. Finalmente, nadie le decía padecer alguna pasión° que luego° no le decía:

—Haced esto, haréis estotro, cosed° tal hierba, tomad tal raíz.

Procura de: trata de
Par de la piedra: cerca de la piedra
Afirmó...toro: me golpeó la cabeza contra el toro
Cornada: golpe o herida producida por los cuernos del toro. Aquí se refiere al golpe causado por el ciego
Necio: tonto
Un punto ha de saber más que: debe saber más que
Que me cumple... avisar: despertar, ser listo o astuto
Jerigonza: trampas y jerga, o lengua, usados por la gente de baja extracción social
Holgábase: se alegraba

Alumbró: dio luz
Huelgo de: me permito
Sea saber: es necesaria a
Crió: creó
Astuto ni sagaz: listo
De coro: de memoria
Continente: buena apariencia
Visajes: gestos exagerados
Allende desto: además de esto
Muela: diente
Males de madre: enfermedad de la matriz
Pasión: dolor
Luego: inmediatamente
Cosed: coged

Con esto andábase todo el mundo tras él, especialmente mujeres, que cuanto les decía creían. Déstas sacaba él grandes provechos con las artes que digo, y ganaba más en un mes que cien ciegos en un año.

Mas también quiero que sepa Vuestra Merced que, con todo lo que adquiría y tenía, jamás tan avariento ni mezquino° hombre no vi; tanto, que me mataba a mí de hambre, y así no me demediaba de lo necesario°. Digo verdad: si con mi sotileza y buenas mañas° no me supiera remediar, muchas veces me finara° de hambre. Mas, con todo su saber y aviso, le contaminaba° de tal suerte, que siempre, o las más veces, me cabía° lo más y mejor. Para esto, le hacía burlas endiabladas, de las cuales contaré algunas, aunque no todas a mi salvo°.

Él traía el pan y todas las otras cosas en un fardel de lienzo°, que por la boca se cerraba con una argolla° de hierro y su candado y su llave; y al meter de todas las cosas y sacallas, era con tan gran vigilancia y tanto por contadero°, que no bastara hombre en todo el mundo hacerle menos una migaja°. Mas yo tomaba aquella laceria° que él me daba, la cual en menos de dos bocados era despachada°. Después que cerraba el candado y se descuidaba, pensando que yo estaba entendiendo en° otras cosas, por un poco de costura°, que muchas veces del un lado del fardel descosía y tornaba a coser, sangraba° el avariento fardel, sacando no por tasa° pan, mas buenos pedazos, torreznos° y longaniza°. Y ansí buscaba conveniente tiempo para rehacer, no la chaza, sino la endiablada falta que el mal ciego me faltaba°.

Todo lo que podía sisar° y hurtar traía en medias blancas°, y cuando le mandaban rezar y le daban blancas, como él carecía de vista, no había el que se la daba amagado° con ella, cuando yo la tenía lanzada en la boca y la media° aparejada°, que, por presto° que él echaba la mano, ya iba de mi cambio aniquilada en la mitad del justo precio°. Quejábaseme el mal ciego, porque al tiento° luego conocía y sentía que no era blanca entera, y decía:

—¿Qué diablo es esto, que después que° comigo estás no me dan sino medias blancas, y de antes° una blanca y un maravedí hartas° veces me pagaban? En ti debe estar esta desdicha°.

También él abreviaba el rezar y la mitad de la oración no acababa, porque me tenía mandado que, en yéndose el que la mandaba rezar, le tirase por cabo del capuz°. Yo así lo hacía. Luego él tornaba a dar voces, diciendo: "¿Mandan rezar tal y tal oración?", como suelen decir.

Usaba poner cabe sí° un jarrillo de vino, cuando comíamos, y yo muy de presto le asía° y daba un par de besos callados y tornábale a su lugar. Mas turóme° poco, que en los tragos

---

Mezquino: tacaño, malicioso
No me demediaba de lo necesario: no me daba la mitad de lo que necesitaba
Mañas: habilidades, maneras
Me finara: me muriera
Le contaminaba: lo engañaba
Me cabía: me quedaba
A mi salvo: para evitar daño a mi persona
Fardel de lienzo: pequeña bolsa de tela de algodón
Argolla: anilla o pieza de metal
Por contadero: contándolas
Que no bastara... migaja: nadie le podía quitar nada
Laceria: sufrimiento
En menos... despachada: me lo comía inmediatamente
Entendiendo en: haciendo
Costura: parte del fardel donde se unen o cosen las dos partes de una tela
Sangraba: robaba
No por tasa: sin medir

Torreznos: trozo de tocino del cerdo
Longaniza: chorizo, salchicha
Para rehacer... faltaba: para repetir el robo de comida
Sisar: robar
Blancas: tipo de moneda, dinero
Amagado: amenazado, hecho el intento de
Media: se refiere a una moneda que tiene la mitad del valor de la blanca
Aparejada: preparada
Por presto: con rapidez, prontitud
Ya iba... precio: ya había cambiado Lázaro la blanca por otra de la mitad de su valor
Al tiento: al tocarla
Después que: desde que
De antes: antes
Hartas: muchas
Desdicha: desgracia
Por cabo del capuz: por una parte de la capa
Cabe sí: cerca de él
Asía: cogía
Turóme: me duró

conocía la falta y, por reservar su vino a salvo, nunca después desamparaba° el jarro, antes lo tenía por el asa asido. Mas no había piedra imán que así trajese a sí como yo con una paja larga de centeno que para aquel menester° tenía hecha, la cual, metiéndola en la boca del jarro, chupando el vino lo dejaba a buenas noches°. Mas, como fuese el traidor tan astuto, pienso que me sintió, y dende° en adelante mudó° propósito y asentaba su jarro entre las piernas y atapábale° con la mano, y ansí bebía seguro.

Yo, como estaba hecho al vino, moría por él, y viendo que aquel remedio de la paja no me aprovechaba ni valía, acordé° en el suelo° del jarro hacerle una fuentecilla y agujero sotil, y delicadamente, con una muy delgada tortilla° de cera, taparlo; y al tiempo de comer, fingiendo haber frío, entrábame entre las piernas del triste ciego a calentarme en la pobrecilla lumbre que teníamos, y al calor della, luego derretida la cera, por ser muy poca, comenzaba la fuentecilla a destilarme° en la boca, la cual yo de tal manera ponía, que maldita la gota se perdía. Cuando el pobreto iba a beber, no hallaba nada, espantábase, maldecíase, daba al diablo el jarro y el vino, no sabiendo qué podía ser.

—No diréis, tío, que os lo bebo yo —decía—, pues no le quitáis de la mano.

Tantas vueltas y tientos° dio al jarro, que halló la fuente y cayó en° la burla; mas así lo disimuló como si no lo hubiera sentido. Y luego otro día, teniendo yo rezumando° mi jarro como solía, no pensando el daño que me estaba aparejado° ni que el mal ciego me sentía, senténme como solía; estando recibiendo aquellos dulces tragos, mi cara puesta hacia el cielo, un poco cerrados los ojos por mejor gustar el sabroso licuor, sintió el desesperado ciego que agora tenía tiempo de tomar de mí venganza, y con toda su fuerza, alzando con dos manos aquel dulce y amargo jarro, le dejó caer sobre mi boca, ayudándose, como digo, con todo su poder, de manera que el pobre Lázaro, que de nada desto se guardaba°, antes, como otras veces, estaba descuidado y gozoso, verdaderamente me pareció que el cielo, con todo lo que en él hay, me había caído encima.

Fue tal el golpecillo, que me desatinó° y sacó de sentido, y el jarrazo tan grande, que los pedazos dél se me metieron por la cara, rompiéndomela por muchas partes, y me quebró los dientes, sin los cuales hasta hoy día me quedé. Desde aquella hora quise mal al mal ciego, y, aunque me quería y regalaba° y me curaba, bien vi que se había holgado° del cruel castigo. Lavóme con vino las roturas que con los pedazos del jarro me había hecho, y, sonriéndose, decía:

—¿Qué te parece, Lázaro? Lo que te enfermó te sana y da salud.

Y otros donaires°, que a mi gusto no lo eran.

Ya que estuve medio bueno de mi negra trepa y cardenales°, considerando que, a pocos golpes tales, el cruel ciego ahorraría° de mí, quise yo ahorrar dél; mas no lo hice tan presto, por hacello más a mi salvo y provecho. Y aunque yo quisiera asentar mi corazón y perdonalle el jarrazo, no daba lugar el maltratamiento que el mal ciego dende allí adelante me hacía, que sin causa ni razón me hería, dándome coxcorrones° y repelándome°. Y si alguno le decía por qué me trataba mal, luego contaba el cuento del jarro, diciendo:

Desamparaba: descuidaba
Aquel menester: con aquel propósito
Lo dejaba a buenas noches: se burlaba del ciego
Dende: de ese momento
Mudó: cambió
Atapábale: lo cubría
Acordé: decidí
Suelo: base
Tortilla: masa, porción
Destilarme: dejar caer el vino
Tientos: acción de tocar
Cayó en: se dio cuenta de

Rezumando: goteando el vino
Aparejado: preparado
Se guardaba: se esperaba
Que me desatinó: que me hizo perder el juicio
Regalaba: trataba bien
Holgado: alegrado
Donaires: bromas, chistes
Trepa y cardenales: serie de heridas y moratones
Ahorraría: se libraría
Coxcorrones: golpes en la cabeza
Repelándome: tirándome del pelo

—¿Pensaréis que este mi mozo es algún inocente? Pues oíd si el demonio ensayara otra tal hazaña.

Santiguándose los que lo oían, decían:

—¡Mirá quién pensara de un muchacho tan pequeño tal ruindad!

Y reían mucho el artificio y decíanle:

—Castigaldo, castigaldo, que de Dios lo habréis°.

Y él, con aquello, nunca otra cosa hacía.

Y en esto yo siempre le llevaba por los peores caminos, y adrede°, por le hacer mal y daño; si había piedras, por ellas; si lodo, por lo más alto, que, aunque yo no iba por lo más enjuto°, holgábame a mí de quebrar un ojo por quebrar dos al que ninguno tenía. Con esto, siempre con el cabo alto del tiento me atentaba el colodrillo°, el cual siempre traía lleno de tolondrones° y pelado° de sus manos. Y aunque yo juraba no lo hacer con malicia, sino por no hallar mejor camino, no me aprovechaba ni me creía, mas tal era el sentido y el grandísimo entendimiento del traidor.

Y porque vea Vuestra Merced a cuánto se estendía el ingenio deste astuto ciego, contaré un caso de muchos que con él me acaescieron°, en el cual me paresce dio bien a entender su gran astucia. Cuando salimos de Salamanca, su motivo fue venir a tierra de Toledo, porque decía ser la gente más rica, aunque no muy limosnera. Arrimábase° a este refrán: «Más da el duro que el desnudo»°. Y venimos a este camino por los mejores lugares. Donde hallaba buena acogida° y ganancia, deteníamonos; donde no, a tercero día hacíamos° Sant Juan.

Acaesció que, llegando a un lugar que llaman Almorox al tiempo que cogían las uvas, un vendimiador le dio un racimo dellas en limosna. Y como suelen ir los cestos maltratados, y también porque la uva en aquel tiempo está muy madura, desgranábasele° el racimo en la mano; para echarlo en el fardel, tornábase mosto, y lo que a él se llegaba°. Acordó de hacer un banquete, ansí por no lo poder llevar como por contentarme, que aquel día me había dado muchos rodillazos y golpes. Sentámonos en un valladar° y dijo:

—Agora quiero yo usar contigo de una liberalidad, y es que ambos comamos este racimo de uvas y que hayas dél tanta parte como yo. Partillo° hemos desta manera: tú picarás una vez y yo otra, con tal que me prometas no tomar cada vez más de una uva. Yo haré lo mesmo hasta que lo acabemos, y desta suerte no habrá engaño.

Hecho ansí el concierto°, comenzamos; mas luego al segundo lance°, el traidor mudó propósito° y comenzó a tomar de dos en dos, considerando que yo debría hacer lo mismo. Como vi que él quebraba la postura°, no me contenté ir a la par con él, mas aun pasaba adelante: dos a dos y tres a tres y como podía las comía. Acabado el racimo, estuvo un poco con el escobajo° en la mano y, meneando la cabeza, dijo:

—Lázaro, engañado me has. Juraré yo a Dios que has tú comido las uvas tres a tres.

—No comí —dije yo—; mas ¿por qué sospecháis eso?

Que de Dios lo habréis: que Dios os premiará
Y adrede: intencionadamente
Enjuto: seco
Con el cabo alto...colodrillo: con la parte superior del bastón me golpeaba en la cabeza
Tolondrones: chichones, hinchada por los golpes
Pelado: sin pelo
Acaescieron: sucedieron
Arrimábase: creía en, se justificaba con
"Más da el duro que el desnudo": da más el avaro que el pobre
Acogida: recibimiento

Hacíamos Sant Juan: nos íbamos
Desgranábasele: se le separaban las uvas del racimo
Y lo que a él se llegaba: las uvas se hacían mosto, zumo, en su boca
Valladar: valla, tipo de pared
Partillo: dividirlo, compartirlo
Concierto: arreglo, acuerdo
Segundo lance: segunda vez
Mudó propósito: cambió de idea
Quebraba la postura: rompía con lo acordado
Escobajo: el racimo de uvas sin fruto

Respondió el sagacísimo ciego:

—¿Sabes en qué veo que las comiste tres a tres? En que comía yo dos a dos y callabas.

Reíme entre mí y, aunque mochacho, noté mucho la discreta consideración del ciego.

Mas, por no ser prolijo, dejo de contar muchas cosas, así graciosas como de notar, que con este mi primer amo me acaescieron, y quiero decir el despidiente° y, con él, acabar.

Estábamos en Escalona, villa del duque della, en un mesón, y diome un pedazo de longaniza que le asase. Ya que la longaniza había pringado° y comídose las pringadas°, sacó un maravedí° de la bolsa y mandó que fuese por él de vino a la taberna. Púsome el demonio el aparejo° delante los ojos, el cual, como suelen decir, hace al ladrón, y fue que había cabe el° fuego un nabo° pequeño, larguillo y ruinoso, y tal que por no ser para la olla debió ser echado allí. Y como al presente nadie estuviese sino él y yo solos, como me vi con apetito goloso, habiéndome puesto dentro el sabroso olor de la longaniza, del cual solamente sabía que había de gozar, no mirando qué me podría suceder, pospuesto todo el temor por cumplir con el deseo, en tanto que el ciego sacaba de la bolsa el dinero, saqué la longaniza y muy presto metí el sobredicho nabo en el asador. El cual, mi amo, dándome el dinero para el vino, tomó y comenzó a dar vueltas al fuego, queriendo asar al que de ser cocido por sus deméritos había escapado.

Yo fui por el vino, con el cual no tardé en despachar° la longaniza, y cuando vine hallé al pecador del ciego que tenía entre dos rebanadas° apretado el nabo, al cual aún no había conoscido, por no lo haber tentado con la mano. Como tomase las rebandas y mordiese en ellas pensando también llevar parte de la longaniza, hallóse en frío° con el frío nabo. Alteróse y dijo:

—¿Qué es esto, Lazarillo?

—¡Lacerado de mí! —dije yo—. ¿Si queréis a mí echar° algo? Yo ¿no vengo de traer el vino? Alguno estaba ahí y por burlar haría esto.

—No, no —dijo él—, que yo no he dejado el asador de la mano, no es posible.

Yo torné a jurar y perjurar que estaba libre de aquel trueco° y cambio; mas poco me aprovechó, pues a las astucias del maldito ciego nada se le escondía. Levantóse y asióme por la cabeza y llegóse a olerme; y como debió sentir el huelgo°, a uso de buen podenco°, por mejor satisfacerse de la verdad, y con la gran agonía que llevaba, asiéndome con las manos, abríame la boca más de su derecho y desatentadamente metía la nariz, la cual él tenía luenga y afilada, y a aquella sazón, con el enojo, se había augmentado un palmo°; con el pico de la cual me llegó a la gulilla°. Y con esto, y con el gran miedo que tenía, y con la brevedad del tiempo, la negra longaniza aún no había hecho asiento en el estómago; y lo más principal: con el destiento° de la cumplidísima nariz medio cuasi ahogándome, todas estas cosas se juntaron y fueron causa que el hecho y golosina se manifestase y lo suyo fuese vuelto a su dueño. De manera que, antes que el mal ciego sacase de mi boca su trompa°, tal alteración sintió mi estómago, que le dio con el hurto en ella, de suerte que su nariz y la negra mal maxcada° longaniza a un tiempo salieron de mi boca.

Despidiente: despedida
Pringado: la grasa que cae del chorizo
Las pringadas: el pan sobre el que cae la grasa
Maravedí: tipo de moneda
El aparejo: la oportunidad, la ocasión
Cabe el: cerca del
Nabo: tipo de verdura
Despachar: comer
Rebanadas: trozos de pan
Hallóse en frío: se sorprendió

Echar: culpar
Trueco: cambio
Huelgo: aliento
Podenco: perro
Palmo: medida de longitud
Gulilla: gola, garganta
Destiento: descortesía, malestar
Trompa: nariz
Maxcada: masticada

¡Oh gran Dios, quién estuviera aquella hora sepultado, que muerto ya lo estaba! Fue tal el coraje del perverso ciego, que, si al ruido no acudieran, pienso no me dejara con la vida. Sacáronme de entre sus manos, dejándoselas llenas de aquellos pocos cabellos que tenía, arañada la cara y rascuñado° el pescuezo y la garganta. Y esto bien lo merescía, pues por su maldad me venían tantas persecuciones.

Contaba el mal ciego a todos cuantos allí se allegaban° mis desastres, y dábales cuenta° una y otra vez así de la del jarro como de la del racimo, y agora de lo presente. Era la risa de todos tan grande, que toda la gente que por la calle pasaba entraba a ver la fiesta; mas con tanta gracia y donaire recontaba el ciego mis hazañas, que, aunque yo estaba tan maltratado y llorando, me parescía que hacía sinjusticia° en no se las reír. Y en cuanto esto pasaba, a la memoria me vino una cobardía y flojedad que hice, por que me maldecía: y fue no dejalle sin narices°, pues tan buen tiempo tuve para ello, que la meitad del camino estaba andado; que con sólo apretar los dientes se me quedaran en casa, y, con ser de aquel malvado, por ventura° lo retuviera mejor mi estómago que retuvo la longaniza, y, no paresciendo ellas, pudiera negar la demanda°. Pluguiera a Dios que lo hubiera hecho, que eso fuera así que así°.

Hiciéronnos amigos la mesonera y los que allí estaban, y, con el vino que para beber le había traído, laváronme la cara y la garganta. Sobre lo cual discantaba° el mal ciego donaires, diciendo:

—Por verdad, más vino me gasta este mozo en lavatorios al cabo del año, que yo bebo en dos. A lo menos, Lázaro, eres en más cargo° al vino que a tu padre, porque él una vez te engendró, mas el vino mil te ha dado la vida.

Y luego contaba cuántas veces me había descalabrado y arpado° la cara, y con vino luego sanaba.

—Yo te digo —dijo— que si un hombre en el mundo ha de ser bienaventurado con vino, que serás tú.

Y reían mucho los que me lavaban, con esto, aunque yo renegaba. Mas el pronóstico del ciego no salió mentiroso, y después acá° muchas veces me acuerdo de aquel hombre, que sin duda debía tener spíritu de profecía, y me pesa de° los sinsabores que le hice —aunque bien se lo pagué—, considerando lo que aquel día me dijo salirme tan verdadero como adelante Vuestra Merced oirá.

Visto esto y las malas burlas que el ciego burlaba de mí, determiné de todo en todo dejalle, y como lo traía pensado y lo tenía en voluntad, con este postrer° juego que me hizo afirmélo más. Y fue ansí que luego otro día salimos por la villa a pedir limosna, y había llovido mucho la noche antes; y porque el día también llovía, y andaba rezando debajo de unos portales que en aquel pueblo había, donde no nos mojamos, mas como la noche se venía y el llover no cesaba, díjome el ciego:

—Lázaro, esta agua es muy porfiada°, y cuanto la noche más cierra, más recia°. Acojámonos a la posada con tiempo.

Rascuñado: arañado
Allegaban: acercaban
Dábales cuenta: les contaba
Sinjusticia: no hacía bien
Y fue… narices: morderle la nariz
Por ventura: acaso
Y no paresciendo… demanda: al no faltar la evidencia de la nariz, Lazarillo podía negar la acusación criminal
Que eso… así: las consecuencias de haberle

mordido la nariz habrían sido las mismas
Discantaba: contaba
Eres en más cargo: debes más
Arpado: arañado
Después acá: desde entonces
Me pesa de: me duele
Postrer: último
Porfiada: obstinada, que no deja de llover
La noche… recia: al hacerse más noche, llueve más

Para ir allá habíamos de pasar un arroyo, que con la mucha agua iba grande. Yo le dije:

—Tío, el arroyo va muy ancho; mas, si queréis, yo veo por donde travesemos más aína° sin nos mojar, porque se estrecha allí mucho, y saltando pasaremos a pie enjuto.

Parescióle buen consejo y dijo:

—Discreto eres, por esto te quiero bien. Llévame a ese lugar donde el arroyo se ensangosta°, que agora es invierno y sabe mal el agua, y más llevar los pies mojados.

Yo que vi el aparejo a mi deseo°, saquéle de bajo de los portales y llevélo derecho de un pilar o poste de piedra que en la plaza estaba, sobre el cual y sobre otros cargaban saledizos° de aquellas casas, y dígole:

—Tío, éste es el paso más angosto que en el arroyo hay.

Como llovía recio y el triste se mojaba, y con la priesa° que llevábamos de salir del agua, que encima de nós caía, y, lo más principal, porque Dios le cegó aquella hora el entendimiento (fue por darme dél venganza), creyóse de mí y dijo:

—Ponme bien derecho y salta tú el arroyo.

Yo le puse bien derecho enfrente del pilar, y doy un salto y póngome detrás del poste, como quien espera tope° de toro, y díjele:

—¡Sus! Saltá todo lo que podáis, porque deis deste cabo del agua°.

Aun apenas lo había acabado de decir, cuando se abalanza° el pobre ciego como cabrón y de toda su fuerza arremete, tomando un paso atrás de la corrida para hacer mayor salto, y da con la cabeza en el poste, que sonó tan recio como si diera con una gran calabaza, y cayó luego para atrás medio muerto y hendida la cabeza.

—¿Cómo, y olistes la longaniza y no el poste? ¡Olé°, olé! —le dije yo.

Y dejéle en poder de mucha gente que lo había ido a socorrer, y tomé la puerta de la villa en los pies de un trote°, y antes que la noche viniese di comigo en Torrijos. No supe más lo que Dios dél hizo ni curé de lo saber°.

❊ ❊ ❊

Aína: pronto
Ensangosta: se estrecha
Aparejo a mi deseo: la ocasión de burlarme
Saledizos: parte saliente de la pared
Priesa: prisa
Tope: golpe, embestida

Porque… agua: para que paséis a este otro lado del agua
Se abalanza: se lanza
Olé: oled
En los pies de un trote: trotando
Ni curé de lo saber: ni me importó saberlo

CUESTIONARIO

1. ¿Dónde nace Lázaro?
2. ¿Qué oficio tenían los padres de Lázaro?
3. ¿Por qué tiene Lázaro un hermano negrito?
4. ¿Cómo describe Lázaro al ciego?
5. ¿Cómo le roba el vino Lázaro al ciego?
6. Mencione otros ejemplos anecdóticos en los que se ve cómo Lázaro roba algo al ciego.
7. ¿Qué final tiene este episodio?

SELECCIÓN MÚLTIPLE

I. Lázaro aprende del ciego a
   1. Sobrevivir
   2. Ser honesto
   3. No engañar nunca
   4. Ser religioso

II. Lázaro es huérfano de padre porque éste
   1. Murió en una batalla
   2. Abandonó a Lázaro de niño
   3. Murió en prisión
   4. Murió poco antes de que naciera Lázaro

III. Lázaro llega a poder del ciego porque
   1. La madre se lo vende
   2. El ciego se lo pidió a la madre
   3. Lázaro se escapó con el ciego
   4. La madre se lo encomendó al ciego

IV. El ciego ganaba su dinero
   1. Robando de las casas
   2. Engañando a los ricos
   3. Pidiendo limosna
   4. Ayudando a los curas

ANÁLISIS CRÍTICO

1. Lázaro, como algunos de los protagonistas de las novelas de caballerías, nace en un río. ¿Qué relación trata de establecer Lázaro con los héroes de estas novelas? ¿Se corresponde esta relación analógica con la vida real que lleva Lázaro?

2. Jesucristo llamó bienaventurados a aquéllos que padecían persecución por causa de la justicia. A la luz de este comentario, ¿cómo interpreta el hecho que Lázaro mencione que su padre "padesció persecución por justicia" por haber robado harina?

3. ¿Qué imagen nos da el narrador de su madre cuando dice que "fue frecuentando las caballerizas"?

4. ¿Dónde se encuentra la ironía de la interjección admirativa pronunciada por el padrastro de Lázaro, "Hideputa"?

5. La expresión exclamativa de Lázaro "¡Cuántos debe de haber... mesmos!" se considera un aparte. ¿Puede identificar otros apartes en este tratado? ¿Qué propósito tienen?

6. ¿En qué lugar o lugares tiene lugar la acción de este tratado?

7. ¿Qué significado narrativo tiene el golpe contra el toro de piedra que le da el ciego a Lázaro? ¿Hay cambio en el comportamiento de Lázaro con el ciego a partir de ahora?

8. ¿De qué manera guía, o adestra, Lázaro al ciego? ¿y el ciego a Lázaro?

9. El nombre de "Lázaro", ¿a qué personaje bíblico nos recuerda? Asimismo, el nombre de "Lázaro" parece guardar relación con "laceria", ¿Qué relación encuentra entre estos dos términos?

10. En este tratado se pueden apreciar ciertas simetrías que apuntan a una circularidad narrativa. Lázaro nace en el agua, en un río, y más tarde es golpeado por el ciego contra un toro de piedra, ¿puede encontrar algunas correspondencias simétricas con estas anécdotas al final del tratado? ¿Puede encontrar algún otro ejemplo?

11. ¿Qué importancia narrativa tiene la presencia del número 3 en este tratado?

12. ¿Qué vicios o pecados se asocian con el ciego?

✵ ✵ ✵

Tratado II

GUÍA DE LECTURA

Después de dejar al ciego avaro e hipócrita, Lázaro entra al servicio de su segundo amo: el cura de Maqueda. En este tratado se prosigue con el tema del hambre y se introducen el de la crítica anticlerical a través de la representación de un cura avaro, hipócrita y despreocupado de sus responsabilidades de sacerdote, y el del ser versus el parecer. En este tratado, el objeto que se interpone entre los dos protagonistas es un arcaz repleto de pan al que accede Lázaro con ayuda de un calderero, o mensajero de Dios, y el simbolismo de este episodio exige una interpretación bíblica.

❋ ❋ ❋

Cómo Lázaro se asentó con un clérigo, y de las cosas que con él pasó

Otro día, no pareciéndome estar allí seguro, fuime a un lugar que llaman Maqueda, adonde me toparon mis pecados con° un clérigo que, llegando a pedir limosna, me preguntó si sabía ayudar a misa. Yo dije que sí, como era verdad; que, aunque maltratado, mil cosas buenas me mostró el pecador del ciego, y una dellas fue ésta. Finalmente, el clérigo me rescibió por suyo°.

Escapé del trueno y di en el relámpago, porque era el ciego para con éste un Alejandre Magno, con ser la mesma avaricia, como he contado. No digo más, sino que toda la laceria del mundo estaba encerrada en éste: no sé si de su cosecha era o lo había anejado° con el hábito de clerecía.

Él tenía un arcaz° viejo y cerrado con su llave, la cual traía atada con un agujeta° del paletoque°. Y en viniendo el bodigo° de la iglesia, por su mano era luego allí lanzado y tornada a cerrar el arca. Y en toda la casa no había ninguna cosa de comer, como suele estar en otras algún tocino colgado al humero°, algún queso puesto en alguna tabla o, en el armario, algún canastillo° con algunos pedazos de pan que de la mesa sobran; que me paresce a mí que, aunque dello no me aprovechara, con la vista dello me consolara. Solamente había una horca° de cebollas, y tras la llave, en una cámara en lo alto de la casa. Déstas tenía yo de ración° una para cada cuatro días, y cuando le pedía la llave para ir por ella, si alguno estaba presente, echaba mano al falsopecto° y con gran continencia° la desataba y me la daba, diciendo:

—Toma y vuélvela luego y no hagáis sino golosinar°.

Como si debajo della estuvieran todas las conservas de Valencia, con no haber en la dicha cámara, como dije, maldita la otra cosa que las cebollas colgadas de un clavo. Las cuales él tenía tan bien por cuenta°, que, si por malos de mis pecados me desmandara a más de mi tasa°, me costara caro. Finalmente, yo me finaba° de hambre.

Pues ya que comigo tenía poca caridad, consigo usaba más. Cinco blancas de carne era su ordinario° para comer y cenar. Verdad es que partía comigo del° caldo, que de la carne ¡tan blanco el ojo°!, sino un poco de pan, y pluguiera a Dios que me demediara°.

Los sábados cómense en esta tierra cabezas de carnero, y enviábame por una, que costaba tres maravedís°. Aquélla le cocía, y comía los ojos y la lengua y el cogote y sesos y la carne que en las quijadas° tenía, y dábame todos los huesos roídos. Y dábamelos en el plato, diciendo:

Me toparon…con: me encontré
Me rescibió por suyo: aceptó que trabajara para él
Había anejado: iba unido al
Arcaz: caja grande de madera
Agujeta: tipo de cinta con una hebilla en cada extremo
Paletoque: tipo de capa corta
Bodigo: pan
Humero: parte de la chimenea donde se cuelgan los embutidos para ser ahumados
Canastillo: cesta
Horca: ristra, conjunto de cebollas atadas unas a otras
Tenía yo de ración: me correspondía, me tocaba

Falsopecto: bolsillo dentro de un tipo de camisa
Continencia: seriedad, templanza
Golosinar: comer manjares por placer
Él… por cuenta: las tenía contadas
Si por malos… tasa: me excediera, me sobrepasara
Finaba: moría
Ordinario: lo que gasta una familia para comer al día
Partía comigo del: compartía
Tan… ojo: no me daba nada
Demediara: que me pasara de la mitad asignada
Maravedís: tipo de moneda
Quijadas: mandíbula

—Toma, come, triunfa, que para ti es el mundo. Mejor vida tienes que el Papa.

"Tal te la dé Dios", decía yo paso° entre mí.

A cabo de tres semanas que estuve con él vine a tanta flaqueza, que no me podía tener° en las piernas de pura hambre. Vime claramente ir a la sepultura, si Dios y mi saber no me remediaran. Para usar de mis mañas no tenía aparejo°, por no tener en qué dalle salto°. Y aunque algo hubiera, no podía cegalle, como hacía al que Dios perdone —si de aquella calabazada feneció°—, que todavía, aunque astuto, con faltalle aquel preciado sentido, no me sentía; mas estotro, ninguno hay que tan aguda vista tuviese como él tenía. Cuando al ofertorio° estábamos, ninguna blanca en la concha° caía que no era dél registrada: el un ojo tenía en la gente y el otro en mis manos. Bailábanle los ojos en el caxco° como si fueran de azogue°; cuantas blancas ofrecían tenía por cuenta, y, acabado el ofrecer, luego me quitaba la concheta y la ponía sobre el altar.

No era yo señor de asirle una blanca todo el tiempo que con él veví° o, por mejor decir, morí. De la taberna nunca le traje una blanca de vino; mas aquel poco que de la ofrenda° había metido en su arcaz compasaba° de tal forma, que le turaba° toda la semana. Y por ocultar su gran mezquindad decíame:

—Mira, mozo, los sacerdotes han de ser muy templados en su comer y beber, y por esto yo no me desmando° como otros.

Mas el lacerado° mentía falsamente, porque en cofradías y mortuorios que rezamos, a costa ajena comía como lobo y bebía más que un saludador°.

Y porque dije de mortuorios, Dios me perdone, que jamás fui enemigo de la naturaleza humana sino entonces. Y esto era porque comíamos bien y me hartaban. Deseaba y aun rogaba a Dios que cada día matase el suyo, y cuando dábamos sacramento a los enfermos, especialmente la Extremaunción, como° manda el clérigo rezar a los que están allí, yo cierto no era el postrero de la oración, y con todo mi corazón y buena voluntad rogaba al Señor, no que la echase a la parte que más servido fuese°, como se suele decir, mas que le llevase de aqueste mundo. Y cuando alguno de éstos escapaba, Dios me lo perdone, que mil veces le daba al diablo°; y el que se moría otras tantas bendiciones llevaba de mí dichas. Porque en todo el tiempo que allí estuve, que sería cuasi seis meses, solas veinte personas fallescieron, y éstas bien creo que las maté yo, o, por mejor decir, murieron a mi recuesta°, porque, viendo el Señor mi rabiosa y continua muerte, pienso que holgaba de matarlos por darme a mí vida. Mas de lo que al presente padecía, remedio no hallaba; que si el día que enterrábamos yo vivía, los días que no había muerto, por quedar bien vezado° de la hartura, tornando a mi cuotidiana hambre, más lo sentía. De manera que en nada hallaba descanso, salvo en la muerte, que yo también para mí, como para los otros, deseaba algunas veces; mas no la vía°, aunque estaba siempre en mí.

Paso: en voz baja
Tener: mantener, sostener
Aparejo: la oportunidad
Dalle salto: robarle
Calabazada feneció: golpe murió. Se refiere al ciego
Ofertorio: parte de la misa
Concha: objeto usado para recoger limosnas
Caxco: cabeza
Azogue: mercurio
Veví: viví
Ofrenda: vino y comida que dona la gente a la iglesia
Compasaba: lo repartía

Turaba: duraba
Desmando: sobrepaso
Lacerado: ruin, miserable
Saludador: profesión baja de los que se dedican a sanar a la gente con su saliva y aliento
Como: cuando
La echase… fuese: que no aplicara la oración para que el enfermo recibiera algún beneficio
Mil veces… diablo: lo maldecía
Recuesta: ruego, petición
Vezado: acostumbrado
Vía: veía

Pensé muchas veces irme de aquel mezquino amo; mas por dos cosas lo dejaba°: la primera, por no me atrever a mis piernas, por temer de la flaqueza que de pura hambre me venía; y la otra, consideraba y decía: "Yo he tenido dos amos: el primero traíame muerto de hambre, y, dejándole, topé con estotro, que me tiene ya con ella en la sepultura; pues si déste desisto y doy en otro más bajo, ¿qué será sino fenescer?" Con esto no me osaba menear°, porque tenía por fe que todos los grados había de hallar más ruines. Y a abajar otro punto°, no sonara Lázaro ni se oyera en el mundo.

Pues estando en tal aflición, cual plega° al Señor librar della a todo fiel cristiano, y sin saber darme consejo, viéndome ir de mal en peor, un día que el cuitado, ruin y lacerado de mi amo había ido fuera del lugar, llegóse acaso° a mi puerta un calderero°, el cual yo creo que fue ángel enviado a mí por la mano de Dios en aquel hábito°. Preguntóme si tenía algo que adobar°. "En mí teníades° bien qué hacer y no haríades° poco si me remediásedes", dije paso, que no me oyó. Mas, como no era tiempo de gastarlo en decir gracias, alumbrado por el Spíritu Sancto, le dije:

—Tío, una llave de este arte° he perdido, y temo mi señor me azote. Por vuestra vida, veáis si en esas que traéis hay alguna que le haya°, que yo os lo pagaré.

Comenzó a probar el angélico calderero una y otra de un gran sartal° que dellas traía, y yo ayudalle con mis flacas oraciones. Cuando no me cato°, veo en figura de panes, como dicen, la cara de Dios dentro del arcaz. Y, abierto, díjele:

—Yo no tengo dineros que os dar por la llave, mas tomad de ahí el pago.

Él tomó un bodigo de aquéllos, el que mejor le pareció, y, dándome mi llave, se fue muy contento, dejándome más a mí.

Mas no toqué en nada por el presente, porque no fuese la falta sentida; y aun, porque me vi de tanto bien señor, parescióme que la hambre no se me osaba allegar. Vino el mísero de mi amo, y quiso Dios no miró en la oblada° que el ángel° había llevado. Y otro día, en saliendo de casa, abro mi paraíso panal y tomo entre las manos y dientes un bodigo, y en dos credos° le hice invisible, no se me olvidando el arca abierta. Y comienzo a barrer la casa con mucha alegría, paresciéndome con aquel remedio remediar dende en adelante la triste vida.

Y así estuve con ello aquel día y otro gozoso; mas no estaba en mi dicha que me durase mucho aquel descanso, porque luego al tercero día me vino la terciana derecha°. Y fue que veo a deshora al que me mataba de hambre sobre nuestro arcaz, volviendo y revolviendo, contando y tornando a contar los panes. Yo disimulaba, y en mi secreta° oración y devociones y plegarias decía: "¡Sant Juan, y ciégale!"

Después que estuvo un gran rato echando la cuenta, por días y dedos contando, dijo:

—Si no tuviera a tan buen recado° este arca, yo dijera que me habían tomado della panes; pero de hoy más°, sólo por cerrar la puerta a la sospecha, quiero tener buena cuenta con ellos: nueve quedan y un pedazo.

Lo dejaba: abandonaba la idea
Osaba menear: atrevía a cambiar de amo
Y... punto: al descender más, en la escala musical, llegaría el silencio, o la muerte
Cual plega: lo cual place
Acaso: casualmente
Calderero: hombre de mala reputación que vende objetos de cocina
Hábito: ropa
Adobar: arreglar, reparar
Teníades, haríades: tendríais, haríais
De este arte: de este tipo

Que le haya: sirva
Sartal: serie, conjunto
Cuando no me cato: cuando menos me lo esperaba
Oblada: pan
Ángel: calderero
En dos credos: rápidamente
Terciana derecha: me entraron unas fiebres
Secreta: en voz baja
A tan buen recado: segura, bien cuidada
De hoy más: desde hoy

"¡Nuevas malas te dé Dios!" —dije yo entre mí.

Parecióme con lo que dijo pasarme el corazón con saeta de montero°, y comenzóme el estómago a escarbar de hambre, viéndose puesto en la dieta pasada. Fue fuera de casa. Yo, por consolarme, abro el arca, y como vi el pan, comencélo de adorar, no osando rescebillo°. Contélos, si a dicha el lacerado se errara°, y hallé su cuenta más verdadera que yo quisiera. Lo más que yo pude hacer fue dar en ellos mil besos, y, lo más delicado que yo pude, del partido partí un poco al pelo que él estaba°, y con aquél pasé aquel día, no tan alegre como el pasado.

Mas como la hambre creciese, mayormente que tenía el estómago hecho a más pan aquellos dos o tres días ya dichos, moría mala muerte; tanto, que otra cosa no hacía, en viéndome solo, sino abrir y cerrar el arca y contemplar en aquella cara de Dios, que ansí dicen los niños. Mas el mesmo Dios, que socorre a los afligidos, viéndome en tal estrecho°, trujo a mi memoria un pequeño remedio; que, considerando entre mí, dije: "Este arquetón° es viejo y grande y roto por algunas partes, aunque pequeños agujeros. Puédese pensar que ratones, entrando en él, hacen daño a este pan. Sacarlo entero no es cosa conveniente, porque verá la falta el que en tanta me hace vivir. Esto bien se sufre".

Y comienzo a desmigajar el pan sobre unos no muy costosos manteles que allí estaban, y tomo uno y dejo otro, de manera que en cada cual de tres o cuatro desmigajé su poco. Después, como quien toma gragea°, lo comí y algo me consolé. Mas él, como viniese a comer y abriese el arca, vio el mal pesar, y sin dubda creyó ser ratones los que el daño habían hecho, porque estaba muy al propio contrahecho° de como ellos lo suelen hacer. Miró todo el arcaz de un cabo a otro y viole ciertos agujeros por do sospechaba habían entrado. Llamóme, diciendo:

—¡Lázaro! ¡Mira, mira, qué persecución ha venido aquesta noche por nuestro pan!

Yo híceme muy maravillado, preguntándole qué sería.

—¡Qué ha de ser! —dijo él—. Ratones, que no dejan cosa a vida°.

Pusímonos a comer, y quiso Dios que aun en esto me fue bien, que me cupo más pan que la laceria que me solía dar. Porque rayó con un cuchillo todo lo que pensó ser ratonado, diciendo:

—Cómete eso, que el ratón cosa limpia es.

Y así, aquel día, añadiendo la ración del trabajo de mis manos, o de mis uñas, por mejor decir, acabamos de comer, aunque yo nunca empezaba.

Y luego me vino otro sobresalto, que fue verle andar solícito quitando clavos de las paredes y buscando tablillas, con las cuales clavó y cerró todos los agujeros de la vieja arca. "¡Oh Señor mío —dije yo entonces—, a cuánta miseria y fortuna y desastres estamos puestos los nascidos y cuán poco turan los placeres de esta nuestra trabajosa vida! Heme aquí que pensaba con este pobre y triste remedio remediar y pasar mi laceria y estaba yacuanto que° alegre y de buena ventura. Mas no quiso mi desdicha, despertando a este lacerado de mi amo y poniéndole más diligencia de la que él de suyo se tenía (pues los míseros, por la mayor parte, nunca de aquélla carecen), agora, cerrando los agujeros del arca, cierrase la puerta a mi consuelo y la abriese a mis trabajos".

Así lamentaba yo, en tanto que mi solícito carpintero, con muchos clavos y tablillas, dio fin a sus obras, diciendo:

Montero: cazador
Rescebillo: recibirlo
Si a dicha... errara: para verificar si el clérigo se había equivocado
Del partido... estaba: toma un poco de pan del que ya estaba empezado, y lo coge de la parte que ya estaba cortado

Estrecho: necesidad
Arquetón: arca
Gragea: confitura
Contrahecho: imitado, semejante a
A vida: con vida
Yacuanto que: algo

—Agora, donos° traidores ratones, conviéneos mudar propósito, que en esta casa mala medra° tenéis.

De que salió de su casa, voy a ver la obra, y hallé que no dejó en la triste vieja arca agujero ni aun por donde le pudiese entrar un moxquito. Abro con mi desaprovechada llave, sin esperanza de sacar provecho, y vi los dos o tres panes comenzados, los que mi amo creyó ser ratonados, y dellos todavía saqué alguna laceria, tocándolos muy ligeramente, a uso de° esgremidor diestro. Como la necesidad sea tan gran maestra, viéndome con tanta siempre, noche y día estaba pensando la manera que ternía en substentar el vivir. Y pienso, para hallar estos negros remedios, que me era luz la hambre, pues dicen que el ingenio con ella se avisa°, y al contrario con la hartura, y así era por cierto en mí.

Pues estando una noche desvelado° en este pensamiento, pensando cómo me podría valer y aprovecharme del arcaz, sentí que mi amo dormía, porque lo mostraba con roncar y en unos resoplidos° grandes que daba cuando estaba durmiendo. Levantéme muy quedito y, habiendo en el día pensado lo que había de hacer y dejado un cuchillo viejo que por allí andaba en parte do le hallase, voyme al triste arcaz, y por do° había mirado tener menos defensa le acometí con el cuchillo, que a manera de barreno° dél usé. Y como la antiquísima arca, por ser de tantos años, la hallase sin fuerza y corazón, antes muy blanda y carcomida°, luego se me rindió y consintió en su costado, por mi remedio, un buen agujero. Esto hecho, abro muy paso° la llagada arca, y, al tiento, del pan que hallé partido hice según deyuso° está escripto. Y con aquello algún tanto consolado, tornando a cerrar me volví a mis pajas°, en las cuales reposé y dormí un poco. Lo cual yo hacía mal, y echábalo al no comer, y ansí sería, porque cierto en aquel tiempo no me debían de quitar el sueño los cuidados de el rey de Francia.

Otro día fue por el señor mi amo visto el daño, así del pan como del agujero que yo había hecho, y comenzó a dar a los diablos los ratones y decir:

—¿Qué diremos a esto? ¡Nunca haber sentido ratones en esta casa sino agora!

Y sin dubda debía de decir verdad. Porque si casa había de haber en el reino justamente de ellos privilegiada, aquélla de razón había de ser, porque no suelen morar donde no hay qué comer. Torna a buscar clavos por la casa y por las paredes, y tablillas a atapárselos°. Venida la noche y su reposo, luego era yo puesto en pie con mi aparejo, y cuantos él tapaba de día destapaba yo de noche.

En tal manera fue y tal priesa nos dimos, que sin dubda por esto se debió decir: "Donde una puerta se cierra, otra se abre". Finalmente, parescíamos tener a destajo la tela de Penélope, pues cuanto él tejía de día rompía yo de noche. Ca° en pocos días y noches pusimos la pobre despensa de tal forma, que quien quisiera propiamente della hablar, más "corazas° viejas de otro tiempo" que no "arcaz" la llamara, según la clavazón y tachuelas sobre sí tenía.

De que vio no le aprovechar nada su remedio, dijo:

—Este arcaz está tan maltratado y es de madera tan vieja y flaca, que no habrá ratón a quien se defienda; y va ya tal, que si andamos más con él nos dejará sin guarda. Y aun lo peor, que, aunque hace poca, todavía hará falta faltando y me pondrá en costa de tres o

---

Donos: plural de "don", tiene sentido despectivo
Medra: mejora
A uso de: como hace un
Se avisa: se agudiza
Desvelado: sin poder dormir
Resoplidos: expulsión del aire haciendo ruido
Do: donde
Barreno: objeto de metal con punta que sirve
para hacer agujeros
Carcomida: corroída
Paso: despacio
Deyuso: antes
Pajas: cama
Atapárselos: para cubrir los agujeros
Ca: y
Corazas: armadura de hierro

cuatro reales°. El mejor remedio que hallo, pues el de hasta aquí no aprovecha: armaré por de dentro a estos ratones° malditos.

Luego buscó prestada una ratonera, y, con cortezas de queso que a los vecinos pedía, contino° el gato° estaba armado dentro del arca. Lo cual era para mí singular auxilio, porque, puesto caso que° yo no había menester° muchas salsas para comer, todavía me holgaba con las cortezas del queso que de la ratonera sacaba, y, sin esto°, no perdonaba el ratonar del bodigo.

Como hallase el pan ratonado y el queso comido y no cayese el ratón que lo comía, dábase al diablo, preguntaba a los vecinos qué podría ser comer el queso y sacarlo de la ratonera y no caer ni quedar dentro el ratón y hallar caída la trampilla del gato. Acordaron los vecinos no ser el ratón el que este daño hacía, porque no fuera menos de haber caído° alguna vez. Díjole un vecino:

—En vuestra casa yo me acuerdo que solía andar una culebra, y ésta debe de ser, sin dubda. Y lleva razón, que, como es larga, tiene lugar de tomar el cebo, y aunque la coja la trampilla encima, como no entre toda dentro, tórnase a salir.

Cuadró a todos° lo que aquél dijo y alteró mucho a mi amo, y dende en adelante no dormía tan a sueño suelto, que cualquier gusano de la madera que de noche sonase pensaba ser la culebra que le roía el arca. Luego era puesto en pie, y con un garrote° que a la cabecera, desde que aquello le dijeron, ponía, daba en la pecadora del arca grandes garrotazos°, pensando espantar la culebra. A los vecinos despertaba con el estruendo° que hacía y a mí no dejaba dormir. Íbase a mis pajas y trastornábalas°, y a mí con ellas, pensando que se iba para mí y se envolvía en mis pajas o en mi sayo°; porque le decían que de noche acaescía a° estos animales, buscando calor, irse a las cunas donde están criaturas y aun mordellas y hacerles peligrar.

Yo las más veces hacía del dormido, y en la mañana decíame él:

—¿Esta noche, mozo, no sentiste nada? Pues tras la culebra anduve, y aun pienso se ha de ir para ti a la cama, que son muy frías y buscan calor.

—Plega a Dios que no me muerda —decía yo—, que harto miedo le tengo.

Desta manera andaba tan elevado y levantado del sueño°, que, mi fe°, la culebra, o culebro°, por mejor decir, no osaba roer de noche ni levantarse al arca; mas de día, mientra estaba en la iglesia o por el lugar, hacía mis saltos°. Los cuales daños viendo él, y el poco remedio que les podía poner, andaba de noche, como digo, hecho trasgo°.

Yo hube miedo que con aquellas diligencias no me topase con la llave, que debajo de las pajas tenía, y parescióme lo más seguro metella de noche en la boca. Porque ya, desde que viví con el ciego, la tenía tan hecha bolsa, que me acaesció tener en ella doce o quince maravedís, todo en medias blancas, sin que me estorbasen° el comer, porque de otra manera no era señor de una blanca que el maldito ciego no cayese con ella°, no dejando costura ni remiendo que no me buscaba muy a menudo.

Y me... reales: y me costará de tres a cuatro reales
Armaré... a estos ratones: pondré trampas dentro del arca para cazar a los ratones
Contino: continuamente
Gato: pieza de la ratonera
Puesto caso que: aunque
No había menester: no necesitaba
Sin esto: además de esto
No fuera menos de haber caído: ya habría caído
Cuadró a todos: todos estaban de acuerdo
Garrote: palo
Garrotazos: golpes

Estruendo: ruido
Trastornábalas: las removía
Sayo: prenda de vestir masculina
Acaescía a: sucedía que
Elevado... sueño: preocupado y despierto
Mi fe: exclamación con sentido de "Dios mío" o "a fe mía"
Culebro: autorreferencia, alude al propio Lázaro
Hacía mis saltos: robaba
Hecho trasgo: como un fantasma
Estorbasen: impidiesen
No cayese con ella: no la encontrara

Pues, ansí como digo, metía cada noche la llave en la boca y dormía sin recelo° que el brujo de mi amo cayese con ella; mas cuando la desdicha ha de venir, por demás es diligencia. Quisieron mis hados°, o, por mejor decir, mis pecados, que, una noche que estaba durmiendo, la llave se me puso en la boca, que abierta debía tener, de tal manera y postura°, que el aire y resoplo° que yo durmiendo echaba salía por lo hueco de la llave, que de cañuto era°, y silbaba, según mi desastre quiso, muy recio, de tal manera que el sobresaltado de mi amo lo oyó y creyó sin duda ser el silbo de la culebra, y cierto lo debía parescer.

Levantóse muy paso°, con su garrote en la mano, y al tiento y sonido de la culebra se llegó a mí con mucha quietud, por no ser sentido de la culebra. Y como cerca se vio, pensó que allí, en las pajas do yo estaba echado, al calor mío se había venido. Levantando bien el palo, pensando tenerla debajo y darle tal garrotazo que la matase, con toda su fuerza me descargó en la cabeza un tan gran golpe, que sin ningún sentido y muy mal descalabrado° me dejó.

Como sintió que me había dado, según yo debía hacer gran sentimiento con el fiero golpe, contaba él que se había llegado a mí y, dándome grandes voces, llamándome, procuró recordarme°. Mas, como me tocase con las manos, tentó la mucha sangre que se me iba y conosció el daño que me había hecho. Y con mucha priesa fue a buscar lumbre, y, llegando con ella, hallóme quejando, todavía con mi llave en la boca, que nunca la desamparé°, la mitad fuera, bien de aquella manera que debía estar al tiempo que silbaba con ella. Espantado el matador de culebras qué podía ser aquella llave, miróla, sacándomela del todo de la boca, y vio lo que era, porque en las guardas° nada de la suya diferenciaba. Fue luego a proballa, y con ella probó el maleficio°. Debió de decir el cruel cazador: "El ratón y culebra que me daban guerra y me comían mi hacienda he hallado".

De lo que sucedió en aquellos tres días siguientes ninguna fe daré°, porque los tuve en el vientre de la ballena, mas de cómo esto que he contado oí, después que en mí torné, decir a mi amo, el cual a cuantos allí venían lo contaba por extenso.

A cabo de° tres días yo torné en mi sentido y vime echado en mis pajas, la cabeza toda emplastada° y llena de aceites y ungüentos°, y, espantado, dije:

—¿Qué es esto?

Respondióme el cruel sacerdote:

—A fe que los ratones y culebras que me destruían ya los he cazado.

Y miré por mí y vime tan maltratado, que luego sospeché mi mal.

A esta hora entró una vieja que ensalmaba°, y los vecinos; y comiénzanme a quitar trapos de la cabeza y curar el garrotazo. Y como me hallaron vuelto en mi sentido, holgáronse mucho y dijeron:

—Pues ha tornado en su acuerdo°, placerá a Dios no será nada.

Ahí tornaron de nuevo a contar mis cuitas° y a reírlas, y yo, pecador, a llorarlas. Con todo esto, diéronme de comer, que estaba transido de hambre, y apenas me pudieron

---

Sin recelo: sin miedo
Hados: fortuna
Postura: posición
Resoplo: expulsión de aire
De cañuto era: estaba hueca
Paso: con cuidado
Descalabrado: herido
Recordarme: despertarme
Desamparé: la saqué de la boca
Guardas: parte dentada de la llave

Probó el maleficio: se dio cuenta de mi mala acción
Ninguna fe daré: no sé lo que pasó
A cabo de: después de
Emplastada: vendada
Aceites y ungüentos: remedios medicinales
Ensalmaba: curaba con oraciones y, a veces, usando también medicinas
Ha tornado en su acuerdo: ha vuelto en sí, ha recobrado la conciencia
Cuitas: trampas, mañas

demediar. Y ansí, de poco en poco, a los quince días me levanté y estuve sin peligro —mas no sin hambre— y medio sano.

Luego otro día que fui levantado, el señor mi amo me tomó por la mano y sacóme la puerta fuera; y, puesto en la calle, díjome:

—Lázaro, de hoy más eres tuyo y no mío. Busca amo y vete con Dios, que yo no quiero en mi compañía tan diligente servidor. No es posible sino que hayas sido mozo de ciego.

Y santiguándose de mí°, como si yo estuviera endemoniado, tórnase a meter en casa y cierra su puerta.

CUESTIONARIO

1. ¿Qué relación establece Lázaro entre el ciego y el clérigo que tiene que ver con su mala suerte?

2. ¿De qué peca el clérigo?

3. ¿De qué padece Lázaro? ¿Qué alimentos recibe de parte del ciego?

4. ¿Qué estrategia lleva a cabo Lázaro para robar el pan al clérigo? ¿Cómo se protege éste?

5. ¿Qué papel juega la culebra en este tratado?

SELECCIÓN MÚLTIPLE

I. El cura encuentra la llave

1. En el arcón

2. En el pantalón de Lázaro

3. Debajo del colchón

4. En la boca de Lázaro

II. ¿Qué le da Lázaro al calderero a cambio de la llave?

1. Dinero

2. Pan

3. Una longaniza

4. Le paga dos maravedíes

III. Según Lázaro, la comida desaparece del arcón porque

1. Se la roba algún ladrón de la calle

2. El se la da a los pobres

3. Los ratones se la comen

4. El mismo clérigo la come

Santiguándose de mí: haciendo la señal de la
   cruz como si Lázaro fuera un demonio

IV. Al final de este episodio,

   1. Lázaro decide irse con otro amo

   2. El clérigo echó a Lázaro de casa

   3. El cura le recomienda a Lázaro que se vaya con otro amo

   4. El cura se muere y Lázaro se queda en la casa

ANÁLISIS CRÍTICO

1. ¿En qué términos describe Lázaro el arca y su contenido? ¿Qué valor simbólico o metafórico se puede asignar a los mismos?

2. ¿Cómo aparece caracterizado el clérigo de Maqueda?

3. ¿Qué papel narrativo juega el calderero? ¿Con qué figura bíblica podemos relacionarlo? Justifique su respuesta.

4. Dice Lázaro, "paresçíamos tener a destajo la tela de Penélope". ¿Qué relación tiene el mito de Penélope con los acontecimientos narrativos de este tratado? ¿Puede recordar si se repite el mito en el tratado anterior? Mencione ejemplos.

5. El clérigo trata de proteger los panes del arcaz poniendo clavos en las tablas de éste. ¿Cómo interpreta este acto a la luz del Nuevo Testamento?

6. Un vecino le dice al clérigo que, tiempo atrás, había en su casa una culebra. ¿Con qué y quién podemos identificar la culebra? ¿Por qué se refiere el narrador a la culebra como "culebro"?

7. ¿Cómo se justifica que el narrador, Lázaro, narre lo que ha sucedido cuando se encontraba durmiendo o, un poco después, cuando estaba inconsciente por el golpe que le había dado el clérigo?

8. Comente, una vez más, el simbolismo del número 3 y las circunstancias en las que reaparece.

✹ ✹ ✹

Tratado III

GUÍA DE LECTURA

Con este tratado se completa la trilogía de capítulos dedicados al tema del hambre. Con su tercer amo, un escudero, el hambre que siente Lázaro llega a su punto culminante. A pesar de ello, y por primera vez, vemos a un pícaro generoso que se compadece de su amo y comparte la comida con él. Además del hambre, los temas que se tratan en este capítulo son, una vez más, el del ser versus el parecer y el de la honra. Por otra parte, si en el tratado anterior es importante la interpretación del simbolismo bíblico del arcaz, en éste lo es la interpretación del vacío de la casa y la preocupación del escudero por la limpieza.

❊ ❊ ❊

Cómo Lázaro se asentó con un escudero, y de lo que le acaesció con él

Desta manera me fue forzado sacar fuerzas de flaqueza°, y poco a poco, con ayuda de las buenas gentes, di comigo en esta insigne ciudad de Toledo, adonde, con la merced de Dios, dende a° quince días se me cerró la herida. Y mientras estaba malo siempre me daban alguna limosna; mas después que estuve sano todos me decían:

—Tú bellaco y gallofero° eres. Busca, busca un amo a quien sirvas.

—¿Y adónde se hallará ése —decía yo entre mí—, si Dios agora de nuevo, como crió el mundo, no le criase?

Andando así discurriendo° de puerta en puerta, con harto poco remedio, porque ya la caridad se subió al cielo°, topóme Dios con un escudero que iba por la calle con razonable vestido, bien peinado, su paso y compás° en orden. Miróme, y yo a él, y díjome:

—Mochacho, ¿buscas amo?

Yo le dije:

—Sí, señor.

—Pues vente tras mí —me respondió—, que Dios te ha hecho merced en topar comigo; alguna buena oración rezaste hoy.

Y seguíle, dando gracias a Dios por lo que le oí, y también que me parescía, según su hábito y continente, ser el que yo había menester.

Era de mañana cuando este mi tercero amo topé, y llevóme tras sí gran parte de la ciudad. Pasábamos por las plazas do se vendía pan y otras provisiones. Yo pensaba, y aun deseaba, que allí me quería cargar de lo que se vendía, porque ésta era propria hora cuando se suele proveer de lo necesario; mas muy a tendido paso° pasaba por estas cosas. "Por ventura no lo vee aquí a su contento —decía yo— y querrá que lo compremos en otro cabo°."

Desta manera anduvimos hasta que dio las once. Entonces se entró en la iglesia mayor, y yo tras él, y muy devotamente le vi oír misa y los otros oficios divinos, hasta que todo fue acabado y la gente ida. Entonces salimos de la iglesia.

A buen paso tendido comenzamos a ir por una calle abajo. Yo iba el más alegre del mundo en ver que no nos habíamos ocupado en buscar de comer. Bien consideré que debía ser hombre mi nuevo amo que se proveía en junto°, y que ya la comida estaría a punto y tal como yo la deseaba y aun la había menester.

En este tiempo dio el reloj la una después de mediodía, y llegamos a una casa, ante la cual mi amo se paró, y yo con él, y, derribando el cabo de la capa sobre el lado izquierdo°, sacó una llave de la manga y abrió su puerta y entramos en casa. La cual tenía la entrada obscura y lóbrega de tal manera, que paresce que ponía temor a los que en ella entraban, aunque dentro della estaba un pátio pequeño y razonables cámaras°.

Desque fuimos entrados, quita de sobre sí su capa, y, preguntando si tenía las manos limpias, la sacudimos y doblamos, y, muy limpiamente soplando un poyo° que allí estaba, la puso en él. Y hecho esto, sentóse cabo della°, preguntándome muy por extenso de dónde era

---

Flaqueza: debilidad
Dende a: después de
Gallofero: mendigo
Discurriendo: yendo
Ya la caridad… cielo: no había caridad en el mundo
Compás: forma de andar
A tendido paso: aprisa, apresurado

Cabo: lugar
En junto: en grandes cantidades
Derribando… izquierdo: tirando la capa sobre el hombro izquierdo
Cámaras: habitaciones
Poyo: banco de piedra
Cabo della: cerca de ella

y cómo había venido a aquella ciudad. Y yo le di más larga cuenta que quisiera°, porque me parescía más conveniente hora de mandar poner la mesa y escudillar la olla° que de lo que me pedía. Con todo eso, yo le satisfice de mi persona lo mejor que mentir supe, diciendo mis bienes y callando lo demás, porque me parescía no ser para en cámara°.

Esto hecho, estuvo ansí un poco, y yo luego vi mala señal, por ser ya casi las dos y no le ver más aliento de comer que a un muerto. Después desto, consideraba aquel tener cerrada la puerta con llave ni sentir arriba ni abajo pasos de viva persona por la casa. Todo lo que yo había visto eran paredes, sin ver en ella silleta, ni tajo°, ni banco, ni mesa, ni aun tal arcaz como el de marras°. Finalmente, ella parescía casa encantada. Estando así, díjome:

—Tú, mozo, ¿has comido?

—No, señor —dije yo—, que aún que° no eran dadas las ocho cuando con Vuestra Merced encontré.

—Pues, aunque de mañana, yo había almorzado, y cuando ansí como algo, hágote saber que hasta la noche me estoy ansí. Por eso, pásate como pudieres, que después cenaremos.

Vuestra Merced crea, cuando esto le oí, que estuve en poco de caer de mi estado°, no tanto de hambre como por conoscer de todo en todo° la fortuna serme adversa. Allí se me representaron de nuevo mis fatigas y torné a llorar mis trabajos°. Allí se me vino a la memoria la consideración que hacía cuando me pensaba ir del clérigo, diciendo que, aunque aquél era desventurado y mísero, por ventura toparía con otro peor. Finalmente, allí lloré mi trabajosa vida pasada y mi cercana muerte venidera. Y con todo, disimulando lo mejor que pude:

—Señor, mozo soy, que no me fatigo mucho por comer, bendito Dios. Deso me podré yo alabar entre todos mis iguales, por de mejor garganta°, y ansí fui yo loado della fasta° hoy día de los amos que yo he tenido.

—Virtud es ésa —dijo él—, y por eso te querré yo más. Porque el hartar° es de los puercos y el comer regladamente es de los hombres de bien.

"¡Bien te he entendido! —dije yo entre mí—. ¡Maldita tanta medicina y bondad como aquestos mis amos que yo hallo hallan en la hambre!"

Púseme a un cabo del portal y saqué unos pedazos de pan del seno, que me habían quedado de los de por Dios°. Él que vio esto, díjome:

—Ven acá, mozo. ¿Qué comes?

Yo lleguéme a él y mostréle el pan. Tomóme él un pedazo de tres que eran, el mejor y más grande. Y díjome:

—Por mi vida, que paresce éste buen pan.

—¿Y cómo, agora —dije yo—, señor, es bueno?

—Sí, a fe —dijo él—. ¿Adónde lo hubiste? ¿Si es amasado de manos limpias?

—No sé yo eso —le dije—, mas a mí no me pone asco el sabor dello.

—Así plega a Dios —dijo el pobre de mi amo.

Y llevándolo a la boca, comenzó a dar en él tan fieros bacados como yo en lo otro.

—Sabrosísimo pan está —dijo—, por Dios.

Yo le di… quisiera: le expliqué largamente
Escudillar la olla: servirse la comida
No ser para en cámara: que no era apropiado contarlo
Tajo: especie de silla de madera
El de marras: consabido, anteriormente mencionado
Aún que: aún
De caer de mi estado: de perder el sentido

De todo en todo: claramente
Trabajosa: difícil
Por de mejor garganta: por ser templado en el comer
Fasta: hasta
Hartar: comer sin medida
De los de por Dios: de los que había conseguido mendigando

refram
Enseñanza

dicho
consejo

Y como le sentí de qué pie coxqueaba°, dime priesa, porque le vi en disposición, si acababa antes que yo, se comediría° a ayudarme a lo que me quedase. Y con esto acabamos casi a una. Y mi amo comenzó a sacudir con las manos unas pocas de migajas, y bien menudas, que en los pechos se le habían quedado, y entró en una camareta° que allí estaba, y sacó un jarro desbocado° y no muy nuevo, y desque hubo bebido convidóme con él. Yo, por hacer del continente°, dije:

—Señor, no bebo vino.

—Agua es —me respondió—, bien puedes beber.

Entonces tomé el jarro y bebí. No mucho, porque de sed no era mi congoja.

Ansí estuvimos hasta la noche, hablando en cosas que me preguntaba, a las cuales yo le respondí lo mejor que supe. En este tiempo, metióme en la cámara donde estaba el jarro de que bebimos, y díjome:

—Mozo párate allí, y verás cómo hacemos esta cama, para que las sepas hacer de aquí adelante.

Púseme de un cabo y él del otro, y hecimos la negra cama, en la cual no había mucho que hacer, porque ella tenía sobre unos bancos un cañizo°, sobre el cual estaba tendida la ropa, que, por no estar muy continuada a lavarse°, no parescía colchón, aunque servía dél, con harta menos lana que era menester. Aquél tendimos°, haciendo cuenta de ablandalle, lo cual era imposible, porque de lo duro mal se puede hacer blando. El diablo del enjalma° maldita la cosa tenía dentro de sí, que, puesto sobre el cañizo, todas las cañas se señalaban y parescían a lo proprio entrecuesto° de flaquísimo puerco. Y sobre aquel hambriento colchón, un alfámar° del mismo jaez°, del cual el color yo no pude alcanzar.

Hecha la cama y la noche venida, díjome:

—Lázaro, ya es tarde, y de aquí a la plaza hay gran trecho°. También, en esta ciudad andan muchos ladrones, que siendo de noche capean°. Pasemos como podamos, y mañana, venido el día, Dios hará merced; porque yo, por estar solo, no estoy proveído, antes he comido estos días por allá fuera. Mas agora hacerlo hemos de otra manera.

—Señor, de mí —dije yo— ninguna pena tenga Vuestra Merced, que sé pasar una noche y aun más, si es menester, sin comer.

—Vivirás más y más sano —me respondió—. Porque, como decíamos hoy, no hay tal dicho cosa en el mundo para vivir mucho que comer poco.

"Si por esa vía es° —dije entre mí—, nunca yo moriré, que siempre he guardado esa regla por fuerza, y aun espero, en mi desdicha, tenella toda mi vida".

Y acostóse en la cama, poniendo por cabecera las calzas° y el jubón°; y mandóme echar a sus pies, lo cual yo hice, mas maldito el sueño que yo dormí, porque las cañas y mis salidos huesos en toda la noche dejaron de rifar° y encenderse; que con mis trabajos, males y hambre, pienso que en mi cuerpo no había libra de carne; y también, como aquel día no había comido casi nada, rabiaba de hambre, la cual con el sueño no tenía amistad. Maldíjeme mil veces, Dios me lo perdone, y a mi ruin fortuna, allí, lo más de la noche; y lo

---

De qué pie coxqueaba: cuál era su debilidad
Se comediría: se ofrecería
Camareta: habitación
Desbocado: roto en la boca
Por haber del continente: por hacerme el educado
Cañizo: cañas atadas que sirven de colchón
Por no… lavarse: por no lavarse frecuentemente
Aquél tendimos: extendimos el cañizo
Enjalma: ropa rellena de lana que descansa sobre el cañizo

Entrecuesto: espina dorsal
Alfámar: manta
Del mismo jaez: del mismo tipo
Trecho: distancia
Capean: quitan las capas, roban
Si por esa vía es: si es así
Calzas: prenda de vestir, especie de pantalones
Jubón: prenda de vestir, se pone encima de la camisa
Rifar: luchar

peor: no osándome revolver por no despertalle, pedí a Dios muchas veces la muerte.

La mañana venida, levantámonos, y comienza a limpiar y sacudir sus calzas y jubón y sayo y capa; y yo que le servía de pelillo°. Y vísteseme muy a su placer, de espacio°. Echéle aguamanos, peinóse y púsose su espada en el talabarte° y, al tiempo que la ponía, díjome:

—¡Oh, si supieses, mozo, qué pieza es ésta! No hay marco de oro en el mundo por que yo la diese. Mas ansí ninguna de cuantas Antonio° hizo no acertó a ponelle los aceros tan prestos como ésta los tiene.

Y sacóla de la vaina° y tentóla con los dedos, diciendo:

—¿Vesla aquí? Yo me obligo con ella cercenar° un copo de lana.

Y yo dije entre mí. "Y yo con mis dientes, aunque no son de acero, un pan de cuatro libras".

Tornóla a meter y ciñósela°, y un sartal de cuentas gruesas° del talabarte. Y con un paso sosegado y el cuerpo derecho, haciendo con él y con la cabeza muy gentiles meneos°, echando el cabo° de la capa sobre el hombro y a veces so° el brazo, y poniendo la mano derecha en el costado, salió por la puerta, diciendo:

—Lázaro, mira por la casa en tanto que voy a oír misa, y haz la cama y ve por la vasija de agua al río, que aquí bajo está, y cierra la puerta con llave, no nos hurten algo, y ponla aquí al quicio°, porque si yo viniere en tanto pueda entrar.

Y súbese por la calle arriba con tan gentil semblante y continente, que quien no le conosciera pensara ser muy cercano pariente al Conde de Arcos, o a lo menos camarero que le daba de vestir.

"¡Bendito seáis Vós, Señor —quedé yo diciendo—, que dais la enfermedad y ponéis el remedio. ¿Quién encontrará a aquel mi señor que no piense, según él contento de sí lleva, haber anoche bien cenado y dormido en buena cama, y, aun agora° es de mañana, no le cuenten por muy bien almorzado? ¡Grandes secretos son, Señor, los que Vós hacéis y las gentes ignoran! ¿A quién no engañará aquella buena disposición y razonable capa y sayo? ¿Y quién pensará que aquel gentil hombre se pasó ayer todo el día sin comer, con aquel mendrugo de pan° que su criado Lázaro trujo° un día y una noche en el arca de su seno, do no se le podía pegar mucha limpieza, y hoy, lavándose las manos y cara, a falta de paño de manos se hacía servir de la halda del sayo°? Nadie, por cierto, lo sospechará. ¡Oh, Señor, y cuántos de aquestos debéis Vós tener por el mundo derramados, que padescen por la negra que llaman honra lo que por Vós no sufrirán!"

Ansí estaba yo a la puerta, mirando y considerando estas cosas y otras muchas, hasta que el señor mi amo traspuso° la larga y angosta calle. Y como lo vi trasponer, tornéme a entrar en casa, y en un credo° la anduve toda, alto y bajo, sin hacer represa° ni hallar en qué. Hago la negra dura cama y tomo el jarro y doy comigo en el río, donde en una huerta vi a mi amo en gran recuesta con dos rebozadas mujeres°, al parecer de las que en aquel lugar no

---

Servía de pelillo: le hacía servicios poco
    importantes
De espacio: despacio
Talabarte: cinturón de cuero
Antonio: famoso espadero del siglo XV
Vaina: funda donde va metida la espada
Cercenar: cortar
Ciñósela: se la ajustó
Sartal de cuentas gruesas: un rosario
Meneos: movimientos
Cabo: punta, extremo
So: sobre

Quicio: parte de la puerta
Agora: ahora
Mendrugo de pan: trozo de pan duro
Trujo: trajo
Se hacía... sayo: se limpiaba con la tela de su
    chaqueta larga
Traspuso: pasó a otra calle
En un credo: rápidamente
Sin hacer represa: sin detenerme en nada
Recuesta... mujeres: requiriendo de amores
    a dos mujeres que tenían parcialmente
    cubierta la cara

hacen falta°, antes muchas tienen por estilo° de irse a las mañanicas del verano a refrescar y almorzar, sin llevar qué, por aquellas frescas riberas, con confianza que no ha de faltar quien se lo dé, según las tienen puestas en esta costumbre aquellos hidalgos del lugar.

Y, como digo, él estaba entre ellas, hecho un Macías°, diciéndoles más dulzuras que Ovidio° escribió. Pero como sintieron dél que estaba bien enternecido, no se les hizo de vergüenza pedirle de almorzar, con el acostumbrado pago°. Él sintiéndose tan frío de bolsa cuanto estaba caliente del estómago, tomóle tal calofrío°, que le robó la color del gesto, y comenzó a turbarse° en la plática y a poner excusas no validas. Ellas, que debían ser bien instituidas°, como le sintieron la enfermedad, dejáronle para el que era°.

Yo, que estaba comiendo ciertos tronchos° de berzas, con los cuales me desayuné, con mucha diligencia—como mozo nuevo—, sin ser visto de mi amo, torné a casa, de la cual pensé barrer alguna parte, que era bien menester; mas no hallé con qué. Púseme a pensar qué haría, y parescióme esperar a mi amo hasta que el día demediase°, y si viniese y por ventura trajese algo que comiésemos; mas en vano fue mi experiencia°.

Desque° vi ser las dos y no venía y la hambre me aquejaba, cierro mi puerta y pongo la llave do mandó y tórnome a mi menester. Con baja y enferma voz e inclinadas mis manos en los senos, puesto Dios ante mis ojos° y la lengua en su nombre, comienzo a pedir pan por las puertas y casas más grandes que me parecía. Mas como yo este oficio le hobiese mamado en la leche, quiero decir que con el gran maestro el ciego lo aprendí, tan suficiente discípulo salí, que, aunque en este pueblo no había caridad, ni el año fuese muy abundante, tan buena maña° me di, que antes que el reloj diese las cuatro ya yo tenía otras tantas libras de pan ensiladas en el cuerpo° y más de otras dos en las mangas° y senos. Volvíme a la posada, y al pasar por la Tripería pedí a una de aquellas mujeres, y diome un pedazo de uña de vaca°, con otras pocas de tripas cocidas.

Cuando llegué a casa, ya el bueno de mi amo estaba en ella, doblada su capa y puesta en el poyo, y él paseándose por el patio. Como entro, vínose para mí. Pensé que me quería reñir la tardanza, mas mejor lo hizo Dios. Preguntóme dó° venía. Yo le dije:

—Señor, hasta que dio las dos estuve aquí, y de que vi que Vuestra Merced no venía, fuime por esa ciudad a encomendarme a las buenas gentes, y hanme dado esto que veis.

Mostréle el pan y las tripas, que en un cabo de la halda° traía, a la cual él mostró buen semblante, y dijo:

—Pues esperado te he a comer, y de que vi no veniste, comí. Mas tú haces como hombre de bien en eso, que más vale pedillo por Dios que no hurtallo. Y ansí Él me ayude como ello me paresce bien, y solamente te encomiendo no sepan que vives comigo, por lo que toca a mi honra. Aunque bien creo que será secreto, según lo poco que en este pueblo soy conoscido. ¡Nunca a él yo hubiera de venir°!

De las que... falta: prostitutas que en Toledo no faltan

Tienen por estilo: acostumbran

Macías: trovador gallego del siglo XIV que, según la leyenda, murió de amor

Ovidio: poeta latino (43 a. C.-17 d. C.)

Acostumbrado pago: servicio profesional de las prostitutas

Calofrío: escalofrío

Turbarse: alterarse

Instituidas: instruidas

Para el que era: por miserable. Otros críticos lo entienden de otra manera. A. Blecua dice que las mujeres lo dejan para que el médico lo cure de la enfermedad de la pobreza

Tronchos: tallos

Demediase: llegase el mediodía

Experiencia: esperanza

Desque: cuando

Puesto... ojos: dando la impresión de un scr humilde

Buena maña: buenas artes, astucia

Ensiladas en el cuerpo: metidas en el cuerpo

Mangas: bolsas

Uña de vaca: el pie de la vaca

Dó: de donde

En un cabo de la halda: en una parte de la chaqueta

Hubiera de venir: debiera haber venido

—De eso pierda, señor, cuidado —le dije yo—, que maldito aquel que ninguno tiene de pedirme esa cuenta, ni yo de dalla.

—Agora, pues, come, pecador, que, si a Dios place, presto nos veremos sin necesidad. Aunque te digo que despúes que en esta casa entré, nunca bien me ha ido. Debe ser de mal suelo, que hay casas desdichadas y de mal pie, que a los que viven en ellas pegan la desdicha°. Ésta debe der ser, sin dubda, de ellas; mas yo te prometo, acabado el mes, no quede en ella aunque me la den por mía.

Sentéme al cabo del poyo y, porque no me tuviese por glotón, callé la merienda. Y comienzo a cenar y morder en mis tripas y pan, y disimuladamente miraba al desventurado señor mío, que no partía° sus ojos de mis faldas, que aquella sazón servían de plato. Tanta lástima haya Dios de mí como yo había dél, porque sentí lo que sentía, y muchas veces había por ello pasado y pasaba cada día. Pensaba si sería bien comedirme° a convidalle; mas, por me haber dicho que había comido, temíame no aceptaría el convite. Finalmente, yo deseaba aquel pecador ayudase a su trabajo del mío° y se desayunase como el día antes hizo, pues había mejor aparejo°, por ser mejor la vianda° y menos mi hambre.

Quiso Dios cumplir mi deseo, y aun pienso que el suyo; porque como comencé a comer, y él se andaba paseando, llegóse a mí y díjome:

—Dígote, Lázaro, que tienes en comer la mejor gracia que en mi vida vi a hombre, y que nadie te lo verá hacer que no le pongas gana aunque no la tenga.

"La muy buena que tú tienes —dije yo entre mí— te hace parescer la mía hermosa".

Con todo, parescióme ayudarle, pues se ayudaba° y me abría camino para ello, y díjele:

—Señor, el buen aparejo hace buen artífice. Este pan está sabrosísimo, y esta uña de vaca tan bien cocida y sazonada, que no habrá a quien no convide con su sabor.

—¿Uña de vaca es?

—Sí, señor.

—Dígote que es el mejor bocado del mundo y que no hay faisán que ansí me sepa.

—Pues pruebe, señor, y verá qué tal está.

Póngole en las uñas la otra y tres o cuatro raciones de pan de lo más blanco. Y asentóseme° al lado y comienza a comer como aquel que lo había gana°, royendo cada huesecillo de aquellos mejor que un galgo suyo lo hiciera.

—Con almodrote° —decía— es éste singular manjar.

"Con mejor salsa lo comes tú" —respondí yo paso.

—Por Dios, que me ha sabido como si hoy no hobiera comido bocado.

"¡Ansí me vengan los buenos años como es ello°!" —dije yo entre mí.

Pidióme el jarro de agua, y díselo como lo había traído: es señal que, pues no le faltaba el agua, que no le había a mi amo sobrado la comida. Bebimos y muy contentos nos fuimos a dormir, como la noche pasada.

Y, por evitar prolijidad, desta manera estuvimos ocho o diez días, yéndose el pecador en la mañana con aquel contento y paso contado° a papar aire° por las calles, teniendo en el pobre Lázaro una cabeza de lobo°.

Debe ser... desdicha: el escudero culpa a la casa de sus desgracias
Partía: quitaba
Comedirme: decidirme
Ayudase... del mío: que el escudero satisficiera su necesidad, su hambre
Aparejo: ocasión
Vianda: comida
Se ayudaba: hacía lo apropiado para que Lázaro le diera de comer

Asentóseme: se sentó
Que lo había gana: que tenía ganas
Almodrote: salsa hecha con aceite, ajos, queso, y otros ingredientes
Me vengan... como es ello: tenga tan buena suerte o fortuna en la vida como es cierto lo que dice
Contado: acompasado
A papar aire: a no hacer nada
Cabeza de lobo: el sostén de la casa

Contemplaba° yo muchas veces mi desastre, que, escapando de los amos ruines que había tenido y buscando mejoría, viniese a topar con quien no sólo no me mantuviese, mas a quien yo había de mantener. Con todo, le quería bien, con ver que no tenía ni podía más, y antes le había lástima que enemistad. Y muchas veces, por llevar a la posada con que él lo pasase, yo lo pasaba mal. Porque una mañana, levantándose el triste en camisa, subió a lo alto de la casa a hacer sus menesteres°, y en tanto yo, por salir de sospecha, desenvolvíle el jubón y las calzas, que a la cabecera dejó, y hallé una bolsilla de terciopelo raso, hecho cien dobleces y sin maldita la blanca ni señal que la hobiese tenido mucho tiempo.

"Éste —decía yo— es pobre, y nadie da lo que no tiene; mas el avariento ciego y el malaventurado mezquino clérigo, que, con dárselo Dios a ambos, al uno de mano besada° y al otro de lengua suelta°, me mataban de hambre, aquéllos es justo desamar y aquéste de haber mancilla°".

Dios es testigo que hoy día, cuando topo con alguno de su hábito con aquel paso y pompa, le he lástima con pensar si padece lo que aquél le vi sufrir. Al cual, con toda su pobreza, holgaría de servir más que a los otros, por lo que he dicho. Sólo tenía dél un poco de descontento, que quisiera yo que no tuviera tanta presumpción, mas que abajara un poco su fantasía° con lo mucho que subía su necesidad. Mas, según me parece, es regla ya entre ellos usada y guardada. Aunque no haya cornado° de trueco, ha de andar el birrete en su dicho. lugar°. El Señor lo remedie, que ya con este mal han de morir.

Pues estando yo en tal estado, pasando la vida que digo, quiso mi mala fortuna, que de perseguirme no era satisfecha, que en aquella trabajada y vergonzosa vivienda° no durase. Y fue, como el año en esta tierra fuese estéril de pan°, acordaron el Ayuntamiento que todos los pobres estranjeros se fuesen de la ciudad, con pregón° que el que de allí adelante topasen fuese punido° con azotes. Y así, ejecutando la ley, desde a cuatro días que el pregón se dio, vi llevar una procesión de pobres azotando° por las Cuatro Calles. Lo cual me puso tan gran espanto, que nunca osé desmandarme a demandar°.

Aquí viera, quien vello pudiera, la abstinencia de mi casa y la tristeza y silencio de los moradores; tanto, que nos acaeció estar dos o tres días sin comer bocado, ni hablaba palabra. A mí diéronme la vida unas mujercillas hilanderas de algodón, que hacían bonetes° y vivían par de° nosotros, con las cuales yo tuve vecindad y conocimiento°. Que, de la lacería que les traía, me daban alguna cosilla, con la cual muy pasado me pasaba°.

Y no tenía tanta lástima de mí como del lastimado de mi amo, que en ocho días maldito el bocado que comió. A lo menos en casa, bien lo estuvimos sin comer; no sé yo cómo o dónde andaba y qué comía. ¡Y velle venir a mediodía la calle abajo, con estirado cuerpo, más largo que galgo de buena casta! Y por lo que toca° a su negra que dicen honra, tomaba una paja, de las que aun asaz° no había en casa, y salía a la puerta escarbando los que nada entre sí tenían°, quejándose todavía de aquel mal solar, diciendo:

Contemplaba: pensaba
Menesteres: necesidades, ir al baño
Mano besada: se refiere a cómo recibían los clérigos el dinero
Lengua suelta: se refiere a las oraciones que decía el ciego para ganar dinero
Mancilla: lástima, pena
Fantasía: presunción, vanagloria
Cornado: tipo de moneda
Aunque no haya… lugar: aunque no tengan dinero no se quitan el sombrero
Vivienda: tipo de vida
Pan: trigo
Pregón: anuncio

Punido: castigado
Azotando: siendo azotados, castigados
Osé… demandar: me atreví a tomar la libertad de mendigar
Bonetes: tipo de sombrero
Par de: cerca de
Vecindad y conocimiento: relaciones sexuales
Muy pasado me pasaba: difícilmente sobrevivía
Por lo que toca: por lo que respecta a
Asaz: bastante
Salía… tenían: salía a la calle limpiándose los dientes con un mondadientes, o palillo, pero, en realidad, no había comido nada

—Malo está de ver, que la desdicha desta vivienda lo hace. Como ves, es lóbrega, triste, obscura. Mientras aquí estuviéremos, hemos de padecer. Ya deseo que se acabe este mes por salir della.

Pues estando en esta afligida y hambrienta persecución, un día, no sé por cuál dicha o ventura, en el pobre poder de mi amo entró un real°, con el cual él vino a casa tan ufano como si tuviera el tesoro de Venecia, y con gesto muy alegre y risueño me lo dio, diciendo:

—Toma, Lázaro, que Dios ya va abriendo su mano. Ve a la plaza, y merca° pan y vino y carne: ¡quebremos el ojo al diablo!° Y más te hago saber, porque te huelgues: que he alquilado otra casa y en esta desastrada° no hemos de estar más de en cumpliendo el mes. ¡Maldita sea ella y el que en ella puso la primera teja, que con mal en ella entré! Por nuestro Señor, cuanto ha que en ella vivo, gota de vino ni bocado de carne no he comido, ni he habido descanso ninguno; mas ¡tal vista tiene y tal obscuridad y tristeza! Ve y ven presto, y comamos hoy como condes.

Tomo mi real y jarro y, a los pies dándoles priesa°, comienzo a subir mi calle, encaminando mis pasos para la plaza, muy contento y alegre. Mas ¿qué me aprovecha, si está constituido en mi triste fortuna que ningún gozo me venga sin zozobra°? Y ansí fue éste. Porque, yendo la calle arriba, echando mi cuenta en lo que le emplearía, que fuese mejor y más provechosamente gastado, dando infinitas gracias a Dios que a mi amo había hecho con dinero, a deshora me vino al encuentro un muerto, que por la calle abajo muchos clérigos y gente en unas andas° traían. Arriméme a la pared, por darles lugar, y, desque el cuerpo pasó, venían luego a par del lecho una que debía ser mujer del difunto, cargada de° luto, y con ella otras muchas mujeres; la cual iba llorando a grandes voces y diciendo:

—Marido y señor mío, ¿adónde os me llevan? ¡A la casa triste y desdichada, a la casa lóbrega y obscura, a la casa donde nunca comen ni beben!

Yo que aquello oí, juntóseme el cielo con la tierra y dije:

"¡Oh desdichado de mí! Para mi casa llevan este muerto".

Dejo el camino que llevaba, y hendí por medio de la gente°, y vuelvo por la calle abajo, a todo el más correr que pude, para mi casa; y, entrando en ella, cierro a grande priesa, invocando el auxilio y favor de mi amo, abrazándome dél, que me venga ayudar y a defender la entrada. El cual, algo alterado, pensando que fuese otra cosa, me dijo:

—¿Qu'es eso, mozo? ¿Qué voces das? ¿Qué has? ¿Por qué cierras la puerta con tal furia?

—¡Oh señor —dije yo—, acudá° aquí, que nos traen acá un muerto!

—¿Cómo así? —respondió él.

—Aquí arriba lo encontré, y venía diciendo su mujer: "Marido y señor mío, ¿adónde os llevan? ¡A la casa lóbrega y obscura, a la casa triste y desdichada, a la casa donde nunca comen ni beben!" Acá, señor, nos le traen.

Y ciertamente cuando mi amo esto oyó, aunque no tenía por qué estar muy risueño, rió tanto, que muy gran rato estuvo sin poder hablar. En este tiempo tenía ya yo echada la aldaba a la puerta° y puesto el hombro en ella por más defensa. Pasó la gente con su muerto, y yo todavía me recelaba° que nos le habían de meter en casa. Y desque fue ya más harto de reír que de comer, el bueno de mi amo díjome:

—Verdad es, Lázaro: según la viuda lo va diciendo, tú tuviste razón de pensar lo que pensaste; mas, pues Dios lo ha hecho mejor y pasan adelante, abre, abre y ve por de comer.

Real: tipo de moneda
Merca: compra
¡Quebremos... diablo!: que se fastidie el diablo
Desastrada: desfavorecida por los astros
A los pies... priesa: apresurándome
Zozobra: angustia, dolor

Andas: especie de caja donde llevan al muerto
Cargada de: vestida de
Hendí... gente: me abrí paso entre la gente
Acudá: venga
Yo echada... puerta: cerrada la puerta
Recelaba: sospechaba

—Déjalos, señor, acaben de pasar la calle —dije yo.

Al fin vino mi amo a la puerta de la calle, y ábrela esforzándome°, que bien era menester, según el miedo y alteración, y me tornó a encaminar. Mas aunque comimos bien aquel día, maldito el gusto yo tomaba en ello, ni en aquellos tres días torné en mi color. Y mi amo, muy risueño todas las veces que se le acordaba aquella mi consideración.

De esta manera estuve con mi tercero y pobre amo, que fue este escudero, algunos días, y en todos deseando saber la intención de su venida y estada en esta tierra; porque, desde el primer día que con él asenté, le conoscí ser estranjero, por el poco conocimiento y trato que con los naturales della tenía. Al fin se cumplió mi deseo y supe lo que deseaba, porque un día que habíamos comido razonablemente y estaba algo contento, contóme su hacienda° y díjome ser de Castilla la Vieja y que había dejado su tierra no más de por no quitar el bonete° a un caballero su vecino.

—Señor —dije yo—, si él era lo que decís, y tenía más que vós, ¿no errábades en no quitárselo primero, pues decís que él también os lo quitaba?°

—Sí es, y sí tiene, y también me lo quitaba él a mí; mas, de cuantas veces yo se le quitaba primero, no fuera malo comedirse él alguna y ganarme por la mano°.

—Parésceme, señor —le dije yo—, que en eso no mirara, mayormente con mis mayores que yo y que tienen más.

—Eres mochacho —me respondió— y no sientes las cosas de la honra, en que el día de hoy está todo el caudal de los hombres de bien°. Pues te hago saber que yo soy, como vees, un escudero; mas vótote a Dios°, si al Conde topo en la calle y no me quita muy bien quitado del todo el bonete, que otra vez que venga me sepa yo entrar en una casa, fingiendo yo en ella algún negocio, o atravesar otra calle, si la hay, antes que llegue a mí, por no quitárselo. Que un hidalgo no debe a otro que a Dios y al rey nada°, ni es justo, siendo hombre de bien, se descuide un punto de tener en mucho su persona°. Acuérdome que un día deshonré en mi tierra a un oficial° y quise ponerle las manos°, porque cada vez que le topaba me decía: "Mantenga Dios a Vuestra Merced". "Vós, don° villano ruin —le dije yo—, ¿por qué no sois bien criado? ¿"Manténgaos Dios" me habéis de decir, como si fuese quienquiera?" De allí adelante, de aquí acullá me quitaba el bonete y hablaba como debía.

—¿Y no es buena maña° de saludar un hombre a otro —dije yo— decirle que le mantenga Dios?

—¡Mirá mucho de enhoramala! —dijo él—. A los hombres de poca arte° dicen eso; mas a los más altos, como yo, no les han de hablar menos de "Beso las manos de Vuestra Merced", o por lo menos "Bésoos, señor las manos", si el que me habla es caballero. Y ansí, de aquel de mi tierra que me atestaba° de mantenimiento, nunca más le quise sufrir° ni sufriría ni sufriré a hombre del mundo, de el rey abajo, que "Manténgaos Dios" me diga.

Esforzándome: dándome ánimos
Contóme su hacienda: me dijo todo lo relativo a su persona
Bonete: sombrero
¿No errábades... quitaba?: no estaba equivocado en no quitarse usted el sombrero primero, ya que, según dice, él también se lo quitaba?
No fuera... mano: él debería haberse anticipado alguna vez y haberse quitado el sombrero antes que el escudero lo hubiera hecho
Está todo... bien: los hombres de bien dependen de su buena honra
Vótote a Dios: juro por Dios

Hidalgo... nada: un hidalgo no debe nada a nadie, salvo a Dios y el rey
Se descuide... persona: actúe en alguna ocasión con menos orgullo y presunción
Oficial: artesano, perteneciente a una clase social inmediatamente inferior a la del escudero
Ponerle las manos: pegarle
Don: tratamiento despectivo
Maña: manera
Poca arte: de bajo nivel social
Atestaba: acusaba
Sufrir: aguantar

"Pecador de mí° —dije yo—, por eso tiene tan poco cuidado de mantenerte°, pues no sufres que nadie se lo ruegue".

—Mayormente —dijo— que no soy tan pobre que no tengo en mi tierra un solar de casas que, a estar ellas en pie y bien labradas, dieciséis leguas de donde nací, en aquella Costanilla de Valladolid°, valdrían más de docientas veces mil maravedís, según se podrían hacer grandes y buenas. Y tengo un palomar que, a no estar derribado como está, daría cada año más de docientos palominos. Y otras cosas que me callo, que dejé por lo que tocaba a mi honra. Y vine a esta ciudad pensando que hallaría un buen asiento°, mas no me ha sucedido como pensé. Canónigos y señores de la iglesia muchos hallo; mas es gente tan limitada°, que no los sacarán de su paso todo el mundo°. Caballeros de media talla° también me ruegan; mas servir con éstos es gran trabajo, porque de hombre os habéis de convertir en malilla°, y, si no, "Andá con Dios" os dicen. Y las más veces son los pagamentos a largos plazos; y las más y las más ciertas, comido por servido°. Ya cuando quieren reformar consciencia° y satisfaceros vuestros sudores, sois librados°, en la recámara, en un sudado jubón o raída° capa o sayo. Ya cuando asienta un hombre con un señor de título, todavía pasa su laceria. Pues ¿por ventura no hay en mí habilidad para servir y contentar a éstos? Por dios, si con él topase, muy gran su privado° pienso que fuese y que mil servicios le hiciese, porque yo sabría mentille tan bien como otro y agradalle a las mil maravillas; reílle ya mucho sus donaires y costumbres, aunque no fuesen las mejores de el mundo; nunca decirle cosa con que le pesase°, aunque mucho le cumpliese; ser muy diligente en su persona° en dicho y hecho; no me matar por no hacer bien las cosas que él no había de ver; y ponerme a reñir, donde él lo oyese, con la gente de servicio, porque pareciese tener gran cuidado de lo que a él tocaba. Si riñese con algún su criado, dar unos puntillos agudos° para le encender la ira, y que pareciesen en favor de el culpado; decirle bien de lo que bien le estuviese y, por el contrario, ser malicioso mofador°, malsinar° a los de casa y a los de fuera, pesquisar° y procurar de saber vidas ajenas para contárselas, y otras muchas galas de esta calidad que hoy día se usan en palacio y a los señores dél parecen bien, y no quieren ver en sus casas hombres virtuosos, antes° los aborrescen y tienen en poco y llaman nescios y que no son personas de negocios ni con quien el señor se puede descuidar. Y con éstos los astutos usan, como digo, el día de hoy, de lo que yo usaría; mas no quiere mi ventura que le halle.

Desta manera lamentaba también su adversa fortuna mi amo, dándome relación de su persona valerosa.

Pues estando en esto, entró por la puerta un hombre y una vieja. El hombre le pide el alquiler de la casa y la vieja el de la cama. Hacen cuenta, y de dos en dos meses° le

---

Pecador de mí: exclamación, ¡Dios mío!
Tiene… mantenerle: no le importa mucho decirte que Dios te mantenga
Que, a estar ellas… Valladolid: si este solar de casas, construidas y en buen estado, estuviera a 16 leguas de mi pueblo, en Costanilla de Valladolid
Asiento: servicio o trabajo para un señor de posición social más alta
Limitada: poco liberal
Que no los… mundo: que no harán nada fuera de lo normalmente acostumbrado
Media talla: de una posición social no muy elevada
Malilla: comodín de la baraja, se refiere a que debe hacer todo tipo de cosas que le piden

Comido por servido: la paga por el trabajo será la comida
Ya… reformar consciencia: antes de arrepentirse
Sois librados: sois pagados
Raída: rota
Privado: sirviente personal de un señor
Pesase: molestase
En su persona: ante la presencia de él
Dar unos puntillos agudos: exagerar los hechos con mala intención
Mofador: el que se burla de otros
Malsinar: delatar, descubrir secretos de la gente con malos propósitos
Pesquisar: buscar información
Antes: con valor de "pues" o "ya que"
De dos en dos meses: el pago de la renta se solía hacer cada dos meses

alcanzaron lo que él en un año no alcanzara°. Pienso que fueron doce o trece reales. Y él les dio muy buena respuesta: que saldría a la plaza a trocar° una pieza de a dos° y que a la tarde volviesen; mas su salida fue sin vuelta. Por manera que a la tarde ellos volvieron, mas fue tarde. Yo les dije que aún no era venido. Venida la noche y él no, yo hube miedo de quedar en casa solo, y fuime a las vecinas y contéles el caso, y allí dormí. Venida la mañana, los acreedores vuelven y preguntan por el vecino; mas a estotra puerta... Las mujeres le° responden:

—Veis aquí su mozo y la llave de la puerta.

Ellos me preguntaron por él, y díjele que no sabía adónde estaba, y que tampoco había vuelto a casa desde que salió a <u>trocar la pieza</u>, y que pensaba que de mí y de ellos se había ido con el trueco. De que° esto me oyeron, van por un alguacil y un escribano°. Y helos do vuelven luego con ellos° y toman la llave y llámanme y llaman testigos y abren la puerta y entran a embargar la hacienda de mi amo hasta ser pagados de su deuda. Anduvieron toda la casa y halláronla desembarazada° como he contado, y dícenme:

—¿Qué es de la hacienda de tu amo, sus arcas y paños de pared y alhajas° de casa?

—No sé yo eso —le respondí.

—Sin duda —dicen ellos— esta noche lo deben de haber alzado y llevado a alguna parte. Señor alguacil, prended a este mozo, que él sabe dónde está.

En esto vino el alguacil y echóme mano por el collar° del jubón, diciendo:

—Mochacho, tú eres preso si no descubres los bienes deste tu amo.

Yo, como en otra tal no me hubiese visto —porque asido del collar sí había sido muchas e infinitas veces, mas era mansamente dél trabado°, para que mostrase el camino al que no vía—, yo hube mucho miedo y, llorando, prometíle de decir lo que preguntaban.

—Bien está —dicen ellos—. Pues di todo lo que sabes y no hayas temor.

Sentóse el escribano en un poyo para escrebir el inventario, preguntándome qué tenía.

—Señores —dije yo—, lo que este mi amo tiene, según él me dijo, es un muy buen solar de casas y un palomar derribado.

—Bien está —dicen ellos—. Por poco que eso valga, hay para nos entregar° de la deuda. ¿Y a qué parte de la ciudad tiene eso? —me preguntaron.

—En su tierra —les respondí.

—Por Dios, que está bueno el negocio —dijeron ellos—. ¿Y adónde es su tierra?

—De Castilla la Vieja me dijo él que era —le dije yo.

Riéronse mucho el alguacil y el escribano, diciendo:

—Bastante relación es ésta para cobrar vuestra deuda, aunque mejor fuese.

Las vecinas, que estaban presentes, dijeron:

—Señores, éste es un niño inocente y ha pocos días que está con ese escudero, y no sabe dél más que vuestras mercedes, sino cuánto° el pecadorcico° se llega aquí a nuestra casa y le damos de comer lo que podemos, por amor de Dios, y a las noches se iba a dormir con él.

Le alcanzaron... alcanzara: debía lo que él, el escudero, no ganaba en un año
Trocar: cambiar
Pieza de a dos: moneda correspondiente a dos castellanos de oro, equivalente a unos 30 reales
Le: les
De que: cuando
Un alguacil y un escribano: autoridades civiles
Y helos... ellos: el hombre y la vieja regresan con el alguacil y el escribano

Desembarazada: desocupada
Alhajas: no significa objetos de oro y plata, sino camas, sillas, bancos, y otros objetos de la casa
Collar: cuello
Trabado: agarrado
Nos entregar: pagarnos
Sino cuánto: sino que
Pecadorcico: pequeño pecador, se refiere a Lázaro

Vista mi inocencia, dejáronme, dándome por libre. Y el alguacil y el escribano piden al hombre y a la mujer sus derechos°. Sobre lo cual tuvieron gran contienda y ruido, porque ellos alegaron no ser obligados a pagar, pues no había de qué ni se hacía el embargo. Los otros decían que habían dejado de ir a otro negocio, que les importaba más, por venir a aquél. Finalmente, después de dadas muchas voces, al cabo carga un porquerón° con el viejo alfámar° de la vieja —aunque no iba muy cargado—. Allá van todos cinco dando voces. No sé en qué paró°. Creo yo que el pecador alfámar pagara por todos; y bien se empleaba°, pues el tiempo que había de reposar y descansar de los trabajos pasados, se andaba alquilando.

Así, como he contado, me dejó mi pobre tercero amo, do acabé de conoscer mi ruin dicha, pues, señalándose todo lo que podría contra mí, hacía mis negocios tan al revés, que los amos, que suelen ser dejados de los mozos, en mí no fuese ansí, mas que mi amo me dejase y huyese de mí.

CUESTIONARIO

1. ¿Dónde ocurre la acción de este tratado?

2. ¿Cómo es descrita la casa del escudero?

3. ¿Dónde consigue Lázaro algo para comer?

4. ¿Con qué mujeres encuentra Lázaro a su amo? ¿Cómo concluye su aventura con ellas?

5. ¿Qué orden hubo con respecto a los pobres extranjeros?

6. ¿Qué papel juegan el alguacil y el escribano?

SELECCIÓN MÚLTIPLE

I. El escudero dice que

1. Comer mucho engorda

2. Los golosos son los que comen mucho

3. Hay que comer con moderación

4. Comer es un pecado

II. Lázaro termina sintiendo por el escudero

1. Compasión

2. Odio

3. Indiferencia

4. Admiración

Sus derechos: la cuenta
Porquerón: autoridad civil encargada de llevar a los delincuentes a la cárcel

Alfámar: colchón
No sé en qué paró: no sé cómo acabó todo
Bien se empleaba: bien se lo merecía

III. Para fingir ante la gente que ha comido, el escudero

    1. Se limpia con una servilleta

    2. Lleva una cesta con mucha comida por la calle

    3. Se limpia los dientes con un palillo

    4. Da mucha comida a los pobres

IV. Al final de este tratado, el alguacil y el escribano

    1. Deciden encarcelar a Lázaro porque no les dice dónde se encuentra su amo

    2. Golpean a Lázaro

    3. Lo declaran inocente

    4. Le buscan un nuevo amo

ANÁLISIS CRÍTICO

1. La obsesión del escudero con la limpieza, ¿qué implicaciones de tipo social sugieren?

2. ¿Qué conexión podemos establecer entre la descripción de la casa y el carácter del escudero? ¿Qué relación existe entre la descripción de la cama y el colchón y la experiencia de Lázaro con el escudero?

3. Mencione algún o algunos ejemplos de ironía en este tratado.

4. ¿Qué crítica social hace el escudero de los caballeros señores de título?

5. ¿Cómo aparece caracterizado el escudero? ¿Cómo se plantea en este tratado el conflicto entre el ser y el parecer?

6. ¿Cómo se siente Lázaro física y emocionalmente en este tratado? ¿Cómo reacciona el protagonista ante el escudero?

7. En este tratado el tiempo parece transcurrir con gran lentitud, ¿qué tiempos utiliza el narrador? ¿Qué referencias al tiempo puede encontrar usted como lector? ¿Qué tema narrativo trata de poner de relieve el narrador con este uso del tiempo?

Tratado VII

GUÍA DE LECTURA

Después de servir a un fraile, tratado IV, a un buldero, tratado V, a un maestro de pintar panderos y a un capellán, tratado VI, Lázaro termina sirviendo en el último tratado de la novela, el VII, a un alguacil y al arcipreste de San Salvador. Lázaro tiene por oficio ahora el de pregonar los vinos del arcipreste, y por su buen trabajo éste le propuso que se casara con su criada. En este tratado se aprecia cómo Lázaro, al mejorar de posición económica, abandona su actitud crítica de la sociedad y pasa él a ser objeto de crítica por otros personajes de la sociedad. Tres de los temas centrales de este tratado son la sexualidad, representada simbólicamente por los regalos que le hace el arcipreste a la mujer de Lázaro, la hipocresía, y la honra.

✖ ✖ ✖

Cómo Lázaro se asentó con un alguacil, y de lo que le acaesció con él

Despedido del capellán, asenté por hombre de justicia con un alguacil; mas muy poco viví con él, por parescerme oficio peligroso: mayormente, que una noche nos corrieron a mí y a mi amo a pedradas y a palos unos retraídos°; y a mi amo, que esperó°, trataron mal, mas a mí no me alcanzaron. Con esto renegué del trato°.

Y pensando en qué modo de vivir haría mi asiento°, por tener descanso y ganar algo para la vejez, quiso Dios alumbrarme y ponerme en camino y manera provechosa. Y con favor que tuve de amigos y señores, todos mis trabajos y fatigas hasta entonces pasados fueron pagados con alcanzar lo que procuré°, que fue un oficio real, viendo que no hay nadie que medre°, sino los que le tienen. En el cual el día de hoy vivo y resido a servicio de Dios y de Vuestra Merced. Y es que tengo cargo de pregonar los vinos que en esta ciudad se venden, y en almonedas°, y cosas perdidas, acompañar los que padecen persecuciones por justicia y declarar a voces sus delictos: pregonero, hablando en buen romance°.

Hame sucedido tan bien, yo le he usado tan fácilmente, que casi todas las cosas al oficio tocantes pasan por mi mano°; tanto, que en toda la ciudad, el que ha de echar vino a vender, o algo°, si Lázaro de Tormes no entiende en ello°, hacen cuenta de no sacar provecho.

En este tiempo, viendo mi habilidad y buen vivir, teniendo noticia de mi persona el señor arcipreste de Sant Salvador, mi señor, y servidor y amigo de Vuestra Merced, porque le pregonaba sus vinos, procuró casarme con una criada suya. Y visto por mí que de tal persona no podía venir sino bien a favor, acordé de lo hacer.

Y, así, me casé con ella, y hasta agora no estoy arrepentido, porque, allende de° ser buena hija y diligente servicial°, tengo en mi señor acipreste todo favor y ayuda. Y siempre en el año le da, en veces°, al pie de una carga de trigo°; por las Pascuas, su carne; y cuando° el par de° los bodigos, las calzas viejas que deja. E hízonos alquilar una casilla par de la suya; los domingos y fiestas, casi todas las comíamos en su casa°.

Mas malas lenguas, que nunca faltaron ni faltarán, no nos dejan vivir, diciendo no sé qué y sí sé qué de que veen a mi mujer irle a hacer la cama y guisalle° de comer. Y mejor les ayude Dios que ellos dicen la verdad. Porque, allende de no ser ella mujer que se pague destas burlas°, mi señor me ha prometido lo que pienso cumplirá. Que él me habló un día muy largo delante della y me dijo:

Retraídos: delincuentes que se refugiaban en las iglesias, donde la justicia no podía entrar y apresarlos

Esperó: a diferencia de Lázaro, el alguacil no huyó

Renegué del trato: dejé el trabajo

En qué modo... asiento: a qué tipo de trabajo estable me dedicaría

Procuré: busqué

Medre: mejore, tenga éxito

Almoneda: venta pública de cosas. Lázaro, en su bajo oficio de pregonero, pregonaba los vinos y las cosas perdidas

En buen romance: claramente

Al oficio tocantes... mano: yo controlo todas las cosas relacionadas con mi trabajo

El que... algo: el que tiene que vender vino u otra cosa

No entiende en ello: no se encarga de ello

Allende de: además de

Diligente servicial: diligente criada

En veces: varias veces

Al pie de una carga de trigo: cerca de 46 kilogramos de trigo

Y cuando: y otras veces

Par de: cerca de

Casi todas... casa: casi todas estas fiestas las pasábamos en casa del arcipreste

Guisalle: guisarle

Allende de... burlas: además, a mi mujer no le gustan estos chismes

dicho

—Lázaro de Tormes, quien ha de mirar a dichos de malas lenguas nunca medrará; digo esto porque no me maravillaría alguno°, viendo entrar en mi casa a tu mujer y salir della. Ella entra muy a tu honra y suya. Y esto te lo prometo. Por tanto, no mires a lo que pueden decir, sino a lo que te toca°: digo a tu provecho.

—Señor —le dije—, yo determiné de arrimarme a los buenos. Verdad es que algunos de mis amigos me han dicho algo deso, y aun por más de tres veces me han certificado que antes que comigo casase había parido tres veces, hablando con reverencia de Vuestra Merced, porque está ella delante.

Entonces mi mujer echó juramentos sobre sí, que yo pensé la casa se hundiera con nosotros; y después tornóse a llorar° y a echar maldiciones sobre quien comigo la había casado: en tal manera, que quisiera ser muerto antes que se me hobiera soltado° aquella palabra de la boca. Mas yo de un cabo y mi señor de otro°, tanto le dijimos y otorgamos°, que cesó su llanto, con juramento que le hice de nunca más en mi vida mentalle° nada de aquello, y que yo holgaba y había por bien de que ella entrase y saliese, de noche y de día, pues estaba bien seguro de su bondad. Y así quedamos todos tres bien conformes.

Hasta el día de hoy nunca nadie nos oyó sobre el caso; antes, cuando alguno siento que quiere decir algo della, le atajo° y le digo:

—Mirá, si sois mi amigo, no me digáis cosa con que me pese°, que no tengo por mi amigo al que me hace pesar. Mayormente, si me quieren meter mal° con mi mujer, que es la cosa del mundo que yo más quiero y la amo más que a mí, y me hace Dios con ella mil mercedes y más bien que yo merezco. Que yo juraré sobre la hostia consagrada que es tan buena mujer como vive dentro de las puertas de Toledo°. Quien otra cosa me dijere, yo me mataré con él°.

Desta manera no me dicen nada, y yo tengo paz en mi casa.

Esto fue el mesmo año que nuestro victorioso Emperador en esta insigne ciudad de Toledo entró y tuvo en ella Cortes, y se hicieron grandes regocijos°, como Vuestra Merced habrá oído. Pues en este tiempo estaba en mi prosperidad y en la cumbre de toda buena fortuna.

CUESTIONARIO

1. ¿Qué trabajo hace Lázaro después de dejar al alguacil?

2. ¿Qué servicio le proporciona Lázaro al Arcipreste de San Salvador?

3. Ante los chismes que hay con respecto la esposa de Lázaro, ¿qué le dice el Arcipreste a Lázaro?

4. Cuando los amigos le hablan a Lázaro acerca de su esposa, ¿qué les pide Lázaro a ellos?

5. ¿Qué referencia histórica hay al final de este capítulo? ¿A qué rey alude?

No me maravillaría alguno: no me sorprendería que hubiera algún chisme
Sino a lo que te toca: a lo que más te importa
Tornóse a llorar: se puso a llorar
Se me hobiera soltado: hubiera dicho
Mas yo... de otro: yo por un lado y mi señor por otro
Otorgamos: rogamos
Mentalle: mencionarle

Atajo: lo interrumpo, lo paro
Pese: me moleste
Meter mal: poner a mal, enemistar
Que es... Toledo: que es tan buena como cualquier otra mujer que vive en Toledo
Yo me mataré con él: lucharé a muerte contra quien hable mal de ella
Regocijos: fiestas

SELECCIÓN MÚLTIPLE

I. Lázaro deja al alguacil porque este trabajo

1. Era peligroso
2. No daba mucho dinero
3. El alguacil le exigía trabajar mucho
4. Encontró un amo mejor

II. El Arcipreste de San Salvador y el destinatario de este texto, o narratario, son

1. Enemigos
2. No se conocen en absoluto
3. Son amigos
4. Miembros de la misma orden religiosa

III. Los amigos de Lázaro le dicen que su esposa

1. Es una mujer humilde y honrada
2. Ha dado a luz tres veces
3. Está enamorada de él
4. Lo va a dejar si duda de ella

IV. Cuando la esposa de Lázaro oye los rumores que hay acerca de su vida, ésta

1. Se alegra
2. No los niega
3. No le importa lo que dicen de ella
4. Se enfadó y después se puso a llorar

ANÁLISIS CRÍTICO

1. ¿Qué comportamiento revela Lázaro mientras trabaja con el alguacil?

2. ¿No resulta irónico que Lázaro acompañe a los que padecen persecución por la justicia? ¿Hubo algún pariente suyo que padeció este tipo de persecución?

3. Lázaro habla de su esposa como "buena hija", ¿qué significado tiene el adjetivo "bueno" aquí y en otras partes de la novela?

4. ¿Qué regala el arcipreste a la mujer de Lázaro? ¿Qué connotaciones simbólicas se desprenden de estos regalos que hacen referencia al tipo de relación que mantiene el arcipreste con su criada?

5. Al llegar al final de la novela, ¿podemos decir que Lázaro resucita a otro tipo de vida?

6. ¿Cómo interpreta esa "buena fortuna" a la que Lázaro llega al final de la novela? ¿hay una correspondencia entre su progreso material y estado moral?

7. Al final del tratado I el ciego le profetiza a Lázaro que "si un hombre en el mundo ha de ser bienaventurado con vino, que serás tú ¿Se cumple esta profecía en este último tratado? Justifique su respuesta.

8. ¿Puede ver algún cambio de comportamiento de Lázaro en este tratado? ¿Es más o menos crítico de la sociedad en la que vive?

9. Tomando como referencia los tratados leídos, trace dos curvas indicando cómo progresa económica y moralmente Lázaro. ¿Corren paralelas estas líneas o se mueven en sentido inverso?

ENSAYOS

1. Haga un estudio de la crítica anticlerical que aparece en esta obra tomando, principalmente, como punto de referencia los tratados número II y III.

2. Los apartes cumplen en esta novela una importante función narrativa, identifique algunos ejemplos de apartes y comente su significado narrativo.

3. El honor y la honra son temas que aparecen preferentemente en los tratados número III y VII. Haga un estudio de los mismos mencionando ejemplos específicos.

BIBLIOGRAFÍA

Anónimo. *Lazarillo de Tormes.* Francisco Rico, ed. Madrid: ed. Cátedra, 1990.
---. *La vida de Lazarillo de Tormes, y de sus fortunas y adversidades.* Alberto Blecua, ed. Madrid: Clásicos Castalia, 1972.
---. *La vida de Lazarillo de Tormes, y de sus fortunas y adversidades.* Aldo Rufinato, ed. Madrid: Clásicos Castalia, 2001.
Deyermond, Alan D. *Lazarillo de Tormes. A Critical Guide.* London: Grant and Cutler, 1975.
Fiore, Robert L. *Lazarillo de Tormes.* Boston: Twayne Publ., 1984.
Guillén, Claudio. "La disposición temporal del *Lazarillo de Tormes."* *Hispanic Review* 25 (1957):264-279.

❋ ❋ ❋

El Barroco

Introducción literaria

Aunque el Barroco se ubica dentro del siglo XVII, sus inicios se sitúan hacia 1545 y algunos escritores continúan comulgando con los principios de esta escuela hasta bien entrado el siglo XVIII. A diferencia del Renacimiento, que trata de impresionar con su belleza, el Barroco apela al mundo de los sentidos y trata de provocar sorpresa o admiración por medio de la representación de lo grotesco, lo maravilloso o lo monstruoso. Aunque los escritores barrocos admiran a los clásicos, sus obras no se ajustan a los preceptos de éstos sino que impondrán su propio criterio individual y personal. La mesura que encontramos en los escritores renacentistas es sustituida en el Barroco por la exageración y la hipérbole, y la armonía de aquéllos por el contraste. En el Barroco se manifiesta con cierta frecuencia un contraste y dualismo entre ficción y realidad, luz y sombra, feo y bello. El arte barroco es artificioso, afectado, y enfatiza el exceso ornamental. Es un arte elitista en el que la realidad se somete bien a la deformación caricaturesca o a una exacerbada idealización. El tema moral que mejor resume la crisis moral de este período es el del desengaño de la vida, el reconocimiento del carácter efímero de todo lo que es humano. Este tema se manifiesta en la sátira contra el poder y el dinero, en el elogio de la pobreza y en el retiro en la vida solitaria. El desengaño suele representarse como un cambio de felices y agradables apariencias en crudas realidades. Otro de los temas que predomina en el barroco es el del amor, y suele manifestarse en términos sensuales o como reflexión sobre el carácter efímero de la vida y la muerte venidera. En literatura, el estilo se caracteriza por el retorcimiento, producto de la distorsión de la sintaxis, de las hipérboles y de las elipsis; y en poesía las formas estróficas que predominan son los sonetos, los romances, los villancicos y las seguidillas. Dos de las tendencias del barroco son el *culteranismo* y el *conceptismo*. El *culteranismo* busca, a través de un lenguaje culto, crear un mundo de absoluta belleza. Hacen una profusa utilización de neologismos, hipérboles, alusiones mitológicas, metáforas, latinismos y numerosas imágenes, y propenden a la exaltación del mundo de los sentidos. Los escritores más representativos son Juan de Mena, en el siglo XV, Fernando de Herrera en el siglo XVI, y Luis de Góngora en el siglo XVII. El *conceptismo*, por otro lado, se basa en las asociaciones ingeniosas y originales de ideas o palabras. Les importa principalmente la originalidad en la forma de pensar, el concepto; y la prosa conceptista se llena de antítesis, paradojas, chistes, y paralelismos. Típico de los escritores conceptistas es el laconismo, la brevedad en la expresión. Quevedo, uno de los más importantes representantes de esta escuela, parodia los temas mitológicos, y Gracián suele servirse de alegorías morales. Veamos los exponentes literarios más destacados en los distintos géneros literarios.

PROSA

Durante el barroco se siguen publicando obras ascéticas y alguna que otra mística, pero el género o subgénero narrativo que cobra gran auge es el de la novela picaresca. Corresponde a Mateo Alemán el mérito de haber continuado con un género iniciado por el *Lazarillo de Tormes*. Mateo Alemán nació en Sevilla en 1547 y murió en México hacia 1614, y por problemas en el cargo de contador fue encarcelado temporalmente. Aunque escribió una *Vida de San Antonio de Padua*, su obra maestra es *El pícaro Guzmán de Alfarache* (1599 la primera parte y 1605 la segunda). La novela narra las múltiples aventuras de Guzmán al servicio de varios amos, sus varios oficios –cocinero, criado de un embajador, etc-, sus matrimonios y prisión por robar a una dama. Es una obra escrita en forma seudoautobiográfica, tono pesimista y satírico y con un fin moralizador. Otras novelas picarescas de interés publicadas en este período son *La vida del escudero Marcos de Obregón* (1618), de Vicente Espinel (1550-1624), en la que se encuentran numerosas disquisiciones morales sin el pesimismo que vemos en la novela anterior; y la *Vida y hechos de Estebanillo González* (1646), de autor anónimo.

Otros tipos de novela que se cultivan en este período son la novela cortesana, la costumbrista y la bizantina. El desarrollo de la acción de la novela cortesana se sitúa en la corte y suele plantear una temática amorosa. La representante más destacada es María Zayas Sotomayor (1590-1661), autora de *Novelas ejemplares y amorosas* (1637) y *Saraos* (1647), obras en las que se percibe una gran penetración sicológica de los personajes y una clara orientación feminista. La prosa costumbrista, por otra parte, se concentra principalmente en la descripción pintoresca del mundo cortesano o picaresco, y a este interés descriptivo se suele unir un fin didáctico o satírico. De entre los escritores costumbristas, dedicados a pintar los tipos y costumbres de Madrid, sobresale Juan de Zabaleta, autor de *El día de fiesta por la mañana* y *El día de fiesta por la tarde* (1654-1660). Otro importante representante es Luis Vélez de Guevara (1579-1644), autor de *El diablo cojuelo* (1641), novela en la que un diablillo revela los aspectos grotescos de la sociedad de este tiempo. Sobresale en esta obra el barroquismo de su lenguaje y algunos elementos picarescos. La novela bizantina se ve representada por Gonzalo de Céspedes y Meneses, autor del *Poema trágico del español*

Gerardo (1615). A esta misma categoría pertenecen *Los trabajos de Persiles y Segismunda*, de Cervantes, a quien estudiaremos más adelante

TEATRO

Son varios los dramaturgos que llevan el teatro español, el género dominante en este siglo, a sus más altas cimas. Uno de ellos es Lope Félix de Vega Carpio, nacido en Madrid en 1562 y muerto en la misma ciudad en 1635. Estudió en Alcalá de Henares y Salamanca, y sirvió en la Armada Invencible. Muerta su esposa, tuvo varias relaciones amorosas, se volvió a casar, enviudó, se ordenó sacerdote, y al final de su vida volvió a tener relaciones sentimentales con una mujer. Lope de Vega cultivó los tres géneros, pero sobresalió como autor dramático, cabiéndole el honor de ser el fundador del teatro nacional. Escribió más de mil quinientas piezas dramáticas, pero sólo se conservan unas quinientas. El teatro de Lope de Vega, apodado por sus contemporáneos como "Monstruo de la naturaleza", adopta el sistema de los tres actos, en lugar de los cinco en que se dividía la tragedia clásica. En lugar de la prosa, Lope se inclina por el verso, especialmente el octosílabo. Asimismo, Lope mezcla en su teatro lo cómico con lo trágico, y esto lo logra mediante la introducción de un personaje cómico –el gracioso-, cuya participación en el desarrollo de la acción fluye paralelamente a la del personaje principal. Lope ignora las tres unidades –de tiempo, lugar y acción– y da mayor importancia a la acción que al desarrollo sicológico de los personajes. Desde el punto de vista temático, algunas de las fuentes que lo inspiraron pertenecen a la tradición épica, el romancero y las crónicas. Asimismo, Lope se sintió influido por los temas religiosos, monárquicos y por el tema del honor, y debido a la gran variedad de temas que trata resulta difícil clasificar sus obras. Se podría hacer una posible clasificación de las mismas en dos grandes grupos: comedias de tipo profano y obras de tema religioso. Dentro del primer grupo se incluirían las comedias de historia y leyenda española, comedias históricas y novelescas de tema extranjero, comedias costumbristas y comedias pastoriles y mitológicas. Dentro del segundo grupo se podrían incluir las comedias religiosas y los autos. Sus obras más conseguidas se encuentran en el primer grupo, se suele inspirar en la tradición escrita y oral –crónicas, romance y cantares- y en ellas suele plantear el tema del honor. De entre ellas se podría mencionar *Fuenteovejuna* (1619), *El mejor alcalde el rey* (1620-1623), *Peribáñez* (1614) y *El caballero de Olmedo* (1620?-1625). Esta última obra trata del asesinato –por cuestiones amorosas- del caballero don Alonso, a quien desde el principio de la obra se le pronostica su trágico final. En *Fuenteovejuna,* la acción se centra en torno a un pueblo que mata al comendador Fernán para vengar la afrenta causada por éste a una joven. Al final de la obra los Reyes Católicos aprueban la decisión del pueblo.

La producción poética de Lope de Vega se divide en poesías escritas en metros populares y la escrita en metros cultos. Al primer grupo pertenecen sus romances, pastoriles y moriscos, y sus letras para cantar, entre las que sobresalen sus canciones de amor y villancicos. Al segundo grupo pertenecen sus 3,000 sonetos, sus *Rimas humanas* (1602) y sus *Rimas sacras* (1614). Su poesía épica sigue cuatro direcciones: 1. La novelesca, en la que se incluye su obra *La hermosura de Angélica* (1602), 2. La histórica, en la que caería *La dragontea* (1598), sobre el pirata Drake, 3. La religiosa, a la que pertenece su *Isidro* (1599), sobre el patrón de Madrid, y 4. La burlesca, representada por *La Gatomaquia* (1634). Como novelista es autor de *La Arcadia* (1598), novela pastoril, y de *La Dorotea* (1632), su mejor novela. Aquí, Lope se inspira en *La Celestina* para escribir una novela dialogada tomando como referencia sus amores juveniles con Elena Osorio.

La genial creación dramática de Lope de Vega dio lugar a la formación de una escuela de seguidores entre los que destacan Tirso de Molina, Guillén de Castro, Ruiz de Alarcón y Vélez de Guevara.

Tirso de Molina, seudónimo de Gabriel Téllez, nació en Soria en 1584. Fue miembro de la Orden de la Merced, viajó a América y regresó a Toledo al cabo de dos años. Fue Cronista de su Orden y murió en Soria en 1648. Tirso escribió dos obras en prosa: *Los cigarrales de Toledo* (1621), y *Deleitar aprovechando* (1635). Ambas obras son un compendio de comedias, autos, novelas cortas, narraciones morales y vidas de santos. Como dramaturgo, Tirso de Molina es autor de unas cuatrocientas obras de teatro, pero sólo nos han llegado unas ochenta. El teatro de Tirso se caracteriza por su fuerte intuición sicológica, la creación de personajes femeninos, y su gran sentido del humor. Sus comedias se pueden agrupar en cuatro categorías: de tema bíblico, de santos, históricas y de intriga amorosa. A una categoría independiente pertenecerán dos de sus obras maestras, *El burlador de Sevilla y convidado de piedra* (1630) y *El condenado por desconfiado* (1636). Entre las comedias de tema bíblico sobresale *La venganza de Tamar*, entre las de santos merece mención *El mayor desengaño*, y entre las históricas *La prudencia en la mujer* (1634). La protagonista de esta obra es una mujer, doña María de Molina, que salva la corona de su hijo Fernando de las intrigas de los nobles. Las comedias de intriga amorosa resultan interesantes por la simpatía con que trata Tirso a los protagonistas femeninos. En este grupo se incluyen *El vergonzoso en palacio* (1605?), *Don Gil de las calzas verdes* (1635) y *Marta la piadosa* (1635). Su obra maestra es *El burlador de Sevilla*, centrada en la vida licenciosa de un joven, don Juan, que se burla de varias mujeres y es arrebatado al infierno por la estatua del Comendador, padre de una de las mujeres burladas por don Juan. La obra dio lugar a la creación del mito del don Juan, y su influencia en la literatura española y universal persiste hasta nuestros días. Otra de sus obras maestras es *El condenado por desconfiado*, en la que plantea el tema teológico de la predestinación.

Otro de los seguidores del teatro de Lope de Vega fue Guillén de Castro (1569-1631), natural de Valencia, que llegó a ser capitán de infantería. Su obra maestra es *Las mocedades del Cid* (1618), que consta de dos partes. En la primera, el Cid mata al padre de Jimena para vengar un agravio causado por éste a su padre. Jimena pide venganza al rey pero al final se casa con el Cid. La segunda parte dramatiza el cerco de Zamora, la muerte de Sancho II y la jura de Santa Gadea. Ambas partes, sin conexión temática, están inspiradas en el romancero. Guillén de Castro escribió varias obras inspiradas en *Don Quijote de la Mancha*, y *El curioso impertinente* de Cervantes.

Otro de los seguidores del teatro de Lope, y más importante que el anterior, es el mejicano Juan Ruiz de Alarcón (1581-1639), que ejerció la abogacía en Sevilla y se estableció en Madrid para desempeñar un cargo en el Consejo de Indias. El hecho de ser jorobado lo convirtió en el blanco de algunas burlas por parte de Lope de Vega, Góngora y Quevedo. Su teatro se caracteriza por tener un fin moralizador, algo nuevo en la escena española, la creación de tipos representativos de la sociedad, como el mentiroso o el maldiciente, y la preocupación por el estilo. De carácter moral son sus dos obras maestras: *La verdad sospechosa* (1621) y *Las paredes oyen* (1628). La primera de ellas trata de un mentiroso, el joven don García, que es víctima de sus propias mentiras, pierde el amor de su amada y termina casándose con una mujer que no quiere. En la segunda de estas obras Ruiz de Alarcón critica el vicio de criticar al prójimo, y su trama gira en torno a una dama que deja a un hombre dado a la murmuración y se enamora de otro que, aunque no es muy agraciado físicamente, es noble de espíritu.

Luis Vélez de Guevara (1579-1644), por último, fue soldado en Italia y trabajó como abogado en Madrid. Sus mejores obras dramáticas se basan en motivos histórico-legendarios, hay en ellas momentos de gran lirismo, defiende el honor de la gente humilde y sobresale en la creación de personajes femeninos. Su obra maestra es *Reinar después de morir*, centrada en el matrimonio de Inés de Castro con el príncipe Pedro de Portugal. Doña

Blanca, prometida del príncipe, se siente agraviada e insta al rey para que maten a Inés. Muertos ésta y el rey sube al trono el príncipe, quien manda que acepten a Inés como reina aunque haya muerto.

Si a Lope de Vega le cabe el honor de haber sido el creador del teatro nacional, Calderón tiene el mérito de incorporar al mismo los principios del estilo barroco. Pedro Calderón de la Barca (1600-1681) nació y murió en Madrid. Estudió en Madrid, Alcalá y Salamanca, y viajó por Italia y Flandes. Fue nombrado caballero de la Orden de Santiago y participó en la guerra de Cataluña. Se ordenó sacerdote a los 51 años y fue nombrado capellán del rey. Calderón y Lope de Vega son los máximos exponentes del teatro español. A diferencia de éste, Calderón se dedica exclusivamente al teatro, y su producción dramática se cifra en 120 comedias, 80 autos sacramentales, y unos veinte entremeses. De acuerdo a su temática, la producción dramática de Calderón se podría agrupar en las siguientes categorías:

- Comedias dramáticas de historia y leyenda española: *El alcalde de Zalamea* (1642)

- Comedias de asunto religioso: *La devoción de la cruz* (1623?) *El príncipe constante* (1629) y *El mágico prodigioso* (1637).

- Dramas relacionados con el honor y los celos: *El médico de su honra* (1635) y *El pintor de su deshonra* (1639).

- Comedias de enredo: *La dama duende* (1629).

- Comedias filosóficas: *La vida es sueño* (1635).

- Comedias fantásticas y mitológicas: *La hija del aire* (1653), y *La estatua de Prometeo* (1669).

- Autos sacramentales: *El gran teatro del mundo* (1633), y *La cena de Baltasar* (1634).

En su teatro, Calderón revela unos profundos conocimientos de teología, filosofía y mitología, y a esta profundidad de ideas e ingenio conceptista se funde un estilo ornamentado culterano que sobresale por la creación de excelentes imágenes y alegorías. Su teatro se puede dividir en dos fases, una primera en la que se percibe la influencia de Lope de Vega y una segunda en la que predomina el exceso en la ornamentación del verso y la profundidad de sus temas. En la primera fase se pueden incluir sus obras de tema religioso, las de enredo, y las que tratan el tema del honor; y en la segunda el resto. La obra más representativa de esta segunda fase es *La vida es sueño*, en la que Calderón dramatiza la historia de un rey, Basilio de Polonia, que ha encerrado en una torre a su hijo Segismundo para evitar que, según una profecía, lo humille. Un día, el rey lleva drogado a la corte a su hijo, y éste, al despertar, arroja por la ventana a un miembro de la corte. El rey, visto lo cual, lo devuelve a la torre. El pueblo, entonces, se rebela y pone al príncipe en la corte, que humilla a su padre, cumpliéndose de esta manera la profecía. Al final, sin embargo, el príncipe se muestra generoso hacia el padre.

El auge de los autos religiosos comienza cuando los Reyes Católicos sustituyen las fiestas profanas que tenían lugar en las iglesias con obras de carácter religioso que se representaban bien en el interior o exterior de aquéllas. Una variedad del auto religioso que se desarrolló en el siglo XVI fue el auto sacramental, en el que solían participar personajes bíblicos y simbólicos representando la fe, la caridad, el pecado, etc. El argumento solía ser alegórico y culminaba con una apología del sacramento de la eucaristía. Calderón fue el máximo exponente de este subgénero dramático, que acabaría siendo prohibido en el siglo XVIII.

POESÍA

Los rasgos característicos de la poesía de Herrera, artificiosidad y exceso en la ornamentación, se manifestarán en una serie de poetas que preparan la llegada de Góngora. Entre éstos cabe mencionar a Pedro de Espinosa, autor de la "Fábula del Genil", poema de una extraordinaria riqueza cromática, y Luis Carrillo y Sotomayor, que a pesar de morir muy joven, 27 años, dejó una excelente producción poética. Es autor de varios romances, canciones y sonetos y de una *Fábula de Acis y Galatea*, inspirada en Ovidio. En cualquier caso, la figura cumbre de la poesía barroca del siglo XVII es don Luis de Góngora, a quien estudiaremos a continuación. Aunque la poesía de Góngora carece de la presencia del hombre, es innegable su importante aportación a la renovación del lenguaje poético. Algunos de los representantes de lo que podríamos llamar la escuela de Góngora son, entre otros, el conde de Villamediana (1582-1622), Juan de Jauregui (1583-1641) y, fuera de nuestras fronteras, Sor Juana Inés de la Cruz. El conde de Villamediana escribió algunos versos satíricos contra miembros de la corte, y una de sus mejores composiciones es la "Fábula de Faetón". Jáuregui fue, inicialmente, muy crítico de la poesía de Góngora, pero posteriormente se dejó influir por la poesía de éste. Realizó además excelentes traducciones, como *Aminta* (1607), de Tasso.

Aunque la influencia de Góngora se dejó sentir en una gran parte de los poetas del siglo XVII, hubo ciertos grupos de poetas que se mantuvieron al margen de la poesía culterana de Góngora, pero sus temas, como el del "desengaño", siguieron inspirando sus obras. Esta divergencia con respecto a Góngora se ve en algunos poetas de la escuela sevillana y aragonesa. De la escuela sevillana se puede destacar a Francisco de Rioja (1583-1659), autor de una serie de poemas dedicados a las flores: "A las rosas", "Al jazmín" etc. Por lo general, Rioja describe las flores para terminar reflexionando sobre su belleza efímera y la temporalidad del ser humano. De la escuela aragonesa merece ser destacado Lupercio L. de Argensola (1559-1613), autor de unos *Sonetos de tema amoroso y satírico* que se distinguen por su sobriedad y elegancia.

La épica culta, iniciada durante el reinado de Felipe II, tuvo un importante desarrollo en la primera mitad del siglo XVII. Uno de los escritores más notables en esta modalidad poética es Bernardo de Balbuena, autor de *El Bernardo* (1624), en el que canta la victoria de Bernardo del Carpio sobre los doce Pares. Es un poema típicamente barroco en el que sobresalen las coloridas descripciones y su musicalidad. Además de la tendencia culterana en poesía, hubo otra, la conceptista, que a veces la vemos manifestada en las composiciones de tipo burlesco de Francisco de Quevedo, a quien estudiaremos a continuación.

CUESTIONARIO

1. Comente algunas diferncias entre el Barroco y el Renacimiento.
2. ¿Por qué se caracteriza el Barroco? ¿Qué temas predominan en esta tendencia literaria?
3. ¿Quién es y qué importancia literaria tiene Mateo Alemán?
4. Explique la importancia que tiene Lope de Vega en la renovación del teatro español.
5. ¿Qué temas predominan en la poesía que escribió Lope de Vega?
6. ¿Cuáles son las obras principales de Tirso de Molina?

7. ¿De qué trata *El burlador de Sevilla*?

8. Mencione el nombre de un seguidor de Lope de Vega y alguna obra que escribió.

9. ¿De qué tratan las obras teatrales de Juan Ruiz de Alarcón?

10. ¿Por qué era objeto de burlas Alarcón?

11. ¿Cuál es el género literario por el que se destacó Calderón de la Barca?

12. ¿Quién es la figura cumbre de la poesía barroca? ¿Por qué se caracteriza su obra?

IDENTIFICAR

1. Culteranismo

2. Conceptismo

3. *Estebanillo González*

4. "El gracioso"

5. "Monstruo de la naturaleza"

6. *La Dorotea*

7. Gabriel Téllez

ENSAYOS

1. Escriba un ensayo describiendo las características principales de la novela cortesana, costumbrista, y bizantina.

2. Haga un estudio sobre el mito del Don Juan y los rasgos arquetípicos que han pervivido en alguna o algunas obras de la posteridad.

3. *La vida es sueño,* de Calderón de la Barca, es una comedia filosófica y teológica. Explique el título y haga un estudio crítico literario de esta obra.

BIBLIOGRAFÍA

Alborg, Juan Luis. *Historia de la literatura española. Época barroca*. Madrid: Gredos, 1975.

Correa Calderón, E. Fernando Lázaro. *Curso de literatura (española y universal)*. Salamanca: Anaya, 1963.

García López, José. *Historia de la literatura española*. Barcelona: Ed. Vicens-Vives, 1969.

Jones, R. O. *A Literary History of Spain. The Golden Age: Prose and Poetry*. New York: Barnes & Noble Inc., 1972.

Rico, Francisco. *Historia y crítica de la literatura española*. III. Wardropper, Bruce W. *Siglos de Oro: Barroco*. Barcelona: Ed. Crítica, 1984.

Río, Ángel del. *Historia de la literatura española*. New York: Holt, Rinehart and Winston, 1963.

Wilson, Edward M. *A Literary History of Spain. The Golden Age: Drama*. New York: Barnes & Noble Inc., 1972.

Miguel de Cervantes Saavedra
(1547-1616)

Miguel de Cervantes Saavedra nació en Alcalá de Henares y murió en Madrid. Se le considera el máximo exponente de las letras en lengua española. Fue soldado en Italia y participó en la batalla de Lepanto, donde luchó heroicamente y perdió la mano izquierda. De regreso a España su nave fue apresada por piratas berberiscos y llevado prisionero a Argel, donde permaneció cautivo cinco años hasta que fue liberado gracias a un rescate pagado por los padres trinitarios. Una vez en España fue nombrado proveedor de la armada invencible, y al ser injustamente acusado de malversación de fondos fue encarcelado en Sevilla por tres meses. Se mudó a Valladolid y aquí, al ser acuchillado un caballero a las puertas de su casa, fue brevemente encarcelado. Después se trasladó a Madrid, donde vivió los últimos años de su vida. Cervantes cultivó los tres géneros: poesía, teatro y novela.

Aunque Cervantes mostró gran interés por la poesía, él mismo reconoció su falta de talento para el cultivo de este género. Es autor de *Viaje del Parnaso* (1614), poema alegórico en el que canta a los escritores más destacados de su tiempo, y de una *Epístola a Mateo Vázquez*, donde nos relata sus desgracias. Escribió algunos romances amorosos y pastoriles.

Más importante es su contribución como dramaturgo, figurando entre los más destacados antes de la llegada de Lope de Vega. Convencido del mérito literario de sus obras dramáticas, Cervantes publicó en 1615 su colección *Ocho comedias y ocho entremeses*. Algunas de estas comedias se hacen eco de sus experiencias durante el cautiverio de Árgel, *Los baños de Árgel*, otras son de tema religioso, *El rufián dichoso*, otras son de ambiente caballeresco, *El laberinto de amor*, y otras son de carácter picaresco, *Pedro de Urdemalas*. Su mejor aportación al teatro se encuentra en la tragedia histórico-alegórica *Numancia*, centrada en la destrucción de esta ciudad por los romanos; y en los entremeses, cuadros llenos de comicidad y penetración sicológica. Algunos de los más destacados son *El retablo de las maravillas*, en el que Cervantes satiriza la hipocresía y prejuicios del pueblo, y *El celoso extremeño*, en el que plantea la difícil convivencia matrimonial entre un viejo y una esposa joven.

Sin embargo, donde Cervantes logra el mayor éxito es en el género narrativo. Su primera novela es *La Galatea* (1585), centrada en los lamentos sentimentales de una serie de pastores que reflexionan sobre el amor. Es autor, asimismo, de doce *novelas ejemplares* (1613), escritas a lo largo de su vida, que tienen un fin moralizador y retratan con gran maestría la vida y el habla de las clases sociales más bajas. Con estas novelas Cervantes crea las dos clases de novelas que tanto se cultivarán en el siglo XVII: la novela romántica de aventuras amorosas y los cuadros de costumbres. De sus novelas ejempares podemos destacar *Rinconete y Cortadillo*, *El coloquio de los perros* y *El licenciado Vidriera*. Su última novela fue *Los trabajos de Persiles y Segismunda*, novela bizantina centrada en las aventuras de los protagonistas por países nórdicos de Europa. Y su obra maestra es *El ingenioso hidalgo don Quijote de la Mancha*, publicada en dos partes en 1605 y 1615. La publicación de la novela supuso un éxito inmediato, y fue traducida rápidamente a varias lenguas. La novela, imposible de resumir en pocas líneas, trata de un caballero, don Quijote, que enloquece por la lectura de novelas de caballerías y se propone resucitar la caballería andante. Creyéndose caballero andante, parte con su escudero Sancho Panza en busca de aventuras con el propósito de traer justicia al mundo. Le anima, además, el noble ideal de ganar fama y el deseo de conquistar el corazón de Dulcinea del Toboso. Su vida aventurera concluye cuando, vencido por un conocido suyo que se hace pasar por "el caballero de la blanca luna", don Quijote regresa a su tierra donde muere curado de su demencia. Al final de su vida, don

Quijote ya no trata de imponer su visión idealista de la realidad, y el lector es testigo de un gradual desengaño que culmina con la recuperación de la razón. La obra plantea el choque entre el idealismo de una vida generosa y noble de don Quijote y el realismo de un hombre, Sancho, que ve la vida con ojos prácticos y sentido común. Cervantes representa con gran penetración sicológica los complejos mecanismos que mueven la naturaleza humana, y a este rasgo se puede unir la técnica del perspectivismo, es decir, la visión e interpretación de los mismos hechos bajo puntos de vista diferentes.

❋ ❋ ❋

El ingenioso hidalgo don Quijote de la Mancha

GUÍA DE LECTURA

La novela comienza *in medias res*, y el lector no llega a saber gran cosa del pasado de don Quijote o de sus familiares, salvo de una sobrina que vive con él . En realidad, este pasado no es importante porque lo que Cervantes se propone es narrarnos la epifanía de un hombre, don Quijote, que ha roto con su pasado, el de Alonso Quejana, para convertirse en caballero andante. Los capítulos seleccionados nos explican cómo se produce este nacimiento y las aventuras que acaecen hasta que, y después que, don Quijote es armado caballero. A pesar de la extensión de la novela, los capítulos seleccionados constituyen una representación significativa de algunos de los temas cardinales de esta novela, como el juego entre ficción e historia, la parodia de novelas de caballerías, el humor, y la reflexión metafictiva sobre el proceso creador de la misma novela de Cervantes o sobre otras creaciones literarias. Otro de los temas capitales que vemos textualizado en estos capítulos es el del antagonismo entre realidad e idealización de la misma. Cervantes plantea el problema de la percepción de la realidad, es decir, el problema ontológico de la verdad, lo que es y lo que parece ser, y el problema ético de lo que debe ser. El lector, pues, es testigo de dos realidades: una, la imaginada o idealizada por don Quijote; y otra, la que vemos nosotros y los personajes con los que se topa don Quijote.

❋ ❋ ❋

Capítulo I

Que trata de la condición y ejercicio° del famoso hidalgo don Quijote de la Mancha[1]

En un lugar de la Mancha, de cuyo nombre no quiero acordarme°, no ha° mucho tiempo que vivía un hidalgo[2] de los de lanza en astillero°, adarga° antigua, rocín[3] flaco y galgo[4] corredor. Una olla de algo más vaca que carnero[5], salpicón° las más noches, duelos y quebrantos° los sábados, lantejas° los viernes, algún palomino° de añadidura los domingos, consumían las tres partes° de su hacienda. El resto della concluían° sayo de velarte°, calzas de velludo° para las fiestas, con sus pantuflos° de lo mesmo°, y los días de entresemana se honraba° con su vellorí° de lo más fino. Tenía en su casa una ama que pasaba de los cuarenta, y una sobrina que no llegaba a los veinte, y un mozo de campo y plaza, que así ensillaba° el rocín como tomaba la podadera°. Frisaba° la edad de nuestro hidalgo con los cincuenta años: era de complexión recia°, seco de carnes°, enjuto de rostro°, gran madrugador y amigo de la caza. Quieren decir° que tenía el sobrenombre de Quijada, o Quesada, que en esto hay alguna diferencia en los autores que deste° caso escriben; aunque por conjeturas verosímiles se deja entender que se llamaba Quejana. Pero esto importa poco a nuestro cuento; basta° que en la narración dél° no se salga un punto de la verdad°.

Es, pues, de saber, que este sobredicho hidalgo, los ratos que estaba ocioso (que eran los más del año), se daba a leer libros de caballerías con tanta afición y gusto, que olvidó casi de todo punto° el ejercicio de la caza, y aun la administración de su hacienda; y llegó a tanto su curiosidad y desatino° en esto, que vendió muchas hanegas de tierra° de sembradura para comprar libros de caballerías en que leer, y así, llevó a su casa todos cuantos pudo haber dellos°; y de todos, ningunos° le parecían también° como los que compuso el famoso Feliciano de Silva[6], porque la claridad de su prosa y aquellas entricadas° razones suyas le

---

Ejercicio: profesión
No quiero acordarme: no recuerdo
Ha: hace
Astillero: estante en el que se colocan las lanzas
Adarga: escudo hecho de cuero o ante
Salpicón: carne troceada
Duelos y quebrantos: huevos con trozos de tocino frito
Lantejas: lentejas
Palomino: paloma
Las tres partes: las tres cuartas partes de sus ingresos
El resto della concluían: el resto del dinero lo gastaba en
Sayo de velarte: tipo de camisa de paño fino
Calzas de velludo: medias de terciopelo o felpa
Pantuflos: prenda que cubría los tobillos y parte de los zapatos
Mesmo: mismo
Se honraba: se vestía

Vellorí: prenda de lana
Ensillaba: ponía la silla en el caballo
Podadera: utensilio para cortar las ramas de árboles o plantas
Frisaba: se acercaba a
Complexión recia: fuerte de constitución física
Seco de carne: de pocas carnes
Enjuto de rostro: delgado de cara
Quieren decir: dicen
Deste: de este
Basta: es suficiente
Dél: de él
No se salga… verdad: sea verosímil
De todo punto: por completo
Desatino: acciones equivocadas
Hanegas de tierra: extensión de tierra
Haber dellos: encontrar de ellos
Ningunos: ninguno
También: tan bueno
Entricadas: intrincadas

---

1 *Mancha*: región situada en el centro de España, al sur de Madrid
2 *Hidalgo*: hombre de clase media
3 *Rocín*: caballo de mala calidad
4 *Galgo*: tipo de perro
5 *Más vaca que carnero*: la carne de vaca costaba menos que la de carnero
6 *Feliciano de Silva*: autor de libros de caballerías muy populares en su época. Escribió el *Amadís de Grecia* (1535) y la *Segunda Celestina* (1534).

parecían de perlas°, y más cuando llegaba a leer aquellos requiebros° y cartas de desafíos°, donde en muchas partes hallaba escrito: La razón de la sinrazón que a mi razón se hace, de tal manera mi razón enflaquece°, que con razón me quejo de la vuestra fermosura°. Y también cuando leía: ...los altos cielos que de vuestra divinidad divinamente con las estrellas os fortifican, y os hacen merecedora del merecimiento que merece la vuestra grandeza.

Con estas razones perdía el pobre caballero el juicio°, y desvelábase° por entenderlas y desentrañarles el sentido, que no se lo sacara ni las entendiera el mesmo Aristóteles, si resucitara° para sólo ello. No estaba muy bien con° las heridas que don Belianís[7] daba y recebía, porque se imaginaba que, por grandes maestros° que le hubiesen curado, no dejaría de tener el rostro y todo el cuerpo lleno de cicatrices y señales. Pero, con todo, alababa en su autor aquel acabar su libro con la promesa de aquella inacabable aventura, y muchas veces le vino deseo de tomar la pluma y dalle° fin al pie de la letra, como allí se promete; y sin duda alguna lo hiciera, y aun saliera con ello, si otros mayores y continuos pensamientos no se lo estorbaran°. Tuvo muchas veces competencia° con el cura de su lugar (que era hombre docto, graduado en Sigüenza[8]) sobre cuál había sido mejor caballero: Palmerín de Ingalaterra o Amadís de Gaula[9]; mas maese° Nicolás, barbero del mesmo pueblo, decía que ninguno llegaba al Caballero del Febo, y que si alguno se le podía comparar era don Galaor, hermano de Amadís de Gaula, porque tenía muy acomodada condición para todo; que no era caballero melindroso°, ni tan llorón como su hermano, y que en lo de la valentía no le iba en zaga°.

En resolución, él se enfrascó° tanto en su letura°, que se le pasaban las noches leyendo de claro en claro, y los días de turbio° en turbio; y así, del poco dormir y del mucho leer se le secó el celebro° de manera, que vino a perder el juicio°. Llenósele la fantasía de todo aquello que leía en los libros, así de encantamentos° como de pendencias°, batallas, desafíos, heridas, requiebros, amores, tormentas y disparates° imposibles; y asentósele de tal modo en la imaginación° que era verdad toda aquella máquina de° aquellas sonadas soñadas invenciones que leía, que para él no había otra historia más cierta en el mundo. Decía él que el Cid Ruy Díaz[10] había sido muy buen caballero, pero que no tenía que ver° con el Caballero de la

---

Le parecían de perlas: le parecían muy bien
Requiebros: piropos, frases de admiración
Desafíos: amoríos
Enflaquece: se debilita
Fermosura: hermosura
Perdía el pobre caballero el juicio: se volvía loco el pobre hombre
Desvelábase: se esforzaba mucho
Si resucitara: aunque resucitara
No estaba muy bien con: no estaba de acuerdo con
Maestros: médicos
Dalle: darle
Estorbaran: impidieran
Tuvo muchas veces competencia: discutía muchas veces
Maese: maestro

Melindroso: delicado, que se quejaba con facilidad
No le iba en zaga: no se quedaba atrás, no era inferior
Se enfrascó: se metió
Letura: lectura
Se le pasaban... en turbio: leía todo el tiempo
Celebro: cerebro
Perder el juicio: volverse loco
Encantamentos: encantamientos
Pendencias: luchas, peleas
Disparates: desaciertos, cosas absurdas
Asentósele... imaginación: se le metió de tal manera en la cabeza
Máquina de: serie de
No tenía que ver: no se podía comparar

---

7   Belianís: protagonista de la novela *Historia de Belianís de Grecia* que recibió y causó numerosas heridas. Fue escrita por Jerónimo Fernández a mediados del siglo XVI.

8   Sigüenza: ciudad de la provincia de Guadalajara con una universidad de poco

prestigio

9   *Palmerín de Ingalaterra o Amadís de Gaula*: famosos protagonistas de dos famosas novelas de caballerías

10   *Cid Ruy Díaz*: el Cid Campeador, caballero medieval que luchó contra los moros. Es el protagonista del *Cantar de mío Cid*.

Ardiente Espada[11], que de solo un revés° había partido por medio dos fieros y descomunales gigantes. Mejor estaba con° Bernardo del Carpio°, porque en Roncesvalles[12] había muerto a Roldán[13] el encantado, valiéndose de la industria° de Hércules[14], cuando ahogó a Anteo[15], el hijo de la Tierra, entre los brazos. Decía mucho bien° del gigante Morgante[16], porque, con ser de aquella generación gigantea, que todos son soberbios y descomedidos, él sólo era afable y bien criado. Pero, sobre todos, estaba bien con Reinaldos de Montalbán[17], y más cuando le veía salir de su castillo y robar cuantos topaba°, y cuando en allende° robó aquel ídolo de Mahoma[18] que era todo de oro, según dice su historia. Diera él, por dar una mano de coces° al traidor de Galalón[19], al ama que tenía y aun a su sobrina de añadidura.

En efeto°, rematado ya su juicio,° vino a dar en el más estraño° pensamiento que jamás dio loco en el mundo, y fue que le pareció convenible° y necesario, así para el aumento de su honra como para el servicio de su república, hacerse caballero andante, y irse° por todo el mundo con sus armas y caballo a buscar las aventuras y a ejercitarse en todo aquello que él había leído que los caballeros andantes se ejercitaban, deshaciendo todo género de agravio°, y poniéndose en ocasiones° y peligros donde, acabándolos°, cobrase eterno nombre y fama. Imaginábase el pobre ya coronado por el valor de su brazo, por lo menos, del imperio de Trapisonda[20]; y así, con estos tan agradables pensamientos, llevado del estraño gusto que en ellos sentía, se dio priesa° a poner en efeto lo que deseaba. Y lo primero que hizo fue limpiar unas armas que habían sido de sus bisabuelos, que, tomadas de orín y llenas de moho°, luengos° siglos había que estaban puestas y olvidadas en un rincón. Limpiólas y aderezólas° lo mejor que pudo, pero vio que tenían una gran falta, y era que no tenían celada de encaje[21], sino morrión[22] simple; mas a esto suplió su industria, porque de cartones hizo un modo de media celada, que, encajada con el morrión, hacían una apariencia de celada entera. Es verdad que para probar si era fuerte y podía estar al riesgo de una cuchillada, sacó su

---

Revés: golpe
Mejor estaba con: mejor opinión tenía de
Bernardo del Carpio: héroe español de
    proporciones épicas.
Industria: astucia
Decía mucho bien: hablaba muy bien del
Cuantos topaba: a cuantos encontraba en su
    camino
En allende: en tierras de moros
Diera él... coces: él estaba dispuesto a pegar a
En efeto: en efecto

Rematado ya su juicio: completamente loco
Estraño: extraño
Convenible: conveniente
Y irse: e irse
Deshaciendo... agravio: haciendo justicia
Ocasiones: batallas
Acabándolos: llevándolos a cabo
Priesa: prisa
Tomadas de orín y llenas de moho: oxidadas
Luengos: largos
Aderezólas: las preparó

---

11 *El Caballero de la Ardiente Espada*: se refiere al Amadís de Grecia, que llevaba desde nacimiento grabada en el pecho una espada roja.

12 *Roncesvalles*: paso en los montes Pirineos, en la frontera entre España y Francia

13 *Roldán*: protagonista de *La chanson de Roland*

14 *Hércules*: héroe mitológico, hijo de Zeus y Alcmena, que con su prodigiosa fuerza realizó hechos prodigiosos

15 *Anteo*: Anteón

16 *Morgante*: gigante que, después de ser convertido al cristianismo por Roldán, lo acompañaba en sus aventuras.

17 *Reinaldos de Montalbán*: héroe francés y protagonista de una famosa canción de gesta del siglo XII

18 *Ídolo de Mahoma*: no hay ídolos entre los mahometanos, pero en los libros de caballerías es frecuente encontrar la referencia a los ídolos de Mahoma.

19 *Galalón*: Ganelón, caballero de la epopeya carolingia que traicionó en Roncesvalles a los doce Pares de Francia

20 *Trapisonda*: es una de las cuatro partes en que fue dividido el imperio griego en el siglo XIII

21 *Celada de encaje*: pieza de la armadura que cubre la cabeza y lleva una pieza en la parte de abajo que encaja en la coraza

22 *Morrión*: parte de la armadura que cubre la parte superior de la cabeza

espada y le dio dos golpes, y con el primero y en un punto° deshizo lo que había hecho en una semana; y no dejó de parecerle mal la facilidad con que la había hecho pedazos, y, por asegurarse deste° peligro, la tornó a° hacer de nuevo, poniéndole unas barras de hierro por de dentro, de tal manera, que él quedó satisfecho de su fortaleza y, sin querer hacer nueva experiencia della°, la diputó° y tuvo por celada finísima de encaje. ✦

Fue luego a ver su rocín, y aunque tenía más cuartos que un real[23] y más tachas° que el caballo de Gonela[24], que tantum pellis et ossa fuit°, le pareció que ni el Bucéfalo de Alejandro ni Babieca[25] el del Cid con él se igualaban. Cuatro días se le pasaron en imaginar qué nombre le pondría; porque (según se decía él a sí mesmo°) no era razón° que caballo de caballero tan famoso, y tan bueno él por sí, estuviese sin nombre conocido; y ansí°, procuraba acomodársele de manera, que declarase quién había sido antes que fuese de caballero andante, y lo que era entonces; pues estaba muy puesto en razón que, mudando° su señor estado, mudase él también el nombre, y cobrase famoso y de estruendo°, como convenía a la nueva orden y al nuevo ejercicio que ya profesaba; y así, después de muchos nombres que formó, borró y quitó, añadió, deshizo y tornó a hacer en su memoria e imaginación, al fin le vino a llamar Rocinante, nombre, a su parecer°, alto, sonoro y significativo de lo que había sido cuando fue rocín, antes de lo que ahora era, que era antes y primero de todos los rocines del mundo°.

Puesto nombre°, y tan a su gusto, a su caballo, quiso ponérsele a sí mismo, y en este pensamiento duró° otros ocho días, y al cabo° se vino a llamar don° Quijote°; de donde, como queda dicho°, tomaron ocasión° los autores desta tan verdadera historia que, sin duda, se debía de llamar Quijada, y no Quesada, como otros quisieron decir. Pero, acordándose que el valeroso° Amadís no sólo se había contentado° con llamarse Amadís a secas°, sino que añadió el nombre de su reino y patria, por hacerla famosa, y se llamó Amadís de Gaula, así quiso, como buen caballero, añadir al suyo el nombre de la suya y llamarse don Quijote de la Mancha, con que, a su parecer, declaraba muy al vivo° su linaje y patria, y la honraba con tomar el sobrenombre della.

Limpias, pues, sus armas, hecho del morrión celada, puesto nombre a su rocín y confirmándose a sí mismo[26], se dio a entender que no le faltaba otra cosa sino buscar una

---

En un punto: en un instante
Deste: de este
Tornó a: volvió a
Della: de ella
Diputó: juzgó
Tachas: defectos
Tantum pellis et ossa fuit: era sólo piel y huesos
Mesmo: mismo
No era razón: no era propio
Ansí: así
Mudando: cambiando
Estruendo: tuviese gran resonancia
A su parecer: de acuerdo a él
Antes y… mundo: antes rocín y ahora el primer rocín de todos cuantos existen

Puesto nombre: dado el nombre
Duró: pasó
Al cabo: al final de este tiempo
Don: título dado a personas de cierto nivel social
Quijote: parte de la armadura que protege la parte superior de la pierna
Como queda dicho: como ya se mencionó anteriormente
Tomaron ocasión: decidieron
Valeroso: valiente
Se había contentado: se sentía satisfecho
A secas: sin ningún calificativo o sobrenombre adicional
Al vivo: muy expresivamente

---

23   *Más cuartos que un real*: juego de palabras en el que *cuartos* no se refiere a su valor económico sino al nombre de una enfermedad.

24   *Gonela*: Pietro Gonella era un bufón del duque Borso de la corte de Ferrara (sigloXV), y su caballo era muy delgado

25   *Bucéfalo y Babieca*: nombres de los caballos de Alejandro Magno y el Cid Campeador, respectivamente

26   *Confirmándose a sí mismo*: durante el sacramento de la confirmación uno puede cambiar su nombre, y aquí don Quijote alude a este cambio de nombre.

dama de quien enamorarse; porque el caballero andante sin amores era árbol sin hojas y sin fruto y cuerpo sin alma. Decíase él: Si yo, por malos de mis pecados°, o por mi buena suerte, me encuentro por ahí con algún gigante, como de ordinario les acontece° a los caballeros andantes, y le derribo° de un encuentro, o le parto por mitad del cuerpo, o, finalmente, le venzo y le rindo, ¿no será bien tener a quien enviarle presentado y que entre y se hinque de rodillas° ante mi dulce señora, y diga con voz humilde y rendido: "Yo, señora, soy el gigante Caraculiambro, señor de la ínsula° Malindrania, a quien venció en singular° batalla el jamás como se debe alabado caballero don Quijote de la Mancha, el cual me mandó que me presentase ante vuestra merced, para que la vuestra grandeza disponga de mí a su talante°"?

¡Oh, cómo se holgó° nuestro buen caballero cuando hubo hecho este discurso, y más cuando halló a quien dar nombre de su dama! Y fue, a lo que se cree, que en un lugar cerca del suyo había una moza labradora de muy buen parecer°, de quien él un tiempo anduvo enamorado, aunque, según se entiende, ella jamás lo supo ni le dio cata dello°. Llamábase Aldonza° Lorenzo, y a ésta le pareció ser bien darle título de señora de sus pensamientos; y, buscándole nombre que no desdijese mucho del suyo° y que tirase y se encaminase° al de princesa y gran señora, vino a llamarla Dulcinea del Toboso[27], porque era natural del Toboso; nombre, a su parecer, músico y peregrino° y significativo, como todos los demás que a él y a sus cosas había puesto.

🏃 CUESTIONARIO

1. ¿Dónde nació don Quijote? ¿En qué parte de España está situado este lugar?

2. ¿De qué solía alimentarse don Quijote? ¿Qué tipo de vestimenta llevaba?

3. ¿Cómo se describe físicamente a don Quijote?

4. ¿A qué clase social pertenece don Quijote?

5. ¿Sobre qué tema se centraban algunas de las discusiones que tenían don Quijote, el cura y el barbero?

6. ¿Cómo perdió el juicio don Quijote? ¿Qué se proponía hacer don Quijote una vez que se hiciera caballero andante?

7. ¿Qué anécdota nos cuenta el autor acerca de la celada de don Quijote?

8. ¿Qué nombre le da don Quijote a su caballo? ¿Con quiénes lo compara?

Por malos de mis pecados: por causa de mis malos pecados
Acontece: sucede
Derribo: venzo
Se hinque de rodillas: se ponga de rodillas
Ínsula: isla
Singular: excepcional
A su talante: a su voluntad
Se holgó: se sintió satisfecho

Muy buen parecer: muy hermosa
Ni le dio cata dello: ni se lo hizo saber, ni se lo dio a entender
Aldonza: nombre vulgar
Desdijese mucho del suyo: que guardara cierta correspondencia con el suyo
Tirase y se encaminase: sonara
Peregrino: raro, extraño

---

27 *Toboso*: pueblo de la región de la Mancha, en la provincia de Ciudad Real

SELECCIÓN MÚLTIPLE

I. Don Quijote convivía con

    1. Su esposa, su hija y un criado

    2. Su esposa, su sobrina y un criado

    3. Un ama, su sobrina y un mozo de campo

    4. Un ama, su sobrina y Sancho Panza

II. La edad de don Quijote rondaba los

    1. Treinta años

    2. Cuarenta años

    3. Cincuenta años

    4. Sesenta años ✓

III. ¿Qué hizo don Quijote con el dinero que sacó de vender algunas de sus fincas?

    1. Compró su caballo Rocinante

    2. Compró varias armas para su ejercicio de caballero andante

    3. Compró un molino de viento

    4. Compró muchos libros de caballerías

IV. El nombre de Rocinante significa

    1. Caballo joven y fuerte

    2. Caballo que ocupa el primer lugar entre todos los caballos

    3. Caballo viejo pero noble

    4. Caballo obediente a su señor

IV. Dulcinea del Toboso era una

    1. Labradora de quien don Quijote estuvo enamorado en un tiempo pasado

    2. Cortesana a quien no conocía personalmente don Quijote

    3. De las protagonistas de una novela de caballerías

    4. Una idealización de don Quijote, pero nunca existió en la realidad

Capítulo II

Que trata de la primera salida que de su tierra hizo el ingenioso don Quijote.

Hechas, pues, estas prevenciones, no quiso aguardar° más tiempo a poner en efeto su pensamiento, apretándole° a ello la falta que él pensaba que hacía° en el mundo su tardanza°, según eran los agravios que pensaba deshacer, tuertos que enderezar, sinrazones que emendar, y abusos que mejorar, y deudas que satisfacer°. Y así, sin dar parte a° persona alguna de su intención, y sin que nadie le viese, una mañana, antes del día°, que era uno de los calurosos del mes de julio, se armó de todas sus armas, subió sobre Rocinante, puesta su mal compuesta° celada, embrazó su adarga°, tomó su lanza, y por la puerta falsa de un corral salió al campo, con grandísimo contento y alborozo° de ver con cuánta facilidad había dado principio a su buen deseo. Mas° apenas se vio en el campo, cuando le asaltó un pensamiento terrible, y tal, que por poco le hiciera dejar la comenzada empresa; y fue que le vino a la memoria° que no era armado caballero, y que, conforme a ley de caballería, ni podía ni debía tomar armas° con ningún caballero; y puesto que lo fuera, había de llevar armas blancas, como novel° caballero, sin empresa° en el escudo, hasta que por su esfuerzo la ganase. Estos pensamientos le hicieron titubear° en su propósito; mas, pudiendo más su locura que otra razón alguna, propuso de hacerse armar caballero del primero° que topase, a imitación de otros muchos que así lo hicieron, según él había leído en los libros que tal le tenían. En lo de las armas blancas°, pensaba limpiarlas de manera, en teniendo lugar, que lo fuesen más que un armiño; y con esto se quietó° y prosiguió su camino, sin llevar otro que aquel que su caballo quería, creyendo que en aquello consistía la fuerza de las aventuras.

Yendo, pues, caminando nuestro flamante° aventurero, iba hablando consigo mesmo y diciendo: ¿Quién duda sino que en los venideros° tiempos, cuando salga a luz la verdadera historia de mis famosos hechos, que el sabio[28] que los escribiere no ponga, cuando llegue a contar esta mi primera salida tan de mañana, desta manera?: "Apenas había el rubicundo Apolo° tendido° por la faz° de la ancha y espaciosa tierra las doradas hebras de sus hermosos cabellos,° y apenas los pequeños y pintados pajarillos con sus harpadas° lenguas habían saludado con dulce y meliflua° armonía la venida de la rosada aurora, que, dejando la

---

Aguardar: esperar
Apretándole: impulsándole
Hacía: causaba
Tardanza: retraso
Los agravios… satisfacer: larga enumeración
    cuyo sentido viene a ser "hacer justicia"
Sin dar parte a: sin decir nada
Antes del día: muy de madrugada
Compuesta: arreglada
Embrazó su adarga: metió el brazo por la correa
    que sujeta la adarga
Alborozo: alegría
Mas: pero
Memoria: mente
Tomar armas: luchar
Novel: sin experiencia

Empresa: lema, inscripción impresa en el escudo
Titubear: vacilar
Primero: primer caballero
Armas blancas: juego irónico de Cervantes al
    comparar las armas blancas, que no lo son,
    con la blanca piel del armiño.
Se quietó: se tranquilizó
Flamante: radiante
Venideros: futuros
Rubicundo Apolo: sol
Tendido: extendido
Faz: superficie
Doradas hebras de sus hermosos cabellos: rayos
Harpadas: de arpa, instrumento musical
Meliflua: muy dulce

---

28 *Sabio:* era normal que los caballeros
    andantes tuvieran un "sabio" que escribiera
    sus aventuras

blanda cama del celoso marido, por las puertas y balcones del manchego° horizonte a los mortales° se mostraba, cuando el famoso caballero don Quijote de la Mancha, dejando las ociosas plumas°, subió sobre su famoso caballo Rocinante, y comenzó a caminar por el antiguo y conocido campo de Montiel".

Y era la verdad que por él caminaba. Y añadió diciendo: Dichosa° edad y siglo dichoso aquel adonde saldrán a luz las famosas hazañas mías, dignas de entallarse° en bronces, esculpirse en mármoles y pintarse en tablas para memoria° en lo futuro. ¡Oh tú, sabio encantador, quienquiera que seas, a quien ha de tocar° el ser coronista° desta peregrina historia, ruégote que no te olvides de mi buen Rocinante, compañero eterno mío en todos mis caminos y carreras!

Luego volvía diciendo, como si verdaderamente fuera enamorado: ¡Oh princesa Dulcinea, señora deste cautivo corazón! Mucho agravio me habedes fecho° en despedirme y reprocharme° con el riguroso afincamiento° de mandarme no parecer° ante la vuestra fermosura°. Plégaos, señora, de membraros° deste° vuestro sujeto corazón, que tantas cuitas° por vuestro amor padece.

Con éstos iba ensartando° otros disparates°, todos al modo° de los que sus libros le habían enseñado, imitando en cuanto podía su lenguaje. Con esto, caminaba tan despacio, y el sol entraba tan apriesa° y con tanto ardor°, que fuera bastante a derretirle los sesos, si algunos tuviera.

Casi todo aquel día caminó sin acontecerle° cosa que de contar fuese°, de lo cual se desesperaba, porque quisiera topar luego luego° con quien hacer experiencia del valor de su fuerte brazo. Autores hay que dicen que la primera aventura que le avino° fue la del Puerto Lápice; otros dicen que la de los molinos de viento; pero lo que yo he podido averiguar en este caso, y lo que he hallado escrito en los anales de la Mancha, es que él anduvo todo aquel día, y, al anochecer, su rocín y él se hallaron cansados y muertos de hambre; y que, mirando a todas partes por ver si descubriría algún castillo o alguna majada° de pastores donde recogerse y adonde pudiese remediar su mucha hambre y necesidad, vio, no lejos del camino por donde iba, una venta°, que fue como si viera una estrella que, no a los portales, sino a los alcázares° de su redención le encaminaba. Diose priesa a caminar, y llegó a ella a tiempo que anochecía.

Estaban acaso° a la puerta dos mujeres mozas, destas que llaman del partido°, las cuales iban a Sevilla con unos harrieros° que en la venta aquella noche acertaron° a hacer jornada°;

Manchego: de la Mancha
Mortales: seres humanos
Plumas: cama
Dichosa: feliz
Entallarse: inscribirse
Memoria: recuerdo
Tocar: corresponder
Coronista: cronista
Mucho agravio me habedes fecho: gran ofensa me habéis hecho
Reprocharme: criticarme
Afincamiento: aflicción, dolor
Parecer: aparecer
Fermosura: hermosura
Plégaos, señora, de membraros: os ruego, señora, que os acordéis
Deste: de este
Cuitas: sufrimientos
Ensartando: añadiendo
Disparates: locuras

Al modo: de la manera que
Apriesa: aprisa
Ardor: calor
Acontecerle: sucederle
Que de contar fuese: que mereciera la pena ser contada
Luego luego: enseguida
Avino: tuvo, sucedió
Majada: lugar donde se recoge el ganado, generalmente ovejas
Venta: lugar donde se hospedan los viajeros
Alcázares: castillos, palacios
Acaso: por casualidad
Mozas... del partido: prostitutas
Harrieros: arrieros, transportistas de mercancías con sus caballerías
Acertaron: coincidieron
Hacer jornada: hacer una parada durante un viaje

y como a nuestro aventurero todo cuanto pensaba, veía o imaginaba le parecía ser hecho y pasar al modo de lo que había leído, luego que vio la venta se le representó° que era un castillo con sus cuatro torres y chapiteles° de luciente plata, sin faltarle su puente levadiza° y honda cava°, con todos aquellos adherentes° que semejantes castillos se pintan. Fuese llegando a la venta que a él le parecía castillo, y a poco trecho° della detuvo las riendas° a Rocinante, esperando que algún enano° se pusiese entre las almenas° a dar señal con alguna trompeta de que llegaba caballero al castillo. Pero como vio que se tardaban y que Rocinante se daba priesa por llegar a la caballeriza°, se llegó° a la puerta de la venta, y vio a las dos destraídas° mozas que allí estaban, que a él le parecieron dos hermosas doncellas° o dos graciosas damas que delante de la puerta del castillo se estaban solazando°. En esto sucedió acaso que un porquero° que andaba recogiendo de unos rastrojos° una manada° de puercos° (que, sin perdón, así se llaman) tocó un cuerno°, a cuya señal ellos se recogen, y al instante se le representó a don Quijote lo que deseaba, que era que algún enano hacía señal de su venida, y así, con estraño° contento llegó a la venta y a las damas, las cuales, como vieron venir un hombre de aquella suerte° armado, y con lanza y adarga, llenas de miedo se iban a entrar en la venta; pero don Quijote, coligiendo° por su huida su miedo, alzándose la visera de papelón° y descubriendo su seco y polvoroso rostro, con gentil talante° y voz reposada° les dijo:

—No fuyan° las vuestras mercedes ni teman desaguisado° alguno, ca° a la orden de caballería que profeso non toca ni atañe facerle a ninguno°, cuanto más° a tan altas doncellas como vuestras presencias demuestran.

Mirábanle las mozas, y andaban con los ojos buscándole el rostro, que la mala visera le encubría; mas como se oyeron llamar doncellas, cosa tan fuera de su profesión, no pudieron tener° la risa, y fue de manera que don Quijote vino a correrse° y a decirles:

—Bien parece la mesura en las fermosas°, y es mucha sandez° a demás° la risa que de leve causa procede; pero non vos° lo digo porque os acuitedes° ni mostredes° mal talante, que el mío non es de ál° que de serviros.

Se le representó: se lo imaginó
Chapiteles: las puntas de las torres
Puente levadiza: puente que se podía elevar y bajar
Honda cava: foso o excavación profunda que rodea un castillo
Adherentes: complementos
A poco trecho: a poca distancia
Riendas: cuerdas o correas para controlar las caballerías
Enano: persona de tamaño muy pequeño
Almenas: prisma en que termina la parte superior de una muralla
Caballeriza: establo para caballos
Se llegó: se acercó
Destraídas: de vida licenciosa, prostitutas
Doncellas: mujeres que no han conocido varón
Solazando: divirtiendo, entreteniendo
Porquero: persona encargada de cuidar cerdos
Rastrojos: paja que queda al ser segada y recogida el resto de la caña
Manada: cantidad no específica
Puercos: cerdos
Tocó un cuerno: cuerno de un animal que produce un sonido al tocarlo
Estraño: extraño
Suerte: de esa manera
Coligiendo: deduciendo
Visera de papelón: parte de la celada, o casco, que cubría los ojos
Talante: voluntad
Reposada: calmada
Fuyan: huyan
Desaguisado: agravio, ofensa
Ca: porque
Non toca… a ninguno: la orden de caballería no se dedica a hacer daño, o agravio, a nadie
Cuanto más: hoy se diría "cuanto menos"
Tener: contener
Correrse: avergonzarse, ofenderse
Fermosas: hermosas
Sandez: tontez
A demás: también
Non vos: no os
Acuitedes: molestéis, enfadéis
Mostredes: mostréis
De ál: otra cosa

El lenguaje, no entendido de las señoras, y el mal talle° de nuestro caballero acrecentaba° en ellas la risa y en él el enojo, y pasara muy adelante° si a aquel punto° no saliera el ventero°, hombre que, por ser muy gordo, era muy pacífico, el cual, viendo aquella figura contrahecha°, armada de armas tan desiguales como eran la brida°, lanza, adarga y coselete°, no estuvo en nada en acompañar° a las doncellas en las muestras de su contento. Mas, en efeto, temiendo la máquina° de tantos pertrechos°, determinó de hablarle comedidamente°, y así le dijo:

—Si vuestra merced, señor caballero, busca posada°, amén° del lecho° (porque en esta venta no hay ninguno), todo lo demás se hallará en ella en mucha abundancia.

Viendo don Quijote la humildad del alcaide de la fortaleza°, que tal le pareció a él el ventero y la venta, respondió:

—Para mí, señor castellano, cualquiera cosa basta, porque mis arreos° son las armas, mi descanso el pelear°, etc.

Pensó el huésped° que el haberle llamado castellano había sido por haberle parecido de los sanos de Castilla[29], aunque él era andaluz, y de los de la Playa de Sanlúcar, no menos ladrón que Caco[30], ni menos maleante° que estudiantado paje°, y así le respondió:

—Según eso, las camas de vuestra merced serán duras peñas°, y su dormir, siempre velar°; y siendo así, bien se puede apear°, con seguridad de hallar en esta choza° ocasión y ocasiones para no dormir en todo un año, cuanto más en una noche.

Y diciendo esto, fue a tener° el estribo° a don Quijote, el cual se apeó con mucha dificultad y trabajo, como aquel que en todo aquel día no se había desayunado.

Dijo luego° al huésped que le tuviese mucho cuidado de su caballo, porque era la mejor pieza° que comía pan en el mundo. Miróle el ventero, y no le pareció tan bueno como don Quijote decía, ni aun la mitad; y acomodándole en la caballeriza, volvió a ver lo que su huésped mandaba, al cual estaban desarmando las doncellas, que ya se habían reconciliado con él; las cuales, aunque le habían quitado el peto y el espaldar°, jamás supieron ni pudieron desencajarle la gola° ni quitalle° la contrahecha celada, que traía atada con unas

---

Talle: figura
Acrecentaba: incrementaba, aumentaba
Pasara muy adelante: y la situación podía haber empeorado
A aquel punto: en aquel momento
Ventero: dueño de la venta
Contrahecha: disfrazada, deforme
Brida: las riendas y correas que lleva en la cabeza un caballo
Coselete: coraza ligera, pieza protectora que va en el torso
No estuvo… acompañar: estuvo a punto de acompañar
Máquina: abundancia
Pertrechos: armas
Comedidamente: con cortesía
Posada: alojamiento
Amén: aparte de
Lecho: cama
Alcaide de la fortaleza: ventero
Arreos: guarniciones, o conjunto de correas, que llevan las caballerías
Pelear: luchar
Huésped: el ventero
Maleante: persona de mala vida
Estudiantado paje: persona que servía a un estudiante y que tenía mala reputación
Peñas: rocas
Velar: vigilar, estar despierto
Apear: bajar del caballo
Choza: venta
Tener: sujetar
Estribo: parte de los arreos donde se pone el pie para subir o bajar de una caballería
Luego: en ese momento
Pieza: caballo
Peto y el espaldar: parte frontal y trasera de la coraza
Gola: parte de la armadura que protegía el cuello
Quitalle: quitarle

---

29 *De los sanos de Castilla*: con esta frase se quiere decir que una persona es buena, pero los andaluces, como el ventero, tenían mala fama

30 *Caco*: Caco era el hijo de Vulcano, y fue un famoso bandido

cintas° verdes, y era menester° cortarlas, por no poderse quitar los ñudos°; mas él no lo quiso consentir en ninguna manera, y así, se quedó toda aquella noche con la celada puesta, que era la más graciosa y estraña figura que se pudiera pensar; y al desarmarle, como él se imaginaba que aquellas traídas y llevadas° que le desarmaban eran algunas principales señoras y damas de aquel castillo, les dijo con mucho donaire°:

—Nunca fuera caballero de damas también° servido como fuera don Quijote cuando de su aldea° vino: doncellas curaban° dél; princesas, del su rocino, o Rocinante, que éste es el nombre, señoras mías, de mi caballo, y don Quijote de la Mancha el mío; que, puesto que no quisiera descubrirme fasta que las fazañas fechas° en vuestro servicio y pro° me descubrieran, la fuerza de acomodar al propósito presente este romance viejo de Lanzarote ha sido causa que sepáis mi nombre antes de toda sazón°; pero tiempo vendrá en que las vuestras señorías me manden y yo obedezca, y el valor de mi brazo descubra el deseo que tengo de serviros.

Las mozas, que no estaban hechas a oír semejantes retóricas, no respondían palabra; sólo le preguntaron si quería comer alguna cosa.

—Cualquiera yantaría° yo —respondió don Quijote—, porque, a lo que entiendo, me haría mucho al caso°.

A dicha°, acertó a° ser viernes aquel día, y no había en toda la venta sino unas raciones de un pescado que en Castilla llaman abadejo, y en Andalucía bacallao, y en otras partes curadillo, y en otras truchuela. Preguntáronle si por ventura comería su merced truchuela, que no había otro pescado que dalle° a comer.

—Como° haya muchas truchuelas —respondió don Quijote—, podrán servir de una trucha, porque eso se me da que° me den ocho reales en sencillos que en una pieza de a ocho. Cuanto más, que podría ser que fuesen estas truchuelas como la ternera, que es mejor que la vaca, y el cabrito que el cabrón. Pero, sea lo que fuere, venga luego, que el trabajo y peso de las armas no se puede llevar sin el gobierno de las tripas°.

Pusiéronle la mesa a la puerta de la venta, por el fresco, y trújole° el huésped una porción del mal remojado[31] y peor cocido bacallao y un pan tan negro y mugriento° como sus armas; pero era materia de grande risa verle comer, porque, como tenía puesta la celada, y alzada la visera[32], no podía poner nada en la boca con sus manos si otro no se lo daba y ponía, y ansí, una de aquellas señoras servía deste menester°. Mas al darle de beber, no fue posible, ni lo fuera si el ventero no horadara una caña, y puesto el un cabo en la boca, por el otro le iba echando el vino°; y todo esto lo recebía° en paciencia, a trueco de° no romper las cintas

---

Cintas: cuerdas
Menester: necesario
Ñudos: nudos
Traídas y llevadas: prostitutas
Donaire: gracia
También: tan bien
Aldea: pueblo
Curaban: cuidaban
Fasta que las fazañas fechas: hasta que las hazañas hechas
Pro: provecho, beneficio
Antes de toda sazón: antes de nada
Yantaría: comería
Me haría mucho al caso: me vendría muy bien
A dicha: por casualidad

Acertó a: coincidió que
Dalle: darle
Como: ya que
Eso se me da que: me da lo mismo que
Sin el gobierno de las tripas: sin comer
Trújole: le trajo
Mugriento: sucio
Servía deste menester: se encargaba de dar de comer a don Quijote
No horadara… vino: don Quijote, como Lazarillo en el *Lazarillo de Tormes*, bebe de un recipiente con un agujero
Recebía: recibía
A trueco de: con objeto de

---

31 *Mal remojado*: el bacalao, como es sabido, cuando se compra seco necesita remojarse varios días antes de ser cocinado

32 *Alzada la visera*: al tener ocupadas las manos sujetando la visera de la celada, don Quijote no podía comer

de la celada. Estando en esto, llegó acaso a la venta un castrador de puercos°, y así como llegó, sonó su silbato de cañas° cuatro o cinco veces, con lo cual acabó de confirmar don Quijote que estaba en algún famoso castillo, y que le servían con música, y que el abadejo eran truchas, el pan candeal° y las rameras° damas, y el ventero castellano del castillo, y con esto daba por bien empleada° su determinación y salida. Mas lo que más le fatigaba era el no verse armado° caballero, por parecerle que no se podría poner legítimamente en aventura alguna sin recebir la orden de caballería.

CUESTIONARIO

1. ¿En qué mes del año hace don Quijote su primera salida?
2. ¿Qué terrible pensamiento viene a la mente de don Quijote que casi le hace abandonar su empresa?
3. ¿Qué diversidad de opiniones hay sobre la primera aventura que tuvo don Quijote?
4. ¿Qué tipo de mujeres eran las dos mozas que encontró don Quijote a la puerta de la venta? ¿Cómo reaccionan cuando ven a don Quijote? ¿Cómo se dirige a ellas don Quijote?
5. ¿Cómo se describe al ventero?
6. ¿Tiene hambre don Quijote cuando llega a la venta? ¿Qué decide comer? ¿Qué le sirve el ventero?

SELECCIÓN MÚLTIPLE

I. ¿A quién informa don Quijote de su primera salida?
   1. Al cura y el barbero
   2. A su ama, sobrina y criado de campo
   3. A Sancho Panza
   4. A nadie ╲

II. Don Quijote piensa que Dulcinea
   1. No quiere verlo ╲
   2. Lo está esperando impacientemente
   3. Le va a mandar una carta de amor
   4. Está enamorada de otro caballero

III. Don Quijote se imagina que la venta es
   1. Una venta donde concurrían muchos caballeros andantes
   2. Un castillo ✦
   3. Una iglesia
   4. Su propia casa

Castrador de puercos: posiblemente el mismo porquero del que se habló antes
Silbato de cañas: instrumento que produce sonido

Candeal: tipo de pan
Rameras: prostitutas
Daba por bien empleada: se sentía satisfecho
Armado: nombrado

IV. Cuando el porquero tocó el cuerno, don Quijote se imaginó que
   1. Alguien lo estaba invitando a luchar contra él
   2. Era un enano que anunciaba su llegaba
   3. Eran las campanas de la iglesia que tocaban a misa
   4. Era música tocada por algún juglar

V. ¿Quién ayuda a comer y beber a don Quijote en la venta?
   1. Una de las rameras
   2. El ventero
   3. El porquero
   4. Una de las rameras y el ventero

❀ ❀ ❀

Capítulo III

Donde se cuenta la graciosa manera que tuvo don Quijote en armarse caballero

Y así, fatigado deste pensamiento, abrevió su venteril° y limitada cena; la cual acabada, llamó al ventero y, encerrándose con él en la caballeriza, se hincó de rodillas ante él, diciéndole:

—No me levantaré jamás de donde estoy, valeroso caballero, fasta que la vuestra cortesía me otorgue° un don° que pedirle quiero, el cual redundará° en alabanza vuestra y en pro del género humano.

El ventero, que vio a su huésped a sus pies y oyó semejantes razones, estaba confuso mirándole, sin saber qué hacerse ni decirle, y porfiaba° con él que se levantase, y jamás quiso, hasta que le hubo de decir que él le otorgaba el don que le pedía.

—No esperaba yo menos de la gran magnificencia vuestra, señor mío—respondió don Quijote—; y así, os digo que el don que os he pedido y de vuestra liberalidad me ha sido otorgado, es que mañana en aquel día° me habéis de armar caballero, y esta noche en la capilla deste vuestro castillo velaré las armas°; y mañana, como tengo dicho, se cumplirá lo que tanto deseo, para poder, como se debe, ir por todas las cuatro partes del mundo buscando las aventuras, en pro de los menesterosos°, como está a cargo° de la caballería y de los caballeros andantes, como yo soy, cuyo deseo a semejantes fazañas es inclinado.

El ventero, que, como está dicho, era un poco socarrón° y ya tenía algunos barruntos° de la falta de juicio de su huésped, acabó de creerlo cuando acabó de oírle semejantes razones, y, por tener que reír aquella noche, determinó° de seguirle el humor; y así, le dijo que andaba muy acertado en lo que deseaba y pedía, y que tal prosupuesto° era propio y natural de los caballeros tan principales como él parecía y como su gallarda° presencia mostraba; y que él,

---

Venteril: cena que le da el ventero
Otorgue: conceda, dé
Don: favor
Redundará: resultará
Porfiaba: insistía
Mañana en aquel día: mañana
Velaré las armas: tendré las armas en mi
   presencia

Menesterosos: necesitados
Está a cargo: corresponde
Socarrón: persona a la que le gusta burlarse de
   otras personas
Barruntos: sospechas
Determinó de: decidió
Prosupuesto: propósito
Gallarda: distinguida

ansimesmo°, en los años de su mocedad°, se había dado a aquel honroso ejercicio, andando por diversas partes del mundo, buscando sus aventuras, sin que hubiese dejado los Percheles de Málaga, Islas de Riarán, Compás de Sevilla, Azoguejo de Segovia, la Olivera de Valencia, Rondilla de Granada, Playa de Sanlúcar, Potro de Córdoba y las Ventillas de Toledo[33] y otras diversas partes, donde había ejercitado la ligereza de sus pies, sutileza° de sus manos, haciendo muchos tuertos°, recuestando° muchas viudas, deshaciendo° algunas doncellas y engañando a algunos pupilos°, y, finalmente, dándose a conocer por cuantas audiencias y tribunales hay casi en toda España; y que, a lo último°, se había venido a recoger a aquel su castillo, donde vivía con su hacienda y con las ajenas, recogiendo en él a todos los caballeros andantes, de cualquiera calidad y condición que fuesen, sólo por la mucha afición° que les tenía y porque partiesen° con él de sus haberes°, en pago de su buen deseo.

Díjole también que en aquel su castillo no había capilla alguna donde poder velar las armas, porque estaba derribada° para hacerla de nuevo; pero que en caso de necesidad él sabía que se podían velar dondequiera°, y que aquella noche las podría velar en un patio del castillo; que a la mañana, siendo Dios servido°, se harían las debidas ceremonias, de manera que él quedase armado caballero, y tan caballero, que no pudiese° ser más en el mundo.

Preguntóle si traía dineros; respondió don Quijote que no traía blanca°, porque él nunca había leído en las historias de los caballeros andantes que ninguno los hubiese traído. A esto dijo el ventero que se engañaba: que puesto caso que° en las historias no se escribía, por haberles parecido a los autores dellas que no era menester escrebir° una cosa tan clara, y tan necesaria de traerse como eran dineros y camisas limpias, no por eso se había de creer que no los trujeron°; y así, tuviese por cierto y averiguado que todos los caballeros andantes, de que tantos libros están llenos y atestados°, llevaban bien herradas° las bolsas, por lo que pudiese sucederles; y que asimismo llevaban camisas y una arqueta° pequeña llena de ungüentos° para curar las heridas que recebían, porque no todas veces° en los campos y desiertos donde se combatían y salían heridos había quien los curase, si ya no era que tenían° algún sabio encantador por amigo, que luego los socorría°, trayendo por el aire, en alguna nube, alguna doncella o enano con alguna redoma° de agua de tal virtud°, que, en gustando alguna gota della, luego al punto quedaban sanos de sus llagas° y heridas, como si mal alguno° hubiesen tenido. Mas que en tanto que esto no hubiese°, tuvieron los pasados caballeros por cosa acertada que sus escuderos fuesen proveídos de dineros y de

---

Ansimesmo: asimismo
Mocedad: juventud
Sutileza: habilidad, destreza
Haciendo muchos tuertos: causando muchos
  agravios u ofensas
Recuestando: robando
Deshaciendo: privando de la virginidad
Pupilos: huérfanos
A lo último: al final
Afición: estima, cariño
Partiesen: compartiesen
Haberes: posesiones
Derribada: destruida
Dondequiera: en cualquier parte
Siendo Dios servido: si era deseo de Dios
Que no pudiese: que no se pudiese
No traía blanca: no traía ningún dinero

Puesto caso que: aunque
Escrebir: escribir
Trujeron: trajeron
Llenos y atestados: repletos, llenos hasta los
  topes
Herradas: llenas, provistas
Arqueta: pequeña arca
Ungüentos: medicinas
No todas veces: no siempre
Si ya no era que tenían: salvo que tuvieran
Socorría: ayudaba
Redoma: recipiente de cristal
Virtud: poder curativo
Llagas: heridas
Mal alguno: ningún mal
Mas que en tanto que esto no hubiese: pero en
  caso que no tuviesen esto

---

33 *Percheles... de Toledo*: son lugares muy
    conocidos en el mundo de la vida
    picaresca. Cervantes nos describe, con
    gran ironía, la vida de un pícaro, no de un
    caballero

otras cosas necesarias, como eran hilas° y ungüentos para curarse; y cuando sucedía que los tales caballeros no tenían escuderos —que eran pocas y raras veces—, ellos mesmos° lo llevaban todo en unas alforjas° muy sutiles, que casi no se parecían°, a las ancas° del caballo, como que era otra cosa de más importancia; porque, no siendo por ocasión semejante, esto de llevar alforjas no fue muy admitido entre los caballeros andantes; y por esto le daba por consejo, pues aun se lo podía mandar como a su ahijado[34], que tan presto° lo había de ser, que no caminase de allí adelante sin dineros y sin las prevenciones referidas, y que vería cuán bien° se hallaba con ellas, cuando menos se pensase.

Prometióle don Quijote de hacer lo que se le aconsejaba, con toda puntualidad, y así, se dio luego orden como velase las armas en un corral grande que a un lado de la venta estaba; y recogiéndolas don Quijote todas, las puso sobre una pila° que junto a un pozo estaba y, embrazando su adarga, asió° de su lanza, y con gentil continente° se comenzó a pasear delante de la pila; y cuando comenzó el paseo comenzaba a cerrar la noche°.

Contó el ventero a todos cuantos estaban en la venta la locura de su huésped, la vela de las armas y la armazón de caballería° que esperaba. Admiráronse de tan estraño género de locura y fuéronselo a mirar° desde lejos, y vieron que, con sosegado ademán°, unas veces se paseaba; otras, arrimado a° su lanza, ponía los ojos en las armas, sin quitarlos por un buen espacio° dellas. Acabó de cerrar la noche, pero con tanta claridad de la luna, que podía competir con el que se la prestaba°; de manera, que cuanto el novel caballero hacía era bien visto de todos. Antojósele° en esto a uno de los harrieros que estaban en la venta ir a dar agua a su recua°, y fue menester quitar las armas de don Quijote, que estaban sobre la pila; el cual, viéndole llegar, en voz alta le dijo:

—¡Oh tú, quienquiera que seas, atrevido caballero, que llegas a tocar las armas del más valeroso andante° que jamás se ciñó° espada, mira lo que haces y no las toques, si no quieres dejar la vida en pago de tu atrevimiento!

No se curó° el harriero destas razones —y fuera mejor que se curara, porque fuera curarse en salud°—; antes, trabando° de las correas, las arrojó° gran trecho de sí. Lo cual visto por don Quijote, alzó los ojos al cielo y, puesto el pensamiento —a lo que pareció— en su señora Dulcinea, dijo:

—Acorredme°, señora mía, en esta primera afrenta que a este vuestro avasallado° pecho se le ofrece; no me desfallezca° en este primero° trance° vuestro favor y amparo°.

Hilas: gasas
Mesmos: mismos
Alforjas: pieza de tela con dos bolsas
Que casi no se parecían: que no eran muy aceptadas
Ancas: partes posteriores de un caballo
Tan presto: tan pronto
Cuán bien: qué bien
Pila: recipiente de piedra para almacenar agua
Asió: cogió
Continente: aspecto, semblante
Cerrar la noche: oscurecer
Armazón de caballería: el acto de nombrar caballero a don Quijote
Fuéronselo a mirar: fueron a verlo
Ademán: actitud, movimiento del muerto
Arrimado a: cerca de
Por un buen espacio: por largo espacio de tiempo
Con el que se la prestaba: se refiere al sol
Antojósele: tuvo el deseo, se le ocurrió a
Recua: caballerías
Andante: caballero andante
Se ciñó: se puso, llevó
No se curó: no hizo caso
Curarse en salud: prevenirse contra algo malo
Trabando: tomando
Arrojó: tiró
Gran trecho de sí: a bastante distancia de él
Acorredme: ayudadme
Avasallado: rendido, sometido
Desfallezca: falte
Primero: primer
Trance: apuro, situación difícil
Amparo: ayuda

---

34 *Ahijado*: el caballero era armado por un padrino y los que participaban en la ceremonia. Don Quijote es ahijado del ventero, de la Tolosa y de la Molinera

Y diciendo estas y otras semejantes razones, soltando la adarga, alzó la lanza a dos manos y dio con ella tan gran golpe al harriero en la cabeza, que le derribó° en el suelo tan maltrecho°, que si segundara° con otro, no tuviera necesidad de maestro° que le curara. Hecho esto, recogió sus armas y tornó a° pasearse con el mismo reposo que primero°. Desde allí a poco°, sin saberse lo que había pasado —porque aún estaba aturdido el harriero—, llegó otro con la mesma intención de dar agua a sus mulos y, llegando a quitar las armas para desembarazar° la pila, sin hablar don Quijote palabra y sin pedir favor a nadie, soltó otra vez la adarga y alzó otra vez la lanza, y, sin hacerla pedazos°, hizo más de tres° la cabeza del segundo harriero, porque se la abrió por cuatro°. Al ruido acudió° toda la gente de la venta, y entre ellos el ventero. Viendo esto don Quijote, embrazó su adarga y, puesta mano a su espada, dijo:

—¡Oh señora de la fermosura, esfuerzo y vigor del debilitado corazón mío, ahora es tiempo que vuelvas los ojos de tu grandeza a este tu cautivo caballero, que tamaña° aventura está atendiendo!

Con esto cobró, a su parecer, tanto ánimo, que si° le acometieran° todos los harrieros del mundo, no volviera el pie atrás. Los compañeros de los heridos, que tales° los vieron, comenzaron desde lejos a llover° piedras sobre don Quijote, el cual, lo mejor que podía, se reparaba° con su adarga, y no se osaba apartar° de la pila por no desamparar° las armas. El ventero daba voces que le dejasen, porque ya les había dicho como° era loco, y que por loco se libraría[35] aunque los matase a todos. También don Quijote las daba mayores°, llamándolos de alevosos° y traidores, y que el señor del castillo era un follón° y mal nacido caballero, pues de tal manera consentía que se tratasen los andantes caballeros, y que si él hubiera recebido la orden de caballería, que él le diera a entender su alevosía°:

—Pero de vosotros, soez y baja canalla°, no hago caso alguno. ¡Tirad, llegad, venid y ofendedme en cuanto pudiéredes; que vosotros veréis el pago que lleváis de vuestra sandez y demasía°!

Decía esto con tanto brío y denuedo°, que infundió un terrible temor en los que le acometían; y así por esto como por las persuasiones del ventero, le dejaron de tirar°, y él dejó retirar a los heridos y tornó a la vela de sus armas con la misma quietud y sosiego que primero.

No le parecieron bien al ventero las burlas de su huésped, y determinó abreviar y darle la negra° orden de caballería luego, antes que otra desgracia sucediese. Y así, llegándose a

---

Derribó: tiró
Maltrecho: mal estado
Segundara: siguiera
Maestro: cirujano
Tornó a: volvió a
Primero: antes
Desde allí a poco: poco después de lo sucedido
Desembarazar: dejar libre
Sin hacerla pedazos: sin romperla
Hizo más de tres: rompió en más de tres pedazos
Por cuatro: en cuatro pedazos
Acudió: vino
Tamaña: una gran
Si: aunque
Acometieran: atacaran
Tales: de esta manera

Llover: tirar
Reparaba: protegía
No se osaba apartar: no se atrevía a separarse
Desamparar: descuidar
Como: que
Mayores: don Quijote daba aún voces mayores que las del ventero
Alevosos: pérfidos
Follón: cobarde, vil
Alevosía: traición
Soez y baja canalla: viles, infames
Demasía: agravio, ofensa
Brío y denuedo: convencimiento propio, determinación
Tirar: de tirar piedras
Negra: maldita

---

35 *Que por loco se libraría*: que en caso de matarlos a todos no pagaría don Quijote por tales homicidios porque la justicia lo reconocería como loco

él, se desculpó° de la insolencia que aquella gente baja con él había usado, sin que él supiese cosa alguna; pero que bien castigados quedaban de su atrevimiento. Díjole como ya le había dicho que en aquel castillo no había capilla, y para lo que restaba° de hacer tampoco era necesaria; que todo el toque° de quedar armado caballero consistía en la pescozada y en el espaldarazo[36], según él tenía noticia del ceremonial de la orden°, y que aquello en mitad de un campo se podía hacer, y que ya había cumplido con lo que tocaba° al velar de las armas, que con solas dos horas de vela se cumplía, cuanto más que él había estado más de cuatro. Todo se lo creyó don Quijote, que él estaba allí pronto° para obedecerle, y que concluyese con la mayor brevedad que pudiese; porque si fuese otra vez acometido, y se viese armado caballero, no pensaba dejar persona viva en el castillo, eceto° aquellas que él le mandase, a quien por su respeto dejaría.

Advertido y medroso° desto el castellano, trujo luego un libro donde asentaba la paja y cebada que daba a los harrieros, y con un cabo° de vela que le traía un muchacho, y con las dos ya dichas doncellas, se vino adonde don Quijote estaba, al cual mandó hincar° de rodillas; y, leyendo en su manual —como que decía alguna devota oración—, en mitad de la leyenda° alzó la mano y diole sobre el cuello un buen golpe, y tras él, con su mesma espada, un gentil° espaldarazo°, siempre murmurando entre dientes, como que rezaba. Hecho esto, mandó a una de aquellas damas que le ciñese la espada, la cual lo hizo con mucha desenvoltura° y discreción, porque no fue menester poca para no reventar de risa a cada punto de las ceremonias; pero las proezas° que ya habían visto del novel caballero les tenía la risa a raya°. Al ceñirle la espada dijo la buena señora:

—Dios haga a vuestra merced muy venturoso caballero y le dé ventura° en lides°.

Don Quijote le preguntó cómo se llamaba, porque él supiese de allí adelante a quién quedaba obligado por la merced° recebida, porque pensaba darle alguna parte de la honra que alcanzase por el valor de su brazo. Ella respondió con mucha humildad que se llamaba la Tolosa, y que era hija de un remendón° natural° de Toledo que vivía a las tendillas° de Sancho Bienaya, y que dondequiera que ella estuviese le serviría y le tendría por señor. Don Quijote le replicó que, por su amor, le hiciese merced que de allí adelante se pusiese don y se llamase doña Tolosa. Ella se lo prometió, y la otra le calzó° la espuela, con la cual le pasó casi el mismo coloquio que con la de la espada. Preguntóle su nombre, y dijo que se llamaba la Molinera, y que era hija de un honrado molinero de Antequera; a la cual también rogó don Quijote que se pusiese don, y se llamase doña Molinera, ofreciéndole nuevos servicios y mercedes.

Hechas, pues, de galope° y aprisa las hasta allí nunca vistas ceremonias, no vio la hora° don Quijote de verse a caballo y salir buscando las aventuras; y ensillando° luego a

---

Se desculpó: se disculpó
Restaba: faltaba
Toque: la clave, el punto
Orden: orden de caballería
Tocaba: correspondía
Pronto: dispuesto a
Eceto: excepto
Medroso: temeroso
Cabo: trozo
Hincar: ponerse
Leyenda: lectura
Gentil: fuerte
Espaldarazo: golpe dado en la espalda con la
    espada

Desenvoltura: facilidad
Proezas: grandes hazañas
Les tenía la risa a raya: les contenía la risa, se la
    reprimía
Ventura: suerte
Lides: luchas
Merced: favor
Remendón: zapatero
Natural: nacido en
A las tendillas: cerca de las tiendas
Le calzó: le puso
De galope: muy aprisa
No vio la hora: tuvo grandes deseos
Ensillando: poniendo la montura

---

36 *Pescozada y en el espaldarazo*: esto consiste en que el padrino le da al que va a ser armado caballero un golpe en la nuca y otro golpe con la espada en la espalda.

Rocinante, subió en él, y abrazando a su huésped, le dijo cosas tan estrañas, agradeciéndole la merced de haberle armado caballero, que no es posible acertar a referirlas. El ventero, por verle ya fuera de la venta, con no menos retóricas, aunque con más breves palabras, respondió a las suyas y, sin pedirle la costa° de la posada, le dejó ir a la buen hora°.

CUESTIONARIO

1. ¿Qué don le pide don Quijote al ventero?
2. ¿Dónde le dice el ventero a don Quijote que debe velar las armas?
3. ¿De qué iban provistos los caballeros, según el ventero?
4. ¿Cómo vela don Quijote las armas? ¿A qué hora del día hace la vela de las armas?
5. ¿Qué sucedió con el segundo arriero que fue a dar agua a sus mulos?
6. Según el ventero ¿qué ritual debía seguir don Quijote para ser armado caballero?
7. ¿Qué decide hacer don Quijote una vez que es armado caballero?

SELECCIÓN MÚLTIPLE

I. El ventero pensaba que don Quijote
  1. Estaba loco
  2. Estaba cuerdo
  3. No pensaba si estaba loco o cuerdo
  4. Era un ser de proporciones épicas

II. El ventero le dijo a don Quijote que en sus años jóvenes
  1. Se dedicó a vender vino
  2. Fue porquero
  3. Fue caballero andante
  4. Trabajó con su familia en una venta

III. Don Quijote golpea al arriero porque éste
  1. Le dijo a don Quijote que no era un caballero
  2. Quiso probar el valor de don Quijote en un duelo
  3. Le tocó las armas a don Quijote
  4. Insultó a Dulcinea del Toboso

Costa: costo, cuenta   *A la buen hora*: enhorabuena

IV. ¿Qué hacen los compañeros de los arrieros después de lo ocurrido durante la vela de las armas de don Quijote?

    1. Se sienten intimidados y huyen de la venta

    2. Se van a quejar al ventero

    3. No hacen nada porque saben que don Quijote está loco

    4. Le tiran piedras

V. Don Quijote es armado caballero en presencia de

    1. El ventero solamente

    2. El ventero y todos los huéspedes de la venta

    3. Los huéspedes, la Tolosa y la Molinera

    4. El ventero, la Tolosa y la Molinera

✳ ✳ ✳

Capítulo IV

De lo que le sucedió a nuestro caballero cuando salió de la venta

La del alba° sería cuando don Quijote salió de la venta tan contento, tan gallardo°, tan alborozado° por verse ya armado caballero, que el gozo le reventaba por las cinchas del caballo°. Mas viniéndole a la memoria los consejos de su huésped cerca° de las prevenciones° tan necesarias que había de llevar consigo, especial° la de los dineros y camisas, determinó volver a su casa y acomodarse° de todo, y de un escudero, haciendo cuenta de° recebir a un labrador vecino suyo, que era pobre y con hijos, pero muy a propósito° para el oficio escuderil° de la caballería. Con este pensamiento guió a Rocinante hacia su aldea, el cual, casi conociendo la querencia°, con tanta gana comenzó a caminar, que parecía que no ponía los pies en el suelo.

No había andado mucho, cuando le pareció que a su diestra° mano, de la espesura° de un bosque que allí estaba, salían unas voces delicadas, como de persona que se quejaba, y apenas las hubo oído, cuando dijo:

—Gracias doy al cielo por la merced que me hace, pues tan presto me pone ocasiones delante donde yo pueda cumplir con lo que debo a mi profesión, y donde pueda coger el fruto de mis buenos deseos. Estas voces, sin duda, son de algún menesteroso° o menesterosa, que ha menester mi favor y ayuda.

Y, volviendo las riendas, encaminó a Rocinante hacia donde le pareció que las voces salían. Y a pocos pasos que entró por el bosque, vio atada una yegua° a una encina°, y atado en otra a un muchacho, desnudo de medio cuerpo arriba, hasta de edad de quince años°, que era el que las voces daba, y no sin causa, porque le estaba dando con una pretina° muchos

---

La del alba: de madrugada
Gallardo: airoso, alegre
Alborozado: contento
El gozo… caballo: don Quijote iba muy feliz
Cerca: acerca de
Prevenciones: provisiones
Especial: especialmente
Acomodarse: proveerse
Haciendo cuenta de: pensando en
A propósito: apropiado

Escuderil: de escudero
Querencia: lugar adonde el animal va de ordinario: el pasto, el establo
Diestra: derecha
Espesura: lugar muy poblado de árboles
Menesteroso: necesitado
Yegua: hembra del caballo
Encina: tipo de árbol
Hasta… años: de unos quince años
Pretina: cinturón de cuero

azotes° un labrador de buen talle°, y cada azote le acompañaba con una reprehensión y consejo. Porque decía:

—La lengua queda° y los ojos listos.

Y el muchacho respondía:

—No lo haré otra vez, señor mío; por la pasión de Dios que no lo haré otra vez, y yo prometo de tener de aquí adelante más cuidado con el hato°.

Y viendo don Quijote lo que pasaba, con voz airada° dijo:

—Descortés caballero, mal parece tomaros con° quien defender no se puede; subid sobre vuestro caballo y tomad vuestra lanza —que también tenía una lanza arrimada° a la encina adonde estaba arrimada la yegua—, que yo os haré conocer° ser de cobardes lo que estáis haciendo.

El labrador, que vio sobre sí° aquella figura llena de armas blandiendo° la lanza sobre su rostro, túvose por muerto, y con buenas palabras respondió:

—Señor caballero, este muchacho que estoy castigando es un mi criado, que me sirve° de guardar una manada de ovejas que tengo en estos contornos, el cual es tan descuidado, que cada día me falta una; y porque castigo su descuido, o bellaquería°, dice que lo hago de miserable°, por no pagalle° la soldada° que le debo, y en Dios y en mi ánima que miente.

—¿"Miente" delante de mí, ruin villano°? —dijo don Quijote—. Por el sol que nos alumbra que estoy por pasaros° de parte a parte con esta lanza. Pagadle luego sin más réplica; si no, por el Dios que nos rige que os concluya° y aniquile en este punto. Desatadlo luego.

El labrador bajó la cabeza y, sin responder palabra, desató a su criado, al cual preguntó don Quijote que cuánto le debía su amo. Él dijo que nueve meses, a siete reales cada mes. Hizo la cuenta don Quijote y halló que montaban° setenta y tres reales[37], y díjole al labrador que al momento los desembolsase°, si no quería morir por ello. Respondió el medroso° villano que para el paso° en que estaba y juramento que había hecho —y aún no había jurado nada—, que no eran tantos; porque se le habían de descontar y recebir en cuenta° tres pares de zapatos que le había dado, y un real de dos sangría[38] que le habían hecho estando enfermo.

—Bien está todo eso —replicó don Quijote—; pero quédense° los zapatos y las sangrías por los azotes que sin culpa le habéis dado; que si él rompió el cuero de los zapatos que vos pagastes, vos le habéis rompido° el de su cuerpo; y si le sacó el barbero[39] sangre estando enfermo, vos en sanidad° se la habéis sacado: ansí que, por esta parte, no os debe nada.

—El daño está°, señor caballero, en que no tengo aquí dineros: véngase Andrés conmigo a mi casa, que yo se los pagaré un real sobre otro.

Azotes: golpes
De buen talle: de buena figura, fuerte
Queda: quieta
Hato: grupo de ganado o animales
Airada: llena de ira
Tomaros con: meteros con, pelearos con
Arrimada: apoyada sobre, cerca de
Arrimada la yegua: atada la yegua
Conocer: saber
Sobre sí: sobre él
Blandiendo: apuntando con
Que me sirve: que se encarga de
Bellaquería: vileza
De miserable: por tacaño
Pagalle: pagarle

La soldada: el salario
Villano: habitante de una aldea o pueblo
Que estoy por pasaros: que os voy a traspasar, o atravesar
Concluya: mate
Montaban: ascendía a
Desembolsase: pagase
Medroso: lleno de miedo
Para el paso: considerando la difícil situación en la que se encontraba
Recebir en cuenta: pagar
Quédense: quédense por pago
Rompido: roto
En sanidad: estando sano
El daño está: el problema es que

---

37 *Setenta y tres reales*: error en la cuenta de don Quijote, deben ser sesenta y tres

38 *Sangrías*: estas consistían en sacar sangre

de las venas para curar a un enfermo

39 *El barbero*: los barberos, además de cortar el pelo, ejercían este tipo de trabajo

—¿Irme yo con él? —dijo el muchacho—. Mas ¡mal año!° No, señor, ni por pienso°; porque en viéndose solo, me desuelle° como a un San Bartolomé.

—No hará tal —replicó don Quijote—: basta que yo se lo mande para que me tenga respeto; y con que él me lo jure por la ley de caballería que ha recebido, le dejaré ir libre y aseguraré la paga°.

—Mire vuestra merced, señor, lo que dice —dijo el muchacho—; que este mi amo no es caballero ni ha recebido orden de caballería alguna; que es Juan Haldudo el rico, el vecino del Quintanar.

—Importa poco eso —respondió don Quijote—; que Haldudos puede haber caballeros; cuanto más, que cada uno es hijo de sus obras.

—Así es verdad —dijo Andrés—; pero este mi amo, ¿de qué obras es hijo, pues me niega mi soldada y mi sudor y trabajo?

—No niego, hermano Andrés —respondió el labrador—; y hacedme placer de veniros conmigo; que yo juro por todas las órdenes que de caballerías hay en el mundo de pagaros, como tengo dicho, un real sobre otro°, y aun sahumados°.

—Del sahumerio os hago gracia° —dijo don Quijote—; dádselos en reales, que con eso me contento; y mirad que lo cumpláis como lo habéis jurado; si no, por el mismo juramento os juro de volver a buscaros y a castigaros, y que os tengo de hallar°, aunque os escondáis más que una lagartija°. Y si queréis saber quién os manda esto, para quedar con más veras° obligado a cumplirlo, sabed que yo soy el valeroso° don Quijote de la Mancha, el desfacedor de agravios y sinrazones°, y a Dios quedad°, y no se os parta de las mientes° lo prometido y jurado, so pena de la pena pronunciada°.

Y en diciendo esto, picó a su Rocinante°, y en breve espacio° se apartó dellos. Siguióle el labrador con los ojos, y cuando vio que había traspuesto del° bosque y que ya no parecía°, volvióse a su criado Andrés y díjole:

—Venid acá, hijo mío, que os quiero pagar lo que os debo, como aquel deshacedor de agravios me dejó mandado.

—Eso juro yo —dijo Andrés—; ¡y como° que andará vuestra merced acertado en cumplir el mandamiento de aquel buen caballero, que mil años viva; que, según es de valeroso y de buen juez, vive Roque que si no me paga, que vuelva y ejecute lo que dijo!

—También lo juro yo —dijo el labrador—; pero, por lo mucho que os quiero, quiero acrecentar° la deuda por acrecentar la paga.

Y asiéndole del brazo le tornó a atar a la encina, donde le dio tantos azotes, que le dejó por muerto.

—Llamad, señor Andrés, ahora —decía el labrador— al desfacedor de agravios; veréis como no desface aquéste°. Aunque creo que no está acabado de hacer, porque me viene gana de desollaros vivo, como vos temíades°.

¡Mal año!: ¡maldita sea!
Ni por pienso: no pienso irme con él
Me desuelle: me saque la piel
Aseguraré la paga: estoy seguro que va a pagar
Un real sobre otro: todo el dinero que os debo
Sahumados: con buenas intenciones
Os hago gracia: os lo perdono, no es necesario que venga perfumado el dinero
Os tengo de hallar: os voy a encontrar
Lagartija: tipo de reptil
Con más de veras: más de seguro
Valeroso: valiente, bravo
El desfacedor de agravios y sinrazones: el hombre que hace justicia, el justiciero

Y a Dios quedad: y quedad con Dios
No se os parta de las mientes: no se os olvide
So pena de la pena pronunciada: sino seréis castigado
Picó a su Rocinante: le golpeó con las espuelas a su caballo
En breve espacio: en poco tiempo
Había traspuesto del: había pasado
No parecía: no se veía
Y como: y por supuesto
Acrecentar: aumentar
Aquéste: éste
Temíades: temíais

Pero, al fin, le desató y le dio licencia° que fuese a buscar su juez, para que ejecutase la pronunciada sentencia. Andrés se partió° algo mohíno°, jurando de ir a buscar al valeroso don Quijote de la Mancha y contalle° punto por punto° lo que había pasado, y que se lo había de pagar con las setenas°. Pero con todo esto, él se partió llorando y su amo se quedó riendo.

Y desta manera deshizo el agravio el valeroso don Quijote; el cual, contentísimo de lo sucedido, pareciéndole que había dado felicísimo y alto principio a sus caballerías°, con gran satisfacción de sí mismo iba caminando hacia su aldea, diciendo a media voz: Bien te puedes llamar dichosa sobre cuantas hoy viven en la tierra, ¡oh sobre las bellas bella Dulcinea del Toboso!, pues te cupo en suerte° tener sujeto y rendido a toda tu voluntad e talante° a un tan valiente y tan nombrado caballero como lo es y será don Quijote de la Mancha, el cual, como todo el mundo sabe, ayer[40] rescibió la orden de caballería, y hoy ha desfecho el mayor tuerto y agravio que formó la sinrazón y cometió la crueldad: hoy quitó el látigo° de la mano a aquel despiadado° enemigo que tan sin ocasión vapulaba° a aquel delicado infante.

En esto llegó a un camino que en cuatro se dividía, y luego se le vino a la imaginación las encrucejadas° donde los caballeros andantes se ponían a pensar cuál camino de aquéllos tomarían, y, por imitarlos, estuvo un rato quedo°; y al cabo de haberlo muy bien pensado, soltó la rienda a Rocinante, dejando a la voluntad del rocín la suya°, el cual siguió su primer intento, que fue el irse camino de su caballeriza.

Y habiendo andado como° dos millas, descubrió don Quijote un grande tropel° de gente, que, como después se supo, eran unos mercaderes toledanos que iban a comprar seda a Murcia. Eran seis, y venían con sus quitasoles°, con otros cuatro criados a caballo y tres mozos de mulas a pie. Apenas los divisó° don Quijote, cuando se imaginó ser cosa de nueva aventura; y, por imitar en todo cuanto a él le parecía posible los pasos° que había leído en sus libros, le pareció venir allí de molde° uno que pensaba hacer. Y así, con gentil continente y denuedo°, se afirmó bien en los estribos, apretó la lanza, llegó° la adarga al pecho y, puesto en la mitad del camino, estuvo esperando que aquellos caballeros andantes llegasen, que ya él por tales los tenía y juzgaba; y cuando llegaron a trecho° que se pudieron ver y oír, levantó don Quijote la voz, y con ademán arrogante dijo:

—Todo el mundo se tenga°, si todo el mundo no confiesa que no hay en el mundo todo doncella más hermosa que la emperatriz de la Mancha, la simpar° Dulcinea del Toboso.

Paráronse los mercaderes al son de° estas razones y a ver la estraña figura del que las decía; y por la figura y por las razones luego echaron de ver° la locura de su dueño; mas

---

Licencia: permiso
Se partió: se fue
Mohíno: enfadado
Contalle: contarle
Punto por punto: con detalle
Con las setenas: con creces, con exceso
Caballerías: tonterías, estupideces
Te cupo en suerte: tuviste la suerte
Talante: presencia
Látigo: correa con la que se golpea a una víctima
Despiadado: cruel
Vapulaba: vapuleaba, golpeaba
Encrucejadas: cruce de caminos
Quedo: tranquilo, pensativo
Soltó... la suya: don Quijote dejó que Rocinante

escogiera el camino
Como: unas
Tropel: pequeño grupo
Quitasoles: sombrillas para protegerse del sol
Divisó: vio
Los pasos: las aventuras
De molde: a la medida
Denuedo: valor
Llegó: acercó
A trecho: a distancia
Se tenga: se detenga
Simpar: sin par, sin igual
Al son de: al oír
Luego echaron de ver: rápidamente se imaginaron

---

40 *Ayer*: la orden de caballería la recibió ese mismo día

quisieron ver despacio en qué paraba° aquella confesión que se les pedía, y uno dellos, que era un poco burlón y muy mucho° discreto, le dijo:

—Señor caballero, nosotros no conocemos° quién sea esa buena señora que decís; mostrádnosla: que si ella fuere de tanta hermosura como significáis°, de buena gana y sin apremio° alguno confesaremos la verdad que por parte vuestra nos es pedida.

—Si os la mostrara —replicó don Quijote—, ¿qué hiciérades vosotros en confesar° una verdad tan notoria? La importancia está en que sin verla lo habéis de creer, confesar, afirmar, jurar y defender; donde no°, conmigo sois° en batalla, gente descomunal° y soberbia. Que, ahora vengáis uno a uno, como pide la orden de caballería, ora° todos juntos, como es costumbre y mala usanza° de los de vuestra ralea°, aquí os aguardo y espero, confiado en la razón que de mi parte tengo.

—Señor caballero —replicó el mercader—, suplico a vuestra merced, en nombre de todos estos príncipes que aquí estamos, que, porque no encarguemos° nuestras conciencias confesando una cosa por nosotros jamás vista ni oída, y más siendo tan en perjuicio de las emperatrices y reinas del Alcarria y Estremadura, que vuestra merced sea servido de mostrarnos algún retrato° de esa señora, aunque sea tamaño como° un grano de trigo; que por el hilo se sacará el ovillo[41], y quedaremos con esto satisfechos y seguros, y vuestra merced quedará contento y pagado; y aun creo que estamos ya tan de su parte que, aunque su retrato nos muestre que es tuerta de un ojo° y que del otro le mana° bermellón y piedra azufre[42], con todo eso, por complacer a vuestra merced, diremos en su favor todo lo que quisiere.

—No le mana, canalla infame[43] —respondió don Quijote, encendido en cólera—, no le mana, digo, eso que decís, sino ámbar y algalia[44] entre algodones; y no es tuerta ni corcovada°, sino más derecha que un huso° de Guadarrama. Pero ¡vosotros pagaréis la grande° blasfemia que habéis dicho contra tamaña beldad como es la de mi señora!

Y en diciendo esto, arremetió° con la lanza baja contra el que lo había dicho, con tanta furia y enojo, que si la buena suerte no hiciera que en la mitad del camino tropezara y cayera Rocinante, lo pasara mal el atrevido mercader. Cayó Rocinante, y fue rodando su amo una buena pieza° por el campo; y queriéndose levantar, jamás pudo: tal embarazo° le causaban la lanza, adarga, espuelas y celada, con el peso de las antiguas armas. Y entretanto que pugnaba° por levantarse y no podía, estaba diciendo:

En qué paraba: donde llegaba
Muy mucho: muy
Conocemos: sabemos
Significáis: decís
Sin apremio: sin prisa
Qué hiciérades vosotros en confesar: qué de extraño tiene que confeséis
Donde no: de lo contrario, si no
Sois: os veréis
Descomunal: gigantesca, muy grande
Ora: o ya
Mala usanza: mala costumbre
Ralea: casta, clase social baja

Encarguemos: carguemos en
Retrato: fotografía
Tamaño como: del tamaño de
Tuerta de un ojo: que no ve de un ojo
Mana: sale
Corcovada: con un bulto en la espalda
Huso: utensilio que se usa para hilar, es alargado y recto
Grande: gran
Arremetió: atacó
Una buena pieza: una gran distancia
Emabarazo: estorbo, impedimento
Pugnaba: luchaba

---

41 *Que por el hilo se sacará el ovillo*: refrán, significa que conociendo el pasado de uno se puede deducir su futuro. En este caso significa que viendo la fotografía pueden hacerse una idea de quien es Dulcinea

42 *Bermellón y piedra azufre*: el otro ojo sería de color rojo y amarillo
43 *Canalla infame*: insulto
44 *Algalia*: planta que da buen olor

—¡Non fuyáis°, gente cobarde; gente cautiva°, atended°; que no por culpa mía, sino de mi caballo, estoy aquí tendido!

Un mozo de mulas de los que allí venían, que no debía de ser muy bien intencionado, oyendo decir al pobre caído tantas arrogancias, no lo pudo sufrir° sin darle la respuesta en las costillas. Y llegándose a él, tomó la lanza y, después de haberla hecho pedazos, con uno dellos comenzó a dar a nuestro don Quijote tantos palos°, que, a despecho° y pesar de sus armas, le molió como cibera°. Dábanle voces sus amos que no le diese tanto° y que le dejase; pero estaba ya el mozo picado° y no quiso dejar el juego hasta envidar° todo el resto de su cólera; y acudiendo por° los demás trozos de la lanza, los acabó de deshacer sobre el miserable caído, que, con toda aquella tempestad de palos que sobre él vía°, no cerraba la boca, amenazando al cielo y a la tierra, y a los malandrines°, que tal le parecían.

Cansóse el mozo, y los mercaderes siguieron su camino, llevando que contar en todo él del pobre apaleado°. El cual, después que se vio solo, tornó a probar si podía levantarse; pero si no lo pudo hacer cuando sano y bueno, ¿cómo lo haría molido y casi deshecho°? Y aún se tenía por° dichoso, pareciéndole que aquélla era propia desgracia de caballeros andantes, y toda la atribuía a la falta° de su caballo, y no era posible levantarse, según tenía brumado° todo el cuerpo.

CUESTIONARIO

1. ¿Con qué fin o fines regresa don Quijote a su aldea?
2. ¿Por qué azota el labrador a Andrés?
3. ¿Cómo le va a pagar el labrador a Andrés el dinero que le debe?
4. ¿De qué acusa Andrés al labrador, su amo?
5. ¿En qué términos piensa don Quijote de Dulcinea después de su aventura con el labrador?
6. ¿Por qué ataca don Quijote a uno de los mercaderes toledanos? ¿Qué le dijo éste que ofendió a don Quijote? ¿Salió victorioso don Quijote de este lance?

Non fuyáis: no huyáis
Cautiva: maldita
Atended: esperad
Sufrir: soportar
Palos: golpes
A despecho: a pesar de
Le molió como cibera: la cibera es un grano. La expresión significa que le dió muchos palos
No le diese tanto: no le pegase tanto

Picado: irritado y metido de lleno en la pelea
Envidar: apostar
Acudiendo por: yendo a buscar
Vía: veía
Malandrines: gente despreciable
Apaleado: golpeado
Molido y casi deshecho: en tan mal estado físico
Se tenía por: se consideraba
Falta: error
Brumado: golpeado

SELECCIÓN MÚLTIPLE

I. ¿Qué relación tiene Andrés con el labrador?

   1.   Es su hijo

   2.   Es su sobrino

   3.   Es su criado

   4.   Es su hermano

II. Cuando don Quijote se fue, el labrador

   1.   Pagó su deuda a Andrés

   2.   Azotó a Andrés

   3.   Le pidió disculpas a Andrés

   4.   Le aconsejó a Andrés que en el futuro arreglaran sus problemas a solas y por las buenas

III. Al llegar a un camino que se dividía en cuatro, don Quijote

   1.   Tomó la decisión de qué camino seguir

   2.   Dejó que Rocinante tomara la decisión

   3.   Le preguntó a un labrador de la región qué camino debía seguir

   4.   Se volvió atrás para ver qué sucedió con el labrador y Andrés

IV. Al encontrarse con los mercaderes toledanos, don Quijote les pide que confiesen

   1.   Que él es el mejor de todos los caballeros andantes

   2.   Cuál es su destino y qué transportan, o los atacará

   3.   Su respeto a los caballeros andantes

   4.   Que Dulcinea es la más hermosa doncella

V. ¿Qué hizo el mozo de mulas cuando vio a don Quijote en el suelo?

   1.   Le golpeó con los trozos de la lanza rota de don Quijote

   2.   Le ayudó a levantarse y lo animó a seguir luchando

   3.   Le curó sus heridas

   4.   Le pidió que volviera a casa

❈ ❈ ❈

Capítulo V

Donde se prosigue la narración de la desgracia de nuestro caballero

Viendo, pues, que, en efeto, no podía menearse°, acordó de acogerse° a su ordinario remedio, que era pensar en algún paso° de sus libros, y trújole° su locura a la memoria aquel de Valdovinos y del marqués de Mantua[45], cuando Carloto le dejó herido en la montiña°, historia sabida de los niños, no ignorada de los mozos, celebrada y aun creída de los viejos, y, con todo esto, no más verdadera que los milagros de Mahoma. Ésta, pues, le pareció a él que le venía de molde para el paso° en que se hallaba; y así, con muestras de grande sentimiento, se comenzó a volcar° por la tierra, y a decir con debilitado aliento° lo mesmo que dicen decía el herido caballero del bosque: ¿Dónde estás, señora mía, que no te duele mi mal? O no lo sabes, señora, o eres falsa y desleal. Y desta manera fue prosiguiendo el romance, hasta aquellos versos que dicen: —¡Oh noble marqués de Mantua, mi tío y señor carnal!

Y quiso la suerte que, cuando llegó a este verso, acertó a pasar por allí un labrador de su mesmo lugar y vecino suyo, que venía de llevar una carga de trigo al molino; el cual, viendo aquel hombre allí tendido, se llegó a él y le preguntó que quién era y qué mal sentía, que tan tristemente se quejaba. Don Quijote creyó, sin duda, que aquél era el marqués de Mantua, su tío, y así, no le respondió otra cosa sino fue° proseguir en su romance, donde le daba cuenta° de su desgracia y de los amores del hijo del Emperante° con su esposa, todo de la mesma manera que el romance lo canta.

El labrador estaba admirado oyendo aquellos disparates; y quitándole la visera, que ya estaba hecha pedazos, de los palos, le limpió el rostro, que le tenía cubierto de polvo, y apenas le hubo limpiado, cuando le conoció y le dijo:

—Señor Quijana —que así se debía de llamar cuando él tenía juicio y no había pasado de hidalgo sosegado a caballero andante—, ¿quién ha puesto a vuestra merced desta suerte°?

Pero él seguía con su romance a cuanto le preguntaba. Viendo esto el buen hombre, lo mejor que pudo le quitó el peto y espaldar, para ver si tenía alguna herida; pero no vio sangre ni señal° alguna. Procuró levantarle del suelo, y no con poco trabajo le subió sobre su jumento°, por parecer caballería más sosegada. Recogió las armas, hasta las astillas° de la lanza, y liólas° sobre Rocinante, al cual tomó de la rienda, y del cabestro° al asno, y se encaminó hacia su pueblo, bien pensativo° de oír los disparates que don Quijote decía; y no menos iba don Quijote, que, de puro molido y quebrantado, no se podía tener° sobre el borrico°, y de cuando en cuando° daba unos suspiros que los ponía en el cielo; de modo que de nuevo obligó a que el labrador le preguntase le dijese qué mal sentía; y no parece sino que el diablo le traía a la memoria los cuentos acomodados° a sus sucesos: porque en aquel

---

Menearse: moverse
Acogerse: recurrir
Paso: aventura, suceso
Trújole: le trajo
Montiña: montaña
Paso: difícil situación
Volcar: revolcar, dar vueltas
Aliento: respiración
Sino fue: sino que lo que hizo fue
Le daba cuenta: le informaba
Emperante: Carlomagno
Desta suerte: de esta manera

Señal: herida
Jumento: burro, asno
Astillas: trozos del palo de la lanza
Liólas: las colocó
Cabestro: ramal o cuerda que se ata a la cabeza
    de una caballería
Pensativo: preocupado
Tener: mantener
Borrico: burro
De cuando en cuando: de vez en cuando
Acomodados: apropiados

---

45 *Valdovinos y marqués de Mantua*:
    personajes del romancero. Carloto, hijo del

emperador Carlomagno, dejaría herido a
Valdovinos

punto, olvidándose de Valdovinos, se acordó del moro Abindarráez, cuando el alcaide° de Antequera, Rodrigo de Narváez, le prendió° y llevó cautivo a su alcaidía. De suerte que, cuando el labrador le volvió a preguntar que cómo estaba y qué sentía, le respondió las mesmas palabras y razones que el cautivo Abencerraje° respondía a Rodrigo de Narváez, del mesmo modo que él había leído la historia en la Diana, de Jorge de Montemayor, donde se escribe; aprovechándose della tan a propósito, que el labrador se iba dando al diablo de oír tanta máquina de necedades°; por donde conoció que su vecino estaba loco, y dábale priesa a llegar al pueblo, por escusar° el enfado que don Quijote le causaba con su larga arenga°. Al cabo de lo cual dijo:

—Sepa vuestra merced, señor don Rodrigo de Narváez, que esta hermosa Jarifa que he dicho es ahora la linda Dulcinea del Toboso, por quien yo he hecho, hago y haré los más famosos hechos de caballerías que se han visto, vean ni verán en el mundo.

A esto respondió el labrador:

—Mire vuestra merced, señor, pecador de mí, que yo no soy don Rodrigo de Narváez, ni el marqués de Mantua, sino Pedro Alonso, su vecino; ni vuestra merced es Valdovinos, ni Abindarráez, sino el honrado hidalgo del señor Quijana.

—Yo sé quién soy —respondió don Quijote—, y sé que puedo ser no sólo los que he dicho, sino todos los doce Pares de Francia[46], y aun todos los nueve de la Fama[47], pues a todas las hazañas que ellos todos juntos y cada uno por sí hicieron, se aventajarán las mías.

En estas pláticas° y en otras semejantes llegaron al lugar, a la hora que anochecía; pero el labrador aguardó a que fuese algo más noche, porque no viesen al molido hidalgo tan mal caballero. Llegada, pues, la hora que le pareció, entró en el pueblo, y en la casa de don Quijote, la cual halló toda alborotada°; y estaban en ella el cura y el barbero del lugar, que eran grandes amigos de don Quijote, que estaba° diciéndoles su ama a voces°:

—¿Qué le parece a vuestra merced, señor licenciado Pero Pérez —que así se llamaba el cura—, de la desgracia de mi señor? Tres días ha° que no parecen° él, ni el rocín, ni la adarga, ni la lanza, ni las armas. ¡Desventurada de mí!, que me doy a entender, y así es ello la verdad como nací para morir, que estos malditos libros de caballerías que él tiene y suele leer tan de ordinario° le han vuelto el juicio°; que ahora me acuerdo haberle oído decir muchas veces, hablando entre sí, que quería hacerse caballero andante, e irse a buscar las aventuras por esos mundos. Encomendados sean a Satanás y a Barrabás tales libros, que así han echado a perder° el más delicado entendimiento que había en toda la Mancha.

La sobrina decía lo mesmo, y aun decía más:

—Sepa, señor maese Nicolás —que éste era el nombre del barbero—, que muchas veces le aconteció° a mi señor tío estarse leyendo en estos desalmados° libros de desventuras dos días con sus noches, al cabo de los cuales arrojaba el libro de las manos, y ponía mano a la

---

Alcaide: autoridad local
Le prendió: lo capturó
Abencerraje: Abindarráez
Se iba dando al diablo de oír tanta máquina de necedades: se iba enfadando, molestando, de oír tantas tonterías
Por escusar: para evitar
Arenga: discurso
Pláticas: conversaciones
Alborotada: desordenada

Que estaba: a quienes estaba
A voces: gritando
Ha: hace
Parecen: aparecen
Tan de ordinario: tan frecuentemente
Le han vuelto el juicio: lo han vuelto loco
Han echado a perder: han destruido
Aconteció: sucedió
Desalmados: inhumanos, crueles

---

46 *Los doce Pares de Francia*: caballeros escogidos por los reyes de Francia que se igualaban en valor y calidad humana. Algunos de ellos eran Roldán, Oliveros, El arzobispo Turpín, y Baldovinos.

47 *Los nueve de la Fama*: estos eran, entre otros, Josué, David, Alejandro Magno, Héctor, Julio César y Carlomagno.

espada, y andaba a cuchilladas° con las paredes, y cuando estaba muy cansado decía que había muerto a cuatro gigantes como cuatro torres, y el sudor que sudaba del cansancio decía que era sangre de las feridas° que había recebido en la batalla, y bebíase luego un gran jarro de agua fría, y quedaba sano y sosegado, diciendo que aquella agua era una preciosísima bebida que le había traído el sabio Esquife[48], un grande encantador y amigo suyo. Mas yo me tengo la culpa de todo, que no avisé a vuestras mercedes de los disparates de mi señor tío, para que lo remediaran antes de llegar a lo que ha llegado, y quemaran todos estos descomulgados° libros, que tiene muchos, que bien merecen ser abrasados°, como si fuesen de herejes.

—Esto digo yo también —dijo el cura—, y a fee° que no se pase el día de mañana sin que dellos no se haga acto público°, y sean condenados al fuego, porque no den ocasión a quien los leyere de hacer lo que mi buen amigo debe de haber hecho.

Todo esto estaban oyendo el labrador y don Quijote, con que° acabó de entender el labrador la enfermedad de su vecino, y así, comenzó a decir a voces:

—Abran vuestras mercedes al señor Valdovinos y al señor marqués de Mantua, que viene mal ferido, y al señor moro Abindarráez, que trae cautivo el valeroso Rodrigo de Narváez, alcaide de Antequera.

A estas voces salieron todos, y como conocieron los unos a su amigo, las otras a su amo y tío, que aún no se había apeado del jumento, porque no podía, corrieron a abrazarle. Él dijo:

—Ténganse todos, que vengo mal ferido por la culpa de mi caballo. Llévenme a mi lecho y llámese si, fuere° posible, a la sabia Urganda, que cure y cate° de mis feridas.

—¡Mirá en hora maza° —dijo a este punto el ama— si me decía a mí bien mi corazón del pie que cojeaba° mi señor! Suba vuestra merced en buen hora, que, sin que venga esa urgada°, le sabremos aquí curar. ¡Malditos, digo, sean otra vez y otras ciento estos libros de caballerías, que tal han parado° a vuestra merced!

Lleváronle luego a la cama, y, catándole las feridas, no le hallaron ninguna; y él dijo que todo era molimiento°, por haber dado una gran caída con Rocinante, su caballo, combatiéndose° con diez jayanes, los más desaforados° y atrevidos que se pudieran fallar° en gran parte de la tierra.

—¡Ta, ta!° —dijo el cura—. ¿Jayanes hay en la danza? Para mi santiguada° que yo los queme mañana antes que llegue la noche.

Hiciéronle a don Quijote mil preguntas, y a ninguna quiso responder otra cosa sino que le diesen de comer y le dejasen dormir, que era lo que más le importaba. Hízose así, y el cura se informó muy a la larga° del labrador del modo que había hallado a don Quijote. Él

---

Andaba a cuchilladas: luchaba con su espada
Feridas: heridas
Descomulgados: malditos
Abrasados: quemados
A fee: en verdad
Acto público: auto de fe
Con que: con lo que
Fuere: fuera
Cate: vea, examine
¡Mirá en hora maza!: ¡mirad en hora mala!
Del pie que cojeaba: qué problema, qué clase de enfermedad tenía
Urgada: por Urganda. Urgada significa "usada",

"manoseada"
Parado: puesto, dispuesto
Molimiento: golpes
Combatiéndose con diez jayanes: luchando contra diez gigantes
Desaforados: bandidos
Fallar: hallar
¡Ta. Ta!: es una interjección que indica sorpresa
Para mi santiguada: fórmula de juramento, significa "sobre mi cara satiguada"
A la larga: con detalles

---

48 *Esquife*: se refiere a Alquife, supuesto autor del *Amadís de Grecia*.

se lo contó todo, con los disparates que al hallarle y al traerle había dicho, que fue poner más deseo en el licenciado de hacer lo que otro día hizo, que fue llamar a su amigo el barbero maese Nicolás, con el cual se vino a casa de don Quijote.

CUESTIONARIO

1. ¿Quién encuentra a don Quijote tirado en el suelo? ¿De dónde venía? ¿Con quién lo confunde don Quijote?

2. ¿Cómo responde al principio don Quijote a todo lo que le pregunta el labrador?

3. ¿Qué impresión tiene el labrador de don Quijote al oír las historias que éste le cuenta?

4. ¿Cómo reaccina don Quijote cuando el labrador le dice que es el señor Quijana?

5. ¿Cuándo entró el labrador con don Quijote en el pueblo? ¿por qué escogió esta hora?

6. ¿Qué hacía don Quijote, según su sobrina, después de leer los libros de caballerías?

7. ¿Qué explicación da don Quijote a su familia y amigos de las desgracias que le han ocurrido?

SELECCIÓN MÚLTIPLE

I. ¿En quién pensó don Quijote cuando no podía levantarse del suelo por la caída sufrida?

1. En su criado
2. En el cura y el barbero
3. En Valdovinos y el marqués de Mantua
4. En el ventero

II. El labrador que ayuda a don Quijote

1. Lo identifica y conoce
2. No sabe quién es
3. Cree que es un caballero andante de algún remoto lugar
4. Piensa que es un mendigo

III. ¿Qué historia, tomada de la *Diana* de Jorge de Montemayor, es la que le cuenta don Quijote al labrador?

1. La del Amadís de Gaula
2. La del Lazarillo de Tormés
3. La de Belianís de Grecia
4. La del moro Abindarráez y el alcalde Rodrigo de Narváez

IV. El cura decide que los libros de caballerías que lee don Quijote deben ser
   1. Vendidos inmediatamente
   2. Regalados a la biblioteca del pueblo
   3. Guardados con llave en la biblioteca de su casa
   4. Quemados al día siguiente

✳ ✳ ✳

Capítulo VIII

Del buen suceso que el valeroso don Quijote tuvo en la espantable° y jamás imaginada aventura de los molinos de viento, con otros sucesos dignos de felice° recordación

En esto descubrieron treinta o cuarenta molinos de viento que hay en aquel campo, y así como don Quijote los vio, dijo a su escudero:

—La ventura° va guiando nuestras cosas mejor de lo que acertáramos a desear; porque ves allí, amigo Sancho Panza, donde se descubren treinta o pocos más desaforados gigantes, con quien° pienso hacer batalla y quitarles a todos las vidas, con cuyos despojos° comenzaremos a enriquecer; que ésta es buena guerra°, y es gran servicio de Dios quitar tan mala simiente° de sobre la faz° de la tierra.

—¿Qué gigantes? —dijo Sancho Panza.

—Aquellos que allí ves —respondió su amo— de los brazos largos, que los suelen tener algunos de casi dos leguas.[49]

—Mire vuestra merced —respondió Sancho— que aquellos que allí se parecen° no son gigantes, sino molinos de viento, y lo que en ellos parecen brazos son las aspas°, que, volteadas° del viento, hacen andar la piedra del molino.

—Bien parece —respondió don Quijote— que no estás cursado° en esto de las aventuras: ellos son gigantes; y si tienes miedo, quítate de ahí°, y ponte en oración en el espacio° que yo voy a entrar con ellos en fiera y desigual batalla.

Y diciendo esto, dio de espuelas a su caballo Rocinante, sin atender a las voces que su escudero Sancho le daba, advirtiéndole que sin duda alguna eran molinos de viento, y no gigantes, aquellos que iba a acometer°. Pero él iba tan puesto° en que eran gigantes, que ni oía las voces de su escudero Sancho, ni echaba de ver°, aunque estaba ya bien cerca, lo que eran; antes° iba diciendo en voces altas:

Espantable: que asusta y da miedo
Felice: feliz
Ventura: fortuna
Quien: quienes
Despojos: lo que les van a quitar una vez muertos
Buena guerra: guerra justa
Simiente: semilla
Faz: superficie
Se parecen: se ven

Aspas: los palos y telas, en forma de cruz, que tiene el molino
Volteadas del viento: movidas por el viento
Cursado: informado
Quítate de ahí: sepárate
Espacio: tiempo
Acometer: atacar
Puesto: convencido
Echaba de ver: empezaba a ver
Antes: por el contrario

---

49 *Leguas*: exageración obvia. La legua equivale a cinco kilómetros y medio

—¡Non fuyades°, cobardes y viles criaturas, que un solo caballero es el que os acomete!

Levantóse en esto un poco de viento, y las grandes aspas comenzaron a moverse, lo cual visto por don Quijote, dijo:

—Pues aunque mováis más brazos que los del gigante Briareo,[50] me lo habéis de pagar.

Y en diciendo esto, y encomendándose de todo corazón a su señora Dulcinea, pidiéndole que en tal trance le socorriese, bien cubierto de su rodela°, con la lanza en el ristre,[51] arremetió° a todo el galope de Rocinante y embistió° con el primero° molino que estaba delante, y dándole una lanzada° en el aspa, la volvió° el viento con tanta furia, que hizo la lanza pedazos, llevándose tras sí° al caballo y al caballero, que fue rodando muy mal trecho° por el campo. Acudió Sancho Panza a socorrerle, a todo el correr de° su asno, y cuando llegó halló que no se podía menear°: tal fue el golpe que dio con él Rocinante.

—¡Válame Dios! —dijo Sancho—. ¿No le dije yo a vuestra merced que mirase bien lo que hacía, que no eran sino molinos de viento, y no lo podía ignorar sino quien llevase otros tales en la cabeza°?

—Calla, amigo Sancho —respondió don Quijote—; que las cosas de la guerra, más que otras, están sujetas a continua mudanza°; cuanto más, que yo pienso, y es así verdad, que aquel sabio Frestón[52] que me robó el aposento° y los libros ha vuelto° estos gigantes en molinos por quitarme la gloria de su vencimiento: tal es la enemistad que me tiene; mas al cabo al cabo°, han de poder poco sus malas artes contra la bondad de mi espada.

—Dios lo haga como puede —respondió Sancho Panza.

Y, ayudándole a levantar, tornó a subir sobre Rocinante, que medio despaldado° estaba. Y, hablando en° la pasada aventura, siguieron el camino del Puerto Lápice,[53] porque allí decía don Quijote que no era posible dejar de hallarse muchas y diversas aventuras, por ser lugar muy pasajero°, sino que° iba muy pesaroso° por haberle faltado la lanza; y, diciéndoselo a su escudero, le dijo:

—Yo me acuerdo haber leído que un caballero español llamado Diego Pérez de Vargas,[54] habiéndosele en una batalla roto la espada, desgajó° de una encina un pesado ramo o tronco, y con él hizo tales cosas aquel día y machacó° tantos moros, que le quedó por sobrenombre Machuca, y así él como sus decendientes° se llamaron desde aquel día en adelante Vargas y

---

¡Non fuyades!: ¡no huyáis!
Rodela: adarga, pero más pequeña que ésta y redonda
Arremetió: arrancó con gran ímpetu
Embistió con: atacó
Primero: primer
Lanzada: golpe de lanza
Volvió: movió
Tras sí: detrás de la lanza
Mal trecho: malparado, en mal estado físico
A todo el correr de: a la mayor velocidad posible
Menear: mover
¿Quien llevase otros tales en la cabeza?: quien llevase molinos de viento en la cabeza, es

decir, quien estuviera loco
Mudanza: cambio
Aposento: habitación
Vuelto: transformado
Al cabo al cabo: a fin de cuentas
Despaldado: herido en la espalda
Hablando en: comentando
Pasajero: transitado, lugar por donde pasaba mucha gente
Sino que: aunque
Pesaroso: triste, preocupado
Desgajó: arrancó, cortó
Machacó: golpeó
Decendientes: descendientes

---

50 *Briareo*: titán de la mitología grecolatina que tenía cien brazos
51 *Ristre*: es una pieza de metal que va en el peto y en la que se metía un cabo de la lanza para dar con más fuerza el golpe de ataque
52 *Frestón*: Fristón, supuesto autor de *Don*

Belianís de Grecia
53 *Puerto Lápice*: ciudad en la provincia de Ciudad Real, parte de la Mancha
54 *Diego Pérez de Vargas*: caballero que luchó contra los moros en la batalla de Jerez bajo el reinado de Fernando III el Santo

Machuca. Hete° dicho esto porque de la primera encina o roble que se me depare° pienso desgajar otro tronco, tal y tan bueno como aquél, que me imagino y pienso hacer con él tales hazañas, que tú te tengas por bien afortunado de haber merecido venir a vellas° y a ser testigo de cosas que apenas podrán ser creídas.

—A la mano de Dios° —dijo Sancho—; yo lo creo todo así como vuestra merced lo dice; pero enderécese° un poco, que parece que va de medio lado°, y debe de ser del molimiento° de la caída.

—Así es la verdad —respondió don Quijote—; y si no me quejo del dolor es porque no es dado° a los caballeros andantes quejarse de herida alguna, aunque se le salgan las tripas por ella.

—Si eso es así, no tengo yo que replicar —respondió Sancho—, pero sabe Dios si yo me holgara° que vuestra merced se quejara cuando alguna cosa le doliera. De mí sé decir que me he de quejar del más pequeño dolor que tenga, si ya no se entiende° también con los escuderos de los caballeros andantes eso del no quejarse.

No se dejó de reír don Quijote de la simplicidad de su escudero; y así, le declaró que podía muy bien quejarse como y cuando quisiese, sin gana o con ella; que hasta entonces no había leído cosa en contrario en la orden de caballería. Díjole Sancho que mirase° que era hora de comer. Respondióle su amo que por entonces no le hacía menester; que comiese él cuando se le antojase°. Con esta licencia° se acomodó Sancho lo mejor que pudo sobre su jumento, y, sacando de las alforjas lo que en ellas había puesto, iba caminando y comiendo detrás de su amo muy de su espacio°, y de cuando en cuando empinaba° la bota° con tanto gusto, que le pudiera envidiar el más regalado° bodegonero° de Málaga.[55] Y en tanto que él iba de aquella manera menudeando° tragos, no se le acordaba de ninguna promesa que su amo le hubiese hecho, ni tenía por° ningún trabajo, sino por mucho descanso, andar buscando las aventuras, por peligrosas que fuesen.

En resolución, aquella noche la pasaron entre unos árboles, y del uno dellos desgajó don Quijote un ramo seco que casi le podía servir de lanza, y puso en él el hierro° que quitó de la que se le había quebrado°. Toda aquella noche no durmió don Quijote, pensando en su señora Dulcinea, por acomodarse° a lo que había leído en sus libros, cuando los caballeros pasaban sin dormir muchas noches en las florestas° y despoblados, entretenidos con las memorias de sus señoras. No la pasó ansí Sancho Panza; que, como tenía el estómago lleno, y no de agua de chicoria[56], de un sueño se la llevó toda, y no fueran parte para° despertarle, si su amo no lo llamara, los rayos del sol, que le daban en el rostro, ni el canto de las aves, que, muchas y muy regocijadamente°, la venida del nuevo día saludaban. Al levantarse dio

---

Hete: te he
Se me depare: se me presente
Vellas: verlas
A la mano de Dios: que sea lo que Dios quiera
Enderécese: póngase en posición erecta
De medio lado: va inclinado a un lado
Molimiento: golpe
No es dado: no es propio, correcto
Holgara: alegrara
Si ya no se entiende: si no tiene que ver
Mirase: tuviese en cuenta
Antojase: quisiese
Licencia: permiso
Muy de su espacio: muy tranquilamente

Empinaba: levantaba
Bota: recipiente para el vino
Regalado: experto
Bodegonero: hombre que se dedica a hacer vinos
Menudeando tragos: bebiendo vino con bastante frecuencia
Tenía por: consideraba
Hierro: la pieza de hierro de la punta de la lanza
Quebrado: roto
Acomodarse a: ajustarse, imitar
Florestas: selvas
Y no fueran parte para: y no habrían podido
Regocijadamente: alegremente

---

55 *Málaga*: ciudad al sur de España, famosa por sus vinos

56 *Agua de chicoria*: bebida de sabor desagradable

un tiento a la bota°, y hallóla algo más flaca° que la noche antes, y afligiósele el corazón°, por parecerle que no llevaban camino° de remediar tan presto° su falta. No quiso desayunarse don Quijote, porque, como está dicho, dio en sustentarse° de sabrosas memorias. Tornaron a su comenzado camino del Puerto Lápice, y a obra de° las tres del día° le descubrieron.

—Aquí —dijo en viéndole don Quijote— podemos, hermano Sancho Panza, meter las manos hasta los codos° en esto que llaman aventuras. Mas advierte que, aunque me veas en los mayores peligros del mundo, no has de poner mano a tu espada para defenderme, si ya no vieres° que los que me ofenden es canalla y gente baja, que en tal caso bien puedes ayudarme; pero si fueren caballeros, en ninguna manera te es lícito ni concedido por las leyes de caballería que me ayudes, hasta que seas armado caballero.

—Por cierto, señor —respondió Sancho—, que vuestra merced sea° muy bien obedicido° en esto; y más, que yo de mío° me soy pacífico y enemigo de meterme en ruidos ni pendencias°. Bien es verdad que en lo que tocare a defender mi persona no tendré mucha cuenta con° esas leyes, pues las divinas y humanas permiten que cada uno se defienda de quien quisiere agraviarle.

—No digo yo menos —respondió don Quijote—; pero en esto de ayudarme contra caballeros has de tener a raya° tus naturales ímpetus.

—Digo que así lo haré —respondió Sancho—, y que guardaré ese preceto° también como el día del domingo.

Estando en estas razones°, asomaron por el camino dos frailes de la orden de San Benito, caballeros° sobre dos dromedarios°, que no eran más pequeñas dos mulas en que venían. Traían sus antojos de camino[57] y sus quitasoles. Detrás dellos venía un coche°, con cuatro o cinco de a caballo° que le acompañaban y dos mozos de mulas a pie. Venía en el coche, como después se supo, una señora vizcaína que iba a Sevilla, donde estaba su marido, que pasaba a las Indias[58] con un muy honroso cargo. No venían los frailes con ella, aunque iban el mesmo camino°; mas apenas los divisó don Quijote, cuando dijo a su escudero:

—O yo me engaño, o ésta ha de ser la más famosa aventura que se haya visto, porque aquellos bultos° negros que allí parecen deben de ser, y son sin duda, algunos encantadores que llevan hurtada° alguna princesa en aquel coche, y es menester deshacer este tuerto° a todo mi poderío°.

—Peor será esto que los molinos de viento —dijo Sancho—. Mire, señor, que aquéllos son frailes de San Benito, y el coche debe de ser de alguna gente pasajera. Mire que digo que

---

Dio un tiento a la bota: comprobó al tocarla
Flaca: vacía
Afligiósele el corazón: se preocupó
No llevaban camino: no había esperanza
Presto: pronto
Sustentarse: alimentarse
A obra de: a eso de, aproximadamente
Las tres del día: las tres de la tarde
Meter… codos: tener gran abundancia de algo
Si ya no vieres: salvo que veas
Sea: será
Obedicido: obedecido
De mío: por naturaleza
Pendencias: peleas, luchas
No tendré mucha cuenta con: no tendré en

cuenta
Tener a raya: controlar
Preceto: precepto
Estando en estas razones: mientras estaban conversando de este tema
Caballeros: hombres montados a caballo
Dromedarios: metáfora por "mulas"
Coche: carreta
De a caballo: montados a caballo
Iban el mesmo camino: seguían el mismo camino o dirección
Bultos: volumen no específico de algo
Hurtada: secuestrada
Deshacer este tuerto: hacer justicia
A todo mi poderío: con todo mi poder o fuerza

---

57 *Antojos de camino*: especie de máscara con cristales para protegerse del sol y el polvo del camino

58 *Indias*: Sevilla era el puerto donde embarcaban los que se iban a las Indias, América

mire bien lo que hace, no sea el diablo que le engañe.

—Ya te he dicho, Sancho —respondió don Quijote—, que sabes poco de achaque° de aventuras; lo que yo digo es verdad, y ahora lo verás.

Y diciendo esto, se adelantó y se puso en la mitad del camino por donde los frailes venían, y, en llegando tan cerca que a él le pareció que le podrían oír lo que dijese, en alta voz dijo:

—¡Gente endiablada y descomunal°, dejad luego al punto° las altas princesas que en ese coche lleváis forzadas; si no, aparejaos° a recebir presta muerte, por justo castigo de vuestras malas obras!

Detuvieron los frailes las riendas, y quedaron admirados, así de la figura de don Quijote como de sus razones, a las cuales respondieron:

—Señor caballero, nosotros no somos endiablados° ni descomunales, sino dos religiosos de San Benito que vamos° nuestro camino, y no sabemos si en este coche vienen o no ningunas forzadas princesas.

—Para conmigo no hay palabras blandas°, que ya yo os conozco, fementida canalla° —dijo don Quijote.

Y sin esperar más respuesta, picó a Rocinante y, la lanza baja, arremetió contra el primero fraile, con tanta furia y denuedo, que si el fraile no se dejara caer de la mula, él le hiciera venir al suelo mal de su grado°, y aun mal ferido, si no cayera muerto. El segundo religioso, que vio del modo que trataban a su compañero, puso piernas° al castillo° de su buena mula, y comenzó a correr por aquella campaña más ligero que el mesmo viento.

Sancho Panza, que vio en el suelo al fraile, apeándose ligeramente de su asno, arremetió a él y le comenzó a quitar los hábitos°. Llegaron en esto dos mozos de los frailes y preguntáronle que por qué le desnudaba. Respondióles Sancho que aquello le tocaba a él legítimamente°, como despojos de la batalla que su señor don Quijote había ganado. Los mozos, que no sabían de burlas, ni entendían aquello de despojos ni batallas, viendo que ya don Quijote estaba desviado° de allí, hablando con las que en el coche venían, arremetieron con Sancho y dieron con él en el suelo, y, sin dejarle pelo en las barbas, le molieron a coces° y le dejaron tendido en el suelo, sin aliento ni sentido; y, sin detenerse un punto, tornó a subir el fraile, todo temeroso y acobardado y sin color en el rostro; y cuando se vio a caballo, picó tras su compañero°, que un buen espacio de allí le estaba aguardando°, y esperando en qué paraba aquel sobresalto°, y, sin querer aguardar el fin de todo aquel comenzado suceso, siguieron su camino, haciéndose más cruces° que si llevaran al diablo a las espaldas.

Don Quijote estaba, como se ha dicho, hablando con la señora del coche, diciéndole:

—La vuestra fermosura, señora mía, puede facer de su persona lo que más le viniere en talante°, porque ya la soberbia de vuestros robadores yace por el suelo, derribada por este mi fuerte brazo; y porque no penéis° por saber el nombre de vuestro libertador, sabed que yo me llamo don Quijote de la Mancha, caballero andante y aventurero, y cautivo de

---

Achaque: asunto, tema
Descomunal: fuera de lo normal
Luego al punto: inmediatamente
Aparejaos: preparaos
Endiablados: malditos
Vamos: seguimos
Blandas: suaves
Fementida canalla: malditos
Mal de su grado: a pesar suyo
Puso piernas: arreó, puso en marcha
Castillo: metáfora alusiva al gran tamaño de la mula

Hábitos: ropa
Ligítimamente: legítimamente
Desviado: apartado, separado
Coces: golpes
Picó tras su compañero: se dirigió donde estaba su compañero
Aguardando: esperando
Sobresalto: susto
Haciéndose más cruces: haciéndose la señal de la cruz
Le viniere en talante: le interese, le convenga
Penéis: sufráis

la sin par y hermosa doña Dulcinea del Toboso; y en pago del beneficio que de mí habéis recebido, no quiero otra cosa sino que volváis al Toboso, y que de mi parte os presentéis ante esta señora y le digáis lo que por vuestra libertad he fecho°.

Todo esto que don Quijote decía escuchaba un escudero de los que el coche acompañaban, que era vizcaíno; el cual, viendo que no quería dejar pasar el coche adelante, sino que decía que luego había de dar la vuelta al Toboso, se fue para don Quijote y, asiéndole de la lanza, le dijo, en mala lengua castellana y peor vizcaína°, desta manera:

—Anda, caballero que mal andes; por el Dios que crióme que, si no dejas coche, así te matas como estás ahí vizcaíno°.

Entendióle muy bien don Quijote, y con mucho sosiego le respondió:

—Si fueras caballero, como no lo eres, ya yo hubiera castigado tu sandez y atrevimiento, cautiva° criatura.

A lo cual replicó el vizcaíno:

—¿Yo no caballero? Juro a Dios tan mientes como cristiano°. Si lanza arrojas y espada sacas, ¡el agua cuán presto verás que al gato llevas!° Vizcaíno por tierra, hidalgo por mar, hidalgo por el diablo, y mientes que mira si otra dices cosa°.

—¡Ahora lo veredes°, dijo Agrajes[59]! —respondió don Quijote.

Y arrojando la lanza en el suelo, sacó su espada y embrazó su rodela, y arremetió al vizcaíno, con determinación de quitarle la vida. El vizcaíno, que así le vio venir, aunque quisiera apearse de la mula, que, por ser de las malas de alquiler, no había que fiar° en ella, no pudo hacer otra cosa sino sacar su espada; pero avínole bien° que se halló junto al coche, de donde pudo tomar una almohada que le sirvió de escudo, y luego se fueron el uno para el otro, como si fueran dos mortales enemigos. La demás gente quisiera° ponerlos en paz; mas no pudo, porque decía el vizcaíno en sus mal trabadas° razones que si no le dejaban acabar su batalla, que él mismo había de matar a su ama y a toda la gente que se lo estorbase. La señora del coche, admirada y temerosa de lo que veía, hizo al cochero que se desviase de allí algún poco, y desde lejos se puso a mirar la rigurosa contienda, en el discurso de la cual dio el vizcaíno una gran cuchillada a don Quijote encima de un hombro, por encima de la rodela, que, a dársela sin defensa, le abriera hasta la cintura. Don Quijote, que sintió la pesadumbre° de aquel desaforado golpe, dio una gran voz, diciendo:

—¡Oh señora de mi alma, Dulcinea, flor de la fermosura, socorred a este vuestro caballero, que, por satisfacer a la vuestra mucha bondad, en este riguroso trance se halla!

El decir esto, y el apretar la espada, y el cubrirse bien de su rodela, y el arremeter al vizcaíno, todo fue en un tiempo°, llevando determinación de aventurarlo todo a la de un golpe solo°.

El vizcaíno, que así le vio venir contra él, bien entendió por su denuedo° su coraje°, y determinó de hacer lo mesmo que don Quijote. Y así, le aguardó bien cubierto de su

---

Fecho: hecho
En mala... vizcaína: en mal castellano y peor vasco
Que crióme... vizcaíno: que me crió, que si no te alejas del coche es tan cierto que este vizcaíno te matará como que tú estás ahí
Cautiva: malvada
Tan mientes como cristiano: mientes tanto como que yo soy cristiano
¡el agua...llevas!: ¡verás que pronto salgo ganando yo!
Mientes... cosa: mira que mientes si dices otra

cosa
Veredes: veréis
Fiar: fiarse
Avínole bien: tuvo suerte
Quisiera: quería
Trabadas: elaboradas
Pesadumbre: peso
Todo fue en un tiempo: todo sucedió al mismo tiempo
A la de un golpe solo: a un solo golpe
Denuedo: ímpetu, determinación
Coraje: ira

---

59   Agrajes: personaje del Amadís de Gaula

almohada, sin poder rodear° la mula a una ni a otra parte, que ya, de puro cansada y no hecha a semejantes niñerías, no podía dar un paso.

Venía, pues, como se ha dicho, don Quijote contra el cauto° vizcaíno, con la espada en alto, con determinación de abrirle por medio, y el vizcaíno le aguardaba ansimesmo° levantada la espada y aforrado° con su almohada, y todos los circunstantes° estaban temerosos y colgados° de lo que había de suceder de aquellos tamaños° golpes con que se amenazaban; y la señora del coche y las demás criadas suyas estaban haciendo mil votos y ofrecimientos a todas las imágenes y casas de devoción de España, porque° Dios librase a su escudero y a ellas de aquel tan grande peligro en que se hallaban.

Pero está el daño° de todo esto que en este punto y término° deja pendiente el autor desta historia esta batalla, disculpándose que no halló más escrito destas° hazañas de don Quijote de las que deja referidas. Bien es verdad que el segundo autor desta obra no quiso creer que tan curiosa° historia estuviese entregada a las leyes del olvido, ni que hubiesen sido tan poco curiosos° los ingenios de la Mancha, que no tuviesen en sus archivos o en sus escritorios algunos papeles que deste famoso caballero tratasen; y así, con esta imaginación°, no se desesperó de hallar el fin desta apacible° historia, el cual, siéndole el cielo favorable, le halló del modo que se contará en la segunda parte.

CUESTIONARIO

1. ¿Con qué o quién confunde don Quijote los molinos de viento? ¿Y las aspas de éstos?

2. ¿Qué le sucede a don Quijote cuando ataca uno de los molinos de viento? ¿Qué contribuyó a este desenlace?

3. ¿De qué acusa don Quijote al sabio Fristón?

4. ¿Qué anécdota cuenta don Quijote acerca de Vargas y Machuca?

5. ¿Tiene miedo Sancho de buscar aventuras con don Quijote?

6. ¿De qué miembros se compone la comitiva con la que se encuentran don Quijote y Sancho?

7. ¿Qué hace Sancho al fraile que estaba en el suelo? ¿Qué le sucede a Sancho por lo que hizo?

8. ¿Por qué se enfada el vizcaíno con don Quijote? En la lucha que sigue, ¿quién sale vencedor?

Rodear: dar vuelta a
Cauto: precavido
Ansimesmo: asimismo
Aforrado: protegido
Circunstantes: las personas presentes
Colgados: pendientes, esperando
Tamaños: tan grandes
Porque: para que

Está el daño: lo malo es que
En este punto y término: en este momento
Destas: de estas
Curiosa: interesante
Curiosos: cuidadosos
Imaginación: idea
Apacible: ironía del autor, los dos protagonistas están luchando

SELECCIÓN MÚLTIPLE

I. Cuando don Quijote se dispone a atacar los molinos de viento, Sancho

1. Lo desanima
2. Le pide que se encomiende a Dulcinea del Toboso
3. Le anima a atacarlos
4. Le acompaña en la lucha

II. ¿Qué le dice don Quijote a Sancho cuando éste le confiesa que si tiene dolor se queja?

1. Que no debe quejarse
2. Que puede quejarse si quiere
3. Que es un cobarde
4. Que el escudero debe seguir las mismas reglas de la caballería que un caballero andante

III. Según don Quijote, ¿qué debe hacer Sancho si él, su amo, se enfrenta a otro caballero?

1. Debe ayudarlo
2. Debe huir
3. Debe observar, sin intervenir, la lucha
4. Debe tomar partido con el más débil

IV. ¿Qué razón esgrime don Quijote para atacar a los frailes?

1. Que llevaban prisionero a un hombre de su pueblo
2. Que no le habían pedido permiso para cruzar delante de él
3. Que eran unos bandidos disfrazados de frailes
4. Que llevaban prisioneras a unas altas princesas

V. Don Quijote le pide a la señora que viaja en el coche, en compañía de los frailes, que

1. Viaje sin acompañamiento de frailes de ese momento en adelante
2. Se presente ante Dulcinea del Toboso y le diga lo que él ha hecho por liberarla
3. Le dé gracias al cielo por haber topado con tan gran caballero
4. Regrese a casa y no prosiga el camino

ANÁLISIS CRÍTICO

1. Don Quijote hace una celada que, al probarla, fue destruida por el primer golpe que le dio. Hace una segunda, pero no la pone a prueba, ¿por qué? ¿Qué repercusiones habría tenido este hecho en caso de haberla roto?

2. ¿Qué opinión tiene don Quijote del escritor de novelas de caballerías Feliciano de Silva?

3. La honra, en el Renacimiento, se concebía como un culto al ideal individualista, como un deseo de alcanzar fama. Además de este ideal, ¿qué otros se propone alcanzar don Quijote?

4. Mientras está en la venta, don Quijote confunde las truchas por truchuelas. ¿De qué manera apunta esta confusión a otras confusiones que aparecen a nivel macrocósmico en el texto?

5. *Don Quijote de la Mancha* se considera como una parodia de las novelas de caballerías. Cite algunos ejemplos que demuestren la práctica de este recurso narrativo.

6. ¿De qué tipo de discurso se sirve don Quijote cuando habla con el porquero, las prostitutas y y algunos otros personajes con los que se encuentra en la venta? ¿Es una influencia consciente por parte de don Quijote o inconsciente?

7. ¿Cómo sigue don Quijote los principios que rigen la conducta del caballero andante?

8. ¿Qué función cumple Dulcinea en la vida de don Quijote? ¿Influye ésta para que don Quijote actúe de una u otra manera en su vida?

9. Don Quijote trata al labrador que golpea a Andrés como caballero, y poco después como ruin villano ¿A qué se debe este cambio de tratamiento? ¿Tiene algo que ver el hecho que el labrador haya desmentido a Andrés delante de él?

10. ¿Qué piensa usted del sentido de justicia que tiene don Quijote a juzgar por la decisión que toma con respecto al labrador y Andrés?

11. ¿Cómo reacciona don Quijote ante las caídas y derrotas que sufre frente a sus adversarios? ¿Se siente desanimado a seguir realizando sus sueños?

12. Don Quijote le dice a Pedro Alonso, en el capítulo V, "Yo sé quien soy..., y sé que puedo ser no sólo los que he dicho, sino todos los doce Pares de Francia." Haga un comentario de esta confesión de don Quijote. ¿Habla don Quijote acerca de lo que es como persona o de lo que quiere ser? ¿Hay algún tipo de conflicto entre ser y querer, entre esencia y voluntad?

13. ¿Cómo nos describe el narrador el paisaje de la Mancha?

14. ¿Podemos trazar el desarrollo cronológico de los hechos de esta historia? ¿Hay precisión por parte del narrador en el cómputo del tiempo?

15. ¿Cómo reacciona Sancho ante la visión que tiene don Quijote de la realidad? ¿La comparte con él, con don Quijote? ¿Trata de disuadirlo?

16. Siendo don Quijote un hidalgo, ¿es posible que Cervantes tratara de criticar esta clase social? ¿De qué modo lo estaría haciendo?

17. Se ha hablado mucho del grado de realismo de esta novela, a juzgar por los capítulos leídos ¿se puede considerar realista?

ENSAYOS

1. El narrador juega un papel muy importante en esta novela. Escriba un ensayo sobre los comentarios que hacen la voz narrativa y don Quijote relativos a las fuentes que sirven de base para la escritura de esta historia. Tenga en cuenta la disparidad de opiniones existente entre los autores de esta historia, las pesquisas que ha hecho uno de los narradores en los Anales de la Mancha, los cambios de voz narrativa que se manifiestan al final del capítulo VIII, y cómo el relato se propone más como historia que como ficción.

2. El humor es uno de los rasgos característicos de esta novela, y se puede ver claramente en estos primeros capítulos de la novela. Comente las distintas situaciones humorísticas, los motivos que conducen a ellas, y el papel que juega la voz narrativa en esta visión y concepción humorísticas del protagonista de la novela.

3. En esta novela hay un choque entre la realidad tal cual es, o tal y como la percibe la mayor parte de la gente, y tal y como la percibe don Quijote. Haga un estudio de este choque de perspectivas prestando atención a las razones, o sinrazones, que tiene don Quijote para ver la realidad de esta manera, y la reacción de las pesonas que están próximas a él.

BIBILOGRAFÍA

Casalduero, Joaquín. *Sentido y forma del Quijote*. Madrid: Gredos, 1949.

Castro, Américo. *El pensamiento de Cervantes*. Madrid: Gredos, 1925.

Cervantes Saavedra, Miguel de. *El ingenioso hidalgo don Quijote de la Mancha*. Edición comentada de Vicente Gaos. Madrid: Ed. Gredos, 1987. Esta es la edición, con sus notas críticas, que hemos utilizado para estos capítulos.

Cervantes Saavedra, Miguel de. *El ingenioso hidalgo don Quijote de la Mancha*. Edición comentada de Salvador Fajardo y James Parr. North Carolina: Pegasus Press, 1998.

Marín, Diego y Ángel del Río. *Breve historia de la literatura española*. New York: Holt, Rinehart and Winston, 1966.

Predmore, Richard L. *El mundo del Quijote*. Madrid: Taurus, 1958.

Riley, E. C. *Teoría de la novela en Cervantes*. Madrid: Ed. Taurus, 1966.

Riquer, Martín de. *Para leer a Cervantes*. Barcelona: Acantilado, 2003.

❋ ❋ ❋

Luis de Góngora y Argote
(1561-1627)

Luis de Góngora y Argote nació en Córdoba y estudió en la universidad de Salamanca, donde obtuvo el título de bachiller pero no llegó a concluir sus estudios de derecho. Atraído por la fe religiosa, vivió vinculado al clero hasta su muerte y fue nombrado canónigo de la catedral de Córdoba. Por su poca seriedad en el oficio de sacerdote fue amonestado por el obispo. En 1610, y debido a problemas económicos, pidió sin éxito un cargo en el séquito del duque de Lemos, virrey de Nápoles. En 1617 fue nombrado capellán de honor de la corte de Felipe III, y estableció su residencia en Madrid. En 1626 tuvo un ataque cerebral y murió en 1627 en su Córdoba natal.

Góngora no publicó ningún libro en vida, pero muchos de sus poemas aparecieron en antologías y colecciones de la época. En 1612 adopta el estilo culterano, y esto dio lugar a que se hablara de dos Góngoras contrapuestos: el "príncipe de la luz", o poeta de estilo sencillo y popular, y el "príncipe de las tinieblas", o poeta culto y difícil de leer. La crítica actual ha roto con esta división revelando que en el principio de su carrera poética Góngora ya utilizaba recursos culteranos, y que en su segunda etapa volvió a escribir versos sencillos. Los temas centrales de la poesía de Góngora son el de la fugacidad de la vida y la necesidad de gozar de ella (*Carpe diem*), la belleza de la naturaleza, y la superioridad de la vida natural frente a la corrupción de la sociedad. Asimismo, su poesía destaca por su valor esteticista, ornamentación, y excelente técnica.

Su poesía culterana ocupa una cuarta parte de su producción poética, y consiste de varias odas y de sus dos poemas extensos: *Fábula de Polifemo y Galatea* (1612) y *Soledades* (1613). El *Polifemo* es una versión de la fábula mitológica clásica inspirada en la *Metamorfosis* de Ovidio. Además de darnos una excelente y original interpretación del mito clásico, Góngora crea con esta obra el estilo culto. La anécdota del *Polifemo* se centra en la pasión amorosa del gigante Polifemo por la ninfa Galatea, el idilio de ésta con Acis, la venganza de aquél, movido por sus celos, de su rival Acis, y la transformación de éste en un río al ser aplastado por una roca. Además de la fuerza cósmica que adquieren el amor y el odio, destaca en este poema el papel dinámico de una naturaleza que revela metafóricamente las distintas pasiones humanas.

Su obra cumbre es las *Soledades*, poema culterano inacabado, escrito en silvas, con el que Góngora se proponía mostrar la vida natural. El tema del poema es la naturaleza, y se divide en cuatro partes: los campos, las riberas, las selvas y el yermo. Góngora, sin embargo, sólo llegó a concluir el primer canto y una parte del segundo. Es difícil extraer un argumento de lo poetizado, pero, a grandes rasgos, puede decirse que trata de la llegada de un náufrago enamorado a un lugar de la costa donde es acogido por pescadores y pastores. En cualquier caso, el argumento es una mera excusa para describir magistralmente las bellezas de la naturaleza. El poema, además, contiene numerosos recursos culteranos: términos pictóricos, neologismos, referencias mitológicas, hipérbatos, metáforas encadenadas, y otros recursos.

El resto de la poesía de Góngora es de más fácil lectura y de corte tradicional, pero aún así utiliza algunos recursos culteranos. De esta producción poética destacan sus romances, letrillas de tema amoroso y burlesco, y algunos sonetos.

�֍ ✷ ✷

"Mientras por competir con tu cabello"

GUÍA DE LECTURA

Éste, como otros sonetos de Góngora, destaca por su gran técnica y arquitectura. Tanto es así que algunos críticos consideran al poeta cordobés como el mejor constructor de sonetos. En este soneto Góngora desarrolla uno de los tópicos del barroco: el del "carpe diem", y concluye el mismo con un final desolador en el que después de la muerte no queda nada. Góngora canta en este poema a una mujer rubia, ideal de la belleza femenina en el Renacimiento y el Barroco, pero es una belleza fría, sin sentimientos humanos. Un aspecto importante que debe tener presente el lector a la hora de estudiar este soneto es el de las pluralidades plurimembres. Dámaso Alonso define éstas como un conjunto de nociones que tienen la particularidad de "expresar cada uno una última diferencia de un mismo género común". Por ejemplo, "vista, oído, olfato, gusto" es una pluralidad cuatrimembre –cuatro miembros- perteneciente al mundo de los sentidos.

✳ ✳ ✳

Mientras por competir con tu cabello°,
oro bruñido°, el Sol relumbra° en vano,
mientras con menosprecio en medio el llano°
mira tu blanca frente el lilio° bello;

mientras a cada labio, por cogello°,
siguen más ojos que al clavel temprano,
y mientras triunfa con desdén lozano°
de el luciente cristal tu gentil cuello;

goza° cuello, cabello, labio y frente,
antes que lo que fue en tu edad dorada
oro, lilio, clavel, cristal luciente,

no sólo en plata o víola° troncada°
se vuelva, mas tú y ello juntamente
en tierra, en humo, en polvo, en sombra, en nada.

ANÁLISIS CRÍTICO

1. ¿Cuántas sílabas tiene cada verso de este soneto? ¿Cuántas estrofas tenemos en este poema? ¿Qué tipo de rima hay?¿Qué figura retórica, típica del Barroco, predomina en este poema? ¿Qué figura retórica forma la repetición del sonido "K", en el primer verso? ¿Existe algún ejemplo de asíndeton en este poema? ¿Qué otras figuras retóricas puede identificar en este poema?

2. ¿Cómo se manifiesta el paralelismo en los dos primeros cuartetos?

3. ¿Qué función cumple el color en este soneto? ¿Cómo se contrapone la gama de colores que vemos a lo largo del poema con los que encontramos en el último verso? ¿A qué apunta esta diferencia?

4. En los dos primeros cuartetos hay una pluralidad cuatrimembre, ¿puede identificar los cuatro miembros de esta pluralidad? ¿Cuántos versos ocupa cada miembro? ¿A qué mundo se refieren estos cuatro miembros? ¿Qué otras pluralidades encuentra en este poema? ¿Cuántos miembros tienen?

5. ¿A qué se refiere la contraposición de "edad dorada" con "plata" y "viola", ¿qué figuras constituyen?

6. ¿En qué términos expresa Góngora el tema del "carpe diem"? ¿Qué posición adopta el poeta ante esta realidad de la vida? ¿Cómo interpreta el último verso del poema?

Cabello: pelo
Bruñido: pulido
Relumbra: brilla
Llano: llanura, tierra plana
Lilio: lirio

Cogello: cogerlo
Lozano: juvenil, fresco
Goza: disfruta
Viola: violeta
Troncada: truncada, transformada

ENSAYO

Un crítico, Robert Jammes, comentó que el soneto de Garcilaso, "En tanto que de rosa y azucena…", le sirvió a Góngora de modelo para la creación de este soneto. Escriba un ensayo comparando ambos sonetos. Preste atención especial al cromatismo, la estructura, las simetrías, el estilo, la calidad humana de una y otra belleza representadas en los poemas, y el contenido.

BIBLIOGRAFÍA

Alonso, Dámaso. *Estudios y ensayos gongorinos*. Madrid: ed. Gredos, 1955.

Carballo Picazo, A. "El soneto 'Mientras por competir con tu cabello' de Góngora." *Revista de filología española* 47 (1964): 379-398.

Jammes, Robert. *La obra poética de don Luis de Góngora y Argote*. Madrid: ed. Castalia, 1987.

Orozco, Emilio. *Introducción a Góngora*. Barcelona: ed. Crítica, 1984.

Richards, Ruth M. *Concordance to the Sonnets of Góngora*. Madison: The Hispanic Seminary of Medieval Studies, 1982.

Woods, M. J. *The Poet and the Natural World in the Age of Góngora*. Oxford: Oxford UP, 1978.

FRANCISCO GÓMEZ DE QUEVEDO Y VILLEGAS
(1580-1645)

Francisco Gómez de Quevedo y Villegas nació en 1580 en Madrid. Estudió teología, lenguas clásicas, filosofía y matemáticas, entre otras materias, y se graduó a los quince años en teología. En una ocasión, y en defensa de una dama, mató a un hombre y buscó protección en el duque de Osuna, en aquel tiempo virrey de Sicilia. Por sus servicios a la corona fue nombrado caballero de la orden de Santiago y secretario real. En 1639 fue encarcelado por criticar la política de Felipe IV. Liberado en 1643, pobre y enfermo, murió en 1645.

La obra literaria de Quevedo se caracteriza por su fuerte espíritu satírico e irónico, por el certero retrato que hace de la crisis socio-política de España y de la decadencia del imperio español, por su gran ingenio, y por el uso de un rico lenguage. Quevedo, hombre de una inmensa cultura, es el máximo representante de la corriente conceptista, estilo que se proponía la representación de conceptos por medio de ingeniosos juegos de palabras. Escritor prolífico y versátil, Quevedo cultivó todos los géneros literarios. Su producción en prosa incluye ficción, crítica literaria, y ensayos de naturaleza política, filosófica, festiva, y satírica. Su obra de ficción más conocida es la *Vida del Buscón* (1626), una de las novelas picarescas más celebradas en la que Quevedo hace una dura crítica de la sociedad de su tiempo. Como crítico literario, Quevedo fue conocido por sus ataques a Góngora y el culteranismo. De sus ensayos políticos destaca *Política de Dios, gobierno de Cristo y tiranía de Satanás* (1617-1655), obra en la que Quevedo aconseja a Felipe IV sobre cómo gobernar sus dominios. De sus tratados filosóficos merece mención *La cuna y la sepultura* (1612-1633), de tono moral, en la que contrasta la futilidad de los bienes materiales con los valores del espíritu. De sus obras festivas destaca *Premáticas y aranceles generales* (1604), y *El caballero de la tenaza* (1606), en la que ataca a las mujeres y aconseja a los hombres sobre cómo ahorrarse dinero con ellas, y de sus obras satíricas descollan *Los sueños*, escritos entre 1606 y 1636. En uno de éstos, *El sueño de las calaveras* (1606), Quevedo hace una representación satírica del Juicio Final sirviéndose de personajes como mercaderes, ladrones, y cómicos, entre otros.

La mayor parte de su producción poética apareció publicada en una edición titulada *El Parnaso español* (1648). La colección se puede dividir en poesías serias, sobre temas religiosos y políticos y escasos recursos conceptistas (sonetos, canciones y sátiras); y poesías festivas, satíricas y cómicas, escritas sirviéndose de recursos estilísticos típicos del conceptismo, como antítesis y paradojas, (letrillas, romances, etc.). Algunos de sus mejores poemas son la "Epístola satírica y censoria", sátira contra el conde-duque de Olivares; el soneto "Miré los muros de la patria mía", y la letrilla "Poderoso caballero es don Dinero". Asimismo, Quevedo escribió varios entremeses en verso y varias obras épicas.

❈ ❈ ❈

Heráclito cristiano: Salmo XVII
"Miré los muros de la patria mía"

GUÍA DE LECTURA

La crítica ha interpretado este soneto como una representación de la decadencia del imperio español. Hoy día, sin embargo, los críticos suelen coincidir en señalar que el primer verso no se refiere a España, sino a la ciudad de Madrid, y que el tema del soneto es el paso del tiempo. De hecho, en 1648 el poema fue publicado con el siguiente epígrafe: "Enseña cómo todas las cosas avisan de la muerte". En este soneto, inspirado en la Epístola XII de Séneca, Quevedo se sirve de ciertos objetos, como la casa y la naturaleza, para reflejar su interioridad y su estado espiritual. Es un poema típico del barroco en el que se percibe un tono pesimista ante la inminente llegada de la muerte.

❈ ❈ ❈

Miré los muros de la patria mía,
si un tiempo fuertes, ya
   desmoronados,°
de la carrera de la edad cansados,
por quien caduca° ya su valentía.

Salíme al campo, vi que el sol bebía
los arroyos° del yelo° desatados,°
y del monte quejosos los ganados,
que con sombras hurtó su luz al día.

Entré en mi casa; vi que, amancillada,°
de anciana habitación era despojos;°
mi báculo,° más corvo° y menos
   fuerte;

vencida de la edad sentí mi espada.
Y no hallé cosa en que poner los ojos
que no fuese recuerdo de la muerte.

Desmoronados: deteriorados, destruidos
Caduca: termina
Arroyos: ríos pequeños
Yelo: hielo
Desatados: derretidos

Amancillada: manchada, sucia
Despojos: restos
Báculo: bastón
Corvo: doblado

ANÁLISIS CRÍTICO

1. Comente el número de sílabas de que consta cada verso, las licencias poéticas, el ritmo, la rima, y los tipos de estrofas que componen este soneto.

2. Basándose en el primer verso del poema, mucho críticos han interpretado el poema como una referencia a la ruina y caída del imperio español. En su opinión, ¿se justifica esta lectura si tenemos en cuenta los comentarios que hace el poeta en el resto del poema?

3. ¿Qué figura retórica se configura a través de la repetición del sonido "m" en el primer verso?

4. ¿Cuáles son los términos de la/s antítesis que vemos en este poema? ¿A qué se refiere cada uno de ellos?

5. ¿Puede identificar alguna/s prosopopeya/s en este poema?

6. Explique el significado de la segunda estrofa.

7. Comente los hipérbatos que hay en este poema y reorganice las frases siguiendo el orden sintáctico regular.

8. ¿Qué objetos escoge el poeta para expresar lo perecedero?

9. ¿Cuál es el valor metonímico de "báculo" y "espada"?

10. ¿Qué imagen del yo poético se transparenta en estos versos? ¿Nos da éste una visión optimista o pesimista de la realidad?

ENSAYO

Haga un estudio comparativo de los siguientes poemas de Quevedo: "Miré los muros de la patria mía", "Todo tras sí lo lleva el año breve", y "Cómo de entre mis manos te resbalas", enfocándolo en el tema del paso del tiempo y la llegada de la muerte.

BIBLIOGRAFÍA

Ayal, Francisco. *Cervantes Quevedo*. Barcelona: Seix Barral, 1974.

Baum, Doris L. *Traditionalism in the Works of Francisco de Quevedo y Villegas*. Chapel Hill: U of North Carolina Press, 1970.

Crosby, James. *En torno a la poesía de Quevedo*. Madrid: Ed. Castalia, 1967.

Estrella Gutiérrez, Fermín. *Literatura española*. Buenos Aires: Ed. Kapelusz, S. A. 1965.

Río, Ángel del. *Historia de la literatura española*. Tomo I. New York: Holt, Rinehart and Winston, 1963.

Sobejano, Gonzalo, ed. *Francisco de Quevedo. El escritor y la crítica*. Madrid: Taurus, 1978.

Capítulo III

Siglos XVIII y XIX
Del Neoclasicismo al Realismo

Introducción histórico-cultural

PANORAMA HISTÓRICO

Antes de morir, Carlos II escogió como heredero de la corona a Felipe de Anjou, nieto de Luis XIV de Francia. Sin embargo, las potencias europeas –Inglaterra, Austria, y Holanda, y algunos otros países– no veían con buenos ojos que Francia acumulara tanto poder, y por ello le declaran la guerra a Francia. Al término de esta guerra de Sucesión (1700-1714), que concluye con los tratados de Utrecth (1713) y Rastadt (1714), se reconoce a Felipe V como rey de España, pero España tuvo que ceder gran parte de sus dominios en Europa a Austria. Con Felipe V comienza en España la dinastía borbónica, la misma a la que pertenecen los actuales monarcas de España. Felipe V reinó de 1700 a 1746, y emprendió una política de centralización del poder en Madrid. A fin de limitar el poder de la nobleza, Felipe V suprimió algunos organismos de gobierno autónomo y fortaleció otros, como las secretarias de estado y despacho, que estaban bajo su control. En política exterior, e influido por su esposa italiana Isabel de Farnesio, Felipe V conquistó Nápoles y Sicilia, y dejó a su hijo Carlos como rey de estas tierras. Al morir Felipe V en 1746 le sucede su hijo Fernando VI, quien trató de mantener la neutralidad de España en el contexto europeo y centrarse en la buena administración de las tierras de Indias. A la muerte de Fernando VI en 1759 le sucede su hermano Carlos III, el monarca más importante de España en el siglo XVIII. Bajo su reinado, España, juntamente con Francia, apoyó los movimientos independentistas de las colonias norteamericanas contra Inglaterra. Es bajo su mandato cuando se imponen las ideas del despotismo ilustrado, cuyo objetivo primordial era la búsqueda del progreso social, económico y cultural del país. Desde el punto de vista económico, Carlos III prosigue las reformas socio-económicas que inició su predecesor, Felipe V. Se registra un incremento en la producción agrícola, así como mejoras sustanciales en el sector de la ganadería. En cuanto a la industria, se nota un progreso en la industria metalúrgica, progreso que es más notable en la textil; y el comercio interior se vio favorecido por la mejora en el sistema de comunicaciones. En el orden religioso, uno de los acontecimientos más importantes fue la expulsión de los jesuitas de España y de sus colonias (1767). Muerto Carlos III en 1788, le sucede Carlos IV, hombre de voluntad débil. Durante su reinado, que duró hasta 1808, la política del estado la llevó el favorito de su esposa, Manuel Godoy, y en este tiempo España se vio envuelta en varias guerras contra Francia e Inglaterra. En 1805, por ejemplo, las fuerzas de la marina francesa y española fueron derrotadas por Nelson de Inglaterra. Por otro lado, en 1807 España y Francia firman un acuerdo que permitía a este país el paso de sus tropas por la península con el fin de atacar a Portugal. Tal pretexto sirvió para que los franceses ocuparan España y para que Napoleón colocara a su hermano, José Bonaparte, en el trono español. Se inicia una guerra contra los franceses, conocida como la Guerra de la Independencia, en la que participaron en su lucha el pueblo y el ejército. En las zonas libres de la ocupación francesa se organizó la resistencia, y en julio de 1808 las fuerzas de la Junta de Andalucía derrotaron a las francesas en Bailén , con lo que José Bonaparte se ve obligado a dejar el país. Napoleón invade de nuevo la península, pero un combinado de fuerzas españolas e inglesas lo derrotó. En 1812 se produce, además, un importante acontecimiento político: las Cortes de Cádiz aprueban una constitución que defiende la monarquía constitucional y la división de poderes –ejecutivo, legislativo y judicial. Las Cortes, asimismo, favorecieron las actividades industriales y comerciales, iniciaron reformas agrarias, y aprobaron la libertad de prensa. En un principio, al ser coronado rey en 1814, Fernando VII anuló dicha constitución, pero más tarde, ante las sublevaciones que se produjeron en toda España, terminó aceptándola. En los últimos diez años de su reinado, hasta su muerte en 1833, Fernando gobernó de forma absolutista. A su muerte, y como su hija Isabel sólo tenía 3 años, asume el poder su esposa María Cristina. Los absolutistas más radicales se opusieron a este nombramiento y propusieron a Don Carlos, hermano del rey, como sucesor. Ante la falta de un acuerdo satisfactorio para ambas partes, estalla una guerra civil en 1833 que concluye en 1840 con el reconocimiento de la reina. En 1841 María Cristina deja la regencia en manos del general Baldomero Espartero, y en este mismo año se declara a Isabel II mayor de edad y asume la corona. Durante su reinado el país vivió un período de crisis política, económica y social, y esta situación desembocó en la revolución de 1868 y la huida de la reina a Francia. De 1868 a 1870 el país trató de establecer un sistema democrático y encontrar un rey para el estado español. Fue elegido Amadeo de Saboya, hijo del rey italiano Víctor Manuel II, que se vería obligado a abdicar poco después, en 1873. Tras un breve paréntesis en el que se impone la primera república española (1873), a finales de 1874 se restaura la monarquía y toma la corona Alfonso XII, hijo de Isabel II. En 1876 se aprueba una nueva constitución que otorga el poder soberano al rey y a las cortes, las cuales estaban divididas, como en Gran Bretaña, en dos cámaras: el congreso de los diputados y el senado. Alfonso XII terminó con las pretensiones de Carlos VII al trono español, y éste tuvo que huir del país en 1876. Durante el reinado de Alfonso XII se produjeron algunos actos de violencia protagonizados por los anarquistas, Pablo Iglesias fundó el Partido Democrático Socialista Obrero (1879), y en 1888 nace el sindicato de la UGT –Unión General de Trabajadores. Al morir Alfonso XII en 1885, como su hijo Alfonso era menor de edad, asume la regencia hasta 1902 María Cristina, viuda del rey. El siglo XIX termina con una larga serie de problemas sociales, políticos y económicos que culminan con la derrota de España por EE.UU y la pérdida de Cuba, Puerto Rico, las islas Filipinas y Guam.

Desde el punto de vista económico, la agricultura continuaba siendo la base económica de la mayor parte de la población española en el siglo XIX. Una de las medidas políticas que ayudó al aumento de las zonas agrícolas cultivables fue la que se conoce con el nombre de "desamortización". La desamortización supuso que muchas tierras que estaban en manos muertas –nobles, iglesia, ayuntamientos- fueran vendidas a particulares para que las labraran y sacaran producción de las mismas. Esta decisión política, a pesar de sus buenas intenciones, no tuvo el éxito que se esperaba porque muchos campesinos no tenían el dinero para comprar tales propiedades. De cualquier modo, en este siglo aumenta la producción de trigo, vid y olivo, y se introducen nuevos sistemas de regadío. En cuanto a la minería, y en parte debido al escaso progreso industrial del país, los minerales extraídos de las minas españolas –cobre, hierro, carbón…- solían irse al extranjero. Pero, paulatinamente, esta situación fue cambiando y el capital español comenzó a participar en la explotación minera, especialmente en el norte del país. Dos de las industrias que destacaron en este siglo fueron la textil y la siderúrgica. La primera de ellas tuvo por centro principal a Barcelona, que se servía de una tecnología procedente de Inglaterra. La industria siderúrgica se desarrolló en Vizcaya con capital procedente de la explotación del hierro. En 1902 se unieron varias compañías para formar la empresa de Altos Hornos de Vizcaya, controlando así el sector siderúrgico. En este siglo, además, se empezó a desarrollar el sistema ferroviario, se creó la Bolsa de Valores de Madrid, y nació la peseta como unidad monetaria. La sociedad de este siglo, lo mismo que en el XVIII, la constituían cuatro grupos: la nobleza adinerada, aunque menor en número que en siglos precedentes; el clero, que continuó con los mismos privilegios y riquezas de antes; una población urbana dedicada a distintos oficios; y una mayoría formada por el campesinado. En el siglo XIX, no obstante, nace una incipiente clase media formada por comerciantes y funcionarios de la administración.

PANORAMA ARTÍSTICO-CULTURAL

La arquitectura del siglo XVIII pasó del estilo barroco al neoclásico de influencia francesa. Al primero de estos estilos pertenecen el Obradoiro de la catedral de Santiago de Compostela y el Palacio del Marqués de Dos Aguas en Valencia. El Neoclasicismo, sin embargo, tuvo mayor auge durante el mandato de Carlos IV, y a este estilo se adscriben la construcción de la Puerta de Alcalá y el Museo del Prado de Madrid. En el siglo XIX no hubo un estilo arquitectónico definido, y las construcciones realizadas siguen tendencias clásicas, renacentistas o eclécticas. Entre las obras más destacadas se pueden citar el Palacio del Congreso y el Banco de España en Madrid, y en Barcelona el edificio de la universidad. A caballo entre este siglo y el XX destacó el impresionante trabajo del arquitecto modernista catalán Antonio Gaudí (1852-1926). Aunque sus primeras obras revelan una influencia del neogótico, pronto evolucionó a un estilo personal en el que se ve el juego caprichoso con las formas. Algunas de sus obras más importantes son el parque y el palacio Güell, la Pedrera, y, sobre todo, la iglesia de la Sagrada Familia, todas ellas en Barcelona.

En cuanto a la escultura, el siglo XVIII comienza con un estilo barroco que se ve reflejado en la imaginería religiosa, sobresaliendo los "pasos" de Semana Santa del escultor Francisco Salzillo (1707-1783). Algunas de sus obras conocidas son *La caída* y *La oración del huerto*. Al avanzar el siglo se va imponiendo el Neoclasicismo, estilo que encuentra su expresión en las fuentes de la Cibeles, de Francisco Gutiérrez (1727-1782), y de Neptuno, de Juan Pascual de Mena (1707-1784), ambas en Madrid. La escultura del siglo XIX tuvo como ejemplos valiosos las obras realizadas en bustos y estatuas. Algunos de los escultores renombrados de este período fueron Mariano Benlliure (1866-1944) y Lorenzo Cullaut-Valera (1876-1932), a quien comentaremos en el capítulo próximo.

La pintura del siglo XVIII vivió una profunda crisis. En el año 1751, y bajo el reinado de Fernando VI, se creó la Academia de Nobles Artes de San Fernando, que impuso estilos franceses. La pintura de este período, fría y de escasa calidad, no contó con grandes representantes. La figura más sobresaliente en pintura en este siglo, y en el siguiente, fue Francisco de Goya y Lucientes (1746-1828). Goya, que llegó a ser pintor de cámara del rey Carlos IV y Fernando VII, comenzó pintando cartones, entre los que sobresalen *El quitasol*, *El juego de pelota*, y *Gallina ciega*. En estos cuadros se ve un Goya optimista en el que destaca el realismo de los personajes y el contraste de colores fuertes. A partir de 1783 comienza su fase de retratista, y a esta fase pertenecen *La familia de Carlos IV*, *La maja vestida*, y *La maja desnuda*. En 1799, cuando Goya sufría de sordera, pintó los *Caprichos*, serie de cuadros que por su cinismo causó gran escándalo. De 1808 a 1814 pintó varios cuadros que tenían por tema la violencia y el horror de la Guerra de la Independencia. De esta fase destacan sus obras *El dos de mayo* y *Los fusilamientos*. De los últimos años de su vida son sus pinturas negras, *El aquelarre*, y *Saturno devorando a sus hijos*, en los que Goya refleja una visión excéptica, cruel e irracional del mundo.

Durante las primeras décadas del siglo XIX los pintores españoles reciben la influencia de la pintura neoclásica francesa, y el más destacado de ellos es José Madrazo, autor de *La muerte de Viriato*. Poco a poco, y también bajo la influencia francesa, se fue imponiendo el gusto romántico en cuadros llenos de colorido y tema nacional u oriental. Sobresalen Jenaro Pérez Villaamil (1807-1854), que expresa su romanticismo en la pintura de castillos y ruinas, y Mariano Fortuny (1838-1874), con cuadros de tema histórico, como *Berenguer*. Posteriormente se impuso la corriente realista, dedicada a pintar la vida del campo y las clases bajas. Entre estos pintores se puede citar a Ramón Tusquets (1837-1904) y Laureano Barrau (1864-1935).

CUESTIONARIO

1. ¿Qué consecuencias tuvieron para España los tratados de Utrecht y Rastadt?

2. ¿Con quién comienza la dinastía borbónica?

3. ¿Cómo limita Felipe V el poder de los nobles?

4. ¿Qué decisión política de Carlos III afectó al destino histórico de EE.UU?

5. ¿Qué es el despotismo ilustrado?

6. ¿Qué decisión importante, en el orden religioso, se produjo bajo el reinado de Carlos III?

7. ¿Qué es la Guerra de la Independencia?

8. ¿Qué importancia política tuvieron las Cortes de Cádiz?

9. ¿Cuándo se constituye la primera república?

10. ¿Qué es la desamortización?

11. Mencione algunas de las obras del arquitecto Antonio Gaudí.

12. Mencione alguna obra representativa de la arquitectura neoclásica española.

13. ¿Por qué destaca la obra escultórica de Francisco Salzillo?

14. Comente la evolución pictórica en la obra de Goya.

IDENTIFICAR

1. Isabel de Farnesio
2. Fernando VI
3. José Bonaparte
4. Fernando VII
5. Isabel II
6. Alfonso XII
7. U.G.T.
8. Altos Hornos
9. Francisco Gutiérrez
10. Jenaro Pérez Villaamil

ENSAYO

1. Durante el siglo XVIII, siglo de la Ilustración, España recibió una fuerte influencia de Francia en el campo de las ideas y en política. Haga un estudio de estas influencias mencionando ejemplos concretos.

2. Goya es uno de los más destacados pintores en la historia de España. Escriba un ensayo sobre su contribución a la pintura española prestando especial atención a la serie de cuadros que se conoce como "los caprichos".

3. Con la derrota que sufre España frente EE.UU en la guerra de 1898, España pierde las últimas colonias de ultramar. Haga un estudio sobre las causas de esta guerra y las consecuencias que tuvo para España.

BIBLIOGRAFÍA

Altamira, Rafael. *A History of Spanish Civilization*. Trad. por P. Volkov. London: Constable & Co. Ltd., 1930.

Cantarino, Vicente. *Civilización y cultura de España*. New York: Macmillan Pub. Co., 1988.

Kattán-Ibarra, Juan. *Pespectivas culturales de España*. Lincolnwood, Illinois: National Textbook Co., 1994.

Mallo, Jerónimo. *España: Síntesis de su civilización*. New York: Charles Schribner's Sons, 1957.

Tuñón de Lara, M. *Estudios sobre el siglo XIX español*. Madrid: Siglo XXI, 1971.

✖ ✖ ✖

EL NEOCLASICISMO

INTRODUCCIÓN LITERARIA

El barroco, a pesar de que se mantuvo vigente durante gran parte del siglo XVIII, en la segunda mitad de este siglo comienza a decaer y a ser reemplazado por el Neoclasicismo, un movimiento que convierte a la razón en su guía y diosa. Se pueden distinguir tres fases en este siglo XVIII, una primera, el Postbarroco, que dura hasta 1750 y se caracteriza por una continuación del movimiento Barroco; una segunda, correspondiente al Neoclasicismo o Ilustración; y una tercera, el Prerromanticismo, que comienza a anticipar la llegada del Romanticismo.

El escritor más destacado del período Postbarroco es el salmantino Diego de Torres y Villarroel (1694-1770). Torres y Villarroel llevó una vida sumamente aventurera: estudiante, curandero, soldado, torero, sacerdote, etc., y las aventuras de su vida constituyen el núcleo de su obra más importante: *vida* (1743-1759). La obra, que consta de seis "trozos", o partes, nos muestra la decadencia española en la primera mitad del siglo XVIII, y aunque recibe influencias de Quevedo, el humor de Torres y Villarroel dista mucho del amargo pesimismo de Quevedo.

La poesía de este período postbarroco continúa la fórmula barroca, pero es una poesía de escaso mérito. Sobresalen como poetas Torres y Villarroel y José Antonio Porcel. Torres y Villarroel publicó unos *Almanaques*, escritos en verso, en los que anunciaba los próximos acontecimientos históricos. Es autor también de sus *Pasmarotas*, composiciones irónico-satíricas. Porcel (1720-?), canónigo granadino, imitó a Gongora en la églogas de su poema *Adonis*, pero posteriormente abandona la influencia gongorina y su poesía deriva hacia el clasicismo.

El teatro de los primeros cincuenta años de este siglo se ajusta a los principios del teatro calderoniano, el lenguaje sigue las mismas fórmulas que vemos en el teatro barroco, y los dramaturgos ponen énfasis en el uso de una escenografía monumental y truculenta. Destaca Antonio Zamora (?-1728), autor de una nueva versión del mito del don Juan de Tirso de Molina, *No hay plazo que no se cumpla ni deuda que no se pague y convidado de piedra* (1722). El final de esta comedia servirá de precedente a la versión del mito que realizará Zorrilla.

Al lado de estos escritores que siguen las fórmulas del Barroco aparecen dos figuras que pavimentarán el camino para el desarrollo de la estética neoclásica: Fray Benito Jerónimo Feijoo (1676-1764), e Ignacio de Luzán (1702-1754). Fray Feijoo fue miembro de la orden benedictina y catedrático de teología en Oviedo. Únicamente cultivó el ensayo, y es autor del *Teatro crítico universal* (1727-1739), que consta de ocho volúmenes, y de *Cartas eruditas* (1742-1760), que consta de cinco volúmenes. Ambas obras son colecciones de ensayos en los que, con gran agudeza, trata problemas de filosofía, física, literatura, o ataca las supersticiones populares. El propósito de su obra es didáctico, y su influencia en el desarrollo de la lengua española fue enorme. La prosa de Fray Feijoo es sencilla, ordenada, y siempre sirve de vehículo del contenido. Desde el punto de vista cultural, Fray Feijoo dio a conocer en España los avances de la ciencia europea, y su labor divulgadora sirvió para elevar el nivel cultural del país. Luzán, por otra parte, es autor de la *Poética* (1737), un tratado de teoría literaria, en la que sostiene que el arte literario debe seguir las reglas aristotélicas, basarse en la imitación de lo universal, y seguir las reglas y normas racionales. Luzán se convierte con este tratado en uno de los precursores del Neoclasicismo.

Los escritores neoclásicos se caracterizan por dar a la obra de arte una dimensión universal, defienden el principio de verosimilitud, separaran lo trágico de lo cómico y el verso de la prosa con objeto de dar a la obra mayor unidad, justifican el fin didáctico y moral de la obra de arte así como el principio de utilidad social de la misma, y defienden las tres unidades –de tiempo, espacio y acción. A pesar de estas reglas, el arte neoclásico, bastante ajeno al carácter español, no potenció la creación de obras originales, sino que dio paso a un arte frío, racional, y falto de espontaneidad, asfixiando la creatividad e iniciativa individuales al tener que ajustarse el escritor a unos preceptos preestablecidos. Por estos motivos, el Neoclasicismo fue un movimiento que dejó una discreta producción en teatro, poesía y novela. Una de las pocas notas positivas de este período lo da el énfasis puesto en la investigación científica y la crítica.

TEATRO

En la segunda mitad del siglo XVIII el teatro español imita los modelos franceses, dando lugar a la producción de un teatro bastante mediocre. Uno de estos imitadores, acérrimo defensor del Neoclasicismo, fue Nicolás Fernández de Moratín (1731-1780). En su obra, *Desengaños al teatro español* (1763), atacó el teatro del siglo XVII y se opuso a la representación de autos sacramentales. Es autor de varias tragedias de naturaleza clásica: *Lucrecia* (1763), *Hormesinda* (1771) y *Guzmán el Bueno* (1777), y de una comedia, *La Petimetra* (1762). Más que como dramaturgo sobresalió como poeta, y en este género escribió anacreónticas, silvas y sonetos. Uno de sus poemas más conocidos es el de "Fiesta de toros en Madrid", sobre el Cid Campeador alanceando un toro bravo en la plaza de toros de Madrid. Otro dramaturgo fue Vicente García de la Huerta (1734-1787), el único dramaturgo que logró crear una tragedia neoclásica de mérito: *Raquel* (1778). Externamente, la obra se ajusta a las reglas neoclásicas, pero el tema es de inspiración nacional. La trama se centra en los amores de Alfonso VIII con la judía Raquel. Al favorecer a los judíos en detrimento de los cristianos, el pueblo se subleva y mata a Raquel. La obra planteaba un tema actual, el de la influencia política que ejercían los extranjeros en el gobierno del país. La comedia neoclásica tiene como máximo exponente a Leandro Fernández de Moratín (1760-1828). Leandro tomó el lado de los franceses durante la guerra de la Independencia, y tuvo que expatriarse al término de la misma, muriendo en París. Como escritor satírico es autor de *La derrota de los pedantes* (1789), obra en prosa en la que ataca a aquéllos que defendían las ideas barrocas. Como poeta, el valor de su poesía es escaso, se podría mencionar el poema lírico "Elegía a las musas". Como dramaturgo, Moratín se ajusta en sus comedias a las reglas del teatro neoclásico, y es autor de varias comedias en las que reitera los mismos temas: la libertad que debe tener la mujer en la elección de esposo, y la igualdad de los cónyuges en el matrimonio. Algunas de sus obras son *El viejo y la niña* (1790), *La mojigata* (1804) y *El sí de las niñas* (1801), centrada en un matrimonio arreglado que al final el señor viejo decide no llevar a cabo por la diferencia de edad que separa a él de la novia. Paralelamente a las tragedias y comedias neoclásicas se desarrolló una forma de teatro tradicional que tuvo como manifestación los *sainetes* de don Ramón de la Cruz (1731-1794). Los sainetes tienen como precedente los *pasos* de Lope de Rueda y los *entremeses* de Cervantes, y se caracterizan por representar con gran humor costumbres populares de Madrid y personajes tomados del pueblo. Escribió unas 400 obras, y algunas de las más conocidas son *Manolo* y *Las castañeras picadas*.

PROSA

La prosa neoclásica aparece marcada por el didacticismo, incluso la novela de este período concede más importancia al fin educativo que a la imaginación. En novela sobresale la aportación del jesuita José Francisco de Isla (1703-1781). Su obra maestra es *Historia del famoso predicador Fray Gerundio de Campazas, alias Zotes* (1758), centrada en un tal Fray Gerundio, miembro de una orden religiosa, que pronuncia una serie de sermones llenos de falsa erudición y latinismos fuera de lugar. La obra es una sátira contra la retórica hueca de la época, y contra los predicadores que utilizaban el púlpito para expresarse por medio de ridículos juegos de palabras y chistes. Las dos figuras más notables en la segunda mitad del siglo XVIII son José Cadalso (1741-1782) y Gaspar Melchor de Jovellanos (1744-1811). Cadalso fue oficial de caballería, y se enamoró de la actriz María Ignacia Ibáñez, quien murió poco después. Se cuenta que Cadalso quiso desenterrarla, lo que provocó su destierro a Madrid. Es autor de la tragedia neoclásica de asunto medieval *Sancho García* (1771), de escaso valor literario. Poco después publica un libro de versos, *Ocios de mi juventud* (1773), que tiene el mérito de resucitar el cultivo de la poesía anacreóntica. Póstumamente, en 1789, se publicaron sus *Noches lúgubres*, obra en prosa que recoge algunos aspectos autobiográficos de su relación con María Ignacia, y que se considera un precedente del movimiento romántico. Dividida en varias noches, trata del intento de Tediato de desenterrar a su amada. Es autor también de *Cartas marruecas*, novela epistolar en la que un marroquí cuenta a su corresponsal en Marruecos sus experiencias en la península. La obra constituye una exposición de la decadencia española y propone algunas soluciones para combatirla, como el estudio de las ciencias y la práctica de la virtud.

Lo mismo que Cadalso, Jovellanos tomó conciencia de los problemas de España, pero a diferencia de aquél, Jovellanos llevó a la práctica sus ideas reformadoras. Jovellanos desempeñó importantes cargos políticos, como el de ministro de Gracia y Justicia bajo Godoy, y se opuso al invasor francés en la guerra de la Independencia. Es autor de varias sátiras y epístolas de contenido filosófico y moral. Una de las más conocidas es la "sátira a Arnesto", en la que critica la corrupción de las costumbres, y la "Epístola de Fabio a Anfriso", en la que la huida del poeta al campo no le depara la paz anhelada. Como dramaturgo es autor de un drama de escaso interés, *El delincuente honrado* (1774). En prosa escribió el

Informe en el expediente de la ley agraria (1795), sobre los problemas que impiden el progreso de la agricultura y la mejor repartición de las tierras en España. En otra de sus obras, *Plan general de instrucción pública* sostiene la importancia de la cultura en el progreso de los pueblos. Escribió también la *Memoria del castillo de Bellver*, obra arqueológica e histórica en la que ya se atisban elementos románticos en la descripción de la naturaleza que invade el castillo.

Debido a la prioridad concedida por los neoclásicos a la educación, una de las manifestaciones de la poesía neoclásica fue la fábula. La fábula, escrita en verso y protagonizada por animales, consta de dos elementos esenciales que van de acuerdo con las ideas del Neoclasicismo: la sátira y la pedagogía; y los dos fabulistas más destacados fueron Félix María Samaniego (1745-1801) y Tomás de Iriarte (1750-1791). Las *Fábulas morales* (1781-1784) de Samaniego, dentro de la tradición fabulística europea, tienen un claro fin didáctico, y tocan una gran variedad de temas. Algunas de ellas llevan los siguientes títulos: "La lechera", o "Las ranas pidiendo rey". Iriarte es autor de *Fábulas literarias* (1782), en las que da una serie de consejos a través de la moraleja final de la fábula, tales como la necesidad de utilizar un estilo sencillo, o la importancia de estudiar a los clásicos. Algunas de sus más conocidas fábulas son "El burro flautista" y "La mona".

POESÍA

En el último cuarto del siglo XVIII un grupo de poetas se propuso elevar el nivel de la poesía española, dando lugar a la escuela salmantina. El género que cultivaron en un principio fue el anacreóntico, con temas como el amor y la amistad, y se sienten influidos por Fray Luis de León, Horacio, Young y Pope. El representante más destacado de la escuela salmantina es Juan Meléndez Valdés, a quien estudiaremos a continuación. La última década del siglo XVIII y el primer tercio del siglo XIX se halla representado por las escuelas sevillana y la que proviene de la salmantina. Ambas escuelas continúan ajustándose a los principios estéticos del Neoclasicismo, pero ya se percibe en ellos un estilo más retórico y un aumento de elementos prerrománticos. Los dos representantes má destacados de la segunda escuela salmantina son Nicasio Álvarez Cienfuegos (1764-1809) y Manuel José Quintana (1772-1857). Cienfuegos comenzó imitando a Meléndez Valdés, pero pronto derivó al cultivo de una poesía apasionada, melancólica y entusiasta, muy en consonancia con la poesía romántica, basta observar los títulos de algunos de sus poemas para percatarse de esta orientación romántica: "El túmulo" o "La escuela del sepulcro". Cienfuegos mostró interés, asimismo, por temas orientales y medievales. Quintana, el poeta más notable del grupo, se inspiró inicialmente en Meléndez Valdés, y posteriormente en Cienfuegos. Su estilo se caracteriza por la sonoridad y ampulosidad de sus versos, y suele cantar la idea de libertad o el progreso de la ciencia. Entre los poemas dedicados a cantar la libertad se encuentra "A Padilla", al que considera un gran héroe de la libertad, y entre los dedicados a cantar el progreso se halla la oda "A la invención de la imprenta" (1800). Quintana compuso también algunos poemas patrióticos, como "Al combate de Trafalgar" (1805). Escribió también un par de tragedias clásicas, *El duque de Viseo* (1801), y una obra en prosa, *Vidas de españoles célebres* (1807-1833), colección de nueve biografías.

A fines del siglo XVIII se forma la escuela de Sevilla, y toman como guía a Herrera para la creación de un tipo de poesía caracterizada por el exceso ornamental. Lo mismo que los escritores de la escuela salmantina, los de la escuela sevillana funden elementos neoclásicos con otros de carácter prerromántico. El más importante poeta de esta escuela es el padre Alberto Lista y Aragón (1775-1848). Sus composiciones se dividen en varias categorías: sagradas, filosóficas y amorosas. Al primer grupo pertenece la oda "A la muerte de Jesús", en la que se percibe la influencia de la *Biblia* y de algunos poetas líricos del siglo XVI. En el segundo, donde desarrolla las ideas de la Ilustración, se destacan "La beneficencia" y "La bondad es natural al hombre". Y en el tercer grupo, de carácter anacreóntico, sobresalen "El vino y la amistad" y "El beso". Escribió también algunos sonetos y romances.

CUESTIONARIO

1. ¿Cuáles son las tres etapas en que se divide el siglo XVIII?
2. ¿Qué temas trata Feijoo en sus obras?
3. ¿Qué características podemos asociar con los escritores de la Ilustración?
4. Mencione algunos de los temas que trata Leandro Fernández de Moratín en sus comedias.
5. ¿Por qué tuvo que salir desterrado Leandro Fernández de Moratín?
6. ¿Cuáles son los rasgos característicos de la prosa neoclásica?
7. ¿Cuáles son algunos de los ideales que favorecía o apoyaba Jovellanos en sus escritos?
8. ¿Quiénes son los escritores más conocidos de fábulas en el período de la Ilustración española?
9. ¿Cuál es el propósito de la Fábula?

IDENTIFICAR

1. Nicolás Fernández de Moratín
2. *Sainetes*
3. José Cadalso
4. Escuela salmantina

5. *El burro flautista*
6. Manuel José Quintana
7. Tomás de Iriarte

ENSAYOS

1. La Ilustración, o siglo de las luces, es un movimiento inspirado en Francia. Escriba un ensayo comentando algunas de las ideas que toma el movimiento de la Ilustración española de sus vecinos los franceses.
2. Comenzando con Esopo, uno de los más conocidos fabulistas, las fábulas han tenido un amplio cultivo a lo largo de toda la historia. Haga un estudio sobre las características de la fábula, lo que la distingue de otras formas literarias, y los escritores que han cocntribuido a esta modalidad literaria.

BIBLIOGRAFÍA

Alborg, Juan Luis. *Historia de la literatura española. Siglo XVIII.* Madrid: Gredos, 1975.

Correa Calderón, E. Fernando Lázaro. *Curso de literatura (española y universal).* Salamanca: Anaya, 1963.

García López, José. *Historia de la literatura española.* Barcelona: Ed. Vicens-Vives, 1969.

Glendinning, Nigel. *A Literary History of Spain. The Eighteenth Century.* New York: Barnes & Noble Inc., 1972.

Rico, Francisco. *Historia y crítica de la literatura española.* IV. Caso González, José Miguel. *Ilustración y neoclasicismo.* Barcelona: Ed. Crítica, 1984.

Río, Ángel del. *Historia de la literatura española.* New York: Holt, Rinehart and Winston, 1963.

❋ ❋ ❋

Juan Meléndez Valdés
(1754-1817)

Extremeño de nacimiento, estudió y se doctoró en leyes por la universidad de Salamanca. Fue profesor universitario, pero abandonó esta profesión para dedicarse a la magistratura. En 1797 fue nombrado en Madrid Fiscal del Distrito. Con la invasión de las tropas napoleónicas, Valdés sirvió al gobierno afrancesado, y tras la derrota de Napoleón se exiló en Francia, donde murió en 1817.

Valdés es considerado el mejor exponente de la "escuela salmantina", a la que pertenecen escritores como José Cadalso y Gaspar M. Jovellanos. Los escritores de esta escuela reaccionan contra la poesía culterana y conceptista y se oponen a la imitación de los escritores neoclásicos franceses. Aunque se sirven de muchos temas, predomina en ellos el cultivo de una poesía anacreóntica que exalta los placeres de la vida en un ambiente pastoril, y de una poesía filosófica centrada en temas de la ilustración. Aunque Valdés pertenece al movimiento neoclásico, en su poesía ya se atisban elementos de un Romanticismo incipiente.

Según Alborg, la obra lírica de Valdés se centra en cuatro temas principales: lo anacreóntico y sensual, el bucolismo, la tendencia sentimental, y los poemas de corte moral y filosófico. El primer tema se manifiesta en sus *Odas anacreónticas*, en las que el amor aparece tratado con gran sensualidad. Una serie de odas que merece ser destacada es la que lleva por título *Odas a Lisi*, en las que el yo poético invita a la amada a que disfrute de todos los posibles amores. Si en estos poemas anacreónticos la naturaleza no juega un papel especial, en sus *Romances*, publicados en 1797, aquélla aparece tratada de manera más subjetiva, más a tono con la escuela romántica. El sentimentalismo, tendencia imperante en este siglo XVIII, se revela en sus poemas pastoriles y anacreónticos. En éstos, el amor entre los pastores se revela con gran ternura y la naturaleza aparece tratada de forma subjetivada. Dentro de esta vena sentimental destacan sus *Epístolas*, en las que trata el tema de la amistad, y el romance "El niño dormido", en el que enfatiza la idea del amor paternal. En su poesía moral y filosófica Valdés trata temas filosóficos, agrícolas, y morales. En sus *Discursos*, por ejemplo, habla de la organización del universo, y en sus *Epístolas* trata temas neoclásicos relacionados con el progreso.

Valdés no fue un innovador en el uso de formas métricas, y se sirvió por lo general de formas tradicionales. Aunque utilizó distintos metros, en sus anacreónticas y romances echó mano principalmente de versos heptasílabos y octosílabos. Valdés cultivó con gran frecuencia los romances pastoriles, amorosos e históricos, y entre ellos se pueden destacar su "Rosana en los fuegos", "La lluvia", "El náufrago" y "Doña Elvira". De sus *Letrillas*, de tema anacreóntico, destacan "La flor del Zurguén" y "A unos ojos lindos". Su obra poética incluye algunos sonetos pastoriles, doce silvas, siete idilios, cinco églogas, varias elegías, epístolas y discursos, y un abundante número de odas.

"El invierno es el tiempo de la meditación"

GUÍA DE LECTURA

"El invierno es el tiempo de la meditación" es una de las 34 odas que forma parte de la colección *Odas filosóficas y sagradas*. La presente oda fue escrita en sus años de madurez, posiblemente algo antes de 1797. Se compone de quince estrofas de once versos, de los cuales siete siguen la forma estrófica de una lira –endecasílabos y heptasílabos-, mientras que los cuatro últimos son versos endecasílabos. Es una oda, composición poética que viene de la época grecolatina, y esta forma estrófica normalmente se utiliza para expresar pensamientos elevados. Desde el punto de vista temático, la oda nos lleva del caos del mundo al orden, y de éste a un yo poético que nos revela su propia subjetividad y que, finalmente, logra vislumbrar los designios de Dios a través de su comprensión de la armonía cósmica.

Salud°, lúgubres° días, horrorosos
Aquilones°, salud. El triste invierno
En ceñudo semblante°
Y entre velos nublosos°
Ya el mundo rinde° a su áspero° gobierno
Con mano asoladora°: el sol radiante
Del hielo penetrante
Huye°, que embarga° con su punta aguda
A mis nervios la acción, mientras la tierra
Yerta°, enmudece°, y déjala desnuda
Del cierzo alado° la implacable° guerra.

Falsos deseos, júbilos° mentidos,
Lejos, lejos de mí: cansada el alma
De ansiaros° días tantos
Entre dolor perdidos,

Halló al cabo° feliz su calma.
A la penada° queja y largos llantos°
Los olvidados cantos
Suceden; y la mente que no via°
Sino sueños fantásticos, ahincada°
Corre a ti; ¡oh celestial filosofía!,
Y en el retiro y soledad se agrada°.

¡Ah! ¡Cómo en paz, ya rotas las cadenas,
De mi estancia solícito° contemplo
Los míseros mortales°,
Y sus gozos° y penas!
Quien trepa° insano° de la gloria al templo,
Quien guarda en su tesoro eternos males;
Con ansias° infernales
Quien ve a su hermano y su felice° suerte,

Salud: fórmula o expresión de saludo
Lúgubres: tristes, sombríos
Aquilones: vientos del norte
Ceñudo semblante: con cara de enfado o
    amenazadora
Nublosos: nublados
Rinde: somete
Áspero: duro
Asoladora: devastadora
Huye: escapa
Embarga: inmoviliza, impide
Yerta: rígida, inmóvil
Enmudece: calla
Cierzo alado: viento del norte
Implacable: inflexible, dura

Júbilos: alegrías
Ansiaros: desearos
Al cabo: eventualmente, al fin
Penada: padecida, sufrida
Llantos: acción de llorar
Via: veía
Ahincada: apresurada
Se agrada: se satisface
Solícito: cuidadosamente, diligentemente
Mortales: seres humanos
Gozos: alegrías
Trepa: sube, escala
Insano: loco
Ansias: deseos
Felice: feliz

Y entre pérfidos° brazos le acaricia:
O en lazo fatal° cae de la muerte,
Que en doble faz° le tiende° la malicia.

Pocos sí, pocos, ¡oh virtud gloriosa!,
Siguen la áspera senda° que a la cumbre°
De tu alto templo guía°.
Siempre la faz llorosa,
Y el alma en congojosa pesadumbre°,
Ciegos a hollar° con mísera porfía°
Queremos la ancha vía°
Del engaño falaz°: allí anhelamos°
Hallar el almo° bien a que nacemos;
Y al ver que espinas° solas abrazamos,
En inútiles quejas nos perdemos.

El tiempo en tanto° en vuelo arrebatado°
Sobre nuestras cabezas precipita°
Los años, y de nieve
Su cabello dorado°
Cubre implacable, y el vigor marchita°,
Con que a brillar un día la flor breve
De juventud se atreve.
La muerte en pos°, la muerte en su ominoso°,
Fúnebre manto la vejez helada
Envuelve, y al sepulcro° pavoroso°
Se despeña° con ella despiadada°.

Así el hombre infeliz que en loco anhelo
Rey de la tierra se creyó, fenece°:
En un fugaz instante,
El que el inmenso cielo
Cruzó en alas de fuego, desaparece°
Cual° relámpago súbito°, brillante,
Que al triste caminante
Deslumbra° a un tiempo, y en tinieblas deja.
Un día, una hora, un punto que ha alentado°,
Del raudal° de la vida ya se aleja°,
Y corre hacia la nada arrebatado°.

¡Más qué mucho°, si en torno° de esta nada
Todos los seres giran°! Todos nacen
Para morir: un día
De existencia prestada
Duran, y a otros ya lugar les hacen.
Sigue al sol rubio° la tieniebla fría;
En pos la lozanía°
De genial primavera el inflamado°
Julio, asolando° sus divinas fiores;
Y al rico octubre de uvas coronado°
Tus vientos, ¡oh diciembre, bramadores°!

Que despeñados con rabiosa saña°,
En silbo° horrible derrocar° intentan
De su asiento inmutable°
La enriscada° montaña,

Pérfidos: desleales, traidores
Lazo fatal: trampa
Faz: cara
Le tiende: le pone
Senda: camino
Cumbre: cima
Guía: lleva
Congojosa pesadumbre: en angustioso dolor
Hollar: pisar
Porfía: insistencia
Vía: camino
Falaz: falso, engañoso
Anhelamos: deseamos
Almo: alimentación
Espinas: pinchos, púas
En tanto: mientras tanto
Arrebatado: rápido, alocado
Precipita: lanza, acelera
Dorado: rubio
Marchita: apaga, disminuye
Pos: detrás
Ominoso: abominable, malo
Sepulcro: tumba
Pavoroso: terrorífico
Se despeña: se arroja, se tira

Despiadada: cruel
Fenece: muere
Desparece: desaparece
Cual: como
Súbito: rápido
Deslumbra: ilumina excesivamente
Alentado: respirado
Raudal: curso, camino
Se aleja: se separa
Arrebatado: llevado, arrastrado
¡Mas qué mucho!: pero que más puede decirse
En torno: alrededor de
Giran: dan vueltas
Rubio: amarillo
Lozanía: frescura
Inflamado: caluroso
Asolando: destruyendo
Coronado: lleno
Bramadores: ruidosos
Rabiosa saña: gran furia
Silbo: ruido, sonido
Derrocar: destruir
Inmutable: que no se mueve
Enriscada: llena de riscos, de rocas altas

Y entre sus robles su furor ostentan°.
Gime° el desnudo bosque al implacable
Choque; y vuelve espantable°
El eco triste el desigual estruendo°,
Dudando el alma de congojas llena,
Tanto desastre y confusión sintiendo,
Si el dios del mal el mundo desordena;

Porque todo fallece°, y desolado°
Sin vida ni acción yace°. Aquel hojoso°
Arbol, que antes al cielo
De verdor coronado
Se elevaba en pirámide pomposo°,
Hoy ve aterido° en lastimado° duelo°
Sus galas° por el suelo.
Las fértiles llanuras°, de doradas
Mieses° antes cubiertas, desaparecen°
En abismos de lluvias inundadas°,
Con que soberbios los torrentes° crecen.
Los animales tímidos huyendo,
Buscan las hondas° grutas°: yace° el mundo
En silencio medroso°.
O con chillido horrendo°
Sólo algún ave° fúnebre el profundo
Duelo interrumpe y eternal° reposo°.
El cielo que lumbroso°
Estática° la mente entretenía,

Entre importunas° nieblas encerrado,
Niega su albor° al desmayado° día,
De nubes en la noche empavesado°.

¡Qué es esto, santo Dios! ¡Tu protectora
Diestra° apartas del orbe°! ¡O su ruina
Anticipar intentas!
La raza pecadora
¡Agotar° pudo tu bondad divina!
¡Así sólo apiadado° la amedrentas°!
¡O tu poder ostentas
A su azorada° vista! tú que puedes
a los astros sin fin que el cielo giran,
Por su nombre llamar, y al sol concedes
Su trono de oro, si ellos se retiran.
Mas no, padre solícito°; yo admiro
Tu infinita bondad: de este desorden
De la naturaleza,
De alternado giro
Del tiempo volador nacer el orden
Haces del universo y la belleza.
De tu saber la alteza°
Lo quiso así mandar: siempre florido
No a sus seres sin número daría
Sustento° el suelo; en nieves sumergido,
La vital llama al fin se apagaría.

Ostentan: guardan, mantienen
Gime: se lamenta
Espantable: espantoso, que causa horror
Estruendo: ruido muy grande
Fallece: muere
Desolado: devastado
Yace: muere
Hojoso: lleno de hojas
Pomposo: orgulloso
Aterido: helado
Lastimado: herido, perjudicado
Duelo: lucha entre dos personas
Galas: adornos
Llanuras: tierras llanas
Mieses: cereales
Desparecen: desaparecen
Inundadas: anegadas, cubiertas de agua
Torrentes: fuerte corriente de agua
Hondas: profundas
Grutas: cuevas
Yace: se encuentra

Medroso: miedoso
Chillido horrendo: ruido horroroso
Ave: pájaro
Eternal: eterno
Reposo: descanso
Lumbroso: luminoso
Estática: asombrada, cautivada
Importunas: no adecuadas
Albor: blancura, madrugada
Desmayado: terminado
Empavesado: protegido, adornado
Diestra: mano derecha
Orbe: mundo
Agotar: terminar con
Apiadado: compadecido
Amedrentas: das miedo
Azorada: asustada, llena de miedo
Solícito: diligente, cuidadoso
Alteza: elevación, tratamiento dado a los
    príncipes
Sustento: comida

Esta constante variedad sustenta°
Tu gran obra, señor: la lluvia, el hielo,
El ardor° congojoso°
Con que el Can desalienta°
La tierra del favonio° el süave vuelo,
Y del trueno el estruendo° pavoroso°,
De un modo portentoso°
Todos al bien concurren: tú has podido
Sabio acordarlos°; y en vigor perenne,
De implacables contrarios combatido,
Eterno empero° el orbe se mantiene.

Tú, tú a ordenar bastante, que el ligero
Viento que hiere horrísono° volando
Mi tranquila morada,
Y el undoso° aguacero°
Que baja entre él las tierras anegando,
Al julio adornen de su mies dorada.

Así su saña° airada°
Grato el oído atiende°, y en sublime
Meditación el ánimo embebido°,
A par° que el huracán fragoso° gime,
Se inunda el pecho en gozo más cumplido.

Tu rayo, celestial filosofía,
Me alumbre en el abismo misterioso
De maravilla tanta:
Muéstrame la armonía
De este gran todo, y su orden milagroso;
Y plácido en tus alas me levanta,
Do° estática se encanta
La inquieta° vista en el inmenso cielo.
Allí en su luz clarísimo embriagado°
Hallaré el bien que en el lloroso suelo
Busqué ciego, de sombras fascinado.

❈ ❈ ❈

ANÁLISIS CRÍTICO

1. Análisis formal: cómputo silábico, rima, figuras retóricas y tropos más destacados. ¿Con qué figura retórica se describe el invierno en la primera estrofa? En los versos 8 y 9 hay una sinécdoque, ¿puede identificarla y explicarla?

2. ¿A qué figura mitológica se refiere el poeta en los versos 59-60, "el que el inmenso cielo/cruzó en alas de fuego"?

3. El poema comienza con un apóstrofe, ¿Cómo se relaciona en estos versos iniciales la indagación en la interioridad del yo poético con la naturaleza?, ¿y en el resto de la oda? ¿Encuentra otros apóstrofes en esta oda? ¿Qué propósito tienen?

4. A lo largo de esta oda hay un deseo por indagar en la subjetividad del yo-poético, ¿cómo se manifiesta este yo a través de la sociedad y la naturaleza?

Sustenta: alimenta, mantiene
Ardor: calor
Congojoso: intenso, angustioso
Desalienta: quita la respiración
Favonio: viento suave
Estruendo: ruido muy fuerte
Pavoroso: terrible
Portentoso: milagroso
Acordarlos: armonizarlos
Empero: sin embargo
Horrísono: que causa horror

Undoso: ondulante
Aguacero: tormenta de agua
Saña: furia
Airada: llena de ira
Atiende: escucha
Embebido: abstraído
A par: al tiempo
Fragoso: con ruido muy grande
Do: donde
Inquieta: impaciente
Embriagado: lleno

5. Hay un momento en el que el yo-poético capta el orden que rige el mundo, ¿cuándo tiene lugar este momento de comprensión? ¿Se corresponde este momento de cognición con una mayor comprensión de su interioridad?

6. ¿Cómo se relaciona el yo poético con la vida virtuosa, o su opuesto, la vida entregada al engaño y la falsedad?

7. ¿Qué referencias hay al tiempo en esta oda? ¿Se alude en ella a las cuatro estaciones? ¿A qué tipo de tiempo alude el poeta?

8. ¿Qué actitud revela el yo-poético ante la filosofía? ¿Qué tipo de servicio le presta ésta al yo-poético?

9. Este es un poema neoclásico con algunos elementos románticos, ¿puede indicar qué aspectos de esta oda la categorizan como neoclásica?

10. La oda habla de un orden cósmico, ¿existe a nivel formal una armonía similar? ¿guardan todas las estrofas el mismo número de versos? ¿hay regularidad en la rima y cómputo silábico?

ENSAYOS

1. En esta oda, lo mismo que en la oda XVIII, "A las estrellas", o la oda XIII, "La tempestad", MeléndezValdés reitera su preocupación por la naturaleza y sus poderes, el universo, la omnipotencia de Dios, y la subjetividad del yo-poético. Escriba un ensayo comentando cómo difiere el tratamiento de estos temas en cada una de las odas.

2. La naturaleza, el yo-poético, y Dios son igualmente tratados por José María Heredia en su poema "En una tempestad". Haga un estudio comparativo de la oda de Meléndez Valdés con el poema del escritor cubano enfocándose en la interacción de las fuerzas de la naturaleza, el yo-poético y Dios.

BIBLIOGRAFÍA

Alborg, Juan Luis. *Historia de la literatura española. Siglo XVIII.* Madrid: Ed. Gredos, 1978.

Colford, William E. *Juan Meléndez Valdés. A Study in the Transition from Neo-Classicism to Romanticism in Spanish Poetry.* New York: Hispanic Institute, 1942.

Cox, Merritt R. *Juan Meléndez Valdés.* New York: Twayne Pub., 1974.

Fajardo, Salvador J. "Meléndez Valdés' Winter Ode: Enlightenment and Expressivism." *Dieciocho* 26.1 (Spring, 2003): 43-52.

Palacios, Emilio. Editor *Juan Meléndez Valdés. Poesías.* Madrid: Ed. Alhambra, 1979.

Polt, J. H. R. y Georges Demerson. *Juan Meléndez Valdés. Poesías selectas. La lira de marfil.* Madrid: Clásicos Castalia, 1981.

※ ※ ※

EL ROMANTICISMO

INTRODUCCIÓN LITERARIA

El Romanticismo es un movimiento literario, correspondiente a la primera mitad del siglo XIX, que reacciona contra muchas de las ideas postuladas por la Ilustración, y sus rasgos más destacados son los siguientes:

- Culto al yo, o exaltación del individualismo.

- Representación del mundo exterior como proyección o reflejo del sujeto.

- Espíritu de libertad que se manifiesta en el arte, la industria, comercio, y otros aspectos de la vida pública. En política, el Romanticismo rompe con el absolutismo neoclásico y defiende las ideas liberales.

- Auge del mundo de los instintos, de los sentimientos, y de la pasión en detrimento de la razón y las ideas.

- El hombre romántico, víctima de un destino implacable que le persigue, se siente invadido por una angustia de tipo metafísico.

- En poesía se experimenta con nuevos metros y ritmos, y se revaloriza el cultivo del romance.

- En teatro se rompe con las tres unidades –de tiempo, lugar y acción-, y con la unidad de estilo, mezclándose el verso con la prosa, y lo cómico con lo trágico.

- Los románticos descubren el paisaje selvático, los mares turbulentos, y las altas montañas, en contraste con la naturaleza apacible de los escritores neoclásicos.

- Hay un interés por lo exótico, en especial por los países nórdicos y orientales.

- Se vuelve a la Edad Media, a la que ven como un período habitado por caballeros andantes, monjes y trovadores.

- Hay una exaltación de las tradiciones nacionales.

- El mundo se ve como una cárcel y a Dios como su carcelero.

De todas las manifestaciones literarias que se producen durante el Romanticismo, el género dramático será el que cuenta con más y mejores exponentes.

TEATRO

Cuando los dramas románticos comenzaron a ser representados en los escenarios españoles, el público los recibió con gran júbilo porque estaban cansados de las frías tragedias neoclásicas. En cuanto a los temas, el teatro romántico muestra preferencia por el drama histórico y la épica medieval. Uno de los primeros dramaturgos románticos fue Francisco Martínez de la Rosa (1787-1862), que fue ministro durante el período de Riego, pero con la represión absolutista de Fernando VII tuvo que exilarse en Francia. A su regreso desempeñó cargos políticos muy importantes, como el de presidente del Consejo de Diputados. Producto de su vinculación con el movimiento neoclásico es su comedia *La viuda de Padilla* (1814) y su tragedia *Edipo* (1829), inspirada en Sófocles. Martínez de la Rosa inicia el teatro romántico español con dos obras: *Aben Humeya* (1830) y *La conjuración de Venecia* (1834). *Aben Humeya* fue estrenada en París primeramente, y su asunto es el de la sublevación de los moriscos en la Alpujarra. Es una obra que comparte elementos neoclásicos –las tres unidades- y románticos –color local y contrastes. La acción de *La conjuración de Venecia*, su obra capital, tiene lugar en Venecia, y la historia gira en torno a la conspiración de Rugiero contra el Consejo de los Diez. Al fracasar la conspiración, Rugiero es juzgado por un tribunal presidido por un tal Morosini y condenado a muerte. La obra concluye con el descubrimiento de Morosini que Rugiero es su hijo. En esta obra ya se ven varios elementos románticos: ruptura con las tres unidades, importancia del mundo de los sentimientos, y el destino adverso que persigue a Rugiero hasta la muerte.

Mayor relevancia que Martínez de la Rosa la tiene don Ángel de Saavedra, duque de Rivas (1794-1865). El duque de Rivas se refugió en Malta huyendo del absolutismo de Fernando VII, y después de diez años de destierro, en los que se familiarizó con el movimiento romántico, regresó a España. Una vez en España desempeñó los cargos de ministro, senador y embajador. Sus principios literarios muestran una vacilación entre el Neoclasicismo y el Romanticismo. Desde el punto de vista formal sus primeras obras son neoclásicas, pero temáticamente pertenecen al Romanticismo. Algunas de las obras de este primer período son "El faro de Malta" (1828), basada en su experiencia en el exilio, y sobre todo su romance *El moro expósito* (1834), largo poema narrativo que recrea la historia de cómo Mudarra, hermanastro de los siete infantes de Lara, se venga de éstos matando a Ruy Velázquez. Algunos de sus elementos románticos son el tema, el color, los contrastes y la intensidad dramática. Poco después publica *Don Álvaro o la fuerza del sino* (1835), considerada como la cumbre del teatro romántico español. El argumento de la obra se centra en torno a don Álvaro, un hombre de misteriosa procedencia que al tratar de raptar a su amada, Leonor, mata accidentalmente al padre de ésta. Don Álvaro huye a Italia y sirve en los tercios españoles. Aquí se encuentra con uno de los hermanos de Leonor, quien, al reconocerlo como el asesino de su padre, lo reta, pero muere en el duelo. Don Álvaro, entonces, se refugia en un convento, en cuyas proximidades, sin que él lo sepa, vive Leonor. Otro hermano de ésta localiza a don Álvaro, se produce un duelo y cae herido. Leonor acude al lugar, y su hermano, sospechando que vive con don Álvaro, la mata. Don Álvaro, visto lo cual, se suicida. El drama plantea uno de los temas capitales del Romanticismo: la lucha del protagonista contra la fuerza cósmica del destino. Además de este tema, la obra acumula la mayor parte de los rasgos asociados con el romanticismo: contrastes, color local, ruptura con las tres unidades, noción del mundo como una cárcel y de Dios como un carcelero, mezcla de prosa y verso, exotismo, y exaltación de los sentimientos. Con posterioridad a esta obra escribió otras de menor importancia, como *El desengaño en un sueño* (1842). Años después del estreno del *Don Álvaro*, el duque de Rivas publica sus *Romances históricos* (1841), basados en figuras o episodios históricos o legendarios de los siglos XVI y XVII. Entre los más conocidos se encuentran "Una antigualla de Sevilla" y "Un castellano leal".

Otro de los dramaturgos destacados del Romanticismo es Antonio García Gutiérrez (1813-1884), que llegó a ocupar la dirección del Museo Arqueológico Nacional. Es autor de varios dramas románticos, entre los que sobresale *El trovador*, representado en 1836. El drama se centra en torno al trovador Manrique, hijo de la gitana Azucena, que está enamorado de Leonor, pretendida también por el Conde de Artal. Éste apresa a los dos amantes y Leonor se suicida al ver condenado a su amado a muerte. Al final, la gitana Azucena le dice al conde que Manrique era su hermano. La obra, que supuso un gran triunfo para García Gutiérrez, reúne algunos de los rasgos del Romanticismo: exaltación de los sentimientos, el misterio que rodea al protagonista, y tensión dramática. Veinte años después publica dos excelentes dramas: *Venganza catalana* (1864) y *Juan Lorenzo* (1865). Sus dramas se caracterizan por el recurrente uso de temas históricos y revelan una gran fuerza imaginativa, pero pecan de excesiva complicación. Escribió también varios romances históricos y zarzuelas.

Otro autor destacado es Juan Eugenio Hartzenbush (1806-1880). De origen humilde, llegó a ser Académico de la lengua. Es autor de *Los amantes de Teruel* (1837), basada en la leyenda de los amantes Diego Marsilla e Isabel de Segura. La obra dramatiza la historia de los amantes Diego Marsilla e Isabel. Diego le pide un plazo a su amada para poder enriquecerse. Durante su ausencia, ella se casa, y al enterarse él de lo sucedido se suicida, causando, acto seguido, la muerte de ella. Es una obra típicamente romántica que sobresale por su perfeccionamiento formal. Hartzenbush escribió, además, algunos dramas históricos legendarios, como *Doña Mencía o la boda en la Inquisición* (1838).

Muy popular en su tiempo fue José Zorrilla (1817-1893). Zorrilla vivió algún tiempo en Francia y México, y a su regreso ingresó en la Real Academia Española, pero al final de su vida el éxito lo abandonó y tuvo problemas económicos. Su obra poética, de carácter narrativo, se inspira en la leyenda épica medieval y la historia española, y se distingue por la musicalidad del verso. Su mejor producción poética se encuentra en las leyendas, en las que combina la intriga y el misterio. Entre éstas alcanzaron gran popularidad "Margarita la tornera" (1840) y "A buen juez, mejor testigo". El teatro de Zorrilla supera con creces a su poesía, y lo mismo que en ésta se inspira en la tradición española. Zorrilla es un experto en el manejo de la intriga y la acción dramática, y en sus obras se percibe un control sobre los recursos musicales del verso. Es autor de *El puñal del godo* (1842), *El zapatero y el rey* (1840) y *Traidor, inconfeso y mártir* (1849), pero su obra maestra es *Don Juan Tenorio* (1844). En su *Don Juan*, Zorrilla se sirve del mito de Tirso de Molina, pero a diferencia de éste el don Juan de Zorrilla salva su alma gracias a la intercesión de su amada Inés. Zorrilla, por otra parte, introduce la figura de don Luis, un antagonista del don Juan. La obra supuso un gran éxito popular para Zorrilla, especialmente debido al dinamismo de la acción dramática, el lirismo y dramatismo de algunas escenas, y el color local.

PROSA

La producción en prosa del Romanticismo sigue tres veredas diferentes: la novela histórica, la prosa doctrinal y el costumbrismo. La novela histórica del Romanticismo volvió su mirada a la Edad Media, y tomó como modelos las novelas de Walter Scott, Víctor Hugo y Alexandre Dumas, especialmente el primero de éstos. Los escritores españoles se limitaron a la imitación de elementos externos –luchas y escenarios-, descuidando la realidad sicológica de los personajes y la verosimilitud histórica, con lo que su visión de la Edad Media fue totalmente falsa. Larra escribió una novela histórica, *El doncel de don Enrique el Doliente* (1834), y Espronceda otra, *Sancho Saldaña* (1834), pero sólo la novela de Enrique Gil y Carrasco (1825-1846), *El señor de Bembibre* (1844), merece consideración. La anécdota de la novela se centra en el matrimonio que doña Beatriz se ve obligada a realizar con el conde de Lemus en ausencia de su amado, don Álvaro. Éste ingresa en la Orden del Temple, y en una de sus batallas mata al conde de Lemus. Disuelta la Orden y libre de sus votos, don Álvaro se casa con Leonor, que muere poco tiempo después. Uno de los méritos de la obra se encuentra en la descripción del escenario ambiental de la obra. El paisaje del Bierzo, como suele suceder con otras novelas románticas, es descrito como reflejo de los estados anímicos de los personajes.

En la prosa doctrinal destaca Jaime Balmes (1810-1848), sacerdote que intervino activamente en la política de la época. Su obra más conocida es *El protestantismo comparado con el catolicismo* (1844), en la que saca a la luz la contribución de la iglesia católica en la civilización. Otra de sus obras conocidas fue *El criterio* (1845), que no es otra cosa sino un tratado de lógica. Su estilo es sencillo y claro y sus obras sirvieron para divulgar la filosofía entre la gente sin mucha educación.

La tercera dirección que toma la prosa de este período es el Costumbrismo, que deriva del color local que vemos en muchas de las obras del Romanticismo, y de un Realismo tradicional que tiene por antecedentes a Lope de Rueda, Cervantes y Ramón de la Cruz. El Costumbrismo tuvo corta vida, y su valor estriba en haber servido de forma de expresión a Larra, y de haber servido de antecedente de la novela realista. Aparte de Larra, a quien estudiaremos por separado más adelante, dos son los escritores representativos de esta tendencia: Ramón de Mesonero Romanos (1803-1882) y Serafín Estébanez Calderón (1799-1867). Mesonero Romanos, madrileño, llegó a ser miembro de la Real Academia. Sus cuadros de costumbres se caracterizan por tener un fin moralizador, cierta ironía y por mostrar una actitud nostálgica ante la desaparición de ciertas formas de vida tradicional. Sus obras más conocidas son dos series de cuadros de costumbres tituladas *Escenas matritenses* (1832-1842), y *Tipos y caracteres* (1843-1862). Estébanez Calderón, malagueño, es autor de unas *Escenas andaluzas* (1867) en las que nos ofrece una visión del mundo popular andaluz. Sin fin moralizador, como hace Mesonero Romanos, Estébanez Calderón retrata con gracia andaluza y humor los tipos, fiestas, ambientes y lenguaje pintoresco de su tierra.

POESÍA

Los poetas románticos rompen con la perfección formal que buscaban los poetas neoclásicos y se sirven de estrofas que habían caído en desuso durante el Neoclasicismo. Desde el punto de vista temático prescinden de los motivos bucólicos y pastoriles, y prestan mayor atención a la historia, la leyenda, y a la representación de estados anímicos. Rotas todas las ataduras que pudieran vincularla a la poesía neoclásica, la poesía romántica gana en color, musicalidad, ritmo y sentimentalismo. La mejor poesía romántica es de carácter narrativo, y se encuentra en los romances del duque de Rivas, en las leyendas de Zorrilla, a quienes ya nos hemos referido anteriormente, y en "El estudiante de Salamanca", de Espronceda, a quien estudiaremos con mayor detalle más adelante.

CUESTIONARIO

1. ¿Cómo reacciona el Romanticismo frente al Neoclasicismo?

2. ¿Cuáles son los temas románticos de *La conjuración de Venecia* de Francisco Martínez de la Rosa?

3. Mencione algunas de las obras de Ángel de Saavedra.

4. ¿De qué trata *Don Alvaro o la fuerza del sino*?

5. ¿Qué obras escribió José Zorrilla?

6. ¿Cómo difiere el *Don Juan* de Zorrilla del mito creado por Tirso de Molina?

7. ¿Qué prosista se destaca en el período romántico? ¿De qué trata su obra?

IDENTIFICAR

1. *El trovador*
2. Los amantes de Teruel
3. Costumbrismo
4. Jaime Balmes
5. Mesonero Romanos
6. Estébanez Calderón

ENSAYOS

1. El color local, germen de la novela costumbrista, aparece en varias obras del teatro romántico. Tomando como referencia *Don Álvaro o la fuerza del sino*, y/u otra obra dramática de este período, estudie las referencias al color local.

2. Escoja una de las novelas históricas de este período romántico y comente los aspectos históricos más relevantes.

3. El duque de Rivas publicó varios romances históricos. Escoja uno de los más conocidos y analice sus aspectos formales y temáticos.

BIBLIOGRAFÍA

Correa Calderón, E. Fernando Lázaro. *Curso de literatura (española y universal)*. Salamanca: Anaya, 1963.
García López, José. *Historia de la literatura española*. Barcelona: Ed. Vicens-Vives, 1969.
Rico, Francisco. *Historia y crítica de la literatura española*. V. Zavala, Iris M. *Romanticismo y realismo*. Barcelona: Ed. Crítica, 1984.
Río, Ángel del. *Historia de la literatura española*. New York: Holt, Rinehart and Winston, 1963.
Shaw, Donald L. *A Literary History of Spain. The Nineteenth Century*. New York: Barnes & Noble Inc., 1972.

֎ ֎ ֎

José de Espronceda
(1808-1842)

José de Espronceda nació en Almendralejo, un pueblo extremeño. Estudió en Madrid y participó en actividades revolucionarias y en varias conspiraciones contra el rey Fernando VII, por lo que fue confinado cinco años en un monasterio de Guadalajara. Al poco tiempo se fuga del monasterio y se va a Madrid, y de aquí se exilia en Lisboa, donde conoce y se enamora de Teresa Mancha. De Lisboa se va a Londres, donde vuelve a encontrarse con Teresa, ahora casada, y se fuga con ella a París. Aquí participa en las barricadas de 1830, y una vez muerto Fernando VII regresa a España y trabaja de periodista. En 1841 fue nombrado diputado a las cortes, y en 1842, en la cima de su éxito literario y político, muere de un ataque de anginas.

La obra poética de Espronceda fue reunida por algunos de sus amigos y publicada en 1840 bajo el título de *Poesías líricas*. En sus primeros poemas se adhiere a la escuela neoclásica, aunque se encuentran en ellos atisbos románticos. Durante su exilio Espronceda se aparta del Neoclasicismo para meterse de lleno en la corriente y espíritu románticos. Es autor de cinco canciones de extraordinario mérito en las que vindica a seres marginados de la sociedad: "Canción del pirata", "El canto del cosaco", "El mendigo", "El reo de muerte" y "El verdugo". Además de estos poemas de compromiso social tiene poemas líricos, como el himno "Al sol" y "A una estrella", y poemas patrióticos, como "A la muerte de Torrijos y sus compañeros", o "Guerra".

Escribió asimismo uno de los mejores poemas del Romanticismo español, "Canto a Teresa", poema elegíaco dedicado a la muerte de Teresa, ocurrida poco después de que se separaran. El poema consta de cuarenta y cuatro octavas reales, y en él describe los sentimientos del yo-poético, sus esperanzas e ilusiones, el desengaño y una queja contra la crueldad e injusticia de la vida misma.

Suerte contraria tuvo su leyenda en verso *El estudiante de Salamanca* (1839), con la que marca el inicio de la leyenda romántica, cultivada posteriormente por escritores como Zorrilla y el duque de Rivas. La obra, dividida en cuatro partes, se basa en el mito del don Juan y en la leyenda del libertino que es testigo de su propio entierro. El protagonista, Félix de Montemar, es un prototípico héroe romántico que después de burlar a varias mujeres muere en un duelo con don Diego, el hermano de una de ellas. Antes de ser condenado al infierno, Félix contempla su propio entierro y muere en los brazos de un esqueleto.

Su proyecto más ambicioso fue *El diablo mundo* (1841), extenso poema que quedó incompleto y en el que trata de reflejar el caos cósmico y una sociedad dominada por la injusticia y las bajas pasiones. La obra trata de un anciano que deja de leer un libro porque ya no le enseña nada y se queda dormido. Cuando despierta se ve convertido en un joven que termina frustrado al ver las injusticias que hay en el mundo. El protagonista del poema es Adán, símbolo del género humano que pierde su inocencia y termina siendo corrompido y castigado por la sociedad. El tema central del poema es el destino de la humanidad, pero a este tema se suman otros típicamente románticos: la rebeldía, la desilusión, y la falta de creencia en una vida ultraterrena. La obra, influida por el *Fausto* de Goethe, se compone de elementos narrativos, líricos, dramáticos, escenas costumbristas y reflexiones filosóficas, reflejando a nivel formal el caos cósmico que informa la obra.

Es autor, asimismo, del *Pelayo*, poema histórico en octavas reales que escribió mientras se encontraba en el monasterio de Guadalajara. Escribió también una novela, *Sancho Saldaña*, pero no tuvo gran éxito.

"Canción del pirata"

GUÍA DE LECTURA

La "Canción del pirata" apareció publicada por vez primera en el número 4 de *El artista* el 26 de enero de 1835. Se cree que la compuso a finales de 1834 o principios de 1835. Con esta canción Espronceda rompe con el Neoclasicismo y crea una nueva forma poética: la canción. El poema, pieza emblemática del Romanticismo español, es un canto a la libertad del individuo y un desafío a las leyes de la sociedad. El protagonista es el pirata, un personaje que aparece por vez primera en nuestra literatura. El pirata es un héroe romántico que se siente independiente, afirma su libertad y rechaza las leyes de la sociedad. Desde el punto de vista formal el poema se compone de dos octavillas italianas, a las que le siguen cinco partes, cada una formada por dos estrofas, la primera de seis versos octosílabos menos el segundo que es quebrado, y una segunda estrofa que es una octavilla de versos tetrasílabos. La estrofa que hace de estribillo tiene cuatro versos octosílabos ordenados de forma similar a la octavilla.

❈ ❈ ❈

Con diez cañones por banda°,
viento en popa°, a toda vela°,
no corta el mar, sino vuela
un velero bergantín°.
Bajel° pirata que llaman,
por su bravura, el Temido,
en todo mar conocido
del uno al otro confín°.

La luna en el mar rïela°,
en la lona° gime° el viento,
y alza° en blando movimiento
olas de plata y azul;
y ve el capitán pirata,
cantando alegre en la popa,
Asia a un lado, al otro Europa,
y allá a su frente Stambul°:

"Navega, velero° mío,
sin temor,
que ni enemigo navío°
ni tormenta, ni bonanza
tu rumbo a torcer° alcanza,
ni a sujetar° tu valor.

Veinte presas°
hemos hecho
a despecho
del° inglés,
y han rendido
sus pendones°
cien naciones
a mis pies.

Que es mi barco mi tesoro,
que es mi dios la libertad,
mi ley, la fuerza y el viento,
mi única patria, la mar.

Allá muevan feroz guerra
ciegos reyes
por un palmo más de tierra°;
que yo aquí tengo por mío
cuanto abarca° el mar bravío,
a quien nadie impuso leyes.

Y no hay playa,
sea cualquiera,
ni bandera
de esplendor,
que no sienta
mi derecho
y dé pecho°
a mi valor.

Que es mi barco mi tesoro,
que es mi dios la libertad,
mi ley, la fuerza y el viento,
mi única patria, la mar.

A la voz de "¡barco viene!"
es de ver
cómo vira° y se previene
a todo trapo° a escapar;
que yo soy el rey del mar,
y mi furia es de temer.

[anotación manuscrita: Estrofas irregulares liberación]

Banda: costado, parte lateral, del barco
Popa: parte posterior de un barco
A toda vela: navegando con mucho viento
Velero bergantín: barco con dos palos y velas
    cuadradas o redondas
Bajel: barco
Confín: extremo
Riela: tiembla
Lona: vela
Gime: suena
Alza: levanta
Stambul: Estambul

Velero: barco
Navío: barco
Torcer: cambiar
Sujetar: detener
Presas: barcos capturados, botines
A despecho del: a pesar de
Pendones: banderas, estandartes
Palmo más de tierra: cantidad mínima de tierra.
Abarca: comprende, se incluye en
Dé pecho: se enfrente a
Vira: cambia de rumbo
A todo trapo: a toda vela, a mucha velocidad

En las presas
yo divido
lo cogido
por igual;
sólo quiero
por riqueza
la belleza
sin rival.

Que es mi barco mi tesoro,
que es mi dios la libertad,
mi ley, la fuerza y el viento,
mi única patria, la mar.

¡Sentenciado estoy a muerte!
Yo me río;
no me abandone la suerte,
y al mismo que me condena,
colgaré de alguna entena°,
quizá en su propio navío.

Y si caigo,
¿qué es la vida?
Por perdida
ya la di,
cuando el yugo
del esclavo,
como un bravo,
sacudí°.

Que es mi barco mi tesoro,
que es mi dios la libertad,
mi ley, la fuerza y el viento,
mi única patria, la mar.

Son mi música mejor
aquilones°,
el estrépito° y temblor
de los cables sacudidos°,
del negro mar los bramidos°
y el rugir° de mis cañones.

Y del trueno
al son° violento,
y del viento
al rebramar°,
yo me duermo
sosegado°,
arrullado°
por el mar.

Que es mi barco mi tesoro,
que es mi dios la libertad,
mi ley, la fuerza y el viento,
mi única patria, la mar.

🌸 🌸 🌸

Entena: palo largo al que va sujeto una vela
Cuando el yugo… sacudí: luché bravamente por
    la libertad
Aquilones: viento norte
Estrépito: ruido muy grande
Sacudidos: agitados, movidos

Bramidos: sonidos fuertes
Rugir: sonido fuerte
Son: sonido
Rebramar: volver a emitir sonidos fuertes
Sosegado: tranquilizado
Arrullado: adormecido

ANÁLISIS CRÍTICO

1. Análisis formal. Sirviéndose de la información facilitada en la guía de lectura, comente la forma del poema: cómputo silábico, rima, figuras retóricas y tropos. ¿Encontramos en este poema la uniformidad métrica y de rima que predomina en la poesía neoclásica? ¿Qué figuras retóricas o tropos encuentra en los siguientes versos: "…sino vuela un velero bergantín", "En la lona gime el viento", "Olas de plata y azul", "Que ni enemigo navío,/ni tormenta, ni bonanza/.. ni a sujetar tu valor"? ¿Encuentra alguna o algunas hipérboles en el poema?

2. ¿Con qué valores o principios rompe el pirata? ¿Qué valores o principios impone él en el mar? ¿Ve algo de irónico en esta actitud del pirata?

3. ¿Cómo elude el yugo social el pirata? ¿Aspira el pirata a ser perdonado e incorporarse dentro de la sociedad?

4. ¿Qué voz habla en el estribillo? ¿Es la misma voz que narra en el resto del poema? ¿Se pueden considerar blasfemos los versos del estribillo? ¿Qué nos revelan estos versos del pirata?

5. Si consideramos el espíritu del protagonista, el pirata, ¿qué domina en este poema, la razón o la pasión?

6. ¿Hay preocupaciones colectivas en este poema al estilo de algunas obras del Romanticismo social?

7. Un lugar común del Romanticismo es la noción que el hombre vive en una cárcel de la que Dios es el carcelero. ¿Encuentra este lugar común en el poema de Espronceda? ¿Es libre el pirata? ¿De qué depende el pirata?

8. Muchos protagonistas románticos son seres marginados de la sociedad, ¿lo es el pirata?

9. Otro lugar común del Romanticismo es el destino, ¿qué destino persigue al pirata?

ENSAYO

El desafío al mundo y el rechazo de la vida reaparecen en *El estudiante de Salamanca* y en otros poemas, como la canción de "El mendigo", "A una estrella" o "A Jarifa en una orgía". Escoja uno de estos poemas y la "Canción del pirata" y haga un estudio comparativo de los mismos centrándose en los temas anteriormente mencionados.

BIBLIOGRAFÍA

Casalduero, Joaquín. *Espronceda*. Madrid: Ed. Gredos, 1967.

Gutiérrez, Estrella. *Literatura española con antología*. Buenos Aires: Ed. Kapelusz, 1965.

Landeira, Ricardo. *José de Espronceda*. Lincoln: Society of Spanish and Spanish-American Studies, 1985.

Marín, Diego y Ángel del Río. *Breve historia de la literatura española*. New York: Holt, Rinehart and Winston, 1966.

Marrast, Robert. Editor. *Poesías líricas y fragmentos épicos*. Madrid: Clásicos Castalia, 1970.

Romero Tobar, Leonardo. Editor. *José de Espronceda. Obras poéticas*. Barcelona: Ed. Planeta, 1986.

Mariano José de Larra

(1809-1837)

Mariano José de Larra, también conocido por su sedudónimo de "Fígaro", nació en Madrid. Su padre, médico, colaboró con los invasores franceses y en 1812 se vio obligado a salir de España con su familia. A su regreso en 1818, Mariano José de Larra estudió humanidades en Madrid y comenzó derecho en Valladolid, pero pronto abandonó sus estudios para dedicarse a la carrera literaria, convirtiéndose muy pronto en uno de los periodistas más cotizados del país. Se casó a los veinte años y tuvo tres hijos, pero el matrimonio fue un fracaso. Su personalidad arrogante y crítica le grangeó un buen número de enemigos y eventualmente lo llevó a aislarse más y más de la sociedad. Se suicidó poco después de que su amante, una mujer casada de la corte, rompiera la relación con él; pero quizás las causas del suicidio haya que buscarlas en la imposibilidad de reconciliar los deseos de reformar la sociedad con su carácter, apasionado, anticonformista y amoral.

Aunque Larra es considerado como uno de los escritores en los que mejor se puede ver el pesimismo romántico, en realidad su obra se encuentra en la encrucijada entre el Neoclasicismo y el Romanticismo. Por un lado creía en una literatura didáctica, útil, que sirviera de instrumento para transformar la sociedad, y por otro defendía apasionadamente algunas de sus ideas y propuestas. Donde verdaderamente descolla el genio de Larra es en sus artículos de costumbres, publicados en distintos periódicos del país cuando contaba diecinueve años. Estos artículos, sin embargo, son una excepción con respecto a los escritos por escritores costumbristas como Ramón de Mesonero Romanos y Serafín Estébanez Calderón. Los "cuadros de costumbres" de Larra no se limitan a retratar la vida y tipos de la época, sino que son una sátira y una crítica mordaces, pesimistas e incisivas de los defectos y vicios nacionales. A Larra le preocupaba principalmente la decadencia de España, y debajo de su humorismo se escondía el deseo de transformar social y moralmente el país. Además de censurar los defectos del pueblo español con humor sarcástico, Larra indaga en las causas de la falta de progreso nacional. Según Larra, el retraso de España se debe, entre otras razones, al deseo de los españoles de trabajar en puestos burocráticos seguros y mal remunerados, la resistencia a aceptar nuevas ideas progresistas, la falta de competencia, el pésimo nivel educativo, y la falta de conciencia política. Larra era un liberal moderado que propugnaba la libertad en las artes, la industria y el comercio, pero no creía en la democracia política porque tenía un claro prejuicio contra la masa inculta. Entre sus mejores cuadros destacan "El castellano viejo", "Los calaveras", "Yo quiero ser cómico", "El día de difuntos de 1836", y el que vamos a leer en este capítulo, "Vuelva usted mañana".

Es autor, asimismo, de una novela histórico-legendaria, *El doncel de don Enrique el Doliente* (1834), obra romántica al estilo de las de Walter Scott. El mismo tema fue dramatizado poco después en su obra *Macías*, en la que expone los impedimentos morales y legales a los que se enfrenta la pasión amorosa. La obra cuenta, haciéndose eco de sus relaciones sentimentales con una mujer casada, la historia de un trovador del siglo XV, enamorado de una dama casada, a la que dedica unos versos y que termina siendo víctima de su esposo, un señor feudal. Escribió también numerosos artículos de crítica literaria, y en ellos revela grandes dotes para el análisis literario. De entre ellos merecen mención los estudios que hizo sobre *El sí de las niñas*, de Moratín, y *Los amantes de Teruel*, de Hartzenbusch. Tradujo y adaptó algunas comedias francesas, y nos dejó algunos poemas que no tienen el mérito de su obra en prosa.

"Vuelva usted mañana"

GUÍA DE LECTURA

"Vuelva usted mañana" apareció publicado el 14 de enero de 1833 en el periódico *El pobrecito hablador*. Larra fundó este periódico el 17 de agosto de 1832, y fue clausurado el 14 de marzo de 1833. Por estas fechas, Larra ya se había establecido como uno de los mejores estilistas y escritores en prosa del país. El artículo trata de las gestiones que un francés se propone llevar a cabo en España en el plazo de quince días, pero el narrador, conocedor como español que es de los españoles y del sistema burocrático, le asegura que esos trámites le llevarán meses. El artículo es una sátira contra la ineficacia y pereza de la administración pública y de todos los españoles, incluido el narrador. Desde el punto de vista estructural el lector puede percibir una circularidad en el relato, empieza con unas reflexiones sobre la pereza y concluye hablando del mismo tema, y en el centro de éste se encuentra la historia del francés y el narrador. Esta estructura, como indica Susan Kirkpatrick, es típica en todos los artículos publicados en *El pobrecito hablador*.

Gran persona debió de ser el primero que llamó pecado mortal a la pereza; nosotros°, que ya en uno de nuestros artículos anteriores estuvimos más serios de lo que nunca nos habíamos propuesto, no entraremos ahora en largas y profundas investigaciones acerca de la historia de este pecado, por más que° conozcamos que hay pecados que pican en historia°, y que la historia de los pecados sería un tanto cuanto° divertida. Convengamos solamente en que esta institución ha cerrado y cerrará las puertas del cielo a más de un cristiano.

Estas reflexiones hacía yo casualmente no hace muchos días, cuando se presentó en mi casa un extranjero de estos que, en buena o en mala parte, han de tener siempre de nuestro país una idea exagerada e hiperbólica, de estos que, o creen que los hombres aquí son todavía los espléndidos, francos, generosos y caballerescos seres de hace dos siglos, o que son aún las tribus nómadas del otro lado del Atlante[1]: en el primer caso vienen imaginando que nuestro carácter se conserva tan intacto como nuestra ruina; en el segundo vienen temblando por esos caminos, y preguntan si son los ladrones que los han de despojar° los individuos de algún cuerpo de guardia establecido precisamente para defenderlos de los azares° de un camino, comunes a todos los países.

Verdad es que nuestro país no es de aquellos que se conocen a primera ni a segunda vista, y si no temiéramos que nos llamasen atrevidos, lo compararíamos de buena gana° a esos juegos de manos sorprendentes e inescrutables para el que ignora su artificio°, que estribando en una grandísima bagatela°, suelen después de sabidos dejar asombrado de su poca perspicacia al mismo que se devanó los sesos° por buscarles causas extrañas. Muchas veces la falta de una causa determinante en las cosas nos hace creer que debe de haberlas

---

Nosotros: plural mayestático, yo
Por más que: aunque
Pican en historia: son muy conocidos
Un tanto cuanto: bastante
Despojar: robar
Azares: fatalidades, desgracias

De buena gana: con gusto
Artificio: trampa, engaño
Estribando... bagatela: basándose en un juego o
    engaño sin importancia
Que se devanó los sesos: que pensó mucho

---

1   *Atlante*: se refiere al monte Atlas de   de los árabes en España
     Marruecos, y por extensión a la presencia

profundas para mantenerlas al abrigo° de nuestra penetración. Tal es el orgullo del hombre, que más quiere declarar en alta voz que las cosas son incomprensibles cuando no las comprende él, que confesar que el ignorarlas puede depender de su torpeza°.

Esto no obstante, como quiera que° entre nosotros mismos se hallen° muchos en esta ignorancia de los verdaderos resortes° que nos mueven, no tendremos derecho para extrañar que los extranjeros no los puedan tan fácilmente penetrar.

Un extranjero de éstos fue el que se presentó en mi casa, provisto de competentes cartas de recomendación para mi persona. Asuntos intrincados° de familia, reclamaciones futuras, y aun proyectos vastos° concebidos en París de invertir aquí sus cuantiosos caudales° en tal cual° especulación° industrial o mercantil, eran los motivos que a nuestra patria le conducían.

Acostumbrado a la actividad en que viven nuestros vecinos, me aseguró formalmente que pensaba permanecer aquí muy poco tiempo, sobre todo si no encontraba pronto objeto seguro en que invertir su capital. Parecióme el extranjero digno de alguna consideración, trabé presto amistad° con él, y lleno de lástima traté de persuadirle a que se volviese a su casa cuanto antes°, siempre que seriamente trajese otro fin que no fuese el de pasearse. Admiróle la proposición, y fue preciso explicarme más claro.

—Mirad —le dije—, monsieur Sans-délai[2] —que así se llamaba—; vos venís decidido a pasar quince días, y a solventar° en ellos vuestros asuntos.

—Ciertamente —me contestó—. Quince días, y es mucho. Mañana por la mañana buscamos un genealogista para mis asuntos de familia; por la tarde revuelve° sus libros, busca mis ascendientes, y por la noche ya sé quién soy. En cuanto a mis reclamaciones, pasado mañana las presento fundadas° en los datos que aquél me dé, legalizadas en debida forma; y como será una cosa clara y de justicia innegable (pues sólo en este caso haré valer mis derechos), al tercer día se juzga el caso y soy dueño de lo mío. En cuanto a mis especulaciones, en que pienso invertir mis caudales, al cuarto día ya habré presentado mis proposiciones. Serán buenas o malas, y admitidas o desechadas° en el acto, y son cinco días; en el sexto, séptimo y octavo, veo lo que hay que ver en Madrid; descanso el noveno; el décimo tomo mi asiento en la diligencia°, si no me conviene estar más tiempo aquí, y me vuelvo a mi casa; aún me sobran° de los quince cinco días.

Al llegar aquí monsieur Sans-délai, traté de reprimir una carcajada° que me andaba retozando° ya hacía rato en el cuerpo, y si mi educación logró sofocar° mi inoportuna° jovialidad°, no fue bastante a impedir que se asomase° a mis labios una suave sonrisa de asombro y de lástima que sus planes ejecutivos me sacaban al rostro mal de mi grado°.

Para mantenerlas al abrigo: para impedir
Torpeza: falta de inteligencia
Como quiera que: de cualquier modo, como
Se hallen: se encuentren
Resortes: mecanismos
Intrincados: complicados, difíciles
Vastos: grandes
Cuantiosos caudales: grandes sumas de dinero
Tal cual: tal como
Especulación: negocio
Trabé presto amistad: hice pronto amistad
Cuanto antes: lo antes posible
Solventar: resolver

Revuelve: busca en
Fundadas: basadas
Desechadas: denegadas, rechazadas
Diligencia: medio de transporte por medio de caballos
Me sobran: tengo tiempo extra
Carcajada: risa
Retozando: jugando, moviéndose
Sofocar: reprimir
Inoportuna: a destiempo, en un mal momento
Jovialidad: risa
Se asomase: apareciera
Mal de mi grado: contra mi voluntad o gusto

---

2   *Sans-délai*: El nombre significa "Sin retraso, o Sin demora", significado apto al   tema de este ensayo

—Permitidme, monsieur Sans-délai —le dije entre socarrón° y formal—, permitidme que os convide° a comer para el día en que llevéis quince meses de estancia en Madrid.

—¿Cómo?

—Dentro de quince meses estáis aquí todavía.

—¿Os burláis?

—No por cierto.°

—¿No me podré marchar cuando quiera? ¡Cierto que la idea es graciosa!

—Sabed que no estáis en vuestro país activo y trabajador.

—¡Oh!, los españoles que han viajado por el extranjero han adquirido la costumbre de hablar mal [siempre] de su país por hacerse superiores a sus compatriotas.

—Os aseguro que en los quince días con que contáis°, no habréis podido hablar siquiera a una sola de las personas cuya cooperación necesitáis.

—¡Hipérboles! Yo les comunicaré a todos mi actividad.

—Todos os comunicarán su inercia°.

Conocí que no estaba el señor de Sans-délai muy dispuesto a dejarse convencer sino por la experiencia, y callé por entonces, bien seguro de que no tardarían° mucho los hechos en hablar por mí.

Amaneció el día siguiente, y salimos entrambos° a buscar un genealogista, lo cual sólo se pudo hacer preguntando de amigo en amigo y de conocido en conocido°: encontrámosle por fin, y el buen señor, aturdido° de ver nuestra precipitación, declaró francamente que necesitaba tomarse algún tiempo; instósele°, y por mucho favor° nos dijo definitivamente que nos diéramos una vuelta° por allí dentro de unos días. Sonreíme y marchámonos°. Pasaron tres días: fuimos.

—Vuelva usted mañana —nos respondió la criada—, porque el señor no se ha levantado todavía.

—Vuelva usted mañana —nos dijo al siguiente día—, porque el amo acaba de salir.

—Vuelva usted mañana —nos respondió el otro—, porque el amo está durmiendo la siesta.

—Vuelva usted mañana —nos respondió el lunes siguiente—, porque hoy ha ido a los toros.

—¿Qué día, a que hora se ve a un español?

Vímosle por fin, y "Vuelva usted mañana —nos dijo—, porque se me ha olvidado. Vuelva usted mañana, porque no está en limpio°".

A los quince días ya estuvo; pero mi amigo le había pedido una noticia del apellido Díez, y él había entendido Díaz, y la noticia no servía. Esperando nuevas pruebas, nada dije a mi amigo, desesperado ya de dar° jamás con sus abuelos.

Es claro que faltando este principio no tuvieron lugar las reclamaciones.

Para las proposiciones que acerca de varios establecimientos y empresas utilísimas pensaba hacer, había sido preciso buscar un traductor; por los mismos pasos° que el genealogista nos hizo pasar el traductor; de mañana en mañana nos llevó hasta el fin del

---

Socarrón: en broma
Convide: invite
No por cierto: por supuesto que no
Con que contáis: que tenéis a vuestra disposición
Inercia: falta de actividad
Tardarían: pasaría mucho tiempo
Entrambos: los dos
De conocido en conocido: de persona que conocían a persona que conocían

Aturdido: alterado, desorientado
Instósele: Insistimos
Por mucho favor: aceptó que
Que nos diéramos una vuelta: que volviéramos
Marchámonos: nos fuimos
No está en limpio: el documento no está en su forma definitiva
De dar: de saber algo
Por los mismos pasos: las mismas excusas

mes. Averiguamos° que necesitaba dinero diariamente para comer, con la mayor urgencia; sin embargo, nunca encontraba momento oportuno° para trabajar. El escribiente° hizo después otro tanto con las copias, sobre° llenarlas de mentiras, porque un escribiente que sepa escribir no le hay en este país.

No paró aquí; un sastre tardó veinte días en hacerle un frac, que le había mandado llevarle en veinticuatro horas; el zapatero le obligó con su tardanza° a comprar botas hechas; la planchadora necesitó quince días para plancharle una camisola°; y el sombrerero a quien le había enviado su sombrero a variar el ala°, le tuvo dos días con la cabeza al aire y sin salir de casa.

Sus conocidos y amigos no le asistían a una sola cita, ni avisaban cuando faltaban, ni respondían a sus esquelas°. ¡Qué formalidad y qué exactitud!

—¿Qué os parece de esta tierra, monsieur Sans-délai? —le dije al llegar a estas pruebas.

—Me parece que son hombres singulares...

—Pues así son todos. No comerán por no llevar la comida a la boca.

Presentóse con todo, yendo y viniendo días, una proposición de mejoras° para un ramo° que no citaré, quedando recomendada eficacísimamente.

A los cuatro días volvimos a saber el éxito de nuestra pretensión.

—Vuelva usted mañana —nos dijo el portero°—. El oficial de la mesa no ha venido hoy.

"Grande causa le habrá detenido", dije yo entre mí. Fuímonos a dar un paseo, y nos encontramos, ¡qué casualidad!, al oficial de la mesa en el Retiro, ocupadísimo en dar una vuelta con su señora al hermoso sol de los inviernos claros de Madrid.

Martes era el día siguiente, y nos dijo el portero.

—Vuelva usted mañana, porque el señor oficial de la mesa no da audiencia hoy°.

—Grandes negocios habrán cargado sobre él —dije yo.

Como soy el diablo y aun he sido duende°, busqué ocasión de echar una ojeada° por el agujero de una cerradura. Su señoría° estaba echando un cigarrito° al brasero°, y con una charada° del Correo[3] entre manos que le debía costar trabajo el acertar°.

—Es imposible verle hoy —le dije a mi compañero—; su señoría está en efecto ocupadísimo.

Dionos audiencia el miércoles inmediato, y ¡qué fatalidad!, el expediente° había pasado a informe, por desgracia, a la única persona enemiga indispensable de monsieur y de su plan, porque era quien debía salir en él perjudicado. Vivió el expediente dos meses en informes, y vino tan informado como era de esperar. Verdad es que nosotros no habíamos podido encontrar empeño° para una persona muy amiga del informante. Esta persona tenía

---

Averiguamos: descubrimos
Oportuno: adecuado
Escribiente: empleado de oficina dedicado a escribir
Sobre: además de
Tardanza: retraso
Camisola: prenda interior sin mangas
Variar el ala: alterar el ala del sombrero
Esquelas: cartas
Mejoras: mejoramientos
Ramo: departamento de un ministerio
Portero: persona que vigila la entrada de una casa

No da audiencia hoy: no recibe a nadie hoy
Duende: ser fantástico, viejo o niño, que aparece en los cuentos
Echar una ojeada: mirar
Señoría: el oficial de la mesa
Echando un cigarrito: fumando un cigarro
Brasero: pieza de metal, redonda, donde se pone el carbón y sirve para calentar
Charada: pasatiempo, tipo de adivinanza que se encuentra en los periódicos
Acertar: deducir, descifrar
Expediente: conjunto de documentos
Empeño: influencia, valimiento

---

3   *Correo*: *El correo literario y mercantil* fue fundado en 1828. En 1833, fecha en que se publicó este artículo, *El correo*

representaba una ideología bastante anticuada

unos ojos muy hermosos, los cuales sin duda alguna le hubieran convencido en sus ratos perdidos de la justicia de nuestra causa.

Vuelto de informe° se cayó en la cuenta en la sección de nuestra bendita oficina de que el tal expediente no correspondía a aquel ramo; era preciso rectificar este pequeño error; pasóse° al ramo establecimiento y mesa correspondiente, y hétenos° caminando después de tres meses a la cola° siempre de nuestro expediente, como hurón° que busca el conejo, y sin poderlo sacar muerto ni vivo de la huronera°. Fue el caso al llegar aquí° que el expediente salió del primer establecimiento y nunca llegó al otro.

—De aquí se remitió° con fecha de tantos° —decían en uno.

—Aquí no ha llegado nada —decían en otro.

—¡Voto va!° —dije yo a monsieur Sans-délai—, ¿sabéis que nuestro expediente se ha quedado en el aire como el alma de Garibay[4], y que debe de estar ahora posado° como una paloma sobre algún tejado de esta activa población?

Hubo que° hacer otro. ¡Vuelta a los empeños! ¡Vuelta a la prisa! ¡Qué delirio!

—Es indispensable —dijo el oficial con voz campanuda°— que esas cosas vayan por sus trámites° regulares.

Es decir, que el toque° estaba, como el toque del ejercicio militar, en llevar nuestro expediente tantos o cuantos años de servicio.

Por último, después de cerca de medio año de subir y bajar, y estar a la firma o al informe, o a la aprobación, o al despacho°, o debajo de la mesa, y de volver siempre mañana, salió con una notita al margen que decía:

"A pesar de la justicia y utilidad del plan del exponente°, negado."

—¡Ah, ah!, monsieur Sans-délai —exclamé riéndome a carcajadas—; éste es nuestro negocio.

Pero monsieur Sans-délai se daba a todos los diablos°.

—¿Para esto he echado° yo mi viaje tan largo? ¿Después de seis meses no habré conseguido sino que me digan en todas partes diariamente: Vuelva usted mañana, y cuando este dichoso° mañana llega en fin, nos dicen redondamente° que no? ¿Y vengo a darles dinero? ¿Y vengo a hacerles favor? Preciso es que la intriga más enredada° se haya fraguado° para oponerse a nuestras miras°.

—¿Intriga, monsieur Sans-délai? No hay hombre capaz de seguir dos horas una intriga. La pereza es la verdadera intriga; os juro que no hay otra; ésa es la gran causa oculta: es más fácil negar las cosas que enterarse de° ellas.

Vuelto de informe: al recibir nosotros el informe
Pasóse: lo enviamos
Hétenos: aquí estamos nosotros
A la cola: detrás
Hurón: animal que se emplea para cazar conejos
Huronera: lugar donde se esconde y vive el hurón
Fue el caso al llegar aquí: sucedió en este momento
Remitió: envió
Con fecha de tantos: con fecha indeterminada
¡Voto va!: exclamación que indica asombro o sorpresa
Posado: parado, descansando
Hubo que: tuvimos que

Campanuda: grandilocuente, grandiosa
Trámites: curso burocrático
Toque: señal, clave
Despacho: oficina
Exponente: persona que escribe el plan
Se daba a todos los diablos: se desesperaba, se enfadaba
He echado: he hecho
Dichoso: feliz
Redondamente: categóricamente
Enredada: complicada
Fraguado: formado, elaborado
Miras: objetivos, planes
Enterarse de: saber de

---

4   *Garibay*: Según una creencia popular, el alma de este personaje histórico se había   alojado en un fantasma

Al llegar aquí, no quiero pasar en silencio algunas razones de las que me dieron para la anterior negativa, aunque sea una pequeña digresión.

—Ese hombre se va a perder —me decía un personaje muy grave y muy patriótico.

—Esa no es una razón —le repuse—: si él se arruina, nada, nada se habrá perdido en concederle° lo que pide; él llevará el castigo de su osadía° o de su ignorancia.

—¿Cómo ha de salir con su intención?

—Y suponga usted que quiere tirar su dinero y perderse, ¿no puede uno aquí morirse siquiera°, sin tener un empeño para el oficial de la mesa?

—Puede perjudicar a los que hasta ahora han hecho de otra manera eso mismo que ese señor extranjero quiere.

—¿A los que lo han hecho de otra manera, es decir, peor?

—Sí, pero lo han hecho.

—Sería lástima que se acabara el modo de hacer mal las cosas. Conque°, ¿porque siempre se han hecho las cosas del modo peor posible, será preciso tener consideraciones con los perpetuadores del mal°? Antes se debiera mirar si podrían perjudicar los antiguos al moderno.

—Así está establecido; así se ha hecho hasta aquí°, así lo seguiremos haciendo.

—Por esa razón deberían darle a usted papilla° toda vía como cuando nació.

—En fin, señor Fígaro, es un extranjero.

—¿Y por qué no lo hacen los naturales del país°?

—Con esas socaliñas° vienen a sacarnos la sangre.

—Señor mío —exclamé, sin llevar más adelante° mi paciencia—, está usted en un error harto° general. Usted es como muchos que tienen la diabólica manía de empezar siempre por poner obstáculos a todo lo bueno, y el que pueda que los venza. Aquí tenemos el loco orgullo de no saber nada, de quererlo adivinar todo y no reconocer maestros. Las naciones que han tenido, ya que no el saber, deseos de él, no han encontrado otro remedio que el de recurrir° a los que sabían más que ellas. Un extranjero —seguí— que corre a un país que le es desconocido, para arriesgar en él sus caudales, pone en circulación un capital nuevo, contribuye a la sociedad, a quien hace un inmenso beneficio con su talento y su dinero, si pierde es un héroe; si gana es muy justo que logre el premio de su trabajo, pues nos proporciona ventajas que no podíamos acarrearnos° solos. Ese extranjero que se establece en este país, no viene a sacar de él el dinero, como usted supone; necesariamente se establece y se arraiga° en él, y a la vuelta de media docena de años, ni es extranjero va ni puede serlo; sus más caros° intereses y su familia le ligan° al nuevo país que ha adoptado; toma cariño al suelo° donde ha hecho su fortuna, al pueblo donde ha escogido una compañera; sus hijos son españoles, y sus nietos lo serán; en vez de extraer el dinero, ha venido a dejar un capital suyo que traía, invirtiéndole y haciéndole producir; ha dejado otro capital de talento, que vale por lo menos tanto como el del dinero; ha dado de comer a los pocos o muchos naturales de quien ha tenido necesariamente que valerse°; ha hecho una mejora°,

---

Concederle: darle
Osadía: atrevimiento
Siquiera: al menos
Conque: entonces
Perpetuadores del mal: los que continúan
    haciendo el mal
Hasta aquí: hasta ahora
Papilla: comida para niños
Los naturales del país: los propios habitantes del
    país
Socaliñas: cuentos, estratagemas
Sin llevar más adelante: poniendo un alto a

Harto: muy
Recurrir: ir a buscarlo
Acarrearnos: traer, ganar
Se arraiga: hecha raíces, se establece
Caros: queridos
Ligan: atan, vinculan
Suelo: tierra
Ha tenido necesariamente que valerse: ha
    necesitado, ha recurrido para su trabajo
Mejora: mejoramiento, algún tipo de
    perfeccionamiento

y hasta ha contribuido al aumento de la población con su nueva familia. Convencidos de estas importantes verdades, todos los Gobiernos sabios y prudentes han llamado a sí° a los extranjeros: a su grande hospitalidad ha debido siempre la Francia su alto grado de esplendor; a los extranjeros de todo el mundo que ha llamado la Rusia, ha debido el llegar a ser una de las primeras naciones en muchísimo menos tiempo que el que han tardado otras en llegar a ser las últimas; a los extranjeros han debido los Estados Unidos… Pero veo por sus gestos de usted —concluí interrumpiéndome oportunamente a mí mismo— que es muy difícil convencer al que está persuadido de que no se debe convencer. ¡Por cierto, si usted mandara°, podríamos fundar° en usted grandes esperanzas! [La fortuna es que hay hombres que mandan más ilustrados que usted, que desean el bien de su país, y dicen: "Hágase el milagro, y hágalo el diablo"°. Con el Gobierno que en el día tenemos, no estamos ya en el caso de sucumbir° a los ignorantes o a los malintencionados, y quizá ahora se logre que las cosas vayan a mejor, aunque despacio, mal que les pese a los batuecos°.]

Concluida esta filípica°, fuime en busca de mi Sansdélai.

—Me marcho, señor Fígaro[5] —me dijo—. En este país no hay tiempo para hacer nada; sólo me limitaré a ver lo que haya en la capital de más notable.

—¡Ay!, mi amigo —le dije—, idos° en paz, y no queráis acabar con vuestra poca paciencia; mirad que la mayor parte de nuestras cosas no se ven

—¿Es posible?

—¿Nunca me habéis de creer? Acordaos de los quince días…

Un gesto de monsieur Sans-délai me indicó que no le había gustado el recuerdo.

—Vuelva usted mañana —nos decían en todas partes—, porque hoy no se ve.

—Ponga usted un memorialito° para que le den a usted permiso especial.

Era cosa de ver la cara de mi amigo al oír lo del memorialito: representábasele en la imaginación el informe, y el empeño, y los seis meses, y…contentóse con decir:

—Soy extranjero. —¡Buena recomendación entre los amables compatriotas° míos!

Aturdíase mi amigo cada vez más, y cada vez nos comprendía menos. Días y días tardamos en ver [a fuerza° de esquelas y de volver] las pocas rarezas que tenemos guardadas. Finalmente, después de medio año largo, si es que puede haber un medio año más largo que otro, se restituyó° mi recomendado a su patria maldiciendo de esta tierra, y dándome la razón que yo ya antes me tenía, y llevando al extranjero noticias excelentes de nuestras costumbres; diciendo sobre todo que en seis meses no había podido hacer otra cosa sino volver siempre mañana, y que a la vuelta de tanto mañana, eternamente futuro, lo mejor, o más bien lo único que había podido hacer bueno, había sido marcharse.

¿Tendrá razón, perezoso lector (si es que has llegado ya a esto que estoy escribiendo), tendrá razón el buen monsieur Sans-délai en hablar mal de nosotros y de nuestra pereza? ¿Será cosa de que vuelva el día de mañana con gusto a visitar nuestros hogares? Dejemos esta cuestión para mañana, porque ya estarás cansado de leer hoy: si mañana u otro día no

---

Han llamado a sí: han dado la bienvenida, han recibido bien
Mandara: tuviera el poder
Fundar: esperar
"Hágase el milagro, y hágalo el diablo": no importa quien hace el bien
En el caso de sucumbir: en la situación de caer, o ser vencidos

Mal que les pese a los batuecos: aunque no le guste a los ignorantes
Filípica: discurso con carácter crítico
Idos: id
Memorialito: petición
Compatriotas: habitantes de su mismo país
A fuerza: haciendo uso de múltiples
Se restituyó: regresó

---

5   *Fígaro*: es uno de los seudónimos empleados por Larra. Fue creado al concluir la publicación de *El pobrecito*   *hablador*, y lo utilizó al escribir reseñas teatrales en su colaboración con *La revista española*

tienes, como sueles pereza de volver a la librería, pereza de sacar tu bolsillo, y pereza de abrir los ojos para hojear° las hojas que tengo que darte todavía, te contaré cómo a mí mismo, que todo esto veo y conozco y callo mucho más, me ha sucedido muchas veces, llevado de esta influencia, hija del clima y de otras causas, perder de pereza más de una pretensión empezada, y las esperanzas de más de un empleo, que me hubiera sido acaso, con más actividad, poco menos que asequible°; renunciar, en fin, por pereza de hacer una visita justa o necesaria, a relaciones sociales que hubieran podido valerme de mucho en el transcurso de mi vida; te confesaré que no hay negocio que no pueda hacer hoy que no deje para mañana; te referiré que me levanto a las once, y duermo siesta; que paso haciendo el quinto pie de la mesa de un café, hablando o roncando, como buen español, las siete y las ocho horas seguidas; te añadiré que cuando cierran el café, me arrastro° lentamente a mi tertulia diaria (porque de pereza no tengo más que una), y un cigarrito tras otro me alcanzan clavado en un sitial°, y bostezando° sin cesar, las doce o la una de la madrugada; que muchas noches no ceno de pereza, y de pereza no me acuesto; en fin, lector de mi alma, te declararé que de tantas veces como estuve en esta vida desesperado, ninguna me ahorqué° y siempre fue de pereza. Y concluyo por hoy confesándote que ha° más de tres meses que tengo, como la primera entre mis apuntaciones°, el título de este artículo, que llamé: Vuelva usted mañana; que todas las noches y muchas tardes he querido durante ese tiempo escribir algo en él, y todas las noches apagaba mi luz diciéndome a mí mismo con la más pueril° credulidad en mis propias resoluciones: ¡Eh!, ¡mañana le escribiré! Da gracias a que llegó por fin este mañana, que no es del todo malo; pero ¡ay de aquel mañana que no ha de llegar jamás!

CUESTIONARIO

1. Según el narrador, ¿qué opiniones exageradas tienen los extranjeros de España?

2. ¿Con qué compara el narrador el conocimiento que se tiene de nuestro país? ¿En qué sentido, o de qué manera, pueden compararse los dos?

3. ¿De qué modo relaciona el narrador el orgullo con la dificultad de comprender algunas ideas?

4. ¿De dónde es el extranjero que viene a España? ¿Qué distintos planes traía?

5. ¿Cuál fue el primer asunto que emprendió Sans-délai? ¿Qué excusas recibió Sans-délai en este primer trabajo?

6. ¿En qué lugares ve el narrador al oficial de mesa? ¿Qué estaba haciendo?

7. ¿Qué problemas tienen con el expediente? ¿En manos de quién terminó?

8. ¿A qué culpa Sans-délai la falta de eficacia en la resolución de sus trámites? ¿A qué la culpa el narrador?

9. ¿Después de cuanto tiempo regresó Sans-délai a su patria?

Hojear: leer a la ligera
Asequible: apropiado
Me arrastro: repto, camino con desgana
Clavado en un sitial: Sentado en un asiento
Bostezando: abriendo y cerrando la boca por

aburrimiento o cansancio
Ahorqué: suicidé con una cuerda
Ha: hace
Apuntaciones: notas
Pueril: ingenua, infantil

SELECCIÓN MÚLTIPLE

I. Con respecto al pecado de la pereza, el narrador se propone
   1. Hacer una detallada investigación sobre la historia del mismo
   2. No investigar su historia en este momento
   3. Relacionarlo con el pecado de la avaricia
   4. Ignorarlo por completo

II. ¿Cuánto tiempo viene dispuesto Sans-délai a pasar en España?
   1. Un mes
   2. Tres meses
   3. Quince días
   4. Una semana

III. Según Sans-délai, los españoles que viajan por el extranjero
   1. Hablan mal de los españoles
   2. Hablan bien de los españoles
   3. Comparan a los franceses con los españoles
   4. Dicen que los españoles son muy trabajadores

IV. Después de varios meses, el expediente de Sans-délai
   1. Fue aprobado sin condiciones
   2. Fue aprobado, pero le pidieron algunos cambios a su plan
   3. Fue negado
   4. No se tomó ninguna decisión definitiva sobre el mismo

V. ¿Cuánto tiempo hace que empezó el narrador a escribir el presente artículo?
   1. Quince días
   2. Dos meses
   3. Una semana
   4. Más de tres meses

ANÁLISIS CRÍTICO

1. ¿Cómo se relaciona el nombre de Sans-délai con el tema de este artículo?
2. ¿Qué aspectos de la vida profesional diaria de los españoles satiriza el narrador?
3. ¿Qué implicaciones políticas se desprenden de alguno de los trámites que realiza Sans-délai?
4. ¿Qué reflexiones hace el narrador sobre los beneficios que aporta un extranjero a otro país que no es el suyo? ¿Qué crítica hace aquél a su propio país? ¿Existe algún tipo de prejuicio sobre Sans-délai en España por ser extranjero?
5. Además de los españoles que contacta Sans-délai, ¿qué otros españoles específicos son víctimas de la pereza?

6. En la guía de lectura mencionamos la circularidad del presente artículo. Comente con mayor detalle cómo se enmarca la historia de este artículo. ¿Cómo queda separada la historia central de las que le sirven de marco? ¿Se relacionan todas ellas? En ambas partes, en la introducción y en la conclusión, el narrador está haciendo alusión a su papel de escritor y a un pecado característico de los españoles, ¿cómo se denomina este recurso literario? ¿Qué implicaciones narrativas tiene?

ENSAYOS

1. En este artículo el lector puede ver la existencia de elementos neoclásicos y románticos. Identifíquelos, haga un comentario sobre los mismos, y señale si algunos de estos aspectos predominan sobre otros.
2. Larra nos presenta aquí un choque de perspectivas sobre la realidad española. El narrador es el que conoce España, mientras que el francés tiene una impresión idealizada del país, y ambas opiniones se ven constantemente contrapunteadas y contrapuestas. Haga un estudio de las distintas opiniones que tienen los dos protagonistas y relaciónelas con las impresiones que sobre su propio país tienen usted y alguno de los extranjeros que haya conocido en el curso de su vida.

BIBLIOGRAFÍA

Johnson, Jerry L. *Mariano José de Larra. Artículos de costumbres.* Barcelona: Ed. Bruguera, 1979.

Kirkpatrick, Susan. *Larra: el laberinto inextricable de un romántico liberal.* Madrid: Ed. Gredos, 1977.

Lomba y Pedraja, José R. *Cuatro estudios en torno a Larra.* Madrid: Tipografía de archivos, 1936.

Lorenzo-Rivero, Luis. *Larra y Sarmiento. Paralelismos históricos y literarios.* Madrid: Ed. Guadarrama, 1968.

Pérez Vidal, Alejandro. Editor *Mariano José de Larra. Fígaro. Colección de artículos dramáticos, literarios, políticos y de costumbres.* Barcelona: Ed. Crítica, 1997.

Río, Ángel del. *Historia de la literatura española.* New York: Holt, Rinehart and Winston, 1963.

Ullman, Pierre L. *Mariano de Larra and Spanish Political Rhetoric.* Madison: The U of Wisconsin P, 1971.

Realismo y Naturalismo

Introducción literaria

La segunda mitad del siglo XIX corresponde al período realista, y en menor medida al Naturalismo. En literatura, el Realismo supone la sustitución del subjetivismo romántico por una mayor objetividad. Por ello, el énfasis no recae ahora en el mundo interior de los personajes, sino en la representación de la realidad exterior, descrita de forma objetiva. Asimismo, el escritor no buscará inspiración en el pasado o en lugares exóticos, sino que mirará al presente y a la realidad circundante. Como consecuencia de ello, el escritor tratará de mostrar los problemas sociales, económicos, morales e ideológicos de ese período. Asimismo, la naturaleza romántica –cementerios, selvas o ruinas– es reemplazada por playas o montañas conocidas por el autor. Desde el punto de vista sicológico, el escritor realista retrata con mayor exactitud y convicción el carácter de los personajes. Durante el Realismo prima la objetividad absoluta, y para lograr esto el escritor someterá la realidad, como el científico, a una meticulosa y exhaustiva observación. Desde el punto de vista estilístico, los escritores realistas reaccionan contra la retórica romántica creando un estilo sobrio, simple, y preciso. La literatura de esta época, por otra parte, suele tener un fin docente, y así vemos muchas obras en las que el escritor trata de defender una tesis, es decir unas ideas pertenecientes a una u otra tendencia ideológica.

TEATRO

El teatro romántico desemboca en la segunda mitad del siglo XIX en un tipo de teatro que se conoce como la *alta comedia*. Este teatro se caracteriza por dramatizar temas y ambientes de la época, dar a la obra un propósito educativo, y estudiar la sicología del ser humano. La *alta comedia*, sin embargo, mantiene algunos rasgos del teatro romántico, como el uso ocasional del verso y un sentimentalismo burgués. El iniciador de la *alta comedia* fue el dramaturgo Ventura de la Vega (1807-1865), natural de Buenos Aires –Argentina– con su obra *El hombre de mundo* (1845). La obra trata del fracasado intento de un don Juan de destruir una relación matrimonial. Pero los dos máximos exponentes de este tipo de teatro son López de Ayala (1829-1879) y Manuel Tamayo y Baus (1829-1898). López de Ayala, de origen andaluz, llegó a presidente del Congreso. Sus primeros intentos dramáticos muestran la influencia de Calderón y se adscriben al drama histórico del Romanticismo. La obra representativa de esta época es *Un hombre de estado* (1851). Con posterioridad a estos dramas históricos, López de Ayala escribió cuatro comedias que siguen la fórmula de la *alta comedia*: *El tejado de vidrio* (1856), *El tanto por ciento* (1861), *El nuevo don Juan* (1863), y *Consuelo* (1878), su mejor obra. Sus obras revelan una profunda penetración sicológica, y son una apología del amor y del matrimonio y una sátira contra el positivismo de la época. A pesar de ello, su teatro es de una limitada calidad.

Tamayo y Baus, madrileño, sigue en sus primeras obras dramáticas los principios de la escuela romántica. De esta primera etapa sobresale *Locura de amor* (1855), sobre la figura histórica de Juana la Loca. Posteriormente, Tamayo y Baus escribió un teatro realista ambientado en la época contemporánea y con fin moralizador. Algunas de las obras de este período son *Lo positivo* (1863), en la que critica el materialismo de la sociedad, y *Lances de honor* (1863), en la que se opone a los duelos. Su obra maestra, no obstante, es *Un drama nuevo* (1867). La anécdota de este drama gira en torno a un grupo de actores de la compañía de teatro Shakespeare. El protagonista de ésta se entera que su esposa le es infiel, y durante la representación de una obra dramática aquél mata al amante, con lo que la ficción se convierte en realidad. Aunque Tamayo y Baus conocía bien la técnica dramática, su teatro realista no alcanzó un nivel elevado.

Una figura anómala de nuestro teatro es José Echegaray (1832-1916). Natural de Madrid, Echegaray fue ingeniero y ministro, y fue galardonado con el Nobel de Literatura en 1904. Echegaray representa un retroceso en nuestro teatro. Abandona el realismo de la época y cultiva un teatro romántico lleno de efectismos truculentos y espectaculares. Su producción dramática sigue tres direcciones: la de tema histórico, *En el puño de la espada* (1875); la de tema contemporáneo, *El gran Galeoto* (1881), y la que se inspira en Ibsen, *El hijo de don Juan* (1891). Su obra más lograda es *El gran Galeoto*, cuyo tema es el enamoramiento de una mujer del protegido de su esposo. Los temas de esta obra, el amor y los celos, fueron repetidamente tratados por Echegaray, quien gozó de gran éxito en vida; hoy, sin embargo, es considerado como un dramaturgo mediocre.

NOVELA

El género narrativo se encontraba en decadencia desde el siglo XVII, pero en la segunda mitad del siglo XIX alcanza un nuevo resurgimiento. Algunos de los factores que determinan el nacimiento de la novela realista hay que buscarlos en la novela realista del siglo XVII, en los cuadros costumbristas del período romántico –Mesonero Romanos y Estébanez Calderón-, la realidad circundante del momento, y la influencia del realismo francés. A las ya mencionadas características del realismo –objetividad en la observación científica de la realidad exterior, propósito didáctico, defensa de una "tesis", etc-, algunos intentos narrativos de este período se interesan por reproducir el ambiente de una determinada región de España. Los comienzos del realismo van de la mano de Fernán Caballero, seudónimo de Cecilia Böhl de Faber (1796-1877), y Pedro Antonio de Alarcón (1833-1891).

Fernán Caballero nació en Suiza, pero pasó la mayor parte de su vida en Andalucía. Uno de sus méritos estriba en unir varias escenas costumbristas –lenguaje, costumbres, creencias y tradiciones- con un hilo narrativo. Fernán Caballero rechaza la imaginación en favor de la observación de la realidad, pero su visión de ésta es idealizada, de claro signo católico, y los personajes que nos presenta son tipos, con lo que su novela dista mucho del verdadero realismo. Su primera novela, y la más popular, fue *La gaviota* (1849). La novela narra la historia de un médico alemán que se casa con Marisalada –la Gaviota. Marisalada alcanza gran éxito como cantante y va con su esposo a Madrid, donde ella se enamora de un torero. Stein, su esposo, se va a América, donde muere, y el torero pierde la vida en el ruedo. Marisalada, entonces, decide volver a su pueblo y casarse con el barbero del lugar. El valor de la novela reside más en la descripción costumbrista del ambiente andaluz que en el desarrollo de la acción narrativa. Otras novelas de la autora incluyen *La familia de Alvareda* (1849) y *Clemencia* (1852).

Pedro A. de Alarcón nació en un pueblo de Granada. Participó en la guerra de África y en la vida política del país. Publicó su primera novela, de espíritu romántico, a los dieciocho años: *El final de Norma* (1855). Sin embargo, su carrera literaria comienza verdaderamente con la publicación de varias crónicas, entre las que sobresale *Diario de un testigo de la guerra de África* (1860). Publicó varias colecciones de cuentos, y en 1874 dio a la luz su novela más popular: *El sombrero de tres picos*. El tema de esta novela, basado en la tradición popular, se centra en un viejo Corregidor que seduce sin éxito a la esposa de un molinero. Éste, creyendo que su esposa le ha sido infiel, trata de seducir, sin éxito, a la esposa del Corregidor. Al final, todos los malentendidos se solucionan y el Corregidor queda en un estado deshonroso. La obra, de genial confección, consta de un marco narrativo centrado en los consejos que un señor le da a un joven matrimonio; y el consejo, a modo de ejemplo medieval, es la novela del Corregidor y los molineros. Alarcón, quizá influido por su espíritu religioso, subvierte el desenlace de la historia tradicional, en la que sí se consuma el adulterio, por otro en la que se pone de relieve la fidelidad de la molinera. La novela, que tiene numerosos lances que parecen tomados de las comedias de capa y espada, revela algunos elementos costumbristas, un diálogo animado, y una graciosa descripción de los protagonistas. Después de esta novela, Alarcón publicó otras con un propósito moralizador que eluden la representación objetiva de la realidad y, además, carecen de profundidad sicológica. Merecen mención *El escándalo* (1875), *El niño de la bola* (1880) y *El capitán veneno* (1881).

Después de Fernán Caballero y Pedro A. de Alarcón, la novela decimonónica entra en una fase de verdadero florecimiento. Tres de las figuras cumbres de este período son Juan Valera (1824-1905), José María de Pereda (1833-1906) y Benito Pérez Galdós (1843-1920). Valera, andaluz y de familia noble, compaginó el mundo de las letras con el de la diplomacia, llegando a desempeñar el cargo de embajador. Valera fue un hombre de una gran cultura, pero era un escéptico desde el punto de vista intelectual. Defensor de la idea del arte por el arte, se oponía a la literatura de tesis o a la que trataba de historiar la realidad, y mostraba interés por el estudio sicológico de sus personajes y por tramas narrativas centradas en conflictos amorosos. A Valera se le ha criticado la falta de calor o emoción a la hora de tratar este tipo de situaciones sentimentales, pero se le reconoce el nivel intelectual de las digresiones que hay en el texto y su calidad inigualable como estilista. Valera comenzó su carrera literaria muy tarde. Su primera novela, y la que más popularidad ha alcanzado, fue *Pepita Jiménez* (1874). La novela, escrita en forma epistolar, refiere el enamoramiento y matrimonio del seminarista Luis de Vargas con una joven viuda después de librar una intensa lucha espiritual consigo mismo. Algunos de los atributos de la novela descansan en el estudio sicológico de los personajes, en el estilo y en el análisis irónico del falso misticismo del protagonista. El mismo conflicto entre el amor humano y el divino vuelve a plantearse en su novela *Doña Luz* (1879), donde un fraile de edad avanzada muere al casarse la mujer de la que estaba enamorado. Otras novelas importantes del autor son *El Comendador Mendoza* (1877) y *Juanita la larga* (1896). Además de novelista, Valera escribió algunos poemas, de escaso valor, numerosas cartas, algunos ensayos de crítica literaria, y algunos cuentos.

José María de Pereda, natural de Santander, residió casi toda su vida en la Montaña. A diferencia de Valera, Pereda es un hombre aferrado a principios y valores tradicionales y católicos. Sus inicios literarios se sitúan en la modalidad de los cuadros de costumbres, publicando, entre otros, *Escenas montañesas* (1864). Con posterioridad a éstos publica unas novelas de tesis en las que no presenta un reflejo objetivo de la realidad, y en las que juzga todo intento relacionado con el progreso como un paso hacia la corrupción. Algunas de las obras de esta fase son *Don Gonzalo González de la Gonzalera* (1878), y *La Montálvez* (1888). En esta última novela Pereda nos da una visión corrupta de la aristocracia madrileña. Más tarde publica unas novelas en las que defiende la vida rústica porque ésta perpetúa los valores tradicionales y cristianos. A pesar de la visión idealizada que nos da, esta serie de novelas son las mejores de Pereda. Algunas de los títulos que pueden mencionarse son *Sotileza* (1884) y *Peñas arriba* (1895). En la primera de estas novelas, Pereda describe con gran maestría la vida de los pescadores de Santander a principios de siglo y algunas escenas marítimas. La novela relata la vida de una joven que es pretendida por un ser odioso y un señorito, pero ella decide escoger al hijo de unos pescadores. En *Peñas arriba*, Pereda hace una soberbia descripción del paisaje de la montaña, aunque algo idealizada, y a veces recurre al uso de expresiones típicas de la región.

Benito Pérez Galdós, natural de Canarias, fue a Madrid a estudiar leyes, y aquí se quedó el resto de su vida. Simpatizó con la causa repúblicana, y fue miembro de la Real Academia. Después de publicar su primera novela, histórica, *La fontana de oro* (1868), Galdós comenzó la redacción de sus *Episodios nacionales*. Estos se hallan divididos en cinco series, y cada una de ellas consta de diez volúmenes, menos la última que no pasa de seis. Con este largo proyecto, Galdós se propuso hacer una historia novelada del siglo XIX español, de sus grandes acontecimientos históricos y de su ambiente partiendo no de una investigación de tipo científico, sino de la tradición oral y de testigos, como él, que vivieron o participaron en estos hechos. Al tiempo que escribía los *Episodios nacionales*, Galdós escribió varias novelas centradas en problemas de tipo religioso. Estas novelas plantean un conflicto entre el mundo religioso, tradicional y fanático de algunos personajes, y el mundo liberal, progresista y respetuoso de otros. Este es el tema de *Doña Perfecta* (1876), donde el fanatismo religioso de la protagonista impide el matrimonio de su hija con su sobrino, un ingeniero progresista y liberal. La novela termina trágicamente al provocar Doña Perfecta la muerte de su sobrino. Galdós vuelve a tratar el mismo tema en *Gloria* (1877) y *La familia de León Roch* (1878). A esta primera etapa también pertenece *Marianela* (1878), relato apasionado y dramático de una chica, Marianela, que sirve de lazarillo a un chico ciego, Pablo, y es abandonada por éste cuando, al recuperar la vista, ve la fealdad de ella y se enamora de otra chica. La obra refleja la influencia del positivismo y de cómo el progreso, la cura de la ceguera del chico, puede producir efectos contradictorios, ya que la ciencia destruye todas las ilusiones que Marianela y Pablo se habían hecho.

Con posterioridad a estas novelas de tesis, donde los personajes defienden inexorablemente una ideología, Galdós publica varias novelas en las que el punto de mira se encuentra ahora en la descripción y análisis de la vida madrileña en la segunda mitad del siglo XIX. La obra más representativa de esta serie, y quizá su mejor novela, es *Fortunata y Jacinta* (1886-1887), novela que narra la relación adúltera del esposo de Jacinta, Juanito Santa Cruz, con Fortunata. La obra es un verdadero retablo de aconteceres en el que Galdós nos pinta una gran variedad de personajes de la clase media madrileña, sus sueños y aspiraciones, y sus problemas personales o económicos. Otras novelas que encajan en este grupo son *El amigo Manso* (1882), *La de Bringas* (1884) y *Miau* (1888).

En la década de 1890, y coincidiendo con el auge espiritualista que corría en aquel entonces por Europa, Galdós publica una serie de novelas en las que, sin abandonar la observación de la realidad exterior, hace una defensa del espíritu de justicia y del amor por encima de todo. En esta serie queda incluida otra de sus mejores novelas, *Misericordia* (1897), centrada en el personaje de la Señá Benina, que después de ayudar y mortificarse por sus amos, éstos la abandonan. Otras obras que se podrían incluir en esta serie son *Nazarín* (1895), sobre un cura que sale a predicar la palabra de Dios por los caminos, y las novelas que integran el ciclo de *Torquemada* (1889-1895). Galdós también experimentó con el género dramático, pero sus obras suelen ser algo lentas y revelan un autor poco versado en los recursos técnicos de la escena. Algunos títulos son *Electra* (1901), y *Santa Juana de Castilla* (1916), centrada en la figura histórica de Juana la Loca.

POESÍA

Si en la segunda mitad del siglo XIX hay que hablar de un teatro y una novela realistas, no sucede lo mismo con la poesía. Los poetas de este período pueden agruparse en dos secciones separadas, los que prosiguen los principios de la estética romántica, y los que sin romper totalmente con esta escuela escriben un tipo de poesía influida por las ideas de su tiempo. La poesía de los primeros alcanza mayor profundidad e intensidad lírica que la de los poetas románticos de la primera mitad de siglo, y los principales poetas de esta tendencia son Gustavo Adolfo Bécquer (1836-1870), a quien estudiaremos con mayor detalle más adelante, y Rosalía de Castro. La poesía del segundo grupo, por el contrario, destaca por su sensiblería y prosaísmo. Los poetas de esta segunda tendencia se hallan representados por Ramón de Campoamor (1817-1901) y Gaspar Núñez de Arce (1834-1903).

Rosalía de Castro (1837-1885), natural de Galicia, sufrió en vida la muerte de un hijo y, como Bécquer, tuvo una salud muy delicada. En su primera obra, *Cantares gallegos* (1863), Rosalía de Castro imita los ritmos de la poesía popular gallega para cantar el paisaje y las costumbres de su tierra. En *Follas novas* (1880), escrita en gallego, se sirve del paisaje para expresar su nostalgia. En su obra *En las orillas del Sar* (1884), los versos expresan un profundo dolor y un amargo pesimismo ante el paso del tiempo y la idea de la muerte. La poesía de Rosalía de Castro, considerada la mejor poetisa de la literatura española, sobresale por su sencillez, por su profunda emoción y por la utilización de nuevos ritmos.

Campoamor, de origen asturiano, ejerció por un tiempo el cargo de gobernador. Comenzó publicando obras románticas, como *Ternezas y flores* (1840). Su primer éxito, en cambio, le llegó con las *Doloras* (1846), y años después publicó otra de sus obras conocidas, las *Humoradas* (1886-1888), que consta de poemas de carácter cómico. Para Campoamor la poesía debía transmitir una idea filosófica que, en su caso, estaba marcada por el escepticismo. Campoamor rechazaba el color y la música, y ha sido criticado por la superficialidad de sus ideas filosóficas y por la vulgaridad y prosaísmo de la forma.

Núñez de Arce, natural de Valladolid, fue gobernador de Barcelona y ministro. Su obra poética destaca por el valor concedido a la forma, y por representar en su poesía no sus problemas personales, sino los de la sociedad. Hoy día su estilo nos parece hueco y afectado. Sus obras más notables son *gritos del combate* (1875), colección de poemas sobre los problemas morales y políticos de su tiempo; *La selva oscura* (1879), alegoría basada en Dante; y *Maruja* (1886), de carácter sentimental.

EL NATURALISMO

En 1870 surge en Francia, de la mano de Zola, el Naturalismo, un movimiento derivado del Realismo que tuvo como fuentes de inspiración la filosofía positivista de Comte, las doctrinas de Taine, y las teorías de Darwin y Haeckel. Partiendo de éstos, Zola defendió una concepción determinista de la existencia humana según la cual la vida del ser humano estaba influida por el ambiente, el lugar donde uno vive, la herencia biológica, la época y las costumbres. Si estos factores determinan la vida del hombre, esto quiere decir que el hombre no tiene voluntad, aparte de condicionar la moralidad humana. El naturalismo mostró predilección por ambientes sórdidos y miserables y por tipos humanos –alcohólicos, enfermos, locos, seres marginados…- que sirvieran al escritor para resaltar los instintos más primarios. En España, el naturalismo contó con la oposición de intelectuales conservadores y católicos, pero sí recibió el beneplácito de Emilia Pardo Bazán (1851-1921), y en menor medida de Leopoldo Alas "Clarín" (1852-1901), a quienes estudiaremos con mayor detalle más adelante, y de Vicente Blasco Ibáñez (1867-1928). Una década después, en 1890, el naturalismo ya no contaba con ningún adepto entre sus filas. Blasco Ibáñez, natural de Valencia, simpatizó con la causa republicana y murió en Francia. Sus principales novelas, *La barraca* (1898) y *Cañas y barro* (1902), son novelas representativas del regionalismo valenciano que cuentan con excelentes descripciones y que tienen como escenario geográfico el mar y la huerta de Valencia. El elemento naturalista de estas novelas se encuentra en la descripción del ambiente y de las pasiones de los personajes. Ya en el siglo XX, Blasco Ibáñez escribió novelas en las que situó el desarrollo de la acción narrativa en otras ciudades, como *La catedral* (1903), cuyo escenario es Toledo. Otras de sus novelas se centran en profesiones, como *La maja desnuda* (1906), o las contextualiza en un medio cosmopolita, como *Los cuatro jinetes del Apocalipsis* (1916).

CUESTIONARIO

1. Mencione algunas de las diferencias entre el Realismo y el Romanticismo.
2. ¿Por qué se caracteriza la *alta comedia*? Mencione a dos dramaturgos representativos de esta tendencia dramática.
3. Explique el argumento de *Un drama nuevo*, de Tamayo y Baus.
4. ¿Cuándo y con quién resucita la novela realista?
5. Explique el argumento de *La gaviota*, de Fernán Caballero.
6. Señale algún o algunos rasgos característicos de las novelas de Fernán Caballero.

7. ¿Cuál es el argumento de *El Sombrero de tres picos*?

8. ¿Qué escribió Juan Valera? ¿Qué temas tratan sus obras?

9. ¿Qué piensa del progreso el escritor José María Pereda?

10. Describa el argumento de *Sotileza*, de Pereda.

11. ¿Qué dos fuerzas se oponen en la novela *Doña Perfecta*, de Benito Pérez Galdós?

12. Comente la trama de *Marianela*, de Galdós.

13. ¿Cuáles son los temas y el estilo de la poesía de Rosalía de Castro?

14. ¿Qué problemas representa Núñez de Arce en sus poesías?

15. ¿Qué significados asocia con el determinismo naturalista?

16. ¿Qué tipos de ambientes adoptan los escritores naturalistas?

17. ¿Quiénes son algunos de los escritores más representativos del naturalismo?

IDENTIFICAR

1. *Alta comedia*
2. *Locura de amor*
3. *El gran Galeoto*
4. Cecilia Böhl de Faber
5. *Diario de un testigo de la guerra de África.*
6. *Pepita Jiménez*
7. *Fortunata y Jacinta*
8. Ramón de Campoamor
9. *En las orillas del Sar*
10. *Humoradas*
11. Emile Zola
12. *La catedral*

ENSAYOS

1. Haga un trabajo de investigación sobre cómo aparece reflejada la sociedad madrileña en una o varias obras de Benito Pérez Galdós.

2. Escoja varios poemas de Gustavo Adolfo Bécquer y Rosalía de Castro y haga un estudio comparativo de los mismos prestando atención a las semejanzas y diferencias.

3. Escriba un ensayo sobre la influencia del naturalismo francés de Emile Zola en la narrativa de Emilia Pardo Bazán.

BIBLIOGRAFÍA

Correa Calderón, E. Fernando Lázaro. *Curso de literatura (española y universal)*. Salamanca: Anaya, 1963.

García López, José. *Historia de la literatura española*. Barcelona: Ed. Vicens-Vives, 1969.

Rico, Francisco. *Historia y crítica de la literatura española*. V. Zavala, Iris M. *Romanticismo y realismo*. Barcelona: Ed. Crítica, 1984.

Río, Ángel del. *Historia de la literatura española*. New York: Holt, Rinehart and Winston, 1963.

Shaw, Donald L. *A Literary History of Spain. The Nineteenth Century*. New York: Barnes & Noble Inc., 1972.

✳ ✳ ✳

Gustavo Adolfo Bécquer
(1836-1870)

Gustavo Adolfo Bécquer, sevillano de nacimiento, quedó huérfano de padre a los cinco años y de madre a los once, y se fue a vivir con su madrina. A los dieciocho años se desplazó a Madrid, donde inicia su carrera en el periodismo. Se casó con Casta Esteban, con la que tuvo dos hijos, y se separaron en 1868. En 1864 le dan el puesto de fiscal de novelas, y tras su vuelta al periodismo es nombrado en 1866 director de *El Museo Universal* y en 1869 director de *La Ilustración de Madrid.* Reconciliado con su esposa en 1869, Bécquer murió en 1870.

Es autor en prosa de las *Leyendas*, publicadas en su mayor parte de1861 a 1863. Algunas de las leyendas más renombradas incluyen "El monte de las ánimas", "El miserere", "Los ojos verdes" y "Maese Pérez el organista". Las leyendas, escritas en prosa poética y llenas de musicalidad, humor e ironía, recrean ambientes fantásticos y misteriosos de un lejano pasado, generalmente medieval. Los temas principales de las mismas se podrían reducir a dos: el amor como fuerza apasionada que conduce a la muerte, y la vida ultraterrena, manifiesta en seres aparecidos y fantasmas. Parte del material que utiliza en sus leyendas procede de la *Historia de los templos de España*, proyecto que Bécquer inició y que iba a contar con la colaboración de literatos e historiadores, pero que fracasó por falta de recursos económicos. La otra obra en prosa es las cartas *Desde mi celda* (1864), escritas durante su estancia en el monasterio de Veruela, y que consisten de relatos tomados de la tradición oral. Son cartas reflexivas, descriptivas y muy personales, y con ellas se puede decir que nace en España el ensayo literario.

A Bécquer se le considera el punto de partida de la poesía moderna, y en su obra poética se funden la poesía de inspiración popular y una corriente influida por la lírica germánica. Su obra en verso se reduce a 76 *Rimas*, publicadas en 1871, a las que hay que sumar unas veinte más que se han encontrado posteriormente. Las rimas son breves composiciones poéticas, generalmente en rima asonante, de gran ritmo y musicalidad y de estilo sencillo. En ellas, y según Ángel del Río, Bécquer relaciona la poesía con la música, los sonidos y los colores. Las fuentes de inspiración poética provienen del mundo de los sueños, de lo misterioso, y de los sentimientos amorosos. Como resultado de esto, su poesía es altamente introspectiva y está llena de un intenso lirismo. El poeta Jorge Guillén definió su poesía como expresión "del lenguaje inefable de los sueños", y como "culminación de la poesía del sentimiento y de la fantasía". La poesía de Bécquer no nace de las ideas, sino de un proceso creador que se puede asemejar a una visión. La ordenación de las rimas de Bécquer ha estado sujeta a intenso debate. El poeta Gerardo Diego señala que la ordenación, preparada por los amigos de Bécquer, obedece a cuatro temas generales, y José Pedro Díaz, que cuenta con uno de los mejores estudios sobre las rimas de Bécquer, sigue básicamente la misma ordenación. La primera serie incluye de la rima I a la XI, y los temas son la poesía misma y el poeta. La segunda serie incluye de la rima XII a la XXIX, y el tema es el amor visto desde una perspectiva positiva y esperanzadora. La tercera serie, de la XXX a la LI, está marcada por la concisión y por las notas autobiográficas, y los temas tratados se relacionan con la desilusión, la tristeza y el desengaño. Y en la cuarta serie, de la LII a la LXXVI, domina un sentimiento de profundo dolor, angustia, soledad y desesperación.

✳ ✳ ✳

Rima IV

"No digáis que agotado su tesoro"

GUÍA DE LECTURA

La rima IV, "No digáis que agotado su tesoro", fue publicada por vez primera en la revista *La ilustración de Madrid* el doce de marzo de 1870, en el número 5. Inspirada en "El último bardo" de Anastasius Grün, la rima se incluye dentro de la primera serie de rimas, cuyo tema central es el de la poesía o, en este caso concreto, las fuentes de la poesía. Bécquer menciona cuatro veneros o fuentes de los que surge la poesía: la naturaleza, los misterios que encierra la comprensión del universo, nuestro mundo interior y sus manifestaciones externas, y la relación amorosa. Desde el punto de vista formal, y como es característico en otras rimas de Bécquer, alternan los versos largos con los cortos y la rima asonante en los versos pares.

❋ ❋ ❋

No digáis que agotado° su tesoro,
de asuntos° falta°, enmudeció° la lira°;
podrá no haber poetas, pero siempre
¡habrá poesía!

Mientras las ondas° de la luz al beso
palpiten encendidas,
mientras el sol las desgarradas° nubes
de fuego y oro vista,
mientras el aire en su regazo° lleve
perfumes y armonías,
mientras haya en el mundo primavera,
¡habrá poesía!

Mientras la humana ciencia no
    descubra
las fuentes de la vida,
y en el mar o en el cielo haya un
    abismo°
que al cálculo° resista°,
mientras la humanidad siempre
    avanzando
no sepa a dó° camina,

mientras haya un misterio para el
    hombre,
¡habrá poesía!

Mientras se sienta que se ríe el alma,
sin que los labios rían;
mientras se llore, sin que el llanto°
    acuda°
a nublar° la pupila°;
mientras el corazón y la cabeza
batallando° prosigan,
mientras haya esperanzas y recuerdos,
¡habrá poesía!

Mientras haya unos ojos que reflejen
los ojos que los miran,
mientras responda el labio
    suspirando°
al labio que suspira,
mientras sentirse puedan en un beso
dos almas confundidas,
mientras exista una mujer hermosa
¡habrá poesía!

Agotado: terminado, gastado
Asuntos: temas
Falta: carece
Enmudeció: calló
Lira: instrumento musical de cuerda
Ondas: olas, vibraciones
Desgarradas: rotas
Regazo: seno, refugio
Abismo: profundidad

Cálculo: pensamiento, razón
Resista: se oponga, desafíe
Dó: donde
Llanto: acto de llorar
Acuda: vaya, venga
Nublar: cubrir, ocultar
Pupila: parte del ojo
Batallando: luchando
Suspirando: deseando, anhelando

la metáfora sinestesica combina los 5 sentidos

ANÁLISIS CRÍTICO

1. Analice formalmente la rima: cómputo silábico, el tipo de rima, el número de estrofas que hay en esta rima, y algunas de las figuras retóricas y tropos. Identifique los siguientes tropos y figuras retóricas: "No digáis que agotado su tesoro", "enmudeció la lira", "mientras el sol… y oro vista", "mientras el aire… y armonías", "mientras se sienta que se ríe el alma", "mientras el corazón… prosigan", y "mientras sentirse… dos almas confundidas". ¿Puede mencionar algún o algunos ejemplos de hipérbaton en esta rima?

2. Las imágenes sensoriales, visuales u olfativas, predominan en las rimas de Bécquer, ¿puede identificar algunos ejemplos de las mismas en esta rima?, ¿qué sentido tienen?, ¿de qué manera se relacionan estas imágenes con el arte poética de Bécquer?

3. En la guía de lectura se menciona cómo las distintas estrofas tratan de abarcar mundos diferentes. Comente cómo se manifiestan estos mundos diversos. Por ejemplo, al hablar de la naturaleza en los versos 5-12, Bécquer alude a las ondas de la luz, el sol, las nubes y el aire, ¿a qué elementos se refiere el poeta? ¿qué sentido trata de dar el yo poético con estos elementos? Aparte de la primera estrofa, ¿qué significado tienen los penúltimos versos de cada estrofa? ¿cómo se relacionan con los respectivos versos que los preceden?

4. Si la poesía se encuentra en la realidad exterior, ¿qué papel juega el poeta en el proceso creador?

5. Algunos de los principios del arte poética de Bécquer descansan en las nociones de misterio, de lo inefable, y de lo intangible. ¿Encuentra en este poema algún o algunos ejemplos de estas nociones?

6. En las rimas de Bécquer es frecuente encontrarse signos de exclamación, ¿qué sentido o énfasis trata de dar el poeta a los versos en los que aparecen estos signos?

✳ ✳ ✳

Rima XI

"Yo soy ardiente, yo soy morena"

GUÍA DE LECTURA

La rima XI "Yo soy ardiente, yo soy morena" fue publicada por vez primera en *El eco del país* el veintiséis de febrero de 1865, y poco después en *El museo universal* el dos de noviembre de 1866. La crítica señala las siguientes fuentes: la "Chanson gothique" de Nerval, "El color de los ojos" de E. F. Sanz, "Los ojos hablan" de A. Ferrán, y "La niña pálida" de A. Pongilioni. La rima, incluida dentro de la primera serie de rimas, está concebida como un diálogo en el que cada una de las tres mujeres habla en primera persona para describirse físicamente y definirse emocional y sentimentalmente. Al llegar a la tercera y última mujer, el lector tiene dificultades a la hora de racionalizar y dar una explicación a lo que esta mujer representa; entramos, por tanto, en el mundo de lo inefable.

—Yo soy ardiente°, yo soy morena,
yo soy el símbolo de la pasión,
de ansia de goces° mi alma está llena.
¿A mí me buscas?
—No es a ti: no.

—Mi frente es pálida, mis trenzas° de
oro,
puedo brindarte° dichas° sin fin.
Yo de ternura guardo un tesoro.
¿A mí me llamas?
—No: no es a ti.

—Yo soy un sueño, un imposible,
vano° fantasma de niebla y luz
soy incorpórea°, soy intangible°
no puedo amarte.
—¡Oh, ven; ven tú!

ANÁLISIS CRÍTICO

1. Analice formalmente esta rima: cómputo silábico, rima, figuras retóricas y tropos.
2. ¿Qué diferencias existen entre las dos primeras mujeres?, ¿qué representa cada una de ellas?
3. ¿Qué sentido de gradación establece el poeta al hablar de estas tres mujeres?
4. ¿Qué explicación le da a los signos de exclamación que usa el poeta en el último verso?
5. El yo poético escoge a la tercera mujer, ¿qué representa esta mujer? José P. Díaz hace una lectura metapoética de esta tercera mujer al observar que el "objeto erótico se convierte en símbolo del ideal poético, de la expresión poética misma". Comente esta cita. ¿Es posible que la poesía pueda captar la realidad, del tipo que sea, si tenemos en cuenta que esta tercera mujer es un ideal, un ser incorpóreo, un sueño imposible?

Rima LIII

"Volverán las oscuras golondrinas"

GUÍA DE LECTURA

La rima LIII, "Volverán las oscuras golondrinas", se incluye dentro de la cuarta serie de rimas, y se señalan como influencias los poemas "Lesbia", de Lord Byron, y "Kindertolenlieder", de Rückert. El poema trata de cómo algo trivial, unos hechos sin gran trascendencia, le sirven al yo poético como punto de referencia para expresar un estado anímico y emocional únicos. Estos versos cobran un valor dramático porque la noción de temporalidad apunta a un pasado irrecuperable. El poema se estructura en base a dos sistemas paralelísticos, y pasa de lo general a lo particular; es decir, de mundos generales al mundo individual del yo poético. Es una de las rimas más difundidas, antologadas y conocidas de Bécquer.

Ardiente: apasionada
Ansia de goces: deseosa de placeres
Trenzas: pelo
Brindarte: ofrecerte
Dichas: satisfacciones
Vano: insubstancial
Incorpórea: sin cuerpo
Intangible: no puede ser tocada

❀ ❀ ❀

Volverán las oscuras golondrinas°
en tu balcón sus nidos° a colgar,
y otra vez con el ala a sus cristales
jugando llamarán.

Pero aquellas que el vuelo refrenaban°
tu hermosura y mi dicha° a
        contemplar,
aquellas que aprendieron nuestros
        nombres…
ésas… ¡no volverán!

Volverán las tupidas° madreselvas°
de tu jardín las tapias° a escalar°
y otra vez a la tarde aún más hermosas
sus flores se abrirán.

Pero aquellas cuajadas° de rocío°
cuyas gotas mirábamos temblar
y caer como lágrimas del día
ésas… ¡no volverán!

Volverán del amor en tus oídos
las palabras ardientes a sonar,
tu corazón de su profundo sueño
tal vez despertará.

Pero mudo y absorto° y de rodillas
como se adora a Dios ante su altar
como yo te he querido…
        desengáñate°,
así… ¡no te querrán!

ANÁLISIS CRÍTICO

1. Análisis formal: cómputo silábico, rima, figuras retóricas y tropos. En la primera estrofa hay un claro ejemplo de aliteración, ¿puede identificarlo? ¿Existen otros ejemplos de aliteración en esta rima? ¿Encuentra algunos ejemplos de comparación, personificación y polisíndeton?

2. El poema está basado en dos sistemas paralelísticos, ¿puede identificar qué estrofas pertenecen a uno y otro sistema?

3. ¿De qué manera se contraponen las dos primeras estrofas, de las dos segundas y de las dos últimas?

4. ¿Cómo pasa el poeta de lo general a lo individual en estas estrofas? ¿Qué valor le asigna a los pronombres "aquellas" y "ésas", y al verbo en su forma negativa "no volverán" que aparecen en las estrofas número dos y cuatro?

5. ¿Qué importancia juega el tiempo en esta rima? ¿Cómo contrasta el yo poético la idea de repetición con el acto único e irrepetible del amor que vivió con su amada?

Golondrina: pájaro migratorio, negro por
    encima y blanco por debajo
Nidos: construcción de paja y barro donde las
    golondrinas ponen los huevos
Refrenaban: detenían, disminuían
Dicha: felicidad
Tupidas: espesas, llenas de ramas
Madreselvas: tipo de planta sarmentosa, de
    flores color amarillo y rosa

Tapias: paredes
Escalar: subir, ascender
Cuajadas: llenas de
Rocío: gotas de agua que se forman en la
    atmósfera al condensarse la humedad
Absorto: abstraído, con toda la atención puesta
    en una sola cosa
Desengáñate: convéncete

6. ¿Cómo mezcla el poeta el lenguaje coloquial con el poético? En la última estrofa el yo poético se sirve de un lenguaje coloquial al hablar de la amada, ¿cuál es su propósito?

7. ¿Qué relación existe entre el yo poético y la amada en el momento en que el yo poético enuncia los versos de esta rima? Una vez más ¿qué valor le asigna a los signos de exclamación que encontramos en algunos de los versos?

8. ¿Hay algún intento de gradación por parte del yo poético en las distintas estrofas que componen esta rima?

ENSAYOS

1. La mujer suele estar en el centro del proceso creador de Bécquer. Comente qué papeles juegan las mujeres y el amor en las tres rimas que ha estudiado. ¿Hay diferencias notables en cómo aparecen representados unas y otro en las tres rimas? ¿Hay en las tres rimas, o en alguna de ellas, una representación alegórica de la mujer? ¿Cuál es su significado?

2. Las rimas IV y XI son ejemplos claros de metapoesía; es decir, el poeta reflexiona en el poema sobre el mismo proceso de la creación poética. Escriba un ensayo explicando dónde puede encontrar el poeta, según Bécquer, dichas fuentes de la creación. ¿Esta usted de acuerdo con Bécquer? ¿Cree usted que hay otros temas que dan origen a la poesía? Coméntelos.

3. La crítica, como queda mencionado en las respectivas "guías de lectura", ha señalado la posible influencia de algunos escritores en la creación de las tres rimas anteriores, la IV, la XI y la LIII. Haga un estudio de estas posibles influencias prestando atención a sus aspectos temáticos y formales. Escoja ejemplos concretos y explique cómo se manifiestan estas influencias.

BIBLIOGRAFÍA

Blanc, Mario A. *Las rimas de Bécquer: su modernidad.* Madrid: Ed. Pliegos, 1988.

Díaz, José Pedro. *Gustavo Adolfo Bécquer. Vida y poesía.* Madrid: Ed. Gredos, 1971.

López Castro, Armando. *El arpa olvidada. Estudios sobre Bécquer.* León: Universidad de León, 2002.

Marín, Diego y Ángel del Río. *Breve historia de la literatura española.* New York: Holt, Rinehart and Winston, 1966.

Mizrahi, Irene. *La poética dialógica de Bécquer.* Amsterdam: Rodopi, 1998.

Palomo, María del Pilar. *Gustavo Adolfo Bécquer. Rimas/Leyendas cartas desde mi celda.* Barcelona: Ed. Planeta, 1982.

Río, Ángel del. *Historia de la literatura española.* New York: Holt, Rinehart and Winston, 1963.

Sebold, Russell P. Editor *Gustavo Adolfo Bécquer. Rimas.* Madrid: Espasa-Calpe, 1989.

Torres, José Carlos de. Editor. *Rimas.* Madrid: Clásicos Castalia, 1974.

Emilia Pardo Bazán

(1851-1920)

Emilia Pardo Bazán, natural de La Coruña y de familia aristocrática, introdujo el naturalismo en España y defendió arduamente las tesis feministas, por lo que se vio envuelta en acres polémicas. Fue la primera mujer en ocupar una cátedra de literatura en la universidad de Madrid, y participó activamente en la vida intelectual del país a través de sus trabajos de crítica literaria, conferencias y artículos. Además de estos trabajos, Pardo Bazán cultivó la novela, el cuento, la poesía y el teatro, pero destacó principalmente por su creación en prosa.

Su primera novela es *Pascual López* (1879), sobre un estudiante de química que aprende el procedimiento de hacer diamantes industriales. Le sigue *Un viaje de novios* (1881), la primera novela naturalista que apareció en España. *La tribuna* (1882) es su primera novela importante, y tiene por protagonista a una empleada de una fábrica de tabaco de La Coruña. Es una obra naturalista de crítica social, pero sin el determinismo que vemos en otras obras naturalistas. Su obra naturalista se sitúa en el campo gallego, y destaca entre ellas *Los pazos de Ulloa* (1886), su obra maestra. El pazo, especie de casa de campo o chalet gallego, es el espacio donde Pardo Bazán sitúa gran parte del desarrollo narrativo de esta novela, y el tema central de la misma se centra en la decadencia de una oligarquía que ha perdido su influencia en la sociedad y sólo mantiene cualidades negativas, como el ocio, la violencia y la falta de organización. La novela cuenta la historia de Primitivo, administrador del marqués de Moscoso, quien termina usurpando el poder de éste y se convierte en el verdadero cacique del área. Su hija, Sabel, es amante del marqués y los dos tienen un hijo: Perucho, que vive en un medio primitivo, decadente y degradado. En el otro lado de la balanza se encuentran el joven sacerdote Julián, Nucha, la esposa del marqués, y la hija de éstos, Manolita. Es una obra pesimista, marcada por la sensualidad y la violencia atávica, en la que se produce un enfrentamiento entre la ciudad y el campo, en la que cobra gran importancia la descripción de la naturaleza y en la que, finalmente, triunfa la barbarie sobre la razón y el orden. *La madre naturaleza* (1887), publicada poco después, continúa el tema de la novela anterior, y trata de la relación incestuosa entre los dos hijos de Moscoso, Perucho y Manuelita, consumada en un paisaje descrito con tonos idílicos. Acto seguido, los dos niños son expulsados del paraíso y Manolita termina expiando su culpa en un convento mientras que Perucho se hunde en la desesperación.

Otro de los temas que trató Pardo Bazán es el de los gallegos que emigraban a Madrid. En *Insolación* (1889), por ejemplo, la protagonista es una joven viuda aristocrática que se va a Madrid y aquí mantiene una breve relación sentimental con un seductor de clase baja; y en *Morriña* (1890) la protagonista es una joven de carácter tímido que se va a trabajar a la gran ciudad huyendo de la pobreza. En *La sirena negra* (1908) Pardo Bazán toca el tema neoespiritualista cristiano, y se centra en cómo la protagonista, representación simbólica de la muerte, seduce a un hombre y le promete el descanso eterno y la solución a los enigmas de la vida ultraterrena. Eventualmente se produce una conversión del hombre y se libera de la tentación de la sirena.

Se estima que Pardo Bazán escribió unos quinientos cuentos, reunidos en colecciones como *Cuentos escogidos* (1891), *Cuentos de Marineda* (1892), *Cuentos nuevos* (1894), *En tranvía* (1901), y otras. Sus cuentos son de carácter costumbrista, naturalista, humorístico, satíricos, etc. Merecen mención "El palacio frío", "la armadura", "El mandil de cuero", y el que vamos a leer a continuación: "Las medias rojas". Pardo Bazán siguió de cerca y se dejó influir por algunas de las tendencias literarias de la época. Además del Naturalismo, simpatizó con las ideas del Simbolismo, Modernismo y Expresionismo, y la influencia de la novela rusa se deja sentir en su libro *La revolución y la novela en Rusia* (1887). Su labor crítica se inició con un *Estudio crítico de las obras del Padre Feijoo* (1876), y publicó una historia de *La literatura francesa moderna* (1910). Su participación en la controversia sobre el Naturalismo quedó expuesta en una serie de artículos publicados bajo el título de *La cuestión palpitante* (1883). En esta obra, Pardo Bazán defiende las tesis naturalistas, pero sin prescindir de las fuerzas morales y religiosas que conviven con los instintos más primarios del hombre y un ambiente determinista. Escribió una hermosa biografía sobre *San Francisco de Asís* (1881), y varios libros de viajes, como *Por Francia y por Alemania* (1890). Su producción poética y dramática no es meritoria.

❊ ❊ ❊

"Las medias rojas"

GUÍA DE LECTURA

Mariano Baquero Goyanes hace una clasificación de los cuentos de Pardo Bazán en fantásticos, morales, trágicos, cómicos, religiosos, morales, dramáticos, o centrados en la guerra, la vida rural, el amor, los niños, los animales o problemas sociales. "Las medias rojas" es un cuento dramático que se centra en la vida rural, y trata de una joven que un día decide desafiar la autoridad del padre y partir para un nuevo mundo. Pardo Bazán plantea aquí el conflicto entre la joven Ildara, y su deseo de independencia, y su padre, encarnación de unos valores tradicionales y conservadores. Indirectamente, el cuento se hace eco del problema agrario, manifiesto en la falta de posesión de tierra y la necesidad de emigrar al Nuevo Mundo en busca de mejor fortuna.

❊ ❊ ❊

Cuando la rapaza° entró, cargada con el haz de leña° que acababa de merodear° en el monte del señor amo, el tío Clodio no levantó la cabeza, entregado a la ocupación de picar° un cigarro, sirviéndose, en vez de navaja, de una uña córnea°, color de ámbar oscuro, porque la había tostado el fuego de las apuradas° colillas°.

Ildara soltó° el peso en tierra y se atusó° el cabello, peinado a la moda "de las señoritas" y revuelto° por los enganchones° de las ramillas que se agarraban° a él. Después, con la lentitud de las faenas aldeanas°, preparó el fuego, lo prendió, desgarró° las berzas°, las echó en el pote° negro, en compañía de unas patatas mal troceadas° y de unas judías° asaz° secas, de la cosecha anterior°, sin remojar°. Al cabo de° estas operaciones, tenía el tío Clodio

---

Rapaza: chica
Haz de leña: una pequeña cantidad de madera
Merodear: recoger
Picar: cortar
Córnea: en forma de cuerno
Apuradas: consumidas, muy gastadas
Colillas: extremos de los cigarros que quedan sin fumar
Soltó: dejó
Se atusó: se arregló el pelo con la mano
Revuelto: despeinado
Enganchones: acción de enganchar o prender
Se agarraban: se sujetaban, se asían

Faenas aldeanas: trabajos del campo
Desgarró: partió, troceó
Berzas: coles
Pote: utensilio para cocinar
Troceadas: partidas, cortadas
Judías: alubias
Asaz: bastante
Cosecha anterior: del año anterior, y por tanto algo duras
Sin remojar: sin haber metido en agua para ablandarlas
Al cabo de: después de

liado° su cigarrillo, y lo chupaba desgarbadamente°, haciendo en los carrillos° dos hoyos° como sumideros°, grises, entre el azuloso° de la descuidada barba.

Sin duda la leña estaba húmeda de tanto llover la semana entera, y ardía mal, soltando° una humareda° acre°; pero el labriego° no reparaba°: al humo, ¡bah!, estaba él bien hecho° desde niño. Como Ildara se inclinase para soplar y activar la llama, observó el viejo cosa más insólita°: algo de color vivo, que emergía de las remendadas° y encharcadas° sayas° de la moza°… Una pierna robusta, aprisionada° en una media roja, de algodón.

—¡Ey! ¡Ildara!

—¡Señor padre!

—¿Qué novidá° es ésa?

—¿Cuál novidá?

—¿Ahora me gastas medias, como la hirmán° del abade?

Incorporóse° la muchacha, y la llama, que empezaba a alzarse, dorada, lamedora° de la negra panza° del pote, alumbró° su cara redonda, bonita, de facciones pequeñas, de boca apetecible°, de pupilas claras, golosas° de vivir.

—Gasto medias, gasto medias—repitió, sin amilanarse°—. Y si las gasto, no se las debo a ninguén°.

—Luego nacen los cuartos° en el monte—insistió el tío Clodio con amenazadora sorna°.

—¡No nacen!… Vendí al abade unos huevos, que no dirá menos él… Y con eso merqué° las medias.

Una luz de ira cruzó por los ojos pequeños, engarzados° en duros párpados, bajo cejas hirsutas°, del labrador… Saltó del banco donde estaba escarrancado°, y agarrando a su hija por los hombros, la zarandeó° brutalmente, arrojándola° contra la pared, mientras barbotaba°:

—¡Engañosa!° ¡Engañosa! ¡Cluecas° andan las gallinas, que no ponen°!

Ildara, apretando los dientes por no gritar de dolor, se defendía la cara con las manos. Era siempre su temor de mociña° guapa y requebrada°, que el padre la mancase°, como le había sucedido a la Mariola, su prima, señalada° por su propia madre en la frente con el aro

---

Liado: enrollado
Desgarbadamente: de cualquier manera, sin delicadeza
Carrillos: mejillas
Hoyos: agujeros
Sumideros: aberturas o conductos por donde caen las aguas residuales
Azuloso: de color azul
Soltando: liberando
Humareda: humo
Acre: de mal olor
Labriego: labrador
No reparaba: no le daba importancia
Estaba él bien hecho: estaba él acostumbrado
Insólita: increíble
Remendadas: arreglar una saya poniendo trozos de otras sayas
Encharcadas: mojadas
Sayas: faldas, vestido
Moza: chica
Aprisionada: metida, llevando
Novidá: novedad
Hirmán: hermana
Incorporóse: se levantó, se puso en pie
Lamedora: chupadora

Panza: parta más ancha del utensilio usado para cocinar
Alumbró: iluminó
Apetecible: deseable, tentadora
Golosas: deseosas
Sin amilanarse: sin sentirse intimidada
Ninguén: nadie
Cuartos: dinero
Sorna: ironía
Merqué: compré
Engarzados: encajados, metidos
Hirsutas: gruesas y rígidas
Escarrancado: despatarrado, sentado con las piernas separadas
Zarandeó: movió, sacudió
Arrojándola: tirándola
Barbotaba: profería palabras entre dientes
Engañosa: mentirosa
Cluecas: estado de las gallinas que están empollando y no ponen huevos
Que no ponen: que no dan huevos
Mociña: chica
Requebrada: lisonjeada, piropeada
Mancase: hiciese daño
Señalada: marcada con una cicatriz

de la criba°, que le desgarró° los tejidos. Y tanto más defendía su belleza, hoy que se acercaba el momento de fundar° en ella un sueño de porvenir. Cumplida la mayor edad, libre de la autoridad paterna, la esperaba el barco, en cuyas entrañas° tantos de su parroquia° y de las parroquias circunvecinas° se habían ido hacia la suerte, hacia lo desconocido de los lejanos países donde el oro rueda° por las calles y no hay sino bajarse para cogerlo. El padre no quería emigrar, cansado de una vida de labor, indiferente a la esperanza tardía: pues que se quedase él… Ella iría sin falta°: ya estaba de acuerdo con el gancho°, que le adelantaba° los pesos para el viaje, y hasta le había dado cinco de señal°, de los cuales habían salido las famosas medias… Y el tío Clodio, ladino, sagaz°, adivinador o sabedor, sin dejar de tener acorralada y acosada° a la moza, repetía:

—Ya te cansaste de andar descalza° de pie y pierna, como las mujeres de bien, ¿eh, condenada? ¿Llevó medias alguna vez tu madre? ¿Peinóse como tú, que siempre estás dale que tienes con el cacho de° espejo? Toma, para que te acuerdes…

Y con el cerrado puño hirió primero la cabeza, luego el rostro°, apartando las medrosas manecitas°, de forma no alterada aún por el trabajo, con que se escudaba° Ildara, trémula°. El cachete° más violento cayó sobre un ojo, y la rapaza° vió como un cielo estrellado, miles de puntos brillantes, envueltos en una radiación de intensos coloridos sobre un negro terciopeloso°. Luego, el labrador aporreó° la nariz, los carrillos. Fué un instante de furor, en que sin escrúpulo la hubiese matado, antes que verla marchar, dejándole a él solo, viudo, casi imposibilitado° de cultivar la tierra que llevaba en arriendo°, que fecundó° con sudores tantos años, a la cual profesaba un cariño maquinal, absurdo. Cesó al fin de pegar; Ildara, aturdida° de espanto°, ya no chillaba° siquiera.

Salió fuera, silenciosa, y en el regato° próximo se lavó la sangre. Un diente bonito, juvenil, le quedó en la mano. Del ojo lastimado°, no veía.

Como que el médico, consultado tarde y de mala gana, según es uso° de labriegos, habló de un desprendimiento° de la retina, cosa que no entendió la muchacha, pero que consistía… en quedarse tuerta°.

Y nunca más el barco la recibió en sus concavidades° para llevarla hacia nuevos horizontes de holganza° y lujo. Los que allá vayan, han de ir sanos, válidos, y las mujeres, con sus ojos alumbrando° y su dentadura completa…

Aro de la criba: parte circular a la que va sujeta una tela metálica que sirve para separar el grano de la paja
Desgarró los tejidos: le hizo una herida en la piel
Fundar: basar, fundamentar
Entrañas: interior
Parroquia: pueblo
Circunvecinas: cercanas
Rueda: corre
Sin falta: de seguro
Gancho: intermediario en el proceso de irse al nuevo mundo
Le adelantaba: le daba anticipadamente
De señal: como prueba de su seriedad y compromiso
Ladino, sagaz: astuto, listo
Acorralada y acosada: arrinconada y atacándola
Descalza: sin zapatos
Cacho de: trozo, fragmento de
Rostro: cara
Medrosas manecitas: las pequeñas manos llenas de miedo
Escudaba: protegía
Trémula: temblorosa
Cachete: golpe
Rapaza: chica
Terciopeloso: de terciopelo
Aporreó: golpeó
Imposibilitado: incapacitado físicamente
En arriendo: en alquiler
Fecundó: hizo producir
Aturdida: confundida
Espanto: miedo
Chillaba: gritaba
Regato: pequeña corriente de agua
Lastimado: herido
Es uso: es costumbre
Desprendimiento: separación
Tuerta: con visión en un solo ojo
Concavidades: interior
Holganza: placer
Alumbrando: capaces de ver

CUESTIONARIO

1. ¿Qué descripción física se da del tío Clodio? ¿y de Ildara?
2. ¿En qué faenas o actividades laborales vemos ocupada a Ildara?
3. ¿Cómo reacciona el tío Clodio cuando ve a su hija con las medias rojas?
4. ¿Miente Ildara cuando le dice a su padre que el dinero con el que compró las medias lo sacó de vender los huevos al abade?
5. ¿Quién es Mariola? ¿Que le sucedió a ella?
6. ¿Quién es el *gancho*?
7. ¿Dónde fue herida Ildara?
8. ¿Por qué no puede cumplirse ya el deseo de Ildara?

SELECCIÓN MÚLTIPLE

I. Ildara dijo que compró las medias
   1. Con dinero ahorrado
   2. Con dinero que le dio su padre
   3. Con dinero que sacó de una venta de huevos
   4. Con un préstamo que le hizo el *gancho*

II. Cuando el padre ve a su hija Ildara con las medias rojas, aquél reacciona
   1. Gritando y pegándola
   2. Poniéndose triste
   3. Echándola de casa
   4. Yéndose de casa

III. El padre no quiere que la hija se vaya porque
   1. Tiene miedo de lo que pueda sucederle a Ildara fuera de casa
   2. Teme que no regrese nunca más a casa
   3. No quiere quedarse solo
   4. Piensa casarla con alguien conocido del pueblo

IV. El sueño de Ildara es
   1. Irse con su novio
   2. Irse en el barco a otros mundos
   3. Estudiar una carrera
   4. Quedarse con el padre

V. ¿Qué impresión o idea tiene Ildara de esos mundos lejanos a donde piensa ir?
   1. Que las mujeres se casan muy jóvenes
   2. Que es muy fácil hacerse rico
   3. Que había mucha libertad
   4. Que había mucha justicia

ANÁLISIS CRÍTICO

1. ¿En qué voz narrativa se cuenta esta historia? ¿Hay algún cambio de perspectiva a lo largo del cuento?

2. ¿Cuál es el elemento o anécdota narrativa que desencadena el conflicto narrativo?

3. Mariola tuvo una experiencia similar a Ildara, y es de suponer que otras jóvenes también las tuvieran. ¿Qué está tratando de decirnos la voz narrativa con esta suma de coincidencias?

4. ¿Qué valor simbólico podemos asignar al barco?

5. Señale las circunstancias en las que aparece el color rojo en este cuento y explique su valor simbólico.

6. ¿Qué opinión le merece la decisión de Ildara? ¿Está de acuerdo en que debe dejar a su padre y partir para otros mundos?

ENSAYO

Emilia Pardo Bazán fue una de las escritoras que más contribuyó a la introducción y éxito del Naturalismo en España. Escriba un ensayo sobre los rasgos más salientes del Naturalismo y mencione qué aspectos narrativos de este cuento lo vinculan a esta tendencia literaria.

BIBLIOGRAFÍA

Baquero Goyanes, Mariano. *La novela naturalista espanola: Emilia Pardo Bazán*. Murcia: Universidad de Murcia, 1955.

Hemingway, Maurice. *Emilia Pardo Bazán. The Making of a Novelist*. Cambridge: Cambridge UP, 1983.

Marín, Diego y Ángel del Río. *Breve historia de la literatura española*. New York: Holt, Rinehart and Winston, 1966.

Osborne, Robert E. *Emilia Pardo Bazán. Su vida y sus obras*. México: Ed. de Andrea, 1964.

Pardo Bazán, Emilia. *Obras completas*. Tomo II. Madrid: M. Aguilar, 1947.

Pattison, Walter T. *Emilia Pardo Bazán*. New York: Twayne Pub., 1971.

※ ※ ※

LEOPOLDO ALAS

(1852-1901)

Leopoldo Alas, conocido con el seudónimo de Clarín, nació en Zamora, pero vivió casi toda su vida en Oviedo, en cuya universidad fue profesor de derecho natural y romano y de economía política. Desde los treinta y dos años la vida de Clarín se vio afectada por la enfermedad. Experimentó, por un lado, complicaciones nerviosas, y por otro una afección tuberculosa que lo llevaría a la muerte a los cuarenta y nueve años de edad.

Es autor de una de las mejores creaciones narrativas del siglo XIX, *La Regenta* (1884), novela realista con elementos naturalistas. La novela narra la historia de una joven mujer, Ana Ozores, que vive infelizmente casada con Víctor, un buen hombre que es bastante mayor que ella. Al sentirse frustrada, física y emocionalmente, en esta relación, Ana se ve tentada por dos hombres de gran influencia: Fermín de Pas, Magistral de la catedral de Vetusta (nombre ficticio por Oviedo, donde tiene lugar la acción narrativa), y Álvaro, un cacique liberal de Vetusta que acaba enamorando a Ana. Fermín y Álvaro, representantes respectivamente del mundo espiritual y caciquil de Vetusta, son dos seres corruptos que se sirven de un discurso romántico para enamorar a Ana, mientras que el esposo de ésta parece vivir en el mundo ficticio de los dramas de honor calderonianos. Al final de la obra el conflicto se resuelve en un duelo entre Álvaro y Víctor. Muerto éste, Álvaro se va para Madrid y Ana se queda hundida en la soledad. Clarín hace aquí una certera disección de la vida provinciana, al tiempo que nos proporciona un profundo análisis sicológico de una multiciplicidad de personajes que aparecen en la novela. La crítica le atribuye influencias de Zola en cuanto a su concepto de la sociedad, de Flaubert y Stendhal en el análisis sicológico de los personajes, de Galdós en su visión crítica de la sociedad, y de Eça de Queiroz en el reflejo de la corrupción del clero.

Escribió una segunda novela, *Su único hijo* (1890), centrada en Bonis, un marido soñador e ineficaz. Bonis mantiene una relación con una actriz que no es otra cosa sino un reflejo de su ideal de amor. Desengañado de su amante, traicionado por su mujer y engañado por los familiares de ésta, Bonis experimenta una especie de renovación espiritual y encuentra que ser padre de su hijo es la mayor de sus aspiraciones.

Es autor de más de cien cuentos, algunos de los cuales pueden ser considerados pequeñas novelas. Sus cuentos han aparecido reunidos en colecciones como *Pipa* (1886), *El Señor y lo demás, son cuentos* (1893), *Cuentos morales* (1896), *El gallo de Sócrates* (1901), y *Doctor Sutilis*, entre otras. Quizá su mejor colección de relatos breves sea la contenida en *El señor y lo demás, son cuentos*, en la que se encuentra el cuento "¡Adiós, Cordera!".

La obra crítica de Clarín aparece en varios tomos: *Solos de Clarín* (1881), *Sermón perdido* (1885), *Mezclilla* (1889), y algunas otras colecciones más. A pesar del respeto que como crítico infundió en sus coetáneos, Clarín no dejó importantes estudios de crítica, aunque sí dejó el estudio más completo en su tiempo sobre Galdós.

❀ ❀ ❀

"¡Adiós, Cordera!"

GUÍA DE LECTURA

El cuento de Clarín, "¡Adiós, Cordera!", escrito en 1892, narra la historia de dos niños gemelos, Rosa y Pinín, y de su vaca, "Cordera". Los tres protagonistas aparecen felices en el espacio idílico y bucólico del prado Somonte hasta que el padre de los gemelos se ve obligado a vender la vaca para pagar las rentas de las fincas. Con el paso del tiempo, Pinín es arrebatado por la misma máquina del progreso que se llevó a la vaca, el tren, y llevado a luchar en una guerra en la que desconoce quien es su propio jefe. Es un cuento emotivo, de gran lirismo y ternura, en el que el lector puede fácilmente colegir la polaridad de fuerzas que entran en conflicto.

❋ ❋ ❋

¡Eran tres: siempre los tres! Rosa, Pinín[1] y la *Cordera*.

El *prao*° Somonte[2] era un recorte° triangular de terciopelo° verde tendido°, como una colgadura°, cuesta abajo por la loma°. Uno de sus ángulos, el inferior, lo despuntaba° el camino de hierro° de Oviedo a Gijón. Un palo° del telégrafo, plantado allí como pendón° de conquista, con sus *jícaras*° blancas y sus alambres paralelos, a derecha e izquierda, representaba para Rosa y Pinín el ancho mundo desconocido, misterioso, temible, eternamente ignorado. Pinín, después de pensarlo mucho, cuando a fuerza de ver días° y días el poste tranquilo, inofensivo, campechano°, con ganas, sin duda, de aclimatarse° en la aldea° y parecerse todo lo posible a un árbol seco, fue atreviéndose con él, llevó la confianza al extremo de abrazarse al leño° y trepar° hasta cerca de los alambres. Pero nunca llegaba a tocar la porcelana° de arriba, que le recordaba las *jícaras*° que había visto en la rectoral° de Puao[3]. Al verse tan cerca del misterio sagrado, le acometía° un pánico de respeto, y se dejaba resbalar° de prisa hasta tropezar con los pies en el césped.

Rosa, menos audaz°, pero más enamorada de lo desconocido, se contentaba con arrimar° el oído al palo del telégrafo, y minutos, y hasta cuartos de hora, pasaba escuchando los formidables rumores metálicos que el viento arrancaba° a las fibras del pino seco en contacto con el alambre. Aquellas vibraciones, a veces intensas como las del diapasón, que, aplicado al oído, parece que quema con su vertiginoso latir°, eran para Rosa los *papeles* que pasaban, las *cartas* que se escribían por los *hilos*°, el lenguaje incomprensible que lo ignorado hablaba con lo ignorado; ella no tenía curiosidad por entender lo que los de allá, tan lejos, decían a los del otro extremo del mundo. ¿Qué le importaba? Su interés estaba en el ruido por el ruido mismo, por su timbre° y su misterio.

La *Cordera*, mucho más formal que sus compañeros, verdad es que, relativamente, de edad también mucho más madura°, se abstenía de toda comunicación con el mundo civilizado, y miraba de lejos el palo del telégrafo, como lo que era para ella, efectivamente, como cosa muerta, inútil, que no le servía siquiera para rascarse°. Era una vaca que había vivido mucho. Sentada horas y horas, pues, experta en pastos°, sabía aprovechar el tiempo,

---

Prao: prado, lugar donde se cultiva alfalfa o hierba
Recorte: fragmento, trozo
Terciopelo: tipo de tela
Tendido: colgado, extendido
Colgadura: tela que cuelga de algún lugar
Loma: pequeña colina
Lo despuntaba: lo cortaba
Camino de hierro: ferrocarril
Palo: poste
Pendón: bandera, estandarte
Jícaras: pieza de cerámica del palo del telégrafo al que van sujetos los cables
A fuerza de ver días: después de ver tanto y por tantos días
Campechano: llano, sin arrogancia
Aclimatarse: acostumbrarse, hacerse familiar
Aldea: pueblo pequeño

Leño: poste o palo del telégrafo
Trepar: subir
Porcelana: jícaras, material de cerámica usado en el aislamiento eléctrico
Jícaras: tazas pequeñas
Rectoral: casa del cura
Acometía: entraba
Resbalar: deslizar
Audaz: atrevida
Arrimar: acercar
Arrancaba: sacaba, extraía
Latir: palpitar
Hilos: alambres
Timbre: variedad de tono de un sonido
De edad mucho más madura: mayor de edad
Rascarse: restregarse, frotarse la piel contra algo
Pastos: hierba que comen los animales

---

1   *Pinín*: en bable, dialecto asturiano, diminutivo de Pin –José

2   *Somonte*: topónimo, se halla situado en el norte de España, en Gijón

3   *Puao*: pueblo del concejo de Gijón

meditaba más que comía, gozaba del placer de vivir en paz, bajo el cielo gris y tranquilo de su tierra, como quien alimenta el alma, que también tienen los brutos; y si no fuera profanación, podría decirse que los pensamientos de la vaca matrona°, llena de experiencia, debían de parecerse todo lo posible a las más sosegadas y doctrinales odas de Horacio.

Asistía a los juegos de los pastorcicos encargados de *llindarla*°, como una abuela. Si pudiera, se sonreiría al pensar que Rosa y Pinín tenían por misión en el prado cuidar de que ella, la *Cordera*, no se extralimitase, no se metiese por la vía del ferrocarril ni saltara a la heredad° vecina. ¡Qué había de saltar! ¡Qué se había de meter!°

Pastar° de cuando en cuando, no mucho, cada día menos, pero con atención, sin perder el tiempo en levantar la cabeza por curiosidad necia°, escogiendo sin vacilar° los mejores bocados°, y, después, sentarse sobre el cuarto trasero° con delicia, a rumiar la vida, a gozar el deleite del no padecer°, del dejarse existir: esto era lo que ella tenía que hacer, y todo lo demás aventuras peligrosas. Ya no recordaba cuándo le había picado la mosca.

*"El *xatu* (el toro), los saltos locos por las praderas adelante… ¡todo eso estaba tan lejos!"

Aquella paz sólo se había turbado° en los días de prueba de la inauguración del ferrocarril. La primera vez que la *Cordera* vio pasar el tren, se volvió loca. Saltó la sebe° de lo más alto del Somonte, corrió por prados ajenos, y el terror duró muchos días, renovándose, más o menos violento, cada vez que la máquina asomaba° por la trinchera° vecina. Poco a poco se fue acostumbrando al estrépito° inofensivo. Cuando llegó a convencerse de que era un peligro que pasaba, una catástrofe que amenazaba sin dar, redujo sus precauciones a ponerse en pie y a mirar de frente, con la cabeza erguida°, al formidable monstruo; más adelante no hacía más que mirarle, sin levantarse, con antipatía y desconfianza; acabó por no mirar al tren siquiera.

En Pinín y Rosa la novedad del ferrocarril produjo impresiones más agradables y persistentes. Si al principio era una alegría loca, algo mezclada de miedo supersticioso, una excitación nerviosa, que les hacía prorrumpir en° gritos, gestos, pantomimas descabelladas°, después fue un recreo° pacífico, suave, renovado varias veces al día. Tardó mucho en gastarse aquella emoción de contemplar la marcha vertiginosa, acompañada del viento, de la gran culebra de hierro, que llevaba dentro de sí tanto ruido y tantas castas° de gentes desconocidas, extrañas.

Pero telégrafo, ferrocarril, todo eso, era lo de menos°: un accidente pasajero que se ahogaba° en el mar de soledad que rodeaba el prao Somonte. Desde allí no se veía vivienda humana°; allí no llegaban ruidos del mundo más que al pasar el tren. Mañanas sin fin, bajo los rayos del sol a veces, entre el zumbar° de los insectos, la vaca y los niños esperaban la proximidad del mediodía para volver a casa. Y luego, tardes eternas, de dulce tristeza

---

Matrona: mayor de edad
Llindarla: voz bable que significa "cuidarla para que no se vaya a otro lugar"
Heredad: finca, propiedad
¡Qué había…meter!: de ninguna manera iba a saltar o meterse en otra finca
Pastar: comer la hierba
Necia: tonta
Vacilar: dudar
Bocados: cantidad de hierba que le cabe en la boca
Cuarto trasero: parte de atrás del cuerpo
Padecer: sufrir
Turbado: alterado
Sebe: valla o seto formados por plantas

Asomaba: comenzaba a verse
Trinchera: corte hecho en el terreno para que pase un tren
Estrépito: ruido fuerte
Erguida: levantada, en alto
Prorrumpir en : emitir bruscamente, soltar
Descabelladas: disparatadas, insensatas
Recreo: descanso
Castas: variedades
Era lo de menos: era lo menos importante
Se ahogaba: se perdía
Vivienda humana: casa
Zumbar: sonido producido por los insectos al volar

silenciosa, en el mismo prado, hasta venir la noche, con el lucero vespertino[4] por testigo mudo en la altura°. Rodaban las nubes allá arriba, caían las sombras de los árboles y de las peñas° en la loma y en la cañada°, se acostaban los pájaros, empezaban a brillar algunas estrellas en lo más oscuro del cielo azul, y Pinín y Rosa, los niños gemelos, los hijos de Antón de Chinta, teñida° el alma de la dulce serenidad soñadora de la solemne y seria Naturaleza, callaban horas y horas, después de sus juegos, nunca muy estrepitosos°, sentados cerca de la *Cordera*, que acompañaba el augusto silencio de tarde en tarde con un blando son° de perezosa esquila°.

/ En este silencio, en esta calma inactiva, había amores. Se amaban los dos hermanos como dos mitades de un fruto verde, unidos por la misma vida, con escasa conciencia de lo que en ellos era distinto, de cuanto los separaba; amaban Pinín y Rosa a la *Cordera*, la vaca abuela, grande, amarillenta, cuyo testuz° parecía una cuna°. La *Cordera* recordaría a un poeta la *zacala* del Ramayana, la vaca santa[5]; tenía en la amplitud de sus formas, en la solemne serenidad de sus pausados y nobles movimientos, aires y contornos° de ídolo destronado, caído, contento con su suerte, más satisfecha con ser vaca verdadera que dios falso. La *Cordera*, hasta donde es posible adivinar° estas cosas, puede decirse que también quería a los gemelos encargados de apacentarla°. ¡

Era poco expresiva; pero la paciencia con que los toleraba cuando en sus juegos ella les servía de almohada, de escondite°, de montura°, y para otras cosas que ideaba° la fantasía de los pastores, demostraba tácitamente° el afecto del animal pacífico y pensativo. /

En tiempos difíciles, Pinín y Rosa habían hecho por la *Cordera* los imposibles de solicitud° y cuidado. No siempre Antón de Chinta había tenido el prado Somonte. Este regalo era cosa relativamente nueva. Años atrás, la *Cordera* tenía que salir *a la gramática°*, esto es, a apacentarse como podía, a la buena ventura° de los caminos y callejas° de las rapadas° y escasas praderías del común°, que tanto tenían de vía pública como de pastos. Pinín y Rosa, en tales días de penuria°, la guiaban° a los mejores altozanos°, a los parajes° más tranquilos y menos esquilmados°, y la libraban de las mil injurias° a que están expuestas las pobres reses° que tienen que buscar su alimento en los azares° de un camino.

Altura: cielo
Peña: punta de una montaña
Cañada: camino por donde pasaban ganados
    trashumantes
Teñida: contaminada
Estrepitosos: ruidosos
Blando son: suave sonido
Esquila: pequeña campana colocada en el cuello
    de algunos animales
Testuz: nuca, o parte trasera de la cabeza, de la
    vaca
Cuna: cama para niños
Aires y contornos: aspecto
Adivinar: descubrir, predecir
Apacentarla: cuidarla mientras come
Escondite: lugar donde uno se esconde
Montura: estructura o soporte que se pone
    encima del caballo para poder montarlo

Ideaba: imaginaba, pensaba
Tácitamente: calladamente, en silencio
Solicitud: atención, amabilidad
Salir a la gramática: se explica a continuación,
    salir "a apacentarse –comer– como podía"
A la buena ventura: al azar, sin planear
Callejas: calles pequeñas
Rapadas: cortadas
Común: comunidad
Penuria: escasez, necesidad
Guiaban: llevaban
Altozanos: colina, pequeña elevación
Parajes: lugares
Menos esquilmados: menos gastados, con más
    hierba
Injurias: ofensas, daños
Reses: vacas
Azares: a la suerte, a la casualidad

---

4   *Lucero vespertino*: se refiere al planeta
    Venús, visible por la mañana o por la tarde
    en el mismo punto por donde sale o se
    pone el sol
5   *La zacala... vaca santa*: para los hindúes la

vaca es un animal sagrado. El *Ramayana* es un poema épico atribuido a Valmiki y escrito entre los siglos III y IV. Consta de 50.000 versos y en él se cuentan las gestas de Rama, rey de Kamala.

En los días de hambre, en el establo, cuando el heno° escaseaba, y el narvaso° para *estrar* el lecho° caliente de la vaca faltaba también, a Rosa y a Pinín debía la *Cordera* mil industrias° que la hacían más suave la miseria. ¡Y qué decir de los tiempos heroicos del parto° y la cría, cuando se entablaba° la lucha necesaria entre el alimento y regalo de la *nación*°, y el interés de los Chintos, que consistía en robar a las ubres° de la pobre madre toda la leche que no fuera absolutamente indispensable para que el ternero subsistiese°! Rosa y Pinín, en tal conflicto, siempre estaban de parte de la Cordera, y en cuanto había ocasión, a escondidas, soltaban el recental°, que, ciego, y como loco, a testaradas° contra todo, corría a buscar el amparo° de la madre, que le albergaba° bajo su vientre, volviendo la cabeza agradecida y solícita, diciendo, a su manera:

—Dejad a los niños y a los recentales que vengan a mí.

Estos recuerdos, estos lazos, son de los que no se olvidan.

Añádase a todo que la *Cordera* tenía la mejor pasta de vaca° sufrida del mundo. Cuando se veía emparejada° bajo el yugo° con cualquier compañera, fiel a la gamella°, sabía someter su voluntad a la ajena, y horas y horas se la veía con la cerviz° inclinada, la cabeza torcida°, en incómoda postura°, velando° en pie mientras la pareja dormía en tierra.

* * *

Antón de Chinta comprendió que había nacido para pobre cuando palpó° la imposibilidad de cumplir aquel sueño dorado suyo de tener un *corral*° propio con dos yuntas° por lo menos. Llegó, gracias a mil ahorros, que eran mares de sudor y purgatorios de privaciones, llegó a la primera vaca, la Cordera, y no pasó de ahí; antes de poder comprar la segunda se vio obligado, para pagar atrasos° al *amo*°, el dueño de la *casería*° que llevaba en renta, a llevar al mercado a aquel pedazo° de sus entrañas, la Cordera, el amor de sus hijos. Chinta había muerto a los dos años de tener la Cordera en casa. El establo y la cama del matrimonio estaban pared por medio°, llamando pared a un tejido de ramas de castaño y de cañas de maíz. La Chinta[6], musa de la economía en aquel hogar miserable, había muerto mirando a la vaca por un boquete° del destrozado tabique° de ramaje°, señalándola como salvación de la familia.

Heno: hierba usada como alimento del ganado
Narvaso: caña de maíz sin la mazorca.
Estrar el lecho: echar sobre la cama
Industrias: habilidades, inventos
Parto: dar a luz, parir
Se entablaba: se iniciaba
Regalo de la nación: (bable) cría y mantenimiento de su descendencia
Ubres: mamas de la vaca
Subsistiese: viviese
Recental: ternero, cría de la vaca
Testaradas: golpes dados con la cabeza
Amparo: protección
Albergaba: daba abrigo o protección
La mejor pasta de vaca: el mejor carácter como vaca
Emparejada: unida, acompañada
Yugo: pieza de madera a la que se atan las dos vacas o mulas
Gamella: arco del yugo, honesta en sus obligaciones laborales
Cerviz: parte posterior de la cabeza
Torcida: vuelta
Postura: posición
Velando: vigilando
Palpó: tocó
Corral: cuadra, local donde se alojan los animales
Yuntas: dos parejas de animales
Atrasos: cantidad de dinero que no ha sido pagada a su debido tiempo
Amo: se explica en la siguiente oración, el dueño de la *casería*
Casería: casa y fincas
Pedazo: fragmento
Pared por medio: separados por una pared
Boquete: agujero, abertura
Tabique: pared
Ramaje: ramas

---

6   *Chinta*: Jacinta, nombre de la esposa de Antón

"Cuidadla, es vuestro sustento°", parecían decir los ojos de la pobre moribunda°, que murió extenuada de hambre y de trabajo.

⁄El amor de los gemelos se había concentrado en la Cordera; el regazo°, que tiene su cariño especial, que el padre no puede reemplazar, estaba al calor de la vaca, en el establo, y allá, en el Somonte. ⁄

Todo esto lo comprendía Antón a su manera, confusamente. De la venta necesaria no había que decir palabra a los neños°. Un sábado de julio, al ser de día°, de mal humor Antón, echó a° andar hacia Gijón, llevando la Cordera por delante, sin más atavío° que el collar de esquila. Pinín y Rosa dormían. Otros días había que despertarlos a azotes°. El padre los dejó tranquilos. Al levantarse se encontraron sin la Cordera. "Sin duda, mío pá° la había llevado al xatu°." No cabía otra conjetura°. Pinín y Rosa opinaban que la vaca iba de mala gana; creían ellos que no deseaba más hijos, pues todos acababa por perderlos pronto, sin saber cómo ni cuándo.

Al oscurecer, Antón y la Cordera entraban por la corrada° mohínos°, cansados y cubiertos de polvo. El padre no dio explicaciones, pero los hijos adivinaron el peligro.

⁄No había vendido, porque nadie había querido llegar al precio que a él se le había puesto en la cabeza. Era excesivo: un sofisma° del cariño. Pedía mucho por la vaca para que nadie se atreviese a llevársela. Los que se habían acercado a intentar fortuna se habían alejado pronto echando pestes° de aquel hombre que miraba con ojos de rencor y desafío el que osaba° insistir en acercarse al precio fijo en que él se abroquelaba°. Hasta el último momento del mercado estuvo Antón de Chinta en el Humedal, dando plazo° a la fatalidad.

⁄"No se dirá, pensaba, que yo no quiero vender: son ellos que no me pagan la Cordera en lo que vale." Y, por fin, suspirando°, si no satisfecho, con cierto consuelo°, volvió a emprender° el camino por la carretera de Candás adelante, entre la confusión y el ruido de cerdos y novillos°, bueyes y vacas, que los aldeanos° de muchas parroquias[7] del contorno conducían con mayor o menor trabajo, según eran de antiguo las relaciones entre dueños y bestias.

En el Natahoyo, en el cruce de dos caminos, todavía estuvo expuesto° el de Chinta a quedarse sin la Cordera; un vecino de Carrió, que le había rondado° todo el día ofreciéndole pocos duros[8] menos de los que pedía, le dio el último ataque, algo borracho.

El de Carrió subía, subía, luchando entre la codicia° y el capricho de llevar la vaca. Antón, como una roca. Llegaron a tener las manos enlazadas°, parados en medio de la carretera, interrumpiendo el paso... Por fin, la codicia pudo más; el pico° de los cincuenta

---

Sustento: alimento
Moribunda: a punto de morir
Regazo: parte situada entre las piernas y la
    cintura
Neños: niños
Al ser de día: pronto en la mañana
Echó a: empezó a
Atavío: indumentaria, ropa
Azotes: golpes
Mío pá: mi padre
Xatu: toro
Conjetura: suposición, posibilidad
Corrada: parte frontal de la casa
Mohínos: enfadados
Sofisma: razonamiento que trata de hacer pasar
    por verdadero algo falso

Echando pestes: enfadados
Osaba: intentaba
Se abroquelaba: defendía
Plazo: espacio de tiempo
Suspirando: exhalando aire y exclamando
Consuelo: alivio
Emprender: tomar
Novillos: toros jóvenes
Aldeanos: habitantes
Expuesto: a punto de
Había rondado: había estado detrás de él
Codicia: avaricia
Enlazadas: apretadas, juntas
Pico: parte de una cantidad de dinero que es
    superior al número redondo

---

7   *Parroquias*: territorio y habitantes de una   8   *Duros*: un duro equivale a cinco pesetas
    zona determinada

los separó como un abismo; se soltaron las manos, cada cual tiró por su lado; Antón, por una calleja que, entre madreselvas° que aún no florecían y zarzamoras° en flor, le condujo hasta su casa.

* * *

Desde aquel día en que adivinaron° el peligro, Pinín y Rosa no sosegaron°. A media semana se personó° el mayordomo° en el corral de Antón. Era otro aldeano de la misma parroquia, de malas pulgas°, cruel con los caseros atrasados°. Antón, que no admitía reprimendas°, se puso lívido° ante las amenazas de desahucio°.

El amo no esperaba más. Bueno, vendería la vaca a vil° precio, por una merienda°. Había que pagar o quedarse en la calle.

Al sábado inmediato acompañó al Humedal Pinín a su padre. El niño miraba con horror a los contratistas de carnes, que eran los tiranos del mercado. La Cordera fue comprada en su justo precio por un rematante° de Castilla. Se la hizo una señal en la piel y volvió a su establo de Puao, ya vendida, ajena, tañendo° tristemente la esquila. Detrás caminaban Antón de Chinta, taciturno°, y Pinín, con ojos como puños°. Rosa, al saber la venta, se abrazó al testuz de la *Cordera*, que inclinaba la cabeza a las caricias como al yugo.

"¡Se iba la vieja°!" —pensaba con el alma destrozada Antón el huraño°.

"Ella ser, era una bestia, pero sus hijos no tenían otra madre ni otra abuela."

Aquellos días en el pasto, en la verdura° del Somonte, el silencio era fúnebre. La Cordera, que ignoraba su suerte, descansaba y pacía como siempre, sub specie aeternitatis°, como descansaría y comería un minuto antes de que el brutal porrazo la derribase muerta°. Pero Rosa y Pinín yacían° desolados°, tendidos° sobre la hierba, inútil en adelante. Miraban con rencor° los trenes que pasaban, los alambres del telégrafo. Era aquel mundo desconocido, tan lejos de ellos por un lado, y por otro el que les llevaba su *Cordera*.

El viernes, al oscurecer, fue la despedida. Vino un encargado° del rematante de Castilla por la res. Pagó; bebieron un trago° Antón y el comisionado°, y se sacó a la *quintana*° la *Cordera*. Antón había apurado° la botella; estaba exaltado°; el peso del dinero en el bolsillo le animaba también. Quería aturdirse°. Hablaba mucho, alababa° las excelencias de la vaca. El otro sonreía, porque las alabanzas de Antón eran impertinentes. ¿Que daba la res tantos y tantos *xarros*° de leche? ¿Que era noble en el yugo, fuerte con la carga? ¿Y qué, si dentro de

---

Madreselvas: tipo de planta con flores amarillas y rosáceas
Zarzamoras: fruto de la zarza
Adivinaron: se imaginaron
Sosegaron: descansaron
Se personó: se presentó
Mayordomo: el encargado de administrar los negocios del dueño de las propiedades
De malas pulgas: de mal carácter
Caseros atrasados: los que rentaban las propiedades del dueño y no estaban al día en el pago de la renta
Reprimendas: reprensiones
Lívido: pálido, descolorido
Desahucio: echarlo de la propiedad que rentaba
Vil: bajo
Merienda: comida a media tarde
Rematante: persona que se queda con algo que se subasta, comprador
Tañendo: tocando
Taciturno: callado, silencioso
Puños: posición de la mano cerrada

La vieja: la vaca
Huraño: de mal humor
Verdura: pradera, hierba
Sub specie aeternitatis: dando la impresión de algo eterno
El brutal porrazo la derribase muerta: el golpe la matara
Yacían: se encontraban
Desolados: devastados, muy tristes
Tendidos: echados
Rencor: resentimiento
Encargado: representante del rematante
Bebieron un trago: tomaron algo de alcohol
Comisionado: la persona enviada por el rematante
Quintana: corral de la casa
Apurado: terminado el alcohol
Exaltado: estado de ánimo alto
Aturdirse: ponerse nervioso, confundirse
Alababa: hablaba bien de
Xarros: jarros

pocos días había de estar reducida a chuletas y otros bocados suculentos°? Antón no quería imaginar esto; se la figuraba viva, trabajando, sirviendo a otro labrador, olvidada de él y de sus hijos, pero viva, feliz... Pinín y Rosa, sentados sobre el montón de *cucho*°, recuerdo para ellos sentimental de la Cordera y de los propios afanes°, unidos por las manos, miraban al enemigo con ojos de espanto°. En el supremo instante se arrojaron° sobre su amiga; besos, abrazos: hubo de todo. No podían separarse de ella. Antón, agotada° de pronto la excitación del vino, cayó como en un marasmo°; cruzó los brazos, y entró en el *corral* oscuro. Los hijos siguieron un buen trecho° por la calleja, de altos setos°, el triste grupo del indiferente comisionado y la *Cordera*, que iba de mala gana con un desconocido y a tales horas. Por fin, hubo que separarse. Antón, mal humorado, clamaba desde casa:

—¡Bah, bah, *neños*, acá vos° digo; basta de *pamemes*°! —Así gritaba de lejos el padre con voz de lágrimas.

Caía la noche; por la calleja oscura que hacían casi negra los altos setos, formando casi bóveda°, se perdió el bulto° de la Cordera, que parecía negra de lejos. Después no quedó de ella más que el *tin tan*° pausado de la esquila, desvanecido° con la distancia, entre los chirridos° melancólicos de cigarras° infinitas.

—¡Adiós, *Cordera*! —gritaba Rosa deshecha en llanto°—. ¡Adiós, *Cordera* de *mío* alma!

—¡Adiós, *Cordera*! —repetía Pinín, no más sereno.

—Adiós —contestó por último, a su modo, la esquila, perdiéndose su lamento triste, resignado, entre los demás sonidos de la noche de julio en la aldea...

* * *

Al día siguiente, muy temprano, a la hora de siempre, Pinín y Rosa fueron al prao Somonte. Aquella soledad no lo había sido nunca para ellos, triste; aquel día, el Somonte sin la Cordera parecía el desierto.

De repente silbó° la máquina, apareció el humo, luego el tren. En un furgón° cerrado, en unas estrechas ventanas altas o respiraderos°, vislumbraron° los hermanos gemelos cabezas de vacas que, pasmadas°, miraban por aquellos tragaluces°.

—¡Adiós, Cordera! —gritó Rosa, adivinando allí a su amiga, a la vaca abuela.

—¡Adiós, Cordera! — vociferó° Pinín con la misma fe°, enseñando° los puños al tren, que volaba camino de Castilla.

Y, llorando, repetía el rapaz°, más enterado° que su hermana de las picardías° del mundo:

Suculentos: sabrosos
Cucho: abono, fertilizante
Afanes: trabajos, penalidades
Espanto: miedo
Se arrojaron: se tiraron
Agotada: terminada
Marasmo: inmovilidad, paralización
Trecho: tramo, parte del camino
Setos: cercas o paredes formadas por algún tipo de plantas
Vos: os
Pamemes: pamemas, pamplinas, demostraciones sentimentales de algo
Bóveda: arco
Bulto: volumen, figura
Tin tan: sonido de la esquila
Desvanecido: desaparecido

Chirridos: ruidos, cantos
Cigarras: tipo de insecto
Deshecha en llanto: llorando
Silbó: sonido producido por la máquina
Furgón: coche o compartimento del tren
Respiraderos: aberturas por donde entra el aire
Vislumbraron: pudieron ver
Pasmadas: inexpresivas, impasibles
Tragaluces: ventana abierta en el techo, se refiere a los respiraderos
Vociferó: gritó
Con la misma fe: con la misma intensidad y convicción
Enseñando: mostrando
Rapaz: chico, se refiere a Pinín
Enterado: informado
Picardías: malicia

---

9   *Indianos*: españoles que regresaban a la madre patria después de haber hecho   fortuna en las Américas

—La llevan al Matadero°… Carne de vaca, para comer los señores, los curas… los indianos[9].

—¡Adiós, *Cordera*!

—¡Adiós, *Cordera*!

Y Rosa y Pinín miraban con rencor la vía°, el telégrafo, los símbolos de aquel mundo enemigo, que les arrebataba°, que les devoraba a su compañera de tantas soledades, de tantas ternuras° silenciosas, para sus apetitos, para convertirla en manjares° de ricos glotones°…

—¡Adiós, *Cordera*!…

—¡Adiós, *Cordera*!…

* * *

Pasaron muchos años. Pinín se hizo mozo° y se lo llevó el Rey. Ardía la guerra carlista[10]. Antón de Chinta era casero de un cacique[11] de los vencidos; no hubo influencia para declarar inútil a Pinín, que, por ser, era como un roble°.

Y una tarde triste de octubre, Rosa, en el *prao* Somonte sola, esperaba el paso del tren correo de Gijón, que le llevaba a sus únicos amores, su hermano. Silbó a lo lejos la máquina, apareció el tren en la trinchera, pasó como un relámpago. Rosa, casi metida por las ruedas, pudo ver un instante en un coche de tercera[12] multitud de cabezas de pobres quintos[13] que gritaban, gesticulaban, saludando a los árboles, al suelo, a los campos, a toda la patria familiar, a la pequeña, que dejaban para ir a morir en las luchas fratricidas de la patria grande, al servicio de un rey de unas ideas que no conocían.

Pinín, con medio cuerpo fuera de una ventanilla, tendió° los brazos a su hermana; casi se tocaron. Y Rosa pudo oír entre el estrépito de las ruedas y la gritería° de los reclutas° la voz distinta de su hermano, que sollozaba°, exclamando, como inspirado por un recuerdo de dolor lejano:

—¡Adiós, Rosa!… ¡Adiós, *Cordera*!

—¡Adiós, Pinín! ¡Pinín de *mío* alma!…

"Allá iba, como la otra, como la vaca abuela. Se lo llevaba el mundo. Carne de vaca para los glotones, para los indianos; carne de su alma, carne de cañón° para las locuras del mundo, para las ambiciones ajenas."

Entre confusiones de dolor y de ideas, pensaba así la pobre hermana viendo al tren perderse a lo lejos, silbando triste, con silbido que repercutían° los castaños°, las vegas y los peñascos…

Matadero: lugar donde matan las vacas
Vía: camino del tren
Arrebataba: quitaba, llevaba
Ternuras: cariño, afecto
Manjares: comida sabrosa o cuculenta
Glotones: personas que comen mucho
Mozo: joven
Era como un roble: era muy fuerte

Tendió: extendió
Gritería: conjunto de voces en alta voz
Reclutas: soldados
Sollozaba: lloraba
Carne de cañón: gente que es destinada en la guerra a ocupar los lugares más peligrosos
Repercutían: resonaban
Castaños: tipo de árbol que produce castañas

---

10 *La guerra carlista*: Debe tratarse de la tercera guerra carlista (1872-1876). Por estas fechas, 1875, Alfonso XII es coronado rey de España y se inicia la conocida *Restauración borbónica*. En esta época se impone el sistema caciquista, basado en la autoridad política, social y económica de estos señores adinerados.

11 *Cacique*: persona que controla autoritariamente el poder político y económico de una región o localidad

12 *Coche de tercera*: los trenes solían llevar coches o vagones de tres categorías: de primera, la más elevada, de segunda, de nivel intermedio, y de tercera, la peor equipada de las tres.

13 *Quintos*: jóvenes que cumplen la edad requerida para servir en el ejército

¡Qué sola se quedaba! Ahora sí, ahora sí que era un desierto el *prao* Somonte.

—¡Adiós, Pinín! ¡Adiós, *Cordera*!

✝ Con qué odio miraba Rosa la vía manchada de carbones apagados; con qué ira los alambres del telégrafo. ¡Oh! bien hacía la *Cordera* en no acercarse. Aquello era el mundo, lo desconocido, que se lo llevaba todo. Y sin pensarlo, Rosa apoyó la cabeza sobre el palo clavado° como un pendón en la punta del Somonte. El viento cantaba en las entrañas del pino seco su canción metálica. Ahora ya lo comprendía Rosa. Era canción de lágrimas, de abandono, de soledad, de muerte. ✐

En las vibraciones rápidas, como quejidos°, creía oír, muy lejana, la voz que sollozaba por la vía adelante:

—¡Adiós, Rosa! ¡Adiós, *Cordera*!

CUESTIONARIO

1. ¿Cómo describe el narrador la vaca? ¿Qué representa la vaca para Pinín y Rosa? ¿Qué tipo de relación existe entre ellos?

2. ¿Por qué, o por quién, aparecía cortado uno de los ángulos del prado Somonte?

3. ¿Qué se imaginaba Rosa que eran las vibraciones que se producían al contacto del alambre con las fibras del pino seco?

4. ¿Cómo reaccionaría la vaca si Tinín y Rosa estuvieran encargados de cuidarla?

5. ¿Qué impresión produce en Rosa y Pinín la novedad del paso del tren?

6. ¿Dónde comía la vaca antes de que Antón adquiriera el prado Somonte?

7. ¿Con qué amenazó el mayordomo a Antón de Chinta?

8. ¿Quién intentó comprar la res de Antón? ¿Quién la compró finalmente? ¿En qué estado de ánimo se encontraba Antón cuando el comprador se disponía a llevar la vaca?

SELECCIÓN MÚLTIPLE

I. De los cuatro protagonistas principales de esta historia, ¿quién se mostró más audaz en su relación con el poste del telégrafo?

1. Rosa
2. Pinín
3. Antón
4. "Cordera"

II. El narrador nos describe el ferrocarril como

1. Un monstruo formidable
2. Una máquina
3. Una culebra de hierro
4. Las tres descripciones dadas en las preguntas anteriores: 1, 2 y 3

Clavado: metido en la tierra   *Quejidos*: lamentos

III. ¿Cómo reacciona la vaca al ver pasar el tren las primeras veces?
   1. Con alegría
   2. Con curiosidad
   3. Con miedo
   4. Con indiferencia

IV. La chinta se había muerto
   1. Enferma y extenuada por el calor
   2. De frío y enferma
   3. De hambre y de trabajar mucho
   4. Pobre y hambrienta

V. La razón por la que Antón no vendió la vaca la primera vez fue porque
   1. Los niños no querían que su padre la vendiera
   2. La vaca era demasiado vieja
   3. El precio era muy alto
   4. La vaca estaba enferma

VI. Cuando Pinín y Rosa se levantan y no ven la vaca, se imaginaron que su padre la había llevado
   1. Al prao Somonte
   2. A vender
   3. Al toro para que quedara preñada
   4. A pasear por el pueblo

ANÁLISIS CRÍTICO

1. El cuento está narrado en tercera persona. ¿Puede categorizarse la narración de este narrador de objetiva e imparcial? ¿Lo vemos a veces narrar bajo el punto de vista de alguno de los personajes del cuento?

2. Identifique en qué momentos de la narración se percibe una personificación de la vaca.

3. ¿Puede entresacar algunos ejemplos del texto que podrían ser categorizados de "prosa poética"? ¿Qué propósito narrativo tiene la utilización de este tipo de prosa?

4. La acción narrativa se sitúa, al principio del cuento, en el prado Somonte; y el tren es descrito como una "gran culebra de hierro". ¿Qué lectura simbólica puede hacer de este mundo que está tratando de representar el narrador?

5. ¿Qué conexión o relación analógica establece el narrador entre la vaca y la difunta esposa de Antón?

6. ¿Qué lectura bíblico-simbólica podemos hacer de la vaca si partimos del hecho que el narrador la llama "Cordera" y al final es llevada al matadero?

7. Al hablar del destino final que le espera a la vaca y a los soldados que van a la guerra, el narrador lo hace en términos similares. ¿Qué tipo de crítica está tratando de hacer? ¿A quién critica?

ENSAYOS

1. Durante la Restauración borbónica, iniciada con Alfonso XII en 1875, la sociedad española conoció la tercera guerra carlista, el progreso industrial, y un auge desmesurado del caciquismo. Escriba un ensayo sobre estos tres temas relacionándolos con el contexto histórico del cuento de Clarín.

2. En los cuentos "La trampa" y "El Quin" los animales cobran un papel protagónico. Lea uno de estos dos cuentos y lo compare con "¡Adiós, Cordera!" prestando atención al papel que juegan los animales en uno y otro cuento, y a cómo los trata el narrador.

BIBLIOGRAFÍA

Ezama, Ángeles. Ed. *Leopoldo Alas, "Clarín". Cuentos.* Con estudio preliminar de Gonzalo Sobejano. Barcelona: Crítica, 1997.

Oliver, Walter. "Clarin's '¡Adiós, Cordera!' As a Critical Assesment of Provincial Life and Politics." *Romance Notes* 28, 1 (1987): 77-83.

Richmond, Carolyn. *Cuentos completos/1 Clarín.* Madrid: Alfaguara, 2000.

Río, Ángel del. *Historia de la literatura española.* Nueva York: Holt, Rinehart and Winston, 1963.

Ríos, Laura de. *Los cuentos de Clarín. Proyección de una vida.* Madrid: Revista de Occidente, 1965.

Ullman, Pierre L. "Clarin's Androcratic Ethic and the Antiapocalyptic Structure of '¡Adiós, Cordera!'" En AA. VV. *The Analysis of Hispanic Texts. Current Trends in Methodology.* Ed. Lisa E. Davis e Isabel C. Tarán. Nueva York: Bilingual Press, 1976: 11-31.

Varela Jacome, Benito. *Leopoldo Alas "Clarín".* Madrid: EDAF, 1980.

Capítulo IV

Siglo XX
De le generación del 98 a la
Postmodernidad

Introducción histórico-cultural

PANORAMA HISTÓRICO

En 1902, con dieciséis años de edad, sube al trono Alfonso XIII, hijo de Alfonso XII y María Cristina de Habsburgo. Hasta la subida al trono de Alfonso XIII, su madre María Cristina mantuvo el gobierno de la Regencia, presidido por Sagasta. Sin embargo, los partidos de la oposición –republicanos, socialistas, antidinásticos, carlistas, y otros– crearon serios problemas políticos al gobierno. En 1909, ejerciendo de presidente del gobierno Antonio Maura, se produjeron una serie de atentados, asesinatos, manifestaciones, y otros actos subversivos que se conocen como la Semana Trágica de Barcelona. Su instigador fue el anarquista catalán Francisco Ferrer, quien fue apresado y mandado ejecutar. Maura, ante las críticas de los partidos anarquistas europeos, dimitió de presidente. La elección de José Canalejas como presidente tampoco resolvió los problemas del país, y dos años después de su elección fue asesinado por un anarquista. Desde que subió al trono Alfonso XIII, el país vivió en la constante anarquía a pesar de los cambios constantes en la presidencia del gobierno. Esta situación de caos sirvió de pretexto para que el capitán general, Miguel Primo de Rivera, con la aprobación del rey, se declarara dictador de España en 1923. A pesar de que el país mejoró económicamente, en el orden político y militar continuaba el descontento, y el rey se vio obligado a retirar su apoyo al dictador. Una vez que Primo de Rivera hubo dimitido, los republicanos y socialistas se unieron para derrocar al monarca, y éste, para evitar la posibilidad de una guerra civil, se exilió del país y se produjo el nacimiento de la Segunda República (1931-1936). En estos cinco años el gobierno republicano vivió continuos enfrentamientos internos protagonizados por republicanos moderados y radicales, socialistas, anarquistas, y sindicalistas. De los distintos presidentes republicanos quizá el más conocido, por su política radical y su oposición a la iglesia, haya sido Manuel Azaña. Los ataques de Azaña contra la iglesia provocaron una reacción adversa en muchos españoles y la formación de un frente de partidos de la derecha. A Azaña le sucedió Alejandro Lerroux, pero éste, como los anteriores presidentes del gobierno, no logró sacar al país de su estado de anarquía: huelgas, asesinatos, terrorismo, y quema de iglesias y centros públicos. En 1935 se hizo evidente la incapacidad del régimen republicano para resolver los problemas socio-económicos y políticos del país, y se anunciaron elecciones generales para el año siguiente, 1936, que son ganadas por la izquierda. En julio de este mismo año, agentes de la Guardia de Asalto de la República asesinan a Calvo Sotelo, el jefe más carismático de los partidos de la derecha. El 18 de julio de 1936, los carlistas, falangistas, y otros partidos de la derecha, se levantan contra el gobierno de la República y así se inicia la guerra civil española de 1936-1939.

El país se dividió en dos bloques beligerantes, por un lado "la derecha", formada por la Confederación Española de Derechas Autónomas (CEDA), falangistas, monárquicos, carlistas, el clero, e incluso por algunos republicanos moderados; y por otro la izquierda, compuesta de socialistas, comunistas, republicanos, el Partido Nacionalista Vasco y anarquistas. Aunque los primeros en sublevarse contra la República fueron las fuerzas militares, el levantamiento triunfó por el apoyo que tuvo entre los agricultores y ganaderos de Castilla, León y Galicia, y entre los monárquicos y católicos de Navarra y Aragón. Frente a éstos se encontraba el sector republicano, ubicado en las regiones autónomas de Vascongadas y Cataluña, Andalucía, las grandes ciudades, que contaban con una mayoría de proletariado, y la región minera de Asturias.

A primeros de agosto de 1936 el ejército español ubicado en Marruecos, a las órdenes del general Franco, cruza el estrecho de Gibraltar e inicia una guerra contra la República que desde sus inicios se internacionaliza. Por un lado, apoyando a la derecha, se encontraban Alemania, Italia y Portugal, y por otro, luchando del lado de la República, se encontraba la Unión Soviética y las brigadas internacionales provenientes de EE.UU., Francia, y Gran Bretaña, entre otros países. En los primeros meses de la contienda Franco ya controlaba el suroeste de España. Pero a finales de 1936, y en 1937, las fuerzas militares de la derecha –los nacionalistas- fracasan en su intento de tomar la capital de España. Vista la resistencia de Madrid, los nacionalistas dirigen sus ataques al norte de España y se apoderan de Santander, Asturias y la zona vasca. En 1938, las tropas nacionalistas de Franco se internan por el valle del Ebro y llegan al Mediterráneo, dividiendo la zona republicana, ubicada en el este de España, en dos partes. En el verano de 1938 tiene lugar la batalla del Ebro, una de las más cruentas de la guerra civil, que ganó Franco y decidió definitivamente el curso de la guerra. En enero de 1939 Franco toma Barcelona, en marzo Madrid capitula, y el 1 de abril la guerra civil concluyó con victoria de los nacionalistas y el nombramiento subsiguiente de Franco como caudillo de España.

El régimen de Franco duró de 1939 a 1975, pero en la década de los cuarenta sufrió el aislamiento impuesto por las grandes potencias vencedoras de la segunda guerra mundial por considerarlo simpatizante con las ideas fascistas de Alemania e Italia. A finales de esta década, 1948, y a medida que las relaciones entre los países occidentales y los del bloque comunista iban deteriorándose, Europa y EE.UU comienzan a reconciliarse con España. EE.UU, concretamente, le concede algunos préstamos a España, con Eisenhower firma un acuerdo de ayuda militar que le permite a aquel país el establecimiento de bases militares en España, y en 1955 España es admitida en la ONU.

En política interior, el gobierno de Franco organizó y definió las instituciones y leyes por las que debía regirse el país. Las Cortes se encargarían de elaborar las leyes, aunque el jefe del estado se reservaba el derecho de aprobarlas. Este, el jefe del estado, tenía el poder de nombrar o destituir a los ministros. En 1947 se redactó la Ley del Referéndum, con la que se aprobaba la participación del pueblo español en las decisiones del gobierno, y también se promulgó la Ley de Sucesión, con la cual se legitimaba el retorno de la monarquía al poder una vez fallecido Franco. En 1969, Franco decidió que el heredero legítimo al trono era Juan Carlos, nieto de Alfonso XIII. En las primeras décadas que siguieron a la guerra civil, la Falange controlaba el nombramiento de todos los cargos políticos y todos los planes de enseñanza. Con el paso de los años, Franco se distanció de la falange y nombró ministros que no eran falangistas, sino tecnócratas con una clara ideología capitalista. A partir de 1960, el país experimentó un gran auge económico, especialmente en los sectores agrícola e industrial, que se vio incrementado con la creación de unos planes de desarrollo económico y social que llevó a cabo el gobierno español. Este progreso económico también contribuyó al nacimiento de una nueva industria: la del turismo. Tanto es así que de 1960 a 1975 el número de turistas que visitó el país subió de cuatro a treinta millones por año. Sin embargo, muchos españoles –obreros y estudiantes entre otros-, estaban cansados de la represión política del régimen franquista y manifestaron su oposición por medio de huelgas, manifestaciones, y actos terroristas, tales como los protagonizados por el grupo vasco ETA. En 1975, después de haber estado 36 años en el poder, fallece Franco.

A la muerte de Franco, le sucede en el poder Juan Carlos I, quien elige como jefe del gobierno a Arias Navarro. El nuevo gobierno inicia una política de transición encaminada a traer la democracia al país. A tal fin, se decretó la libertad de todos los presos políticos y se legalizaron casi todos los partidos políticos. En el verano de 1976, con objeto de acelerar el proceso de democratización del país, el rey nombró como sucesor de Arias Navarro a Adolfo Suárez. Adolfo Suárez se encargó de liberalizar las instituciones políticas del país, de implantar una monarquía parlamentaria y constitucional, y de pasar una ley que dictaminaba la existencia de una Cámara de Diputados del Congreso y de un Senado. Asimismo, Suárez legalizó en 1977 todos los partidos de la izquierda, hasta entonces ilegales. En 1977 tuvieron lugar las primeras elecciones democráticas después de 41 años, y las ganó Suárez al frente del partido UCD –Unión de Centro Democrático-, un partido conservador de la derecha moderada. En 1981, y debido a los problemas económicos del país, el paro, el crimen y el terrorismo, Suárez se ve obligado a dimitir del puesto. Le sucede, efímeramente, Leopoldo Calvo Sotelo, y en 1982 se convocan nuevas elecciones generales que gana el PSOE –Partido Socialista Obrero Español– liderado por Felipe González. Felipe González dio prioridad a los problemas económicos del país, y en política internacional firmó la entrada de España en la Comunidad Económica Europea, la CEE, y años después en la OTAN.

PANORAMA ARTÍSTICO-CULTURAL

La arquitectura de principios de siglo sigue los mismos estilos de las décadas precedentes. Sobresalen en este período el Palacio de Comunicaciones de Madrid, de estilo barroco, y el monumento a Alfonso XII de estilo neoclásico, situado en el Parque del Retiro de Madrid, de José Grases. De línea más tradicional son los edificios de la exposición iberoamericana de Sevilla, y de influencia norteamericana el Edificio de la Telefónica de Madrid. Después de la guerra civil la arquitectura siguió una variedad de estilos inspirados en la tradición española, francesa o alemana. Por ejemplo, en el Ministerio del Aire de Madrid se ve la influencia herreriana del Monasterio del Escorial, en el monumento a la *Cruz de los caídos* se percibe la influencia del neoclasicismo francés, y en *El arco del triunfo* de Madrid se nota una influencia del arte nazi alemán. En años posteriores domina el estilo funcional y en la arquitectura civil se sigue el utilitarismo americano.

En el campo de la escultura, a diferencia de las otras artes, la contribución es más escasa y no de gran importancia. Merece mención Mariano Benlliure (1866-1947), autor de la estatua *El patriarca Juan de Ribera* y un monumento al torero *Joselito*. Otros escultores de relieve son Aniceto Marinas, autor del monumento a Velázquez a las puertas del Museo del Prado de Madrid, y Lorenzo Cullaut-Valera (1876-1932), autor de Don Quijote y Sancho en el monumento dedicado a Cervantes en la Plaza España de Madrid. Con posterioridad a la guerra civil el escultor más notable es Victorio Macho (1887-1966). Sus obras, dentro de la tradición española con rasgos clásicos, aparecen en numerosas plazas de España. Otro escultor digno de referencia es Juan de Ávalos, autor de la cruz del Valle de los Caídos. Después de la segunda guerra mundial dominan las corrientes abstractas, y en esta tendencia sobresale Ángel Ferrant.

Más actuales son Pablo Serrano (1910-1985) y Eudardo Chillida (1924-). Serrano funde líneas superrealistas con el cubismo, y una de sus obras más destacadas es *Unamuno*, en Salamanca. La obra de Chillida se caracteriza por la abstracción y el uso de distintos materiales. Algunas de sus creaciones son *Gudari* (1974-75), y *Modulación del espacio* (1963).

A diferencia de la escultura, la pintura española del siglo XX cuenta con excelentes representantes. A caballo entre el siglo XIX y el XX se encuentra Ignacio Zuloaga (1870-1945), que se mantuvo al margen de la influencia francesa con cuadros de sabor puramente español. Su pintura, de tonos oscuros, es de carácter realista, y en ella se percibe la influencia de Velázquez y Goya. La temática de su pintura es muy variada, y oscila entre retratos, bodegones, paisajes y desnudos. Algunas de sus obras más conocidas son *Torero gitano*, *Corrida de toros en Eibar*, y el cuadro paisajista de *Toledo*. De todos los pintores sobresalientes en este siglo, no sólo en España sino en toda la pintura universal, destaca la figura de Pablo Ruiz Picasso (1881-1973), natural de Málaga. Su obra pictórica, sujeta a un constante proceso de cambio y evolución, no se puede encuadrar dentro de una escuela determinada. En sus primeros cuadros, a principios de siglo, domina el tono azul y temas relacionados con la bohemia, melancolía y soledad del individuo. A partir de 1904, fase en la que predomina un color más alegre, el rosa, Picasso pinta principalmente bailarines y payasos. De 1906-1907 es su época negra, en la que experimenta con tonos oscuros y líneas angulares y geométricas. De esta etapa destaca su obra *Las muchachas de Avignon*, en la que ya se nota un anticipo de su etapa cubista. La etapa cubista, de hacia 1908, se caracteriza por un uso de líneas geométricas y colores que hacen casi imperceptible la visión del objeto representado. Hacia 1914, sin abandonar el cubismo, Picasso comenzó a experimentar con la técnica del collage para crear obras en las que el tema quedaba subordinado a la experiencia estética del objeto de arte. En 1920, Picasso da inicio a su fase llamada "nuevo clasicismo", caracterizada por la representación de grandes figuras. De esta fase sobresale su cuadro *Dos mujeres desnudas*. De 1934-1946 es su etapa llamada "expansionista", y en ella destaca una de sus obras maestras, *Guernica* (1937), cuadro que describe la crueldad de la guerra civil. En sus últimos años Picasso se dedica a pintar paisajes y figuras en estado estático. Además de pintor, Picasso experimentó con la escultura y la litografía. Otra de las figuras internacionales de la pintura española es el catalán Joan Miró (1893-1983). Los primeros pasos que da Miró en la pintura reciben la influencia de la pintura francesa – expresionismo y fauvismo franceses-, acto seguido se suma a la escuela cubista, y a partir de la década de los 20 su pintura es claramente surrealista. Sus cuadros se caracterizan por la presencia de animales, contraste de colores fuertes y brillantes, y líneas curvas que sugieren un arte primitivo infantil. Entre sus numerosas obras se pueden mencionar unos murales para el edificio de la UNESCO (1958), *Interior holandés*, y *perro ladrando a la luna*. El máximo exponente del surrealismo pictórico es Salvador Dalí (1904-1989), nacido en Barcelona. Dalí descubrió el surrealismo leyendo a Freud y a raíz de su viaje a París, donde conoció a varios escritores surrealistas. Muchos de los cuadros de Dalí tratan de representar algunas facetas del subconsciente por medio de una superposición de imágenes que nos recuerda el mundo de los sueños. En estos cuadros, Dalí se sirve de colores amarillos y ocres, y figuras, en muchos casos, muertas. Sobresale en esta tendencia su obra *Aparición de una cara y un plato frutero en una playa*. Otra tendencia dominante en la obra de Dalí viene dada por cuadros de tema religioso, como *La última cena*, y *Jesucristo crucificado*. La pintura española, con posterioridad a la segunda guerra mundial, ha seguido dominada por estos tres últimos pintores. A pesar de ello, ha habido pintores que se han adherido a distintas tendencias pictóricas, como el monumentalismo, la pintura abstracta, la barroca, o una pintura con rasgos medievalistas. Uno de los pintores más destacados de los últimos años es Antoni Tapies (1923-), que comenzó como surrealista para derivar a una pintura neo-formalista.

En música merecen mención especial dos compositores: Joaquín Turina (1882-1949) y Manuel de Falla. Turina, influido por Albéniz, compone una música vinculada a la vida de Sevilla. Destacan su *Oración del torero* (1925), una de las cumbres de la música española, y *Rapsodia sinfónica*, en la que se nota una tendencia a la abstracción. El compositor, indudablemente, más destacado del siglo XX es el gaditano Manuel de Falla. Lo mismo que Turina, Falla se inspira en su tierra de Andalucía. Sin embargo, mientras que Turina buscaba la realidad concreta de Andalucía, a Falla le interesa el mundo abstracto, los mitos, las leyendas, y la fuerza de las pasiones. De su obra se puede destacar *El amor* brujo (1916), *El corregidor y la molinera* (1919) y *El retablo de Maese Pedro* (1922). Después de la guerra civil, y siguiendo el tono neoclasicista y los temas regionales de Turina y Falla, sobresale Joaquín Rodrigo. Su *Concierto de Aranjuez* (1940) constituye una de las cumbres de la música española. Además de esta composición, Rodrigo es autor de algunas canciones españolas y de *El concierto heroico*, una obra romántica.

CUESTIONARIO

1. ¿Qué se conoce como la Semana Trágica de Barcelona?
2. ¿Qué situación política vivió España durante el reinado de Alfonso XIII?
3. ¿Qué tipo de política siguió Azaña frente a la iglesia?
4. ¿Quién era Calvo Sotelo? ¿Quién lo asesinó?
5. ¿De qué partidos e ideologías políticas se componían los dos bloques que se enfrenaron en la guerra civil española?
6. Al internacionalizarse la contienda civil española, ¿qué países apoyaban a uno y otro bloque?
7. Comente brevemente la campaña militar de Franco que le lleva a la victoria.
8. ¿Cuándo comienza a participar España en el concierto internacional de las naciones? ¿Qué papel jugó EE.UU en este proceso de reconciliación y apertura?
9. ¿Qué proponía la Ley de Sucesión?
10. ¿A partir de qué fechas empezó a mejorar la situación económica de España? ¿Qué industria destacó?
11. ¿Qué decisiones importantes, en materia de política internacional, tomó el gobierno de Felipe González?
12. ¿Qué estilos sigue la arquitectura española tras la guerra civil?
13. Mencione algunas de las fases que sigue la obra pictórica de Picasso.
14. ¿Por qué se caracteriza la pintura de Joan Miró?
15. ¿Qué importancia tuvo Freud en la pintura de Dalí?
16. ¿Qué mundos inspiran la música de Manuel de Falla?

IDENTIFICAR

1. Sagasta
2. Francisco Ferrer
3. Primo de Rivera
4. La batalla del Ebro
5. Juan Carlos I
6. Adolfo Suárez
7. Mariano Benlliure
8. Eduardo Chillida
9. Ignacio Zuloaga
10. Antoni Tapies
11. Joaquín Rodrigo

ENSAYOS

1. El año de 1931 es importante porque se promulgó la constitución republicana. Haga un estudio de investigación centrado en las leyes que fueron aprobadas por este gobierno republicano.

2. Pablo Picasso es uno de los pintores más importantes del siglo XX. Estudie las distintas fases por las que pasa su pintura y menciones algunas de las obras más representativas de cada uno de estos períodos.

3. Luis Buñuel y Pedro Almodóvar son, posiblemente, los dos directores de cine español más internacionales. Estudie el desarrollo que ha experimentado la producción cinematográfica de uno y otro director de cine.

BIBLIOGRAFÍA

Altamira, Rafael. *A History of Spanish Civilization*. Trad. por P. Volkov. London: Constable & Co. Ltd., 1930.

Cantarino, Vicente. *Civilización y cultura de España*. New York: Macmillan Pub. Co., 1988.

Kattán-Ibarra, Juan. *Perspectivas culturales de España*. Lincolnwood, Illinois: National Textbook Co., 1994.

Mallo, Jerónimo. *España. Síntesis de su civilización*. New York: Charles Scribner's Sons, 1957.

❧ ❧ ❧

TEATRO Y POESÍA

INTRODUCCIÓN LITERARIA

TEATRO

El teatro del siglo XX, lo mismo que la poesía, comienza con obras que reciben la influencia del *modernismo*. Este es un teatro poético, en verso, que se inspira en temas exóticos o en nuestro pasado tradicional, y que relega el contenido a un segundo plano. Los dramaturgos más notables de esta tendencia son Eduardo Marquina y Francisco Villaespesa, pero ninguno de los dos dejó obras de gran valor. La renovación del teatro español vendría de la mano de Valle-Inclán, posiblemente el mejor dramaturgo español del siglo XX.

Ramón M. del Valle-Inclán (1866-1936) nació en Villanueva de Arosa, un pueblo de la región de Galicia, y fue un hombre que, por su apariencia –grandes gafas, y barba y pelo largos- y su gran imaginación y mordadicidad, se grangeó fama de extravagante y excéntrico.

Algunas de las primeras obras de Valle Inclán caen dentro de la categoría del teatro poético. Una de éstas fue *Cuento de abril* (1909), pieza modernista cuya acción se sitúa en la Provenza medieval y trata del amor desdichado de un trovador por una princesa. Otra pieza poética es la tragedia pastoril *Voces de gesta* (1912). Abandonada la fase del teatro poético, Valle-Inclán escribió tres dramas conocidos como *comedias bárbaras: Águila de blasón* (1907), *Romance de lobos* (1908) y *Cara de plata* (1922). El tema de éstas se centra en el patriarca gallego don Juan Manuel Montenegro, un señor autocrático, violento, pero valiente y generoso, un señor feudal de su gente. En estas obras Valle-Inclán distorsiona la realidad, rompe con el desarrollo cronológico, e introduce elementos fantásticos. Por estas mismas fechas publicó sus esperpentos: *Luces de Bohemia* (1920), *Los cuernos de don Friolera* (1921), y *La hija del capitán* (1927). *Luces de Bohemia*, una de sus obras más representativas, trata del viaje mítico de un intelectual ciego, Max, por los bajos fondos de Madrid acompañado de su amigo Latino. Es en esta obra donde el autor expone explícitamente su teoría sobre el esperpento, la cual, a grandes rasgos, consiste en distorsionar la representación de la realidad, y en fundir lo cómico y lo trágico en unión indisoluble.

De su producción narrativa cabe citar las cuatro *Sonatas* (1902-1905), centradas en la vida sentimental de Bradomín, un don Juan católico, feo, viejo y sentimental. Es una obra modernista cuya acción se sitúa en distintos escenarios geográficos e históricos. Su trilogía de novelas carlistas: *Los cruzados de la causa, El resplandor de la hoguera*, y *Gerifaltes de antaño* (1908-1909), por otra parte, nos hablan de la decadencia de un mundo feudal existente en su tierra de Galicia. Más tarde publicó *Tirano Banderas* (1926), una de sus obras maestras, centrada en el derrocamiento de un dictador en una utópica sociedad latinoamericana. La creación del dictador es un arquetipo que influirá enormemente en la literatura latinoamericana del siglo XX. En *Ruedo ibérico*, Valle-Inclán proyectó escribir nueve novelas, pero sólo escribió dos y media: *La corte de los milagros* (1927) y *Viva mi dueño* (1928).

Como poeta nos dejó tres libros de poesía: *Aromas de leyenda* (1907), en la que funde elementos modernistas con motivos líricos, *El pasajero* (1920) y *La pipa de Kif* (1919). Su poesía sobresale principalmente por sus valores formales: ritmo, musicalidad, color, e imágenes plásticas.

Además de Valle-Inclán hubo otros dramaturgos que contribuyeron a la renovación del teatro español del siglo XX. Uno de ellos fue Jacinto Benavente (1866-1954), natural de Madrid y ganador del Premio Nobel de Literatura en 1922. Benavente es un gran técnico del teatro, un experto en el manejo de los recursos escénicos, y un profundo conocedor del teatro europeo –Oscar Wilde, Maeterlinck, D'Annuncio, y sobre todo Ibsen. El teatro de Benavente se caracteriza por la fina ironía con la que satiriza algunos aspectos de la sociedad del momento. Su crítica va dirigida, por lo general, contra la aristocracia y la alta burguesía, a la que acusa de hipócrita y materialista. Algunas de sus obras más conocidas son *La noche del sábado* (1903), sátira social contra la aristocracia, y su obra maestra, *Los intereses creados* (1909). La acción de esta obra se sitúa en el siglo XVII, y algunos de los personajes de la obra provienen de la Comedia del Arte italiana: Pantalón, Polichinela, Arlequín y otros. La trama de la obra se centra en dos jóvenes pícaros que se hacen pasar por ricos y contraen serias deudas económicas. Al final de la obra vemos cómo los acreedores, para poder cobrar, presionan al rico Polichinela para que permita el matrimonio de su hija con uno de los pícaros. Otra serie de obras dramáticas la constituyen unos dramas rurales trágicos y llenos de gran pasión. Entre éstos descollan *Señora Ama* (1908) y *La malquerida* (1913).

Otro de los dramaturgos con impulsos renovadores fue Jacinto Grau (1877-1958), natural de Barcelona, quien demuestra ser un gran conocedor de la teoría dramática. Grau ha recurrido a la tradición literaria, el romancero, la *Biblia*, o algunos mitos, en su intento de renovar el teatro. Algunas de las obras en las que se percibe esta influencia son: *El conde Alarcos* (1917), *El hijo pródigo* (1918), *El burlador que no se burla* (1930), y en su obra maestra, la farsa guiñolesca de *El señor de Pigmalión* (1921). Es uno de los dramaturgos que quizá haya tenido más éxito en el extranjero que en España.

Además de éstos hubo algunos otros dramaturgos con importantes aportaciones al teatro español del siglo XX. El más conspicuo de ellos, Federico García Lorca, lo estudiaremos en otro apartado. Además de éste, cobran especial relieve Alejandro Casona (1900-1965), Antonio Buero Ballejo (1916-) y Alfonso Sastre (1926-). Alejandro Casona dirigió con Lorca, durante los años de la República, la Barraca, y vivió parte de su vida en el exilio. Obtuvo su primer éxito con *La sirena varada* (1933), obra que plantea un enfrentamiento entre la realidad y la fantasía. La obra trata de unas personas que van a una isla huyendo de la realidad que temen. Al final, sin embargo, no les queda otro remedio que vivir con esta realidad. En *Nuestra Natacha* (1935) asoma el problema de la reforma social a través de una súplica por algunas reformas educativas en España. Y en una de sus obras más conocidas, *La dama del alba* (1944), Casona trata los temas de la fantasía y la muerte. Otras obras del autor son *La barca sin pescador* (1945) y *Los árboles mueren de pie* (1949).

Antonio Buero Vallejo luchó a favor de la República, fue encarcelado y liberado en 1946. Buero Vallejo escribe un teatro realista en el que trata de exponer los complejos problemas de la realidad social. Su obra dramática marca el inicio de un nuevo teatro en España, y es considerado un renovador de temas y técnicas dramáticas. Su primera obra, *Historia de una escalera* (1949), trata de la irrealización de los sueños que tienen dos generaciones distintas de personajes. *En la ardiente oscuridad* (1950) tiene lugar en una residencia de ciegos, y analiza los problemas metafísicos de algunos de éstos. Ambas obras pertenecen a un teatro naturalista en el que se evidencia la influencia de Ibsen. En otras obras, como *Un soñador para un pueblo* (1958) y *Las Meninas* (1960), Buero Vallejo recurre a la historia pasada, pero sin tratar de crear la ilusión de un teatro realista-naturalista. La primera de estas obras tiene por tema las fallidas reformas políticas del marqués de Esquilache, y la segunda plantea las vicisitudes por las que atraviesa el pintor Velázquez. A partir de los años cincuenta Buero Vallejo se familiariza con Brecht y escribe un teatro caracterizado por crear una distancia entre el público y la escena. Este distanciamiento, sin embargo, no se consigue totalmente, y lo que termina destacando es la compenetración del espectador con el personaje, lo que llama efecto de inmersión. Un ejemplo de esta técnica dramática se puede ver en *El sueño de la razón* (1970).

Alfonso Sastre es un dramaturgo entregado al teatro de compromiso social, y con otros dramaturgos funda el *Arte nuevo*, un grupo dedicado a la renovación del teatro español. Escribe dramas planteando situaciones límite, situaciones en las que el hombre se debate entre la vida y la muerte. Algunas de sus obras más conocidas son *Escuadra hacia la muerte* (1953), sobre el destino de unos soldados en una trinchera a punto de morir; *El pan de todos,* sobre un comunista que se suicida después de denunciar a su madre; y *La cornada* (1960), sobre un torero que se suicida para librarse de la influencia que ejerce sobre él su apoderado. En la última etapa de su vida escribió un teatro épico bajo la influencia de Brecht, pero Sastre siempre mostró preferencia por sus obras de carácter trágico, como *Guillermo Tell tiene los ojos tristes* (1955), obra basada en la leyenda suiza, pero en la obra de Sastre Guillermo Tell termina matando a su hijo. A diferencia de la novela y la poesía, el teatro español del siglo XX no ha contado con grandes representantes, valga la salvedad de Valle-Inclán, Jacinto Benavente y Federico García Lorca.

POESÍA

A principios del siglo XX hubo un grupo de escritores que, rechazando la tradición poética inmediata, simpatizaron con la estética modernista preconizada por Rubén Darío. Dos de los poetas que sintieron la influencia de esta escuela fueron Manuel Machado (1874-1947) y Juan Ramón Jiménez (1881-1958). Manuel Machado, hermano de Antonio Machado, nació en Sevilla y fue bibliotecario del ayuntamiento de Madrid. Si su hermano Antonio cantó a Castilla, Manuel lo hizo a Andalucía. Manuel, a diferencia de Antonio, se sintió más influido por el Modernismo, influencia que se manifiesta en el énfasis depositado en el cromatismo y la belleza descriptiva. Es autor de *Alma* (1900), *Horas de oro* (1938), y de varias obras de teatro de reducido valor literario escritas con su hermano Antonio, como *La Lola se va a los puertos* (1930).

Más importante que la de Manuel Machado es la contribución de Juan Ramón Jiménez, natural de Huelva. Hipocondríaco y obsesionado con la idea de la muerte, deja España durante la guerra civil. Muere en Puerto Rico en 1958, dos años después de recibir el Premio Nobel de Literatura. Los inicios poéticos de Juan R. Jiménez van de la mano del Modernismo. De este movimiento toma la musicalidad del verso, el uso del color y la nota melancólica. Su poesía es íntima, se sirve de metros sencillos, abunda en el uso de los colores, y los escenarios suelen ser jardines o las horas crepusculares del día. Algunas de las obras representativas de este período son *Arias tristes* (1903), *Jardines lejanos* (1904), y *Laberinto* (1911). Con la publicación de *Diario de un poeta recién casado* (1916), Juan R. Jiménez prescinde de la música, del color, y del refinamiento decorativo y ornamental modernista para escribir una poesía simple, sin ornamentos y desnuda en la que la realidad exterior se convierte en proyección de la interioridad del poeta. La poesía que publica posteriormente, *Eternidades* (1917), *Belleza* (1923), seguirá en la misma línea y supondrá un constante esfuerzo de superación y perfeccionamiento. Algunas de sus últimas obras son *La estación total* (1946) y *Animal de fondo* (1949). En esta última el poeta trata de expresar experiencias metafísicas y de fundir, como él afirma, lo "todo eterno" con el "todo interno". En esta última fase su poesía carece de humanidad, se vuelve más intelectual y abstracta, y es de una prodigiosa transparencia. Es, asimismo, autor de una obra en prosa poética, influida por el Modernismo: *Platero y yo* (1914). La obra es una elegía a un burro y trata de las confidencias que el narrador le hace a éste.

Después de la primera guerra mundial surge un grupo de poetas, conocidos como la Generación de 1927, cuya importantísima contribución poética se circunscribe principalmente al campo de la lírica. La fecha de 1927 se debe al hecho que la obra poética de estos escritores comienza a cristalizar por estas fechas y, además, en 1927 se celebraba el tercer centenario de la muerte de Góngora. Es una generación sin objetivos políticos que respeta a la generación precedente, rinde culto a la metáfora y la belleza, la realidad aparece estilizada, y dotan al poema de un tono juvenil y alegre. La poesía de esta generación mira, asimismo, a la la poesía tradicional española –el romancero y los cancioneros- y a la lírica culta –Garcilaso de la Vega, Fray Luis de León, Góngora, Bécquer, etc. Veamos a los más destacados miembros de esta generación.

Gerardo Diego (1896-1987), natural de Santander, miembro de la Real Academia y profesor de literatura, es un poeta obsesionado por el control de la forma. En su obra hay dos tendencias contradictorias que fluyen paralelamente, por un lado la tendencia tradicional y humana y por otro la más vanguardista y novedosa y, al mismo tiempo, más deshumanizada. En sus primeras obras se percibe la influencia de Antonio Machado, pero pronto la abandonará. Algunas de sus primeras obras son *Manual de espumas* (1922), y *Versos humanos* (1925), De una época posterior destaca *Alondra de verdad* (1941), formada por sonetos de excelente manufactura técnica. Es autor de una excelente antología de *Poesía española* (1934).

Rafael Alberti (1902-1999) nació en Cádiz, pero vivió gran parte de su vida en el exilio. Su poesía se ve influida por temas populares, especialmente andaluces, y por temas de la lírica castellana de los siglos XV y XVI, y sus versos destacan por su musicalidad y por la ligereza del ritmo. Estas influencias y características se ven en *Marinero en tierra* (1924) su primera obra, y *La amante* (1925). Posteriormente publica *Cal y canto* (1929), una obra que trata temas de la actualidad y en la que se percibe la influencia de Góngora al tiempo que introduce una nota de humor. En 1929 publica una obra surrealista, *Sobre los ángeles,* en la que los ángeles funcionan como personificaciones de la bondad, el odio, la muerte, etc. Poco antes de salir de España publica algunas obras de espíritu revolucionario, como *El poeta en la calle* (1936). A pesar del dominio de la forma, a Alberti se le ha acusado la falta de calor humano que hay en su poesía, y esta falla parece haberla resuelto con sus colecciones de poemas publicadas en el exilio, *Ora marítima* (1953), en donde se transparenta la nostalgia que siente por su tierra.

Pedro Salinas (1891-1951), nació en Madrid y murió en Boston. Fue profesor de literatura y un crítico muy fino de nuestra literatura. La poesía de Pedro Salinas está privada de toda ornamentación formal, y con ella pretende el poeta expresar sus más íntimos sentimientos de forma espontánea y en un tono de ternura que nos recuerda a Garcilaso, Bécquer y Juan Ramón Jiménez. Entre sus obras poéticas más notables se cuentan *La voz a ti debida* (1933) y *Razón de amor* (1936). Al final de su vida publicó varios ensayos de literatura, narraciones y obras dramáticas.

Jorge Guillén, (1893-1984) natural de Valladolid, publicó su obra maestra, *Cántico*, en 1928, y cada una de las cuatro ediciones que ha sacado de la misma, la última en 1950, se ha visto ampliada con nuevos poemas. La obra es un canto, lleno de admiración y alegría, a la naturaleza, a la existencia captada en el momento presente. Su poesía, desnuda y desprovista de todo el aparato ornamental que caracterizaba a la poesía modernista, es de gran lirismo y transparencia. Más tarde han aparecido otras obras en las que se percibe su preocupación por la realidad política que vivía España en tiempos del franquismo: *Clamor-Maremagnum* (1957), *...Que van a dar en la mar* (1960), y *A la altura de las circunstancias* (1963).

Luis Cernuda (1904-1963) nació en Sevilla. Su primera obra juvenil fue *Perfil del aire* (1927). Más tarde, en 1936, publica *La realidad y el deseo*, una obra en la que, lejos de la anterior, dará expresión a sus más íntimos sentimientos acerca del amor, la vida, la muerte, y la soledad. El profundo lirismo con el que nos abre su interioridad nos da la impresión de una poesía marcada por la sinceridad y autenticidad. Más tarde publicó *Ocnos* (1942), *Como quien espera el alba* (1943), y un trabajo ensayístico sobre la poesía española.

Vicente Aleixandre (1898-1984), natural de Sevilla, ejerció una enorme influencia en la poesía de la década de 1940 y 1950, y se le juzgó como una de las voces poéticas que mejor supo expresar los sentimientos que rodean al amor y la vida. Fue galardonado con el premio Nobel de Literatura en 1977. Sus dos primeras obras, *Espadas como labios* (1932) y *La destrucción o el amor* (1935) tienen elementos surrealistas. En la segunda de ellas, Aleixandre ve el amor como un anticipo de la muerte, por medio de la cual el ser se suma a la unidad del mundo. Después de la guerra civil publica *Sombra del Paraíso* (1944), en la que evoca con gran nostalgia un mundo idealizado e imaginario de belleza no manchado por nada o nadie. En *Historia del corazón* (1954) el poeta mezcla el erotismo con recuerdos infantiles, y *En un vasto dominio* (1962), sirviéndose de un lenguaje más expresivo, funde sus reflexiones sobre lo cósmico con realidades concretas tomadas de la historia. Otro de los más destacados exponentes de esta generación es Federico García Lorca, a quien estudiaremos a continuación.

Después de la guerra civil se formó un grupo de poetas que recibió el nombre de Generación del 36. Estos poetas, sin romper enteramente con la Generación del 27, mostraron inclinación por la estrofa clásica, preferencia por temas amorosos y religiosos, y un alejamiento de la poesía pura, metafísica y filosófica en favor de una poesía más simple, clara y humana. Los miembros más representativos de esta generación fueron Miguel Hernández, Luis Rosales, Leopoldo Panero, Luis Felipe Vivanco y Germán Bleiberg, entre otros. Aquí sólo comentaremos al primero de ellos. Miguel Hernández nació en 1910 en Orihuela. Era de origen campesino, participó en la guerra civil del lado de los republicanos, y falleció en la cárcel de Alicante en 1942. En 1936 publicó *El rayo que no cesa*, conjunto de sonetos en su mayor parte y en la que figura la conocida elegía a la muerte de su amigo Ramón Sijé. La obra revela una influencia de la lírica renacentista y barroca. En 1937 publicó *Viento del pueblo*, en la que el tema amoroso es sustituido por temas patrióticos y militares, y por un estilo más sencillo. En su libro póstumo, *Cancionero y romancero de ausencias* (1958), Miguel Hernández se hace eco de su experiencia en la cárcel y de la difícil situación de su esposa e hijo. Publicó asimismo varias obras de teatro: el auto sacramental *Quien te ha visto y quien te ve* (1934) y *El labrador de más aire* (1937).

Después de estas dos generaciones, la poesía ha manifestado una gran variedad en sus temas y características. Es una poesía más humana, en unos casos de protesta social y, en otros, de afirmación religiosa, aunque, por lo general, el poeta enfatiza más lo temporal que lo universal. A partir de 1960 la poesía de testimonio social ha desaparecido y los poetas tratan de expresar experiencias personales de una manera simple para que todos los lectores puedan comprenderlas. Algunos de los más destacados poetas de la postguerra son José Hierro (1922-2002), Gabriel Celaya (1911-1991), Claudio Rodríguez, José Ángel Valente, Francisco Brines, Jaime Gil de Biedma, y un excelente grupo de poetisas: Carmen Conde, Concha Zardoya, Gloria Fuertes y Ana Rosetti. A continuación comentaremos brevemente la aportación de dos de los poetas anteriormente mencionados: José Hierro y Gabriel Celaya.

La poesía de José Hierro gira en torno al valor de nuestra existencia alegrada con el canto, y esta actitud es la que da sentido a nuestra vida y la que nos hace olvidar el paso del tiempo. Esta noción de la fugacidad del tiempo es, precisamente, uno de los temas prevalentes en su poesía. El lenguaje empleado por Hierro es simple y sencillo, pero a través de él capta verdades profundas. Entre otras obras ha publicado *Tierra sin nosotros*, *Alegría* (1947), y *Cuanto sé de mí* (1957).

Gabriel Celaya es un prolífico poeta que concibe la poesía como un proceso de exploración de lo desconocido, y como un instrumento para cambiar el mundo y combatir la injusticia social. Celaya se propuso escribir acerca de problemas contemporáneos en un estilo sencillo y conversacional, y su temática era sumamente variada. Algunas de sus obras conocidas son *Tranquilamente hablando* (1947), *Paz y concierto* (1953) y *Episodios nacionales* (1961).

CUESTIONARIO

1. Describa los rasgos distintivos del teatro del siglo XX.
2. Mencione dos obras poéticas de Valle Inclán.
3. ¿En qué se centra el tema de las *comedias bárbaras*?
4. Explique el argumento de *Luces de Bohemia*.
5. ¿De qué trata *Los intereses creados* de Jacinto Benavente?
6. Mencione una de las obras teatrales escrita por Alejandro Casona. ¿Qué temas suele tratar Casona en sus obras?

7. ¿De qué trata *Historia de una escalera*, de Antonio Buero Vallejo?

8. ¿Qué poetas españoles se sintieron influidos por la tendencia modernista a principios de siglo?

9. ¿Por qué se caracteriza la poesía de Juan Ramón Jiménez al principio de su carrera como poeta?

10. ¿Qué dos tendencias antagonizan en la poesía de Gerardo Diego?

11. ¿Qué papel cumplen los ángeles en la obra de Rafael Alberti?

12. ¿Qué canta Jorge Guillén en *Cántico*?

13. Mencione el título de alguna obra de Vicente Aleixandre. ¿Puede reseñar qué tema o temas trata en la misma?

14. A partir de 1960, ¿en qué tipo de lengua tratan de expresar los poetas sus experiencias personales?

IDENTIFICAR

1. Modernismo
2. *Sonatas*
3. *Los intereses creados*
4. *Escuadra hacia la muerte*
5. *Platero y yo*
6. *Marinero en tierra*
7. *La voz a ti debida*
8. *Ocnos*
9. *Cuanto sé de mí*
10. Gabriel Celaya
11. Ana Rosetti

ENSAYOS

1. El esperpento de Valle-Inclán supuso una aportación novedosa y original al teatro español del siglo XX. Estudie los aspectos más relevantes de esta modalidad dramática.

2. La Generación del 27 contó con un excepcional grupo de poetas. Haga un estudio de los temas y aspectos formales por los que mostraba interés esta generación.

3. La poesía femenina cuenta con notables representantes en este siglo. Escoja una de las poetas mencionadas y estudie su evolución poética.

BIBLIOGRAFÍA

Brown, G. G. *A Literary History of Spain. The Twentieth Century*. New York: Barnes and Noble, 1972.

Correa Calderón, E. Fernando Lázaro. *Curso de literatura (española y universal)*. Salamanca: Anaya, 1963.

García López, José. *Historia de la literatura española*. Barcelona: Ed. Vicens-Vives, 1969.

Rico, Francisco. *Historia y crítica de la literatura española*. VII y VIII. Víctor G. de la Concha y Domingo Ynduráin. *Época contemporánea*. Barcelona: Ed. Crítica, 1984.

Río, Ángel del. *Historia de la literatura española*. New York: Holt, Rinehart and Winston, 1963.

Antonio Machado

(1875-1939)

Antonio Machado nació en Sevilla, pero pasó su juventud en Madrid. Al ganar la cátedra de lengua francesa del instituto de Soria se traslada a esta ciudad. Posteriormente se mudó a Baeza, Segovia y Madrid. Se solidarizó con la causa de la República, y murió en Francia pocas semanas después de salir exilado.

Machado abogó por una poesía en la que primaba la representación del espíritu humano y las emociones humanas sobre el ornato decorativo que defendía la escuela modernista. Rechazó, asimismo, los principios de las escuelas vanguardistas, de las que censuraba el uso de imágenes conceptuales. Machado se opone a la representación de pensamientos abstractos y, lo mismo que Unamuno, postula una poesía que eternice lo momentáneo. Desde el punto de vista temático se ve en su poesía una constante alusión a su vida íntima, como recuerdos de su infancia, juventud, amor y muerte de su esposa. Lo mismo que otros escritores de la Generación del 98, Machado se acercó a la realidad nacional desde un punto de vista pesimista, pero en algunos de sus versos se percibe la esperanza de que España pueda mejorar. Su poesía, sencilla pero profunda, está llena de sinceras emociones humanas y de una cierta tristeza. Algunos de los motivos y símbolos que suelen repetirse en su poesía son el camino, el río, la fuente, la plaza, y los sueños. Desde el punto de vista formal, Machado suele usar la rima asonante y muestra una especial predilección por algunas formas de la tradición popular, como el romance y el cantar, o de la tradición culta, como el soneto y la silva. Su poesía, privada de todo ornato decorativo, queda reducida a un puro lirismo.

Su primera obra apareció en 1903 con el título de *Soledades*. Años después lo reeditó bajo el título de *Soledades, galerías y otros poemas* (1907). Es esta una poesía interior, llena de recuerdos, en la que el poeta trata de descubrir su verdadero yo a través de un diálogo consigo mismo. Predominan en estas obras la sencillez, un alto grado de lirismo, cierto desencanto, y un lenguaje simbólico. En 1912 publicó *Campos de Castilla*, su obra maestra, en la que describe de forma realista y simbólica el paisaje austero, desnudo y solitario de Castilla, reflejo de su propio ser, y en la que abundan recuerdos personales marcados por la nostalgia. Es en esta obra donde Machado, como otros escritores de la Generación del 98, mezcla el pesimismo con que ve el presente de España con el anhelo de una futura regeneración. Aquí hay un excelente romance, "La tierra de Alvargonzález", sobre unos campesinos que por codicia matan a su padre. En su tercer libro, *Nuevas canciones* (1924), Machado utiliza metros cortos para expresar de forma epigramática y conceptual algunos de sus más íntimos sentimientos. Es una poesía marcada por la meditación filosófica sobre el sentido de la vida y sobre la toma de conciencia del ser humano sobre el paso del tiempo y el carácter efímero de la vida.

Colaboró con su hermano Manuel en la publicación de varias obras dramáticas en verso, como *Desdichas de la Fortuna o Julianillo Valcárcel* (1926), de ambiente histórico, y *La Lola se va a los puertos* (1930).

GUÍA DE LECTURA

"He andado muchos caminos", incorporado en la colección de *Soledades*, comienza con la voz de la experiencia de un un yo poético que, en primera persona, recapitula sus impresiones personales sobre los distintos tipos de gente que se ha encontrado a lo largo de la vida. El poema se estructura en base a un juego de oposiciones binarias que se anticipa ya en la primera estrofa, y a través de esta visión antitética de la realidad el yo poético nos hace ver el color variopinto de la realidad que le ha tocado vivir.

El siguiente poema, que forma parte de la serie *Galerías*, tiene por temas la primavera, y la reflexión del yo poético sobre la relación existente entre él y aquélla. La primera estrofa nos describe la primavera, en la segunda y tercera estrofas hay una intromisión del yo poético que subjetiviza su visión de aquélla, y en la última estrofa se queda solo el yo poético con una reflexión un tanto existencial sobre su vida.

El último poema, "Caminante, son tus huellas", parte de la serie "Proverbios y cantares", es uno de los más populares de Antonio Machado. A pesar de su brevedad, el autor resume en pocas frases el camino, diferente e individualizado, que cada uno de nosotros nos abrimos en nuestra vida, y el destino final que la vida nos depara de forma común a todos los seres humanos.

✳ ✳ ✳

"He andado muchos caminos"

He andado° muchos caminos°,
he abierto muchas veredas°;
he navegado en cien mares,
y atracado° en cien riberas°.

En todas partes he visto
caravanas de tristeza,
soberbios° y melancólicos
borrachos de sombra negra,

y pedantones° al paño°
que miran, callan, y piensan
que saben, porque no beben
el vino de las tabernas.

Mala gente que camina
y va apestando° la tierra…

Y en todas partes he visto
gentes que danzan o juegan,
cuando pueden, y laboran°
sus cuatro palmos de tierra°.

Nunca, si llegan a un sitio,
preguntan adónde llegan.
Cuando caminan, cabalgan°
a lomos° de mula vieja,

y no conocen la prisa
ni aun en los días de fiesta.
Donde hay vino, beben vino;
donde no hay vino, agua fresca.

Son buenas gentes que viven,
laboran, pasan y sueñan,

y en un día como tantos,
descansan bajo la tierra

Andado: caminado
Caminos: sendas, vías
Veredas: caminos, vías
Atracado: desembarcado, arribado
Riberas: costas
Soberbios: arrogantes, insolentes, presuntuosos
Pedantones: gente pedante, también significa "la persona que camina"

Al paño: término usado en teatro para referirse al actor que interviene en una representación dramática pero que queda oculto, por ejemplo por un telón
Apestando: dando mal olor, hediendo
Laboran: trabajan
Palmos de tierra: pequeños pedazos de tierra
Cabalgan: montan
Lomos: parte superior de una caballería

ANÁLISIS CRÍTICO

1. Comente el cómputo silábico, la rima, los tropos y figuras retóricas. ¿Qué tropos o figuras retóricas podríamos destacar en las dos primeras estrofas?, ¿y en la última?

2. ¿En qué términos expresa la primera estrofa la primera oposición binaria que se registra en el poema?

3. En el resto del poema hay otra oposición binaria, centrada en los tipos de personas que conoce el yo poético. ¿Qué tipos de personas componen cada uno de estos dos grupos? ¿Qué actitud manifiesta el yo poético hacia ellos?

4. ¿Por qué es irregular la estrofa cuarta? ¿Qué puede querer sugerir el poeta al concluir esta estrofa con dos versos y puntos suspensivos?

5. La tierra es un signo que cobra un alto valor significativo. El último verso del poema hace referencia al merecido descanso que se ganan los que trabajan humildemente la tierra, ¿qué contraste hay en este final con el que le depara a los protagonistas del primer grupo?

"La primavera besaba"

La primavera besaba
suavemente la arboleda°,
y el verde nuevo brotaba°
como una verde humareda°.

Las nubes iban pasando
sobre el campo juvenil…
Yo vi en las hojas temblando
las frescas lluvias de abril.

Bajo ese almendro° florido,
todo cargado de flor
—recordé—, yo he maldecido
mi juventud sin amor.

Hoy, en mitad de la vida,
me he parado a meditar…
¡Juventud nunca vivida,
quién te volviera a soñar!

ANÁLISIS CRÍTICO

1. Estudie el cómputo silábico, la rima, los tropos y figuras retóricas de este poema. ¿Qué tropos o figuras retóricas podría destacar en la primera y última estrofas del poema?

2. ¿Cómo se describe la primavera? ¿Qué representa la primavera?

3. ¿Qué palabras se conectan con la primavera y el paso del tiempo?

4. ¿Por qué maldice el yo poético su juventud?

Arboleda: lugar poblado de árboles
Brotaba: surgía, emergía

Humareda: una nube de humo
Almendro: tipo de árbol que produce almendras

5. ¿Qué conexión o relación analógica podemos establecer entre el yo poético y la naturaleza?

6. El poema se mueve dentro de dos tiempos verbales, ¿cuáles son estos dos tiempos?, ¿a qué fases de la vida se refieren?

7. ¿Cuál es el tono emocional que se desprende del yo poético en la última estrofa? ¿Por qué no se nos da ninguna descripción de la naturaleza? ¿Qué significa el verso "Hoy, en mitad de la vida"? ¿Qué sugieren los puntos suspensivos de los versos sexto y decimocuarto?

"Caminante, son tus huellas"

Caminante°, son tus huellas°
el camino°, y nada más;
caminante, no hay camino,
se hace camino al andar°.
Al andar se hace camino,

y al volver la vista atrás
se ve la senda°.que nunca
se ha de volver a pisar°.
Caminante, no hay camino,
sino estelas° en la mar.

ANÁLISIS CRÍTICO

1. Analice el cómputo silábico, la rima, los tropos y figuras retóricas. ¿Qué figura retórica podríamos identificar en el primer verso del poema?

2. Este es un poema donde el simbolismo cobra un papel primordial. ¿Qué símbolos podría mencionar y qué significado les asigna en este poema? ¿Qué representa el camino? ¿Por qué no hay camino? ¿Cómo hacemos el camino? ¿Qué significa "se hace camino al andar"? Explique los siguientes versos: "y al volver la vista atrás/ se ve la senda que nunca/ se ha de volver a pisar". ¿Quién es el caminante? ¿Qué simboliza la mar? ¿Cuál es la única seguridad de nuestro destino?

3. Este poema, como el de "He andado muchos caminos", consta de varias oposiciones binarias. Trate de identificarlas. ¿Existe alguna semejanza o diferencia entre "huellas" y "estelas"? ¿Qué significado le da al resto de las oposiciones binarias?

4. ¿Cómo expresa el yo poético en este poema el paso del tiempo?

Caminante: Persona que camina
Huellas: marca, señal
Camino: ruta, vía, senda
Andar: caminar
Senda: camino estrecho, ruta

Pisar: caminar sobre algo, poner el pie sobre algo
Estela: marca, impresión, rastro que deja en el agua una embarcación

ENSAYO

Antonio Machado es un poeta que reitera algunos de los mismos temas en su producción poética, y uno de éstos gira en torno a los símbolos del camino y el caminante. Escriba un ensayo centrado en cómo Machado representa estos dos símbolos en su poesía. Puede estudiar, asimismo, el uso del tiempo y otros temas, como la naturaleza, relacionados con estos dos símbolos del camino y el caminante. Puede, igualmente, traer a colación algún otro poeta norteamericano, como Robert Frost, en quien la descripción de la naturaleza va estrechamente ligada a la vida.

BIBLIOGRAFÍA

García López, José. *Historia de la literatura española*. Barcelona: Ed. Vicens-Vives, 1969.

Machado, Antonio. *Poesías completas*. Madrid: Espasa-Calpe, S. A., 1979.

Sesé, Bernard. *Antonio Machado (1875-1939). El hombre, el poeta, el pensador*. Madrid: Ed. Gredos, 1980.

---. *Claves de Antonio Machado*. Madrid: Colección Austral, 1990.

Valverde, Jose M. *Antonio Machado*. Madrid: Siglo XXI de España editores, 1978.

Yndurain, Domingo. *Ideas recurrentes en Antonio Machado*. Madrid: Ed. Turner, 1975.

FEDERICO GARCÍA LORCA
(1898-1936)

Federico García Lorca nació en Fuentevaqueros, un pueblo cercano a Granada. Pronto se mudó a Granada con su familia, donde cursó sus estudios de bachillerato y universitarios. En 1919 se desplazó a Madrid y se hospedó en la famosa Residencia de Estudiantes, donde conocería a intelectuales como Rafael Alberti, Jorge Guillén, Salvador Dalí, y Luis Buñuel. En 1929 se fue a Nueva York, donde toma clases de inglés y comienza la redacción de *Poeta en Nueva York* y de algunas obras dramáticas. En 1930 partió para La Habana –Cuba-, invitado a dar unas charlas, y regresa a una España marcada por graves tensiones políticas. En 1936, al poco tiempo de estallar la guerra civil española, Lorca se trasladó a Granada, y aquí mismo fue asesinado el 19 de agosto.

Con anterioridad a su producción poética y dramática, Lorca publicó *Impresiones y paisajes* (1918), una obra en prosa en la que el autor resume las impresiones de un viaje que hizo por las regiones de Andalucía, Castilla, León y Galicia. En 1921 da a la luz su primera obra poética, *Libro de poemas*, en la que Lorca anticipa algunos de los temas que prevalecerán a lo largo de su obra poética y dramática. Años después, en 1927, publica *Canciones*, una colección de poemas influida por el ultraísmo. Le sigue el *Romancero gitano* (1928), colección de dieciocho romances que conforman un retablo andaluz en el que, más allá de los gitanos, el protagonismo lo ocupan Granada, la pasión sexual reprimida o incestuosa y la religión. En 1931 aparece *Poema del cante jondo*, obra en la que trata temas como el amor, el destino y la muerte. En 1935 publica *Poeta en Nueva York*, en la que Lorca trata temas como las crisis de la ciudad y de él mismo, y otros como la alienación, marginación y frustración del ser humano. Al regresar de Nueva York, Lorca escribe una colección de poemas titulada *El diván de Tamarit*, obra breve pero rica en complejas imágenes y profunda en su significado. Además de estos poemarios, Lorca coleccionó unos cuarenta poemas, *Sonetos del amor oscuro*, en los que el escritor granadino defiende las relaciones masculinas íntimas. La última obra poética de Lorca, irónicamente, fue la elegía *Llanto por la muerte de Ignacio Sánchez Megías*. El poema fue escrito poco después de la muerte en el ruedo del torero Ignacio Sánchez, ocurrida en agosto de 1934.

A partir de la década de los treinta, Lorca se dedicó principalmente al cultivo del teatro, y las influencias más importantes que recibió vinieron del teatro europeo y español. Algunos de los temas que predominan en su teatro son el de la fuerza de los instintos, los impulsos sexuales, el aislamiento del hombre, el honor y la honra, la esterilidad de la mujer, y el misterio de la muerte. Su primera obra dramática fue *El maleficio de la mariposa* (1920), una pieza en dos actos de tono poético e idealista. Su primera obra dramática importante, sin embargo, fue *Mariana Pineda*. Escrita en verso, el tema central de la obra, más que el de la lucha por la libertad, es el del trágico amor de Mariana. En 1928 ya había escrito tres obras, un tanto enigmáticas, que llevan por título "El paseo de Buster Keaton", "Quimera" y *Así que pasen cinco años*. Esta última, difícil de representar, consta de tres actos y de un complejo simbolismo. En 1930 publica *El público*, de un simbolismo aun mayor que la obra anterior.

Escribió, asimismo, tres pantomimas tituladas *Los títeres de la Cachiporra*. A Lorca, desde niño, le interesaron los espectáculos de marionetas, y se sirvió de ellos para expresar su visión irónica, cómica o satírica de la vida. De las obras de títeres provienen dos de las obras maestras de Lorca, las farsas de *La zapatera prodigiosa* y *Amor de don perlimplín con Belisa en su jardín*. Ambas farsas tienen por tema la difícil relación matrimonial entre un esposo mayor de edad y una joven esposa. Una de sus obras más destacadas es *Doña Rosita la soltera*, centrada en una joven huérfana, Rosita, que espera, infructuosamente, la llegada de un primo de América para casarse con él. Sus tres obras maestras pertenecen a lo que se denomina "la trilogía rural". La primera, *Bodas de sangre* (1933), trata de una mujer que, el día de su boda, se fuga con su amante. El tema central de la obra es el de la fuerza irreprimible de unas pasiones que llevan, eventualmente, a la tragedia y a la muerte del esposo y el amante. *Yerma* (1934), la segunda obra, trata de una mujer, Yerma, que, como el nombre indica, es estéril. Los dos temas que predominan aquí son el del instinto de la maternidad y el del honor, y aunque Yerma sacrifica inicialmente aquel deseo por honor a su esposo, al final no puede sufrir más este sacrificio y decide matarlo. Poco antes de ser asesinado, Lorca leyó el manuscrito de *La casa de Bernarda Alba* a un grupo de amigos. Es una tragedia sobre el drama de la mujer reprimida y oprimida por un sistema patriarcal, o falocéntrico, cuyas normas son ejecutadas implacablemente por una mujer: Bernarda Alba.

GUÍA DE LECTURA

El "Romance de la luna, luna" encabeza la serie de dieciocho romances de que consta el *Romancero gitano*. El romance trata de cómo la luna se persona en la fragua vestida de mujer y se lleva al niño al cielo. El romance concluye con el llanto de los gitanos cuando llegan a la fragua y se encuentran con el niño muerto. Es un romance cargado de imágenes y símbolos con connotaciones negativas. Con respecto a la luna, a la que se le atribuyen características pesimistas como frialdad, mala suerte y esterilidad, García Lorca comentó que era una "bailarina mortal". Es un romance en el que el plano anecdótico cobra dimensiones míticas.

El "Romance sonámbulo", o "Romance de los barandales altos", como Lorca lo llamó en una ocasión, es uno de los más conocidos. El romance trata de un joven gitano que ha sido gravemente herido en una noche de violencia, y le pide ayuda a otro gitano, el padre de su novia. Al llegar a casa de éste, el gitano descubre que su novia, una gitana, yace muerta en el brocal de un aljibe. El romance concluye con la llegada de la guardia civil en la madrugada. El estribillo del poema, bastante comentado por la crítica, forma parte de una canción popular que prosigue "como el color de las aceitunas", el color moreno aceitunado de los gitanos. La crítica ha comentado que Lorca tuvo en la mente al pintor Salvador Dalí, con quien mantuvo una relación muy cercana, cuando compuso este romance. En cualquier caso, el verde se relaciona con la vida y lo erótico, entre otras muchas posibles interpretaciones. La historia, tal y como nos la presenta Lorca, se halla inmersa en un mundo onírico y misterioso, quizá como reflejo del estado moribundo, semejante al de un sonámbulo, en que se encuentran los protagonistas.

✻ ✻ ✻

"Romance de la luna, luna"

La luna vino a la fragua°
con su polisón° de nardos°.

El niño la mira mira.
El niño la está mirando.
En el aire conmovido°
mueve la luna sus brazos
y enseña, lúbrica° y pura,
sus senos° de duro estaño°.
Huye° luna, luna, luna.
Si vinieran los gitanos,
harían con tu corazón

collares y anillos blancos.
Niño, déjame que baile.
Cuando vengan los gitanos,
te encontrarán sobre el yunque°
con los ojillos° cerrados.
Huye luna, luna, luna,
que ya siento sus caballos.
Niño, déjame, no pises°
mi blancor almidonado°.

El jinete° se acercaba
tocando el tambor del llano.
Dentro de la fragua el niño,
tiene los ojos cerrados.
Por el olivar° venían,
bronce y sueño, los gitanos.
Las cabezas levantadas
y los ojos entornados°.

Cómo canta la zumaya°,
¡ay cómo canta en el árbol!
Por el cielo va la luna
con un niño de la mano.

Dentro de la fragua lloran,
dando gritos, los gitanos.
El aire la vela°, vela.
El aire la está velando.

Fragua: taller o lugar donde se trabaja el metal a golpe de martillo. Tradicionalmente, el trabajo del herrero se asocia con los gitanos.
Polisón: ahuecador, almohadilla que se colocaban las mujeres en la cintura para ahuecar la falda por detrás
Nardos: flores de color blanco
Conmovido: estremecido, alterado
Lúbrica: lujuriosa, provocativa
Senos: pechos de la mujer
Estaño: tipo de metal de color plateado
Huye: escapa
Yunque: objeto de hierro sobre el cual se golpean los metales. Se usa en la fragua para trabajar los metales.
Ojillos: diminutivo de ojos
Pises: no camines o no pongas el pie encima de algo
Blancor almidonado: ropa interior de la mujer a la que se aplica almidón al ser planchada para que quede tiesa, rígida, y sin arrugas
Jinete: persona que monta a caballo
Olivar: campo de olivos
Entornados: con los párpados caídos por el sueño
Zumaya: palabra andaluza; ave rapaz nocturna de color negro
Vela: vigila

ANÁLISIS CRÍTICO

1. Analice el cómputo silábico, la rima, los tropos y figuras retóricas.

2. Explique el significado de la figura retórica "El jinete se acercaba/tocando el tambor del llano" ¿A quién o quiénes se refiere?

3. ¿Qué tipo de connotaciones podemos asociar con la luna? ¿Son las mismas al principio y al final del poema? ¿De qué manera aparece en presencia del niño? ¿Qué hace en presencia del niño? ¿A dónde regresa la luna? ¿Va sola o acompañada? ¿Qué impresiones sensoriales se desprenden de su presencia?

4. En su opinión, ¿podríamos leer el poema como una iniciación sexual del niño por parte de la mujer y como una muerte a la infancia y un nacimiento a la adolescencia de aquél?

5. Hacia el final del poema aparece la zumaya, ¿qué augura este pájaro? ¿Puede mencionar algunos otros signos que tengan unas connotaciones similares a éste?

6. ¿Podría identificar algún tipo de paralelismo en la forma como se describe al niño gitano y al resto de los gitanos? Hay una especie de gradación en la forma en que el niño gitano alude a la llegada de los gitanos, ¿de qué manera alude a ellos? ¿Qué sentido introducen las partículas que usa?

7. Comente la importancia del cromatismo en este romance.

8. ¿A través de qué distintas voces se nos comunica el contenido de este romance?

9. ¿Qué elementos poéticos utiliza el poeta para dar a esta historia una dimensión mítica?

"Romance sonámbulo"

Verde que te quiero verde.
Verde viento. Verdes ramas.
El barco sobre la mar
y el caballo en la montaña.

Con la sombra en la cintura,
ella sueña en su baranda°
verde carne, pelo verde,
con ojos de fría plata.

Verde que te quiero verde.
Bajo la luna gitana,
las cosas la están mirando
y ella no puede mirarlas.

Verde que te quiero verde.
Grandes estrellas de escarcha°,
vienen con el pez de sombra
que abre el camino del alba°.

Baranda: pasamanos, barandal, barras
Escarcha: hielo que se forma sobre la vegetación

en la madrugada durante el invierno
Alba: temprano en la mañana, madrugada

La higuera° frota° su viento
con la lija° de sus ramas,
y el monte, gato garduño°,
eriza° sus pitas° agrias°.
¿Pero quién vendrá? ¿Y por dónde?...
Ella sigue en su baranda
verde carne, pelo verde,
soñando en la mar amarga°.

Compadre, quiero cambiar,
mi caballo por su casa,
mi montura° por su espejo,
mi cuchillo por su manta.
Compadre, vengo sangrando,
desde los puertos de Cabra.
Si yo pudiera, mocito°,
este trato se cerraba°.
Pero yo ya no soy yo,
ni mi casa es ya mi casa.

Compadre, quiero morir
decentemente en mi cama.
De acero°, si puede ser,
con las sábanas de holanda°.
¿No ves la herida que tengo
desde el pecho a la garganta?
Trescientas rosas morenas
lleva tu pechera° blanca.
Tu sangre rezuma° y huele
alrededor de tu faja°.
Pero yo ya no soy yo.

Ni mi casa es ya mi casa.
Dejadme subir al menos
hasta las altas barandas,
¡dejadme subir!, dejadme
hasta las verdes barandas.
Barandales de la luna
por donde retumba° el agua.

Ya suben los dos compadres
hacia las altas barandas.
Dejando un rastro° de sangre.
Dejando un rastro de lágrimas.
Temblaban en los tejados
farolillos° de hojalata°.

Mil panderos° de cristal,
herían la madrugada.

Verde que te quiero verde,
verde viento, verdes ramas.
Los dos compadres subieron.
El largo viento, dejaba
en la boca un raro gusto
de hiel°, de menta y de albahaca°.
¡Compadre! ¿Dónde está, dime?

¿Dónde está tu niña amarga?
¡Cuántas veces te esperó!
¡Cuántas veces te esperara
cara fresca, negro pelo, en esta verde
    baranda!

Higuera: árbol que da higos. Tiene asociaciones
    negativas, presagiando mala suerte
Frota: fricciona, toca
Lija: el papel, aquí ramas, sirve para lijar,
    suavizar, tocar el viento
Gato garduño: gato montés, gato cruel
Eriza: pone los pelos de punta o erectos
Pitas: plantas acabadas en punta o aguijón
Agrias: tipo de sabor, como el del limón
Amarga: tipo de sabor, opuesto a dulce
Montura: lo que se pone encima de un caballo
    para poder montarlo
Mocito: diminutivo de mozo o joven
Este trato se cerraba: hacíamos este negocio
De acero: tipo de metal muy fuerte, como el
    hierro
Sábanas de holanda: tela fina que cubre el

colchón y forma parte de la cama
Pechera: parte de una camisa que cubre el pecho
    del hombre
Rezuma: se filtra, sale
Faja: prenda, o tela, que se pone alrededor del
    vientre o cintura, y que puede formar parte
    de un traje
Retumba: resuena, se prolonga el sonido
Rastro: huella, pista
Farolillos: faroles, luces
Hojalata: hoja o lámina de lata u otro metal
Pandero: instrumento musical parecido a un
    tambor, pero mucho más pequeño
Gusto de hiel: sabor amargo
Albahaca: hierba muy olorosa, de color verde,
    que se usa como especia para cocinar

Sobre el rostro° del aljibe°,
se mecía° la gitana.
Verde carne, pelo verde,
con ojos de fría plata.
Un carámbano° de luna,
la sostiene sobre el agua.
La noche se puso íntima

como una pequeña plaza.
Guardias civiles borrachos,
en la puerta golpeaban.
Verde que te quiero verde.
Verde viento. Verdes ramas.
El barco sobre la mar.
Y el caballo en la montaña.

ANÁLISIS CRÍTICO

1. Analice formalmente el romance: cómputo silábico, rima, tropos y figuras retóricas.

2. ¿Qué tropos o figuras retóricas encontramos en los versos "Mi caballo... por su manta", versos 26-28? ¿A qué mundos antitéticos se refieren estos versos? ¿Cómo se relacionan uno y otro con el tema del poema?

3. ¿Qué colores utiliza el poeta para describir a la gitana? ¿Qué connotan estos colores? Comente el significado que tiene el cromátismo en este romance.

4. ¿Bajo qué presencia se encuentra la gitana? ¿Cómo se describe a ésta? ¿En qué estado se encuentra la gitana? Al final se describe a la gitana situada sobre el aljibe, y "un carámbano de luna/la sostiene sobre el agua", ¿puede explicar esta imagen?

5. ¿Qué clase de vida lleva el gitano? ¿De quién huye? ¿Cómo se describe su llegada a casa de su compadre? ¿Qué le pide? ¿Por qué no puede complacerle?

6. El aire reaparece constantemente en la poesía de Lorca, ¿qué valor significativo le da a este signo?

7. ¿En qué se transforman las altas barandas a donde suben los dos compadres?

8. ¿Cómo participa la naturaleza en la transmisión del mensaje de este poema? ¿Cómo contribuye a darle una dimensión mítica? ¿A qué horas del día o de la noche tiene lugar la acción de este romance?

9. El romance consta de una parte narrativa y de otra dramática, ¿puede identificarlas?

10. ¿Qué elementos poéticos utiliza el poeta para dar una dimensión mítica a este romance?

Rostro: cara
Aljibe: depósito, tanque para el agua

Se mecía: se columpiaba, se movía de un lado a otro
Carámbano: trozo de hielo

ENSAYO

El gitano es una figura épica y/o trágica en muchos de los romances de Lorca, una figura que se ve movida por fuerzas enigmáticas. Comente la presencia de los gitanos en estos dos romances: su vida, su pasión, su destino, su muerte, y la dimensión mítica a la que son elevados estos personajes.

BIBLIOGRAFÍA

Cobb, Carl. *Federico García Lorca*. New York: Twayne Publishers, Inc., 1967.

Correa, Gustavo. *La poesía mítica de Federico García Lorca*. Madrid: Ed. Gredos, 1970.

Duran, Manuel. *Lorca. A Collection of Critical Essays*. Englewood Cliffs: Prentice-Hall, Inc., 1962.

Fernández de los Ríos, Luis Beltrán. *La arquitectura del humo: una reconstrucción del "Romancero gitano" de Federico García Lorca*. London: Tamesis Books Limited, 1986.

García Lorca, Federico. *Primer romancero gitano*. Ed. de Christian de Paepe. Madrid: Espasa-Calpe, 1991.

Loughran, David K. *Federico García Lorca. The Poetry of Limits*. London: Tamesis Books Limited, 1978.

※ ※ ※

NOVELA

INTRODUCCIÓN LITERARIA

Paralelamente a la Generación del 98 hubo un grupo de escritores caracterizados por dejar en un segundo plano la representación de la realidad. Los miembros más destacados de este grupo son Ramón Pérez de Ayala (1881-1962), Gabriel Miró (1879-1930) y Ramón Gómez de la Serna (1891-1963). Pérez de Ayala nació en Oviedo, fue discípulo de Clarín, y desempeñó el cargo de embajador en Inglaterra. Aunque cultivó la poesía, *La paz del sendero* (1903), y el ensayo, *Las Máscaras* (1917-1919), Pérez de Ayala sobresalió por la calidad de su prosa y la nota de tipo intelectual. Así, es frecuente encontrar en sus novelas una pausa en el desarrollo de la acción narrativa para dar paso a una reflexión filosófica o un comentario sobre la naturaleza del arte o la vida. Además de estas reflexiones, Pérez de Ayala se interesa por el desarrollo sicológico de los personajes, por el propósito didáctico de la obra y por el estilo. De hecho, es conocida la riqueza de su léxico y la meticulosa elaboración de su estilo. En una primera fase sus novelas entroncan con el realismo costumbrista, como sucede con *Troteras y danzaderas* (1913), retrato de la vida bohemia de los intelectuales de Madrid. En una segunda fase, en cambio, Pérez de Ayala se desplaza hacia el simbolismo y lo abstracto. Los personajes de estas novelas no gozan de individualidad propia y parecen encarnar ideas o conceptos del escritor. Así se percibe en algunas de sus mejores novelas, como *Tigre Juan* (1926), *El curandero de su honra* (1928), y *Belarmino y Apolonio* (1921), centrada, esta última, en dos zapateros que encarnan, respectivamente, una visión filosófica y dramática del mundo.

Gabriel Miró, alicantino, llevó una vida aislada de la sociedad, pasando por problemas económicos, y dedicado enteramente al arte. Hombre de una profunda sensibilidad, se transparenta en toda su obra un sentido de tristeza. A Miró se le conoce por la extraordinaria sensibilidad con la que describe el mundo de las sensaciones. En su obra aparecen magistralmente captados los olores, colores, sabores, y la luz de las cosas. Uno de los aspectos narrativos más destacados es el de la descripción del paisaje, y desde el punto de vista estilístico su prosa es tan fina y elaborada que da la impresión de un poema lírico. Sobresalen las siguientes obras: *El libro de Sigüenza* (1917), de carácter autobiográfico, *Las cerezas del cementerio* (1910), y *Figuras de la Pasión del Señor* (1916), su obra maestra.

Ramón Gómez de la Serna nació en Madrid, y la fama le acompañó en sus viajes dentro y fuera de España. Hombre de gran ingenio y sumamente prolífico, Gómez de la Serna fue un escritor típicamente vanguardista en cuanto que apuesta por la conocida fórmula del arte por el arte, y la representación de la realidad cotidiana se ve reemplazada por hechos arbitrarios e incoherentes. Aunque ha cultivado la novela, el teatro y la crítica, su fama se debe a la creación de la *Greguería*. La *greguería* es una especie de asociación de ideas que nos recuerda la metáfora. El tono de las mismas es muy variado, las hay irónicas, optimistas, juguetonas, etc. Veamos un ejemplo: "El cocodrilo es un zapato desclavado". Publicó una colección de *Greguerías* en 1918. Entre sus novelas se pueden mencionar *El torero Caracho* (1926) y *Seis falsas novelas* (1928), y su autobiografía *Automoribundia* (1948).

Después de la guerra civil española hay un auge en el género narrativo, y este auge se irá incrementando a medida que avanza el siglo. La narrativa de postguerra se puede dividir en tres tendencias. Novela existencial, novela social, y novela postmoderna. La tendencia existencial en nuestra narrativa se manifiesta en algunas obras de Unamuno, Ramón Sender, Carmen Laforet, Miguel Delibes, Camilo José Cela y Gonzalo Torrente Ballester. En la novela existencialista se perciben temas como el de la incomunicación, la soledad y la incertidumbre ante el destino del hombre. Los personajes suelen ser violentos, se sienten oprimidos y se revelan indecisos. En cuanto a la estructura, no se ve en estas obras un intento por innovar en el campo de la estructura externa, y predomina en ellas la reducción espacio-temporal, es decir que la acción suele tener lugar en espacios cerrados –cárceles, habitaciones- y en un limitado espacio de tiempo –horas o días. Algunas de las obras que caen dentro de esta categoría son *San Manuel Bueno, mártir* (1931), de Unamuno, *La familia de Pascual Duarte* (1942), de Camilo José Cela; *Réquiem por un campesino español* (1960), de Ramón Sender; y *Nada* (1945), de Carmen Laforet. Veamos brevemente la trayectoria narrativa de estos dos últimos escritores.

Ramón Sender (1902-1982) nació en Huesca, y por su solidaridad con la República española tuvo que salir exilado. Ha ejercido de profesor de literatura española en EE.UU. Una de sus primeras novelas fue *Imán* (1930), escrita mientras realizaba el servicio militar en África. Varias de sus novelas se ambientan en América, como el *Epitalamio del Prieto Trinidad* (1942). En 1947 publicó *El rey y la reina*, sobre la guerra civil española, y en 1960 *Réquien por un campesino español*, una de sus novelas más celebradas. La anécdota de la misma gira en torno al sentimiento de culpa que experimenta un cura por haber delatado y, así, provocado la muerte de un joven republicano a manos de las fuerzas nacionalistas. Otras obras importantes del autor son *Crónica del alba* (1942), *Los cinco libros de Ariadna* y la colección de cuentos *La llave* (1960).

Carmen Laforet (1921-2004), nacida en Barcelona, sorprendió al mundo literario español con la publicación de *Nada*, novela que fue galardonada con el prestigioso premio Nadal en 1944. La novela trata de las experiencias asfixiantes y deprimentes por las que pasa una joven huérfana durante su estancia en la casa de unos tíos suyos en Barcelona. En la familia con la que vive Andrea, la joven protagonista, se aprecian los efectos de la guerra civil: la miseria, y el duro enfrentamiento con su dudoso pasado. Otras novelas de la autora son *La isla y los demonios* (1952), centrada en el choque de una adolescente con la realidad; *La mujer nueva* (1955), sobre la conversión de una mujer a la fe católica después de los actos inmorales que cometió durante la guerra civil; y *La insolación* (1963), sobre las aspiraciones de un joven a ser artista.

En la década de los 50 surge una generación de escritores que escriben un tipo de novela social caracterizada por la denuncia de los abusos de la clase explotadora y la búsqueda de justicia y libertad. La acción de estas novelas se sitúa, por lo general, en el campo abierto: el mar, pueblos, etc. y suele haber un protagonista colectivo. Desde el punto de vista técnico, estos escritores muestran predilección por la narración en tercera persona y por el juego con la estructura externa: superposiciones narrativas, simultaneidad de aconteceres, visiones retrospectivas o saltos hacia el futuro. Algunos de los escritores representativos de esta tendencia son Rafael Sánchez Ferlosio, Jesús Fernández Santos, Miguel Delibes y Camilo José Cela. Veremos en breve a estos dos últimos escritores, cuya narrativa se mueve con el paso del tiempo a fórmulas tomadas de la postmodernidad.

Miguel Delibes (1920-), natural de Valladolid, escribe un tipo de novela en la que ataca los problemas sociales de su tiempo. La obra que lo lanzó a la fama fue *La sombra del ciprés es alargada*, galardonada con el Premio Nadal en 1947. Le sigue *El camino* (1950), en la que describe la vida rural a través de las aventuras de un muchacho de pueblo; *Mi idolatrado hijo Sisí* (1953), sobre las consecuencias negativas de una educación demasiado indulgente; y *Las ratas* (1962), sobre la vida rural de una comunidad. En 1966 publicó una de sus novelas más celebradas: *Cinco horas con Mario*, largo monólogo de Carmen frente al cuerpo presente de su difunto esposo. En las novelas de Delibes domina el análisis introspectivo, protagonistas insolidarios, narración objetiva, y representación de los problemas de la sociedad de su tiempo. Otras novelas del autor incluyen *La hoja roja* (1959) y *Parábola del náufrago* (1969).

Camilo José Cela (1916-2002), natural de La Coruña, es uno de los escritores que mayor popularidad ha alcanzado. Fue galardonado con el Premio Nobel de Literatura en 1989. Su primera obra fue *La familia de Pascual Duarte* (1942), centrada en el crimen cometido por un hombre, Pascual Duarte, contra un hombre perteneciente a una clase social superior a la suya. Debido a las escenas de violencia explícita la obra fue etiquetada de "tremendista", categorización que ha quedado ya en desuso. Posteriormente publicó *Nuevas andanzas y desventuras de Lazarillo de Tormes* (1944), novela con tintes picarescos. En 1951 publicó una de sus obras maestras, *La colmena*, donde hace un retrato de la sociedad madrileña de postguerra. A través de sus más de doscientos personajes, Cela nos describe la angustia, la miseria, el hambre y la mediocridad de toda una sociedad. Ha publicado, entre otras novelas, *Pabellón de reposo* (1944), sobre la vida de siete pacientes de tuberculosis en un sanatorio, y *San Camilo, 1936* (1969). Es autor de varios libros de viajes, entre los que sobresale *Viaje a la Alcarria* (1948).

El inicio de la novela postmoderna se vincula a la publicación de *Tiempo de silencio* (1962), por Luis Martín Santos (1924-1964). La novela postmoderna española se caracteriza por la dislocación o distorsión de la estructura espacio-temporal, por su estructura aparentemente caótica, por plantear problemas no de tipo ontológico, como la narrativa precedente, sino de tipo epistemológico, por romper con la idea que el texto debe representar fielmente la realidad, por los juegos con la lengua, por la reflexión crítica o autocrítica de textos literarios –metaficción-, y por involucrar más al lector en el proceso creador de la obra. En la postmodernidad, por otra parte, no se cultiva un solo género o subgénero narrativos, sino que la novela se abre a todo tipo de posibilidades. Se escribe novela policíaca, histórica, feminista, autobiográfica, testimonial, social, epistolar, y casi toda ella marcada por su espíritu lúdico. Veamos a algunos de los más importantes representantes.

Luis Martín Santos estudió medicina y dirigió el hospital siquiátrico de San Sebastián. La publicación de su obra maestra, *Tiempo de silencio*, marcó un cambio en el rumbo que habría de seguir la novela española a partir de ese momento. La obra trata de las investigaciones que realiza un médico, Pedro, para curar el cáncer. Un par de incidentes que suceden en su vida, la muerte de una joven a la que había ido a ayudar para abortar y el hecho de no firmar el parte de defunción, lo convierten en fugitivo. Al final de la novela Pedro es un fracasado que pierde su trabajo y se ve obligado a ejercer su profesión fuera de la capital. Aunque no puede decirse que no existe un intento por reflejar la realidad social –la España del hambre en la década de los cuarenta-, la novela supone un excelente ejercicio lingüístico, con la creación de neologismos y la representación de distintos tipos de discursos, y el autor experimenta con la estructura narrativa al yuxtaponer distintos planos narrativos, y articula una serie de reflexiones metafictivas sobre el arte de novelar. Estas innovaciones técnicas son las que marcan un cambio con respecto a la narrativa precedente y las que influirán determinantemente en el nacimiento de una nueva novela. Es autor, igualmente, de varios textos misceláneos, *Apólogos* (1970), de una novela incompleta, *Tiempo de destrucción* (1975), y de varios ensayos sobre el sicoanálisis, *Dilthey, Jaspers y la comprensión del enfermo mental* (1955).

Gonzalo Torrente Ballester (1910-1999), nació en El Ferrol, Galicia, y ha ejercido la profesión de profesor de literatura. Ha hecho algunos estudios importantes de crítica literaria y se inició en el género dramático, pero donde ha triunfado ha sido en el campo de la novela. Su primer trabajo en este género es la trilogía *Los gozos y las sombras* (1957, 1960, 1962). A partir de esta obra la trayectoria narrativa de Torrente Ballester es bastante similar a la de los hermanos Goytisolo y la de otros escritores que comenzaron en el realismo social para incursionarse en la postmodernidad. Algunas de las novelas que participan de esta nueva tendencia son *Don Juan* (1972), *La saga/fuga de J.B* (1972), *Fragmentos de apocalipsis* (1977), y *Quizá nos lleve el viento al infinito* (1984). En su prolífica producción narrativa Torrente Ballester amalgama indistintamente, y dentro de un juego paródico, historia, mitología, sueños, y ficción. Es uno de los escritores más lúdicos y metafictivos de la novela española contemporánea.

Juan Goytisolo (1931) nació en Barcelona, y en la actualidad comparte su vida entre dos mundos distintos, el occidental de Francia y el árabe de Marruecos. Goytisolo comenzó su carrera escribiendo novelas de compromiso con la realidad social, pero posteriormente su obra narrativa se desplaza a la experimentación formal que predomina en muchas de las novelas de la postmodernidad. Al primer grupo de obras pertenecen *Juegos de manos* (1954) y *Duelo en el paraíso* (1955), y al segundo *Makbara* (1980) y las novelas pertenecientes a la trilogía Mendiola: *Señas de identidad* (1966), *Reivindicación del conde don Julián* (1970) y *Juan sin tierra* (1975). Las novelas de esta trilogía se caracterizan por la violación de las reglas gramaticales que gobiernan el uso de la lengua, por la transgresión de los mitos y dogmas que rigen el mundo occidental, y por la defensa del árabe como representación del paria o del ser oprimido por los poderes occidentales. Ha publicado varios ensayos de crítica literaria, como *El furgón de cola* (1967).

Luis Goytisolo (1935), nació en Barcelona, y actualmente reside en Madrid. Es miembro de la Real Academia. Su primera novela, *Las afueras* (1958), es una evocación realista de distintos medios sociales próximos a la ciudad. A partir de aquí su producción narrativa cae dentro de la postmodernidad, y dentro de ésta se distingue por llevar la práctica metafictiva hasta el paroxismo. De 1973 a 1981 publicó su tetralogía *Antagonía*, compuesta por *Recuento* (1973), *Los verdes de mayo hasta el mar* (1976), *La cólera de Aquiles* (1976) y *Teoría del conocimiento* (1981). Posteriormente ha publicado novelas como *La paradoja del ave migratoria* (1985) y *Estatua con palomas* (1992). En la narrativa de Goytisolo el protagonista no es el hombre, sino los juegos con la forma y las reflexiones metafictivas, sean éstas sobre el papel del narrador, sobre la función del lector, sobre la lengua, o sobre la estructura de la obra narrativa en curso. Otros escritores representativos de la postmodernidad son Juan Benet, Álvaro Cunqueiro, y Carmen Martín Gaite, a quien estudiaremos acto seguido.

CUESTIONARIO

1. Mencione algunos de los escritores representativos de la novela social española del siglo XX.
2. ¿Cuál es el tema de *Troteras y danzaderas*?
3. ¿A qué se debe la fama de Ramón Gómez de la Serna?
4. ¿En qué fases se divide la narrativa española de postguerra?
5. Mencione algunos de los temas predominantes en la novela existencial.
6. ¿Quiénes son los escritores emblemáticos de la novela existencial?
7. Explique la trama de *Réquiem por un campesino español* de Ramón Sender.
8. ¿Qué temas trata Carmen Laforet en su obra *Nada*?
9. ¿Qué rasgos característicos tipifican la novela de Miguel Delibes?
10. ¿Cuál es el tema de la novela *La familia de Pascual Duarte*?
11. ¿Qué temas tratan las obras literarias de Camilo José Cela?
12. ¿Qué características se asignan a la novela postmoderna?
13. ¿Qué obra literaria marca el principio de la novela postmoderna?
14. ¿Quiénes son los más importantes respresentantes de la novela postmoderna?
15. ¿Por qué se clasifican como postmodernas las novelas de Gonzalo Torrente Ballester?
16. ¿Quiénes son los protagonistas de las obras literarias de Juan Goytisolo? ¿Y de Luis Goytisolo?

IDENTIFICAR

1. Gabriel Miró
2. *Greguería*
3. *Automoribundia*
4. *La mujer nueva*
5. *Tiempo de silencio*
6. *El furgón de cola*
7. *Antagonía*

ENSAYOS

1. Haga un estudio de los rasgos característicos que distinguen a cada uno de los tres tipos de narrativa que surgen después de la guerra civil.
2. Escriba un ensayo sobre las características de la novela postmoderna.
3. *Tiempo de silencio*, de Luis Martín Santos, marca un cambio muy importante en el desarrollo de la novela española. Estudie las técnicas o aspectos narrativos que ejercieron una influencia tan decisiva en los escritores españoles postmodernos.

BIBLIOGRAFÍA

Brown, G. G. *A Literary History of Spain. The Twentieth Century*. New York: Barnes and Noble, 1972.

Correa Calderón, E. Fernando Lázaro. *Curso de literatura (española y universal)*. Salamanca: Anaya, 1963.

García López, José. *Historia de la literatura española*. Barcelona: Ed. Vicens-Vives, 1969.

Rico, Francisco. *Historia y crítica de la literatura española*. VII y VIII. Víctor G. de la Concha y Domingo Ynduráin. *Época contemporánea*. Barcelona: Ed. Crítica, 1984.
Río, Ángel del. *Historia de la literatura española*. New York: Holt, Rinehart and Winston, 1963.
Sobejano, Gonzalo. *Novela española de nuestro tiempo*. Madrid: Prensa española, 1975.
Spires, Robert C. *La novela española de postguerra*. Barcelona: ed. Planeta, 1978.

❈ ❈ ❈

Carmen Martín Gaite

(1925-2000)

Carmen Martín Gaite nació en Salamanca, pero residió habitualmente en Madrid. Viajó extensamente, e impartió clases y dio numerosas conferencias en EE.UU. Los comienzos literarios de Martín están vinculados a la ficción corta, y algunos de los planteamientos narrativos que vemos en sus novelas ya aparecen en sus colecciones de cuentos. Su primera colección lleva por título *Balneario* (1955), ganadora del premio Café Gijón, y la segunda *Las ataduras* (1960). Sus cuentos tocan temas distintos: el mundo feminista, el de la realidad social y el mundo onírico. Martín Gaite comentó en una ocasión que, precisamente, algunos de los temas claves de su narrativa, como el de la rutina, la incomunicación, la oposición entre pueblo y ciudad, las primeras decepciones infantiles, y el miedo a la libertad aparecen ya al principio de su carrera literaria en su obra cuentística.

La narrativa de Martín Gaite sigue el mismo curso que las distintas tendencias narrativas por las que transcurre el desarrollo de la novela desde mediados de siglo. Su primera novela, *Entre visillos* (1958), ganadora del premio Nadal, está vinculada al realismo social que predomina en la narrativa de la década de los cuarenta y los cincuenta, y es un retrato de la vida provinciana al tiempo que plantea el problema de la ruptura de las ataduras familiares. El mismo tema y el mismo mundo vuelven a reaparecer cuarenta años más tarde en su novela *Irse de casa* (1998). A estas novelas le siguen *Ritmo lento* (1963), *Retahílas* (1974), y *Fragmentos de interior* (1976), en las que la autora pone énfasis en la descripción sicológica del individuo. A partir de *El cuarto de atrás* (1978), novela que sigue de cerca las teorías de Tzvetan Todorov sobre lo fantástico y que fue galardonada con el Premio Nacional de Literatura, Martín Gaite participa de las tendencias posmodernas de la literatura en cuanto que concede mayor preeminencia a la forma, la estructura y los procesos metafictivos. Dentro de esta tendencia de la postmodernidad se pueden incluir *Nubosidad variable* (1992), *La Reina de las Nieves* (1994), *Lo raro es vivir* (1996), y su novela póstuma, inconclusa, *Los parentescos* (2001). Ha ganado los siguientes premios literarios: el Anagrama de ensayo, el Príncipe de Asturias de las Letras, Castilla y León de las Letras, y el Nacional de las Letras.

Como ensayista es autora de *La búsqueda de interlocutor y otras búsquedas* (1973), y *El cuento de nunca acabar* (1983). Fruto de su interés en la historia cultural del siglo XVIII son sus obras *Macanaz, otro paciente de la Inquisición* (1970), y *Usos amorosos del dieciocho en España* (1972). Ha realizado, asimismo, varias adaptaciones para la escena: la *Tragicomedia de don Duardos*, de Gil Vicente, en 1979; y *El burlador de Sevilla*, de Tirso de Molina, en 1988.

❈ ❈ ❈

"Las ataduras°"

GUÍA DE LECTURA

Escrito en 1959, al principio de su carrera literaria, "Las ataduras" trata el tema de la independencia de una joven en quien su padre ha puesto grandes expectativas. Después de haber cursado con éxito sus estudios en el colegio, Alina, la protagonista del cuento, va a la universidad, donde conoce a Philippe y queda embarazada. Alina deja sus estudios universitarios y va a vivir a París, donde sus padres la visitan sin quedar muy convencidos de que su hija sea feliz con la vida que ha escogido. El cuento plantea el conflicto entre la libertad personal que busca Alina y las ataduras que le impone el sistema patriarcal. Alina se libera de su padre, pero al casarse vuelve a entrar en el mismo sistema que rechaza. Además de este tema, el cuento nos revela el despertar de una joven a la adolescencia, sus sueños, las ataduras familiares, su vida matrimonial, y el problema de la incomunicación entre la protagonista y su esposo.

—No puedo dormir, no puedo. Da la luz, Herminia –dijo el viejo maestro, saltando sobre los muelles° de la cama.

Ella se dio la vuelta hacia el otro lado y se cubrió con las ropas revueltas.

—Benjamín, me estás destapando° —protestó—. ¿Qué te pasa?, ¿no te has dormido todavía?

—¿Qué quieres que me pase? Ya lo sabes, ¿es que no lo sabes? ¡Quién se puede dormir! Sólo tú que pareces de corcho°.

—No vuelvas a empezar ahora, por Dios —dijo la voz soñolienta° de la mujer—. Procura dormir, hombre, déjame, estoy cansada del viaje.

—Y yo también. Eso es lo que tengo atragantado°, eso. Ese viaje inútil y maldito, me cago en Satanás°; que si se pudieran hacer las cosas dos veces...

—Si se pudieran hacer dos veces, ¿qué?

—Que no iría, que me moriría sin volverla a ver, total para el espectáculo que hemos visto; que irías tú si te daba la gana°, eso es lo que te digo.

—Sí, ya me he enterado; te lo he oído ayer no sé cuántas veces. ¿Y qué? Ya sabes que a mí me da la gana y que iré siempre que ella me llame. También te lo he dicho ayer. Creí que no querías darle más vueltas al asunto°.

—No quería. ¿Y qué adelanto° con no querer? Me rebulle.° Tengo sangre en las venas y me vuelve a rebullir; me estará rebullendo siempre que me acuerde.

—Vaya todo por Dios.

—Da la luz, te digo.

Atadura: unión, nudo, ligadura
Muelles: colchón de la cama
Destapando: quitando la ropa de la cama
Corcho: material extraído de la corteza de algunos árboles que se usa para hacer tapones. En este contexto significa "ser insensible"
Soñolienta: medio dormida
Atragantado: que me preocupa, que no puedo soportar

Me cago en Satanás: expresión injuriosa que indica enfado
Si te daba la gana: si querías
Darle más vueltas al asunto: no hablar más del tema
Adelanto: gano
Me rebulle: me hierve, me molesta

La mujer alargó una muñeca huesuda° y buscó a tientas° la pera de la luz°. Los ojos del viejo maestro, foscos°, esforzados de taladrar° la oscuridad, parpadearon° un instante escapando de los de ella, que le buscaron indagadores°, al resplandor que se descolgó° sobre la estancia. Se sentó en la cama y la mujer le imitó a medias, con un suspiro°. Asomaron° las dos figuras por encima de la barandilla° que había a los pies, a reflejarse enfrente, en la luna° del armario. Toda la habitación nadaba con ellos, zozobraba°, se torcía°, dentro de aquel espejo de mala calidad, sucio de dedos y de moscas. Se vio él. Miró en el espejo, bajo la alta bombilla° solitaria, el halo° de sus propios pelos canosos° alborotados°, el bulto° de la mujer, apenas surgido° para acompañarle, el perfil de tantos objetos descabalados°, ignorados de puro vistos, de tantas esquinas limadas° por el uso, y se tapó° los ojos. Dentro de ellos estalló un fuego colorado. Alina, niña, se sacudía° el cabello mojado, riendo, y dejaba las brazadas de leña° en la cocina, allí, a dos pasos; su risa trepaba° con el fuego. Ahora un rojo de chispas° de cerezas: Alina, en la copa° de un cerezo del huerto, le contaba cuentos al niño del vaquero°. Ahora un rojo de sol y de mariposas; ahora un rojo de vino.

La mujer se volvió a hundir en la cama.

—Herminia, ¿qué hora es?

—Las seis y cuarto. Anda, duérmete un poco. ¿Apagamos la luz?

Por toda contestación, el maestro echó los pies afuera y se puso a vestirse lentamente. Luego abrió las maderas de la ventana. Se cernía° ya sobre el jardín una claridad tenue° que a él le permitía reconocer los sitios como si los palpara°. Cantó un gallo al otro lado de la carretera.

—Tan a gusto° como podían vivir aquí esos niños —masculló° con una voz repentinamente floja—. Tantas cosas como yo les podría enseñar, y las que ellos verían, maldita sea.

—Pero, ¿qué dices, Benjamín? No vuelvas otra vez…

—No vuelvo, no; no vuelvo. Pero dímelo tú cómo van a prosperar en aquel cuartucho° oliendo a tabaco y a pintura. Ya; ya te dejo en paz. Apaga si quieres.

Ella le había seguido con los ojos desde que se levantó. Ahora le vio separarse de la ventana, cerrar las maderas y coger su chaqueta, colgada en una silla. Le hizo volverse en la puerta.

—¿Adónde vas?

—Por ahí, qué más da°. Donde sea°. No puedo estar en la cama.

Huesuda: llena de huesos
Buscó a tientas: se movió de un lado a otro para encontrar
La pera de la luz: interruptor de la luz
Foscos: hoscos, sin mostrar amabilidad
Taladrar: perforar, penetrar
Parpadearon: los párpados se abrieron y cerraron
Indagadores: con intención de encontrarlos
Descolgó: cayó
Suspiro: exhalación de aire
Asomaron: sacaron la cabeza
Barandilla: pasamanos, borde, barra
Luna: espejo
Zozobraba: se movía, se hundía
Se torcía: se movía en una dirección
Bombilla: ampolla de cristal que da luz
Halo: aureola, resplandor
Canosos: blancos
Alborotados: desordenados

Bulto: volumen no delineado o definido
Surgido: aparecido
Descabalados: incompletos
Limadas: gastadas
Se tapó: se cubrió
Se sacudía: se movía
Brazadas de leña: hato, conjunto, de madera
Trepaba: subía, escalaba
Chispas: partículas incandescentes que saltan de algo que se quema
Copa: parte superior de un árbol
Vaquero: el que cuida vacas
Se cernía: caía
Tenue: suave
Palpara: tocara
Tan a gusto: tan bien
Masculló: murmuró, dijo entre dientes
Cuartucho: cuarto en mal estado
Que más da: que importa
Donde sea: a cualquier lugar

Ya en el pasillo, no escuchó lo que ella contestaba, aunque distinguió que era el tono de hacerle alguna advertencia. Tuvo un bostezo° que le dio frío. La casa estaba inhóspita° a aquellas horas; se le sentían los huesos, crujía°. Y el cuerpo la buscaba, sin embargo, para abrigarse° en alguna cosa.

Entró en la cocina: ni restos del fuego rojo que había llenado sus ojos cerrados unos minutos antes. Pasó la mirada por los estantes recogidos. Todo gris, estático. El tictac del despertador salía al jardín por la ventana abierta. Sacó agua de la cántara° con un cacillo° y la bebió directamente Se sentó en el escaño° de madera, lió un pitillo°. Allí estaba la escopeta, en el rincón de siempre. Fumó, mirando al suelo, con la frente en las manos. Después de aquel cigarro, otros dos.

Eran ya las siete cuando salió a la balconada° de atrás, colgada sobre un techo de avellanos°, con el retrete° en una esquina, y bajó la escalerilla que daba al jardín. Era jardín y huerta, pequeño, sin lindes°. Las hortensias y las dalias° crecían a dos pasos de las hortalizas°, y solamente había un paseo de arena medianamente organizado, justamente bajo la balconada, a la sombra de los avellanos. Lo demás eran pequeños caminillos sin orden ni concierto° que zurcían° los trozos de cultivos y flores. Más atrás de todo esto había un prado° donde estaban los árboles. Ciruelos, perales, manzanos, cerezos y una higuera, en medio de todos. El maestro cruzó el corro° de los árboles y por la puerta de atrás salió del huerto al camino. La puerta de la casa daba a la carretera, ésta a un camino que se alejaba del pueblo. A los pocos pasos se volvió a mirar. Asomaba el tejado con su chimenea sin humo, bajo el primer albor° de un cielo neutro donde la luna se transparentaba rígida, ya de retirada. Le pareció un dibujo todo el jardín y mentira la casa; desparejada°, como si no fuera hermana de las otras del pueblo. Las otras estaban vivas y ésta era la casa de un guiñol°, de tarlatana° y cartón piedra. Y Herminia, pobre Herminia, su única compañera marioneta°. Con la mano en el aire le reñía, le quería dar ánimos, llevarle a rastras°, pero sólo conseguía enhebrar° largos razonamientos de marioneta.

"Hoy tampoco ha venido carta. No nos va a escribir siempre, Benjamín."

"Hay que dejar a cada cual su vida. Lo que es joven, rompe para adelante°."

"No estés callado, Benjamín."

"¿Por qué no vas de caza?"

"No ha escrito, no. Mañana, a lo mejor. A veces se pierden cartas."

Y en invierno llueve. Y las noches son largas. Y las marionetas despintadas se miran con asombro°.

"Ella, Benjamín, no era para morirse entre estas cuatro paredes."

Dio la vuelta y siguió camino abajo. Ya iba a salir el sol. A la derecha, un muro de piedras desiguales, cubierto de musgo y zarzamoras°, separaba el camino de unos cultivos

---

Bostezo: acción de abrir la boca
Inhóspita: poco acogedora, o en estado poco agradable, de habitar
Crujía: hacía ruido
Abrigarse: buscar calor
Cántara: recipiente para el agua
Cacillo: tipo de cuchara grande
Escaño: tipo de sofá
Lió un pitillo: enrolló, preparó, un cigarro
Balconada: balcón
Avellanos: árbol que da avellanas, tipo de nueces
Retrete: cuarto de baño
Lindes: límites, fronteras
Hortensias y las dalias: tipos de flores
Hortalizas: verduras

Sin orden ni concierto: sin ningún tipo de orden
Zurcían: Cosían, unían
Prado: pradera, lugar donde se cultiva alfalfa
Corro: círculo
Albor: blancura, principio del día
Desparejada: distinta, diferente
Guiñol: de un teatro de marionetas
Tarlatana: tela de algodón
Marioneta: títere o muñeco con el que se representan pantomimas en el teatro
Llevarle a rastras: traerlo tras de sí
Enhebrar: unir, liar
Rompe para adelante: tira, avanza, para adelante
Asombro: sorpresa
Musgo y zarzamoras: tipos de plantas

de viña°. Más adelante, cuando se acababa este muro, el camino se bifurcaba y había una cruz de piedra en el cruce. No se detuvo. Uno de los ramales° llevaba a la iglesia, que ya se divisaba° detrás de un corro de eucaliptos; pero él tomó el otro, una encañada° del ancho exacto de un carro de bueyes y que tenía los rodales° de este pasaje señalados muy hondo en los extremos del suelo. Oyó que le llamaban, a la espalda, y se volvió. A los pocos metros, cerca del cruce, distinguió al cura que subía, montado en su burro, hacia el camino de la otra parroquia.

—Benjamín —había llamado, primero no muy fuerte, entornando° los ojos viejos, como para asegurarse.

Y luego detuvo el burro y ya más firme, con alegría:

—Benjamín, pero claro que es él. Benjamín, hombre, venga acá. Mira que tan pronto de vuelta.

El maestro no se acercó. Le contestó apagadamente° sin disminuir la distancia:

—Buenos días, don Félix. Voy de prisa.

El burro dio unos pasos hacia él.

—Vaya, hombre, con la prisa. Temprano saltan los quehaceres°. Cuénteme, por lo menos, cuándo han llegado.

—Ayer tarde, ya tarde.

—¿Y qué tal? ¿Es muy grande París?

—Muy grande, sí señor. Demasiado.

—Vamos, vamos. Tengo que ir una tarde por su casa, para que me cuente cosas de la chica.

—Cuando quiera.

—Porque como esté esperando a que usted venga por la iglesia…

Se había acercado y hablaba mirando la cabeza inclinada del maestro, que estaba desenterrando° una piedra del suelo, mientras le escuchaba. Salió un ciempiés° de debajo, lo vieron los dos escapar culebreando°. A Alina no le daba miedo de los ciempiés, ni cuando era muy niña. De ningún bicho° tenía miedo.

—¿Y cómo la han encontrado, a la chica?

—Bien, don Félix, muy bien está.

—Se habrá alegrado mucho de verles, después de tanto tiempo.

—Ya ve usted.

—Vaya, vaya… ¿Y por fin no se ha traído a ningún nietecito?

—No señor, el padre no quiere separarse de ellos.

—Claro, claro. Ni Adelaida tampoco querrá. Maja° chica Alina. Así es la vida. Parece que la estoy viendo correr por aquí. Cómo pasa el tiempo. En fin… ¿Se acuerda usted de cuando recitó los versos a la Virgen, subida ahí en el muro, el día de la procesión de las Nieves? No tendría ni ocho años. ¡Y qué bien los decía!, ¿se acuerda usted?

—Ya lo creo, sí, señor.

—Le daría usted mis recuerdos, los recuerdos del cura viejo.

—Sí, Herminia se los dio, me parece.

—Bueno, pues bien venidos. No le entretengo más, que también a mí se me hace tarde para la misa. Dígale a Herminia que ya pasaré, a ver si ella me cuenta más cosas que usted.

Viña: planta que da uvas
Ramales: caminos
Divisaba: veía
Encañada: cañada, camino
Rodales: marcas, manchas
Entornando: cerrando casi completamente
Apagadamente: con poco ánimo o entusiasmo

Quehaceres: obligaciones de trabajo
Desenterrando: sacando
Ciempiés: tipo de animal
Culebreando: moviéndose describiendo curvas
Bicho: animal
Maja: simpática

—Adiós, don Félix.

Se separaron. La encañada seguía hacia abajo, pero se abría a la derecha en un repecho°, suave al principio, más abrupto° luego, resbaladizo° de agujas° de pino. Llegado allí, el maestro se puso a subir la cuesta despacio, dejando el pueblo atrás. No volvió la vista. Ya sentía el sol a sus espaldas. Cuanto más arriba, más se espesaba° el monte de pinos y empezaban a aparecer rocas muy grandes, por encima de las cuales a veces tenía que saltar para no dar demasiado rodeo°. Miró hacia la cumbre, en línea recta. Todavía le faltaba mucho. Trepaba de prisa, arañándose el pantalón con los tojos°, con las carquejas° secas. Pero se desprendía rabiosamente y continuaba. No hacía caso del sudor que empezaba a sentir, ni de los resbalones, cada vez más frecuentes.

—Alina —murmuró, jadeando°—, Alina.

Le caían lágrimas por la cara.

—Alina, ¿qué te pasa?, me estás destapando. ¿No te has dormido todavía? ¿Adónde vas?

—A abrir la ventana.

—Pero, ¿no te has levantado antes a cerrarla? Te has levantado, me parece.

—Sí, me he levantado, ¿y qué?, no estés tan pendiente° de mí.

—¿Cómo quieres que no esté pendiente si no me dejas dormir? Para quieta°; ¿por qué cerrabas antes la ventana?

—Porque tosió Santiago. ¿No le oyes toda la noche? Tose mucho.

—Entonces no la abras otra vez, déjala.

La ventana da sobre un patio pequeño. Una luz indecisa de amanecer baja del alto rectángulo de cielo. Alina saca la cabeza a mirar; trepan sus ojos ansiosos por los estratos de ropa colgada —camisetas, sábanas, jerseys, que se balancean, a distintas alturas—, y respira al hallar arriba aquel claror° primero. Es un trozo pequeño de cielo que se empieza a encender sobre París esa mañana, y a lo mejor° ella sola lo está mirando.

—Pero, Adelaida, cierra ahí. ¿No has dicho que Santiago tose? No se te entiende. Ven acá.

—Me duele la cabeza, si está cerrado. Déjame un poco respirar, Philippe, duérmete. Yo no tengo sueño. Estoy nerviosa.

—Te digo que vengas acá.

—No quiero —dice ella, sin volverse—. Déjame.

Por toda respuesta, Philippe se incorpora° y da una luz pequeña. En la habitación hay dos cunas, una pequeñísima, al lado de la cama de ellos, y otra más grande, medio oculta por un biombo°. El niño que duerme en esta cuna se ha revuelto y tose. Alina cierra la ventana.

—Apaga —dice con voz dura.

La luz sigue encendida.

—¿Es que no me has oído, estúpido? —estalla°, furiosa, acercándose al interruptor°.

Repecho: cuesta o pendiente muy inclinada y
    corta
Abrupto: pronunciado, marcado
Resbaladizo: suelo donde uno puede caerse
Agujas: parte seca de las ramas del pino que cae
    al suelo
Se espesaba: se hacía más denso o poblado
Dar demasiado rodeo: dar demasiada vuelta
Tojos: tipo de planta
Carquejas: tipo de planta
Jadeando: respirando con dificultad

Estés tan pendiente: estés tan preocupado
Quieta: tranquila
Claror: luz, resplandor
A lo mejor: tal vez
Se incorpora: se sienta en la cama
Biombo: objeto plegable que se usa para separar
    una habitación o pasillo de otra parte de
    la casa
Estalla: explota
Interruptor: objeto que sirve para prender la luz

Pero las manos de él la agarran° fuertemente por las muñecas. Se encuentran los ojos de los dos.

—Quita°, bruto. Que apagues, te he dicho. El niño está medio despierto.

—Quiero saber lo que te pasa. Lo que te rebulle en la cabeza para no dejarte dormir.

—Nada, déjame. Me preocupa el niño; eso es todo. Y que no puedo soportar el olor de pintura.

—No, eso no es todo, Alina. Te conozco. Estás buscando que riñamos°. Igual que ayer.

—Cállate.

—Y hoy si quieres riña, vas a tener riña, ¿lo oyes?, no va a ser como ayer. Vamos a hablar de todo lo que te estás tragando°, o vas a cambiar de cara, que ya no te puedo ver con ese gesto.

Ella se suelta°, sin contestar, y se acerca a la cuna del niño, que ahora lloriquea un poco. Le pone a hacer pis y le da agua. Le arregla las ropas. A un gesto suyo, Philippe apaga la luz. Luego la siente él cómo coge a tientas° una bata° y abre la puerta que da al estudio.

—¿Qué vas a buscar? ¡Alina! —llama con voz contenida.

Alina cierra la puerta detrás de sí y da la luz del estudio. Es una habitación algo mayor que la otra y mucho más revuelta. Las dos componen toda la casa. Sobre una mesa grande, cubierta de hule° amarillo, se ven cacharros° y copas sin fregar, y también botes con pinceles. Junto a la mesa hay un caballete° y, en un ángulo, una cocina empotrada° tapada° por cortinas. Alina ha ido allí a beber un poco de leche fría, y se queda de pie, mirándolo todo con ojos inertes°. Por todas partes están los cuadros de Philippe. Colgados, apilados, vueltos de espalda, puestos a orear°. Mira los dos divanes donde han dormido sus padres y se va a tender° en uno de ellos. Apura el vaso de leche, lo deja en el suelo. Luego enciende un pitillo.

En el caballete hay un lienzo° a medio terminar. Una oleada de remiendos° grises, brochazos° amarillentos, agujas negras.

Philippe ha aparecido en la puerta del estudio.

—Alina, ¿no oyes que te estoy llamando? Ven a la cama.

—Por favor, déjame en paz. Te he dicho que no tengo sueño, que no quiero.

—Pero aquí huele mucho más a pintura. ¿No dices que es eso lo que te pone nerviosa?

—Tú me pones nerviosa, ¡tú!, tenerte que dar cuenta° y explicaciones de mi humor a cada momento, no poderme escapar a estar sola ni cinco minutos. Señor. ¡Cinco minutos de paz en todo el día!… A ver si ni siquiera voy a poder tener insomnio, vamos…, y nervios por lo que sea; es que es el colmo°. ¡¡Ni un pitillo!! ¡Ni el tiempo de un pitillo sin tenerte delante!

Ha ido subiendo el tono de voz, y ahora le tiembla de excitación. Él se acerca.

—No hables tan alto. Te estás volviendo una histérica. Decías que estabas deseando que se fueran tus padres porque te ponían nerviosa, y ahora que se han ido es mucho peor.

Agarran: cogen, sujetan
Quita: déjame
Riñamos: discutamos
Tragando: guardando dentro de tí
Se suelta: se libera de la mano de él
A tientas: palpando, tentando con las manos porque no ve bien
Bata: prenda de vestir larga usada para la casa
Hule: plástico que se pone encima de la mesa
Cacharros: utensilios de la cocina
Caballete: soporte o dispositivo de madera que usan los pintores como base o apoyo, y donde ponen las telas para pintar un cuadro
Empotrada: metida en la pared
Tapada: cubierta
Inertes: faltos de vida
Orear: secar
Tender: echar
Lienzo: cuadro
Remiendos: trozos
Brochazos: pinceladas
Dar cuenta: dar explicación
Es el colmo: es increíble

—Mira, Philippe, déjame. Es mejor que me dejes en paz.

—No te dejo. Tenemos que hablar. Antes de venir tus padres no estabas así nunca. Antes de venir ellos…

Alina se pone de pie bruscamente.

—¡Mis padres no tienen nada que ver! —dice casi gritando—. Tú no tienes que hablar de ellos para nada, no tienes ni que nombrarlos, ¿lo oyes? Lo que pase o no pase por causa de mis padres, sólo me importa a mí.

—No creo eso; nos importa a los dos. Ven, siéntate.

—No tienes ni que nombrarlos —sigue ella tercamente°, paseando por la habitación—, eso es lo que te digo. Tú ni lo hueles lo que son mis padres, ni te molestas en saberlo. Más vale que no los mezcles en nada, después de lo que has sido con ellos estos días; mejor será así, si quieres que estemos en paz.

—¡Yo no quiero que estemos en paz! ¿Cuándo he querido, Alina? Tú te empeñas° en tener siempre paz a la fuerza. Pero cuando hay tormenta, tiene que estallar, y si no estalla es mucho peor. Dilo ya todo lo que andas escondiendo, en vez de callarte y amargarte° a solas. ¿Por qué me dices que no te pasa nada? Suelta ya lo que sea. Ven.

Alina viene otra vez a sentarse en el sofá, pero se queda callada, mirándose las uñas. Hay una pausa. Los dos esperan.

—Qué difícil eres, mujer —dice él, por fin—. Cuántas vueltas le das a todo. Cuando se fueron tus padres, dijiste que te habías quedado tranquila. Recuérdalo.

—Claro que lo dije. No hay nervios que puedan aguantar una semana así. ¿Es que no has visto lo desplazados que estaban, por Dios? ¿Vas a negar que no hacías el menor esfuerzo por la convivencia con ellos? Los tenías en casa como a animales molestos, era imposible de todo punto° vivir así. ¡Claro que estaba deseando que se fueran!

—Adelaida, yo lo sabía que iba a pasar eso, y no sólo por mi culpa. Te lo dije que vinieran a un hotel, hubiera sido más lógico. Ellos y nosotros no tenemos nada que ver. Es otro mundo el suyo. Chocaban con todo, como es natural. Con nuestro horario, con la casa, con los amigos. No lo podíamos cambiar todo durante una semana. Yo les cedí° mi estudio; no eres justa quejándote sólo de mí. La hostilidad la ponían ellos también, tu padre sobre todo. ¡Cómo me miraba! Está sin civilizar tu padre, Alina. Tú misma lo has dicho muchas veces; has dicho que se le había agriado el carácter° desde que te fuiste a estudiar a la Universidad, que tenía celos de toda la gente que conocías, que al volver al pueblo te hacía la vida imposible. Y acuérdate de nuestro noviazgo.

Alina escucha sin alzar° los ojos. Sobre las manos inmóviles le han empezado a caer lágrimas. Sacude la cabeza, como ahuyentando° un recuerdo molesto.

—Deja las historias viejas —dice—. Qué importa eso ahora. Ellos han venido. Te habían conocido de refilón° cuando la boda, y ahora vienen, después de tres años, a vernos otra vez, y a ver a los niños. ¿No podías haberlo hecho todo menos duro? Ellos son viejos. A ti el despego° de mi padre no te daña, porque no te quita nada ya. Pero tú a mi padre se lo has quitado todo. Eras tú quien se tenía que esforzar, para que no se fueran como se han ido.

—Pero, ¿cómo se han ido? Parece que ha ocurrido una tragedia, o que les he insultado. ¿En qué he sido despegado yo, distinto de como soy con los demás? Sabes que a nadie trato

---

Tercamente: obstinadamente

Te empeñas: insistes

Amargarte: frustrarte

De todo punto: completamente

Cedí: dejé

Se le había agriado el carácter: su carácter había

cambiado para peor

Alzar: levantar

Ahuyentando: alejando, espantando

De refilón: un poco sólo

Despego: falta de afecto o cariño

con un cuidado especial, no puedo. ¿En qué he sido despegado? ¿Cuándo? ¿Qué tendría que haber hecho?

—Nada, déjalo, es lo mismo.

—No, no es lo mismo. Aprende a hablar con orden. A ver: ¿cuándo he sido yo despegado?

—No sé; ya en la estación, cuando llegaron; y luego, con lo de los niños, y siempre.

—Pero no amontones° las cosas, mujer. En la estación, ¿no empezaron ellos a llorar, como si estuvieras muerta, y a mí ni me miraban? ¿No se pusieron a decir que ni te conocían de tan desmejorada°, que cómo podías haberte llegado a poner así? Tú misma te enfadaste, acuérdate. ¿No te acuerdas? Di.

—Pero si es lo mismo, Philippe —dice ella con voz cansada—. Anda, vete a acostar. No se trata de los hechos, sino de entender y sentir la postura° de mis padres, o no entenderla. Tú no lo entiendes, qué le vas a hacer. Estaríamos hablando hasta mañana.

—¿Y qué?

—Que no quiero, que no merece la pena°.

Se levanta y va a dejar el vaso en el fregadero. Philippe la sigue.

—¿Cómo que no merece la pena? Claro que la merece. ¿Crees que me voy a pasar toda la vida sufriendo tus misterios? Ahora ya te vuelves a aislar, a sentirte incomprendida, y me dejas aparte. Pero, ¿por qué sufres tú exactamente, que yo lo quiero saber? Tú te pasas perfectamente sin tus padres, has sentido alivio, como yo, cuando se han ido… ¿no?

—¡Por Dios, déjame!

—No, no te dejo, haz un esfuerzo por explicarte, no seas tan complicada. Ahora quiero que hablemos de este asunto.

—¡Pues yo no!

—¡Pues yo sí…! Quiero que quede agotado° de una vez para siempre, que no lo tengamos que volver a tocar. ¿Me oyes? Mírame cuando te hablo. Ven, no te escapes de lo que te pregunto.

Alina se echa a llorar con sollozos convulsos°.

—¡¡Déjame!! —dice, chillando°—. No sé explicarte nada, déjame en paz. Estoy nerviosa de estos días. Se me pasará. Ahora todavía no puedo reaccionar. Mis padres se han ido pensando que soy desgraciada, y sufro porque sé que ellos sufren pensando así. No es más que eso.

—¡Ay Dios mío! ¿Pero tú eres desgraciada?

—Y qué más da. Ellos lo han visto de esa manera, y ya nunca podrán vivir tranquilos. Eso es lo que me desespera. Si no me hubieran visto, sería distinto, pero ahora, por muy contenta que les escriba, ya nunca se les quitará de la cabeza. Nunca. Nunca.

Habla llorando, entrecortadamente°. Se pone a vestirse con unos pantalones de pana negros que hay en el respaldo° de una silla, y un jersey. Agarra las prendas y se las mete, con gestos nerviosos. Un reloj, fuera, repite unas campanadas que ya habían sonado un minuto antes.

—Tranquilízate, mujer. ¿Qué haces?

—Nada. Son las siete. Ya no me voy a volver a acostar. Vete a dormir tú un poco, por favor. Vamos a despertar a los niños si seguimos hablando tan fuerte.

Amontones: confundas, pongas todas las cosas juntas
Desmejorada: en mal estado físico
Postura: posición
No merece la pena: no vale la pena. Es inútil
Agotado: terminado

Sollozos convulsos: llantos seguidos de temblores, distensiones y contracciones
Chillando: gritando
Entrecortadamente: con interrupciones
Respaldo: parte trasera de la silla

—Pero no llores, no hay derecho. Libérate de esa pena por tus padres. Tú tienes que llevar adelante tu vida y la de tus hijos. Te tienes que ocupar de borrar° tus propios sufrimientos reales, cuando tengas alguno.

—Que sí, que sí…

—Mujer, contéstame de otra manera. Parece que me tienes rencor°, que te aburro.

La persigue, en un baile de pasos menudos°, por todo el estudio. Ella ha cogido una bolsa que había colgada en la cocina.

—Déjame ahora —le dice, acercándose a la puerta de la calle—. Tendrás razón, la tienes, seguramente; pero, déjame, por favor. ¡¡Te lo estoy pidiendo por favor!!

—¿Cómo?, ¿te vas? No me dejes así, no te vayas enfadada. Dime algo, mujer.

Alina ya ha abierto la puerta.

—¡Qué más quieres que te diga! ¡Que no puedo más! Que no estaré tranquila hasta que no me pueda ver un rato sola. Que me salgo a buscar el pan para desayunar y a que me dé un poco el aire. Que lo comprendas si puedes. Que ya no aguanto° más aquí encerrada. Hasta luego.

Ha salido casi corriendo. Hasta el portal de la calle hay solamente un tramo° de escalera. La mano le tiembla, mientras abre la puerta. Philippe la está llamando, pero no contesta.

Sigue corriendo por la calle. Siente flojas las piernas, pero las fuerza a escapar. Cruza de una acera° a otra, y después de una bocacalle° a otra, ligera y zozobrante°, arrimada° a las paredes. Hasta después de sentir un verdadero cansancio, no ha alzado los ojos del suelo, ni ha pensado adónde iba. Poco a poco, el paso se le va relajando, y su aire se vuelve vacilante y arrítmico, como el de un borracho, hasta que se detiene. Se ha acordado de que Phillippe no la seguirá, porque no puede dejar solos a los niños, y respira hondo.

Es una mañana de niebla. La mayor parte de las ventanas de las casas están cerradas todavía, pero se han abierto algunos bares. Ha llegado cerca de la trasera° de Nôtre Dame. Las personas que se cruzan con ella la miran allí parada, y siguen ajenas, absortas° en lo suyo. Echa a andar en una dirección fija. Está cerca del Sena, del río Sena. Un río que se llama de cualquier manera: una de aquellas rayitas° azul oscuro que su padre señalaba en el mapa de la escuela. Éste es su río de ahora. Ha llegado cerca del río y lo quiere ver correr.

Sale a la plaza de Nôtre Dame, y la cruza hacia el río. Luego va siguiendo despacio el parapeto° hasta llegar a las primeras escaleras que bajan. El río va dentro de su cajón°. Se baja por el parapeto hasta una acera ancha de cemento y desde allí se le ve correr muy cerca. Es como un escondite° de espaldas a la ciudad, el escenario de las canciones que hablan de amantes casi legendarios. No siente frío. Se sienta, abrazándose las rodillas, y los ojos se le van apaciguando, descansando en las aguas grises del río.

*   *   *

Los ríos le atrajeron desde pequeñita, aún antes de haber visto ninguno. Desde arriba del monte Ervedelo, le gustaba mirar fijamente la raya° del Miño, que riega Orense, y también la ciudad, concreta y dibujada. Pero sobre todo el río, con su puente encima. Se lo

---

Borrar: eliminar
Rencor: odio
Menudos: pequeños
Aguanto: tolero, resisto
Tramo: parte de la escalera comprendida entre dos rellanos
Acera: parte de la calle, generalmente más alta, por donde caminan los peatones
Bocacalle: principio de una calle
Zozobrante: intranquila, ansiosa

Arrimada: acercada
Trasera: parte de atrás
Absortas: metidas
Rayitas: líneas
Parapeto: valla, barrera, que se coloca al lado de un puente para no caerse
Cajón: caja
Escondite: lugar donde uno se esconde u oculta
Raya: línea, río

imaginaba maravilloso, visto de cerca. Luego, en la escuela, su padre le enseñó los nombres de otros ríos que están en países distantes; miles de culebrillas° finas, todas iguales: las venas del mapa.

Iba a la escuela con los demás niños, pero era la más lista de todos. Lo oyó decir muchas veces al cura y al dueño del Pazo, cuando hablaban con su padre. Aprendió a leer en seguida y le enseñó a Eloy, el del vaquero, que no tenía tiempo para ir a la escuela.

—Te va a salir maestra como tú, Benjamín —decían los amigos del padre, mirándola.

Su padre era ya maduro, cuando ella había nacido. Junto con el recuerdo de su primera infancia, estaba siempre el del roce° del bigote hirsuto° de su padre, que la besaba mucho y le contaba largas historias cerca del oído. Al padre le gustaba beber y cazar con la gente del pueblo. A ella la hizo andarina° y salvaje. La llevaba con él al monte en todo tiempo y le enseñaba los nombres de las hierbas y los bichos. Alina, con los nombres que aprendía, iba inventando historias, relacionando colores y brillos de todas las cosas menudas. Se le hacía un mundo anchísimo, lleno de tesoros, el que tenía al alcance de la vista.° Algunas veces se había juntado° con otras niñas, y se sentaban todas a jugar sobre los muros, sobre los carros vacíos. Recogían y alineaban palitos, moras° verdes y rojas, erizos de castaña°, granos de maíz, cristales, cortezas°. Jugaban a cambiarse estos talismanes° de colores. Hacían caldos y guisos°, machacando° los pétalos de flores en una lata° vacía, los trocitos de teja° que dan el pimentón, las uvas arrancadas del racimo°. Andaban correteando° a la sombra de las casas, en la cuneta° de la carretera, entre las gallinas tontas y espantadizas° y los pollitos feos del pescuezo° pelado.

Pero desde que su padre la empezó a aficionar a trepar a los montes, cada vez le gustaba más alejarse del pueblo; todo lo que él le enseñaba o lo que iba mirando ella sola, en las cumbres, entre los pies de los pinos, era lo que tenía verdadero valor de descubrimiento. Saltaba en las puntas de los pies, dando chillidos, cada vez que se le escapaba un vilano°, una lagartija° o una mariposa de las buenas. La mariposa paisana volaba cerca de la tierra, cabeceando°, y era muy fácil de coger, pero interesaba menos que una mosca. Era menuda, de color naranja o marrón pinteada°; por fuera como de ceniza°. Por lo más adentrado del monte, las mariposas que interesaban se cruzaban con los saltamontes°, que siempre daban susto al aparecer, desplegando° sus alas azules. Pero Alina no tenía miedo de ningún bicho; ni siquiera de los caballitos del diablo° que sólo andaban por lo más espeso, por donde también unas arañas enormes y peludas tendían entre los pinchos de los tojos sus gruesas telas, como hamacas°. Los caballitos del diablo le atraían por lo espantoso, y los acechaba°, conteniendo la respiración.

Culebrillas: serpientes, culebras
Roce: acción de frotar o tocar
Hirsuto: grueso y rígido
Andarina: andar, caminar, mucho
Al alcance de la vista: todo lo que podía ver con la vista
Juntado: unido
Moras: tipo de fruta
Castaña: tipo de fruta
Cortezas: parte exterior que cubre los árboles
Talismanes: objetos con virtudes mágicas
Caldos y guisos: tipos de comidas
Machacando: moliendo
Lata: bote de metal
Teja: tipo de árbol
Racimo: conjunto de uvas
Correteando: corriendo

Cuneta: las dos partes a cada lado de un camino o de la carretera que sirve para recoger el agua.
Espantadizas: con miedo
Pescuezo: cuello
Vilano: milano, ave rapaz
Lagartija: reptil de pequeño tamaño
Cabeceando: moviendo la cabeza a un lado y otro
Pinteada: con algunos puntos
De ceniza: de color gris
Saltamontes: tipo de insecto
Desplegando: abriendo
Caballitos del diablo: tipo de insecto
Tendían… hamacas: las arañas hacían sus telas de araña sobre algunos tipos de plantas
Acechaba: espiaba, vigilaba

—Cállate, papá, que no se espante° ése. Míralo ahí. Ahí —señalaba, llena de emoción.

Había unas flores moradas, con capullos° secos enganchados° en palito que parecían cascabeles° de papel. Éstas eran el posadero° de los caballitos del diablo; se montaban allí y quedaban balanceándose en éxtasis, con un ligero zumbido° que hacía vibrar sus alas de tornasol°, el cuerpo manchado de reptil pequeño, los ojos abultados° y azules.

Un silencio aplastante°, que emborrachaba, caía a mediodía verticalmente sobre los montes. Alina se empezó a escapar sola a lo intrincado y le gustaba el miedo que sentía algunas veces, de tanta soledad. Era una excitación incomparable la de tenderse en lo más alto del monte, en lo más escondido, sobre todo pensando en que a lo mejor la buscaban o la iban a reñir°.

Su madre la reñía mucho, si tardaba; pero su padre apenas un poco las primeras veces, hasta que dejó de reñirla en absoluto, y no permitió tampoco que le volviera a decir nada su mujer.

—Si no me puedo quejar —decía, riéndose—. Si he sido yo quien le ha enseñado lo de andar por ahí sola, pateando° la tierra de uno y sacándole sabor. Sale a mí clavada°, Herminia. No es malo lo que hace; es una hermosura. Y no te apures°, que ella no se pierde, no.

Y el abuelo Santiago, el padre de la madre, era el que más se reía. Él sí que no estaba nunca preocupado por la nieta.

—Dejarla —decía—, dejarla, que ésta llegará lejos y andará mundo. A mí se parece, Benjamín, más que a ti. Ella será la que continúe las correrías° del abuelo. Como que se va a quedar aquí. Lo trae en la cara escrito lo de querer explorar mundo y escaparse.

—No, pues eso de las correrías sí que no —se alarmaba el maestro—. Esas ideas no se las meta usted en la cabeza, abuelo. Ella se quedará en su tierra, como el padre, que no tiene nada perdido por ahí adelante.

El abuelo había ido a América de joven. Había tenido una vida agitada e inestable y le habían ocurrido muchas aventuras. El maestro, en cambio, no había salido nunca de unos pocos kilómetros a la redonda°, y se jactaba° de ello cada día más delante de la hija.

—Se puede uno pasar la vida, hija, sin perderse por mundos nuevos. Y hasta ser sabio. Todo es igual de nuevo aquí que en otro sitio; tú al abuelo no le hagas caso en esas historias de los viajes.

El abuelo se sonreía.

—Lo que sea ya lo veremos, Benjamín. No sirve° que tú quieras o no quieras.

A medida que° crecía, Alina empezó a comprender confusamente que su abuelo y su padre parecían querer disputársela para causas contradictorias, aunque los detalles y razones de aquella sorda° rivalidad se le escapasen. De momento la meta de sus ensueños era bajar a la ciudad a ver el río.

Espante: asuste
Capullos: flores que no se han terminado de abrir
Enganchados: unidos
Cascabeles: objeto de metal que lleva una bola dentro y hace ruido
Posadero: lugar donde se posaban o paraban
Zumbido: ruido
Tornasol: que pueden cambiar de color
Abultados: prominentes
Aplastante: intenso
Reñir: enfadarse con ella

Pateando: caminando, andando
Sale a mí clavada: es idéntica a mí, se parece a mí
No te apures: no te preocupes
Correrías: viajes por distintos lugares sin detenerse en ninguno específico
A la redonda: alrededor
Jactaba: se sentía orgulloso, hablaba de sí mismo sin mucha modestia
No sirve: de nada sirve, no importa
A medida que: mientras
Sorda: silenciosa

Recordaba ahora la primera vez que había ido con su padre a Orense, un domingo de verano, que había feria. La insistencia con que le pidió que la llevara y sus juramentos de que no se iba a quejar de cansancio. Recordaba, como la primera emoción verdaderamente seria de su vida, la de descubrir el río Miño de cerca, en plena tarde, tras la larga caminata°, con un movimiento de muchas personas vestidas de colores, merendando° en las márgenes, y de otras que bajaban incesantemente de los aserraderos° de madera a la romería[1]. Cerca del río estaba la ermita° de los Remedios, y un poco más abajo, a la orilla, el campo de la feria con sus tenderetes° que parecían esqueletos de madera. Estuvieron allí y el padre bebió y habló con mucha gente. Bailaban y cantaban, jugaban a las cartas. Vendían pirulís°, pulpo°, sombreros de paja, confites°, pitos, pelotillas de goma y alpargatas. Pero Alina en eso casi no se fijó; lo había visto parecido por San Lorenzo, en la fiesta de la aldea. Miraba, sobre todo, el río, hechizada°, sin soltarse al principio de la mano de su padre. Luego, más adelante, cuando el sol iba ya bajando, se quedó un rato sentada en la orilla ("…que tengo cuidado. Déjame. De verdad, papá"…); y sentía todo el rumor° de la fiesta a sus espaldas, mientras trataba de descubrir, mezcladas en la corriente del Miño, las pepitas de oro del afluente° legendario, el Sil, que arrastra° su tesoro, encañonado° entre colinas° de pizarra°. No vio brillar ninguna de aquellas chispas maravillosas, pero el río se iba volviendo, con el atardecer, cada vez más sonrosado y sereno, y se sentía, con su fluir, la despedida del día. Había en la otra orilla unas yeguas° que levantaban los ojos de vez en cuando, y un pescador, inmóvil, con la caña° en ángulo. El rosa se espesaba° en las aguas.

Luego, al volver, desde el puente, casi de noche, se veían lejos los montes y los pueblos escalonados° en anfiteatro, anchos, azules, y, en primer término, las casas de Orense con sus ventanas abiertas, algunas ya con luces, otras cerradas, inflamados° aún los cristales por un último resplandor de sol. Muchas mujeres volvían de prisa, con cestas a la cabeza, y contaban dinero, sin dejar de andar ni de hablar.

—Se nos ha hecho muy tarde, Benjamín; la niña va con sueño —decía un amigo del padre, que había estado con ellos casi todo el rato.

—¿Ésta? —contestaba el maestro, apretándole la mano—. No la conoces tú a la faragulla° esta. ¿Tienes sueño, faragulla?

—Qué va°, papá, nada de sueño.

El maestro y su amigo habían bebido bastante, y se entretuvieron todavía un poco en unas tabernas del barrio de la Catedral.

Caminata: largo paseo
Merendando: comiendo por la tarde
Aserraderos: taller que se dedica a serrar, cortar, madera
Ermita: pequeña iglesia
Tenderetes: todos los pequeños negocios que constituyen la feria
Pirulís: tipo de dulce, caramelo
Pulpo: tipo de pescado
Confites: tipo de dulce
Pitos: silbatos
Alpargatas: zapatillas
Hechizada: encantada
Rumor: ruido
Afluente: río que afluye, desemboca, en otro más grande
Arrastra: lleva
Encañonado: metido, encajonado
Colinas: pequeñas montañas
Pizarra: tipo de mineral usado en la construcción de tejados
Yeguas: las hembras del caballo
Caña: caña de pescar
Se espesaba: se hacía más intenso
Escalonados: que bajaban, descendían, gradualmente por la montaña
Inflamados: iluminados
Faragulla: chica, muchacha
Qué va: no

1　*Romería*: Peregrinación. Viaje hecho a pie para visitar un lungar santo. Fiesta religiosa y popular que se celebra con bailes, música y meriendas.

Luego anduvieron por calles y callejas, cantando hasta salir al camino del pueblo, y allí el amigo se despidió. La vuelta era toda cuesta arriba, y andaban despacio.

—A lo mejor nos riñe° tu madre.

—No, papá. Yo le digo que ha sido culpa mía; que me quise quedar más.

El maestro se puso a cantar, desafinando° algo, una canción de la tierra, que cantaba muy a menudo, y que decía: "…aproveita a boa vida — solteiriña non te cases — aproveita a boa vida — que eu sei de alguna casada — que chora de arrepentida°." La cantó muchas veces.

—Tú siempre con tu padre, bonita —dijo luego—, siempre con tu padre.

Había cinco kilómetros de Orense a San Lorenzo. El camino daba vueltas y revueltas, a la luz de la luna.

—¿Te cansas?

—No, papá.

—Tu madre estará impaciente.

Cantaban los grillos°. Luego pasó uno que iba al pueblo con su carro de bueyes, y les dijo que subieran. Se tumbaron° encima del heno° cortado.

—¿Lo has pasado bien, reina?

—¡Uy, más bien!

Y, oyendo el chillido° de las ruedas, de cara a las estrellas, Alina tenía ganas de llorar.

A Eloy, el chico del vaquero, le contó lo maravilloso que era el río. Él ya había bajado a Orense varias veces porque era mayor que ella, y hasta se había bañado en el Miño, pero la escuchó hablar como si no lo conociera más que ahora, en sus palabras.

Eloy guardaba las vacas del maestro, que eran dos, y solía estar en un pequeño prado triangular que había en la falda° del monte Ervedelo. Allí le venía a buscar Alina muchas tardes, y es donde le había enseñado a leer. A veces el abuelo Santiago la acompañaba en su paseo y se quedaba sentado con los niños, contándoles las sempiternas historias de su viaje a América. Pero Alina no podía estar mucho rato parada en el mismo sitio.

—Abuelo, ¿puedo subir un rato a la peña° grande con Eloy, y tú te quedas con las vacas, como ayer? Bajamos en seguida.

El abuelo se ponía a liar un pitillo°.

—Claro, hija. Venir cuando queráis.

Y subían corriendo de la mano por lo más difícil, brincando de peña en peña hasta la cumbre.

¡Qué cosa era la ciudad, vista desde allí arriba! A partir de la gran piedra plana, donde se sentaban, descendía casi verticalmente la maleza°, mezclándose con árboles, piedras, cultivos, en un desnivel vertiginoso, y las casas de Orense, la Catedral, el río estaban en el hondón° de todo aquello; caían allí los ojos sin transición y se olvidaban del camino y de la distancia. Al río se le reconocían las arrugas de la superficie, sobre todo si hacía sol. Alina se imaginaba lo bonito que sería ir montados los dos en una barca, aguas adelante.

—Hasta Tuy, ¿qué dices? ¿Cuánto tardaríamos hasta Tuy?

—No sé.

Riñe: reprende
Desafinando: apartándose del tono correcto
"Aproveita… arrepentida": "aprovecha la buena
    vida –soltera no te cases- aprovecha la
    buena vida- que yo sé de una mujer casada
    –que llora de arrepentida"
Grillos: tipo de insecto que suele cantar de
    noche

Se tumbaron: se echaron
Heno: hierba que come el ganado
Chillido: ruido
Falda: vertiente, lado
Peña: roca, pico de montaña
Liar un pitillo: preparar un cigarro
Maleza: conjunto de hierbas y arbustos
Hondón: lugar profundo

—A lo mejor° muchos días, pero tendríamos cosas de comer.

—Claro, yo iría remando.

—Y pasaríamos a Portugal. Para pasar a Portugal seguramente hay una raya en el agua de otro color más oscuro, que se notará poco, pero un poquito.

—¿Y dormir?

—No dormiríamos. No se duerme en un viaje así. Sólo mirar; mirando todo el rato.

—De noche no se mira, no se ve nada.

—Sí que se ve. Hay luna y luces por las orillas. Sí que se ve.

Nunca volvían pronto, como le habían dicho al abuelo.

—¿A ti qué te parece, que está lejos o cerca, el río?

—¿De aquí?

—Sí.

—A mí me parece que muy cerca, que casi puede uno tirarse. ¿A ti?

—También. Parece que si abro los brazos, voy a poder bajar volando. Mira, así.

—No lo digas —se asustaba Eloy, retirándola hacia atrás—, da vértigo.

—No, si no me tiro. Pero qué gusto daría, ¿verdad? Se levantaría° muchísima agua.

—Sí.

El río era como una brecha°, como una ventana para salir, la más importante, la que tenían más cerca.

Una tarde, en uno de estos paseos, Eloy le contó que había decidido irse a América, en cuanto fuese un poco mayor.

—¿Lo dices de verdad?

—Claro que lo digo de verdad.

Alina le miraba con mucha admiración.

—¿Cuándo se te ha ocurrido?

—Ya hace bastante, casi desde que le empecé a oír contar cosas a tu abuelo. Pero no estaba decidido como ahora. Voy a escribir a un primo que tengo allí. Pero es un secreto todo esto, no se lo digas a nadie.

—Claro que no. Te lo juro. Pero, oye, necesitarás dinero.

—Sí, ya lo iré juntando°. No te creas que me voy a ir en seguida.

—Pues yo que tú, me iría en seguida. Si no te vas en seguida, a lo mejor no te vas.

—Sí que me voy, te lo juro que me voy. Y más ahora que veo que a ti te parece bien.

Alina se puso a arrancar hierbas muy de prisa, y no hablaron en un rato.

Luego dijo él:

—¿Sabes lo que voy a hacer?

—¿Qué?

—Que ya no te voy a volver a decir nada hasta que lo tenga todo arreglado y te vea para despedirme de ti. Así verás lo serio que es. Dice mi padre, que cuando se habla mucho de una cosa, que no se hace. Así que tú ya tampoco me vuelvas a preguntar nada, ¿eh?

—Bueno. Pero a ver si se te pasan las ganas° por no hablar conmigo.

—No, mujer.

—Y no se lo digas a nadie más.

—A nadie. Sólo a mi primo, cuando le escriba, que no sé cuándo será. A lo mejor espero a juntar el dinero.

No volvieron a hablar de aquello. Eloy se fue a trabajar a unas canteras° cercanas, de donde estaban sacando piedra para hacer el Sanatorio y se empezaron a ver menos. Alina

---

A lo mejor: tal vez, quizá
Se levantaría: saltaría
Brecha: abertura

Juntando: ahorrando
Si se te pasan las ganas: si pierdes el deseo
Cantera: lugar de donde se extrae, saca, piedra

le preguntó al abuelo que si el viaje a América se podía hacer yendo de polizón°, porque imaginaba que Eloy iría de esa manera, y, durante algún tiempo, escuchó las historias del abuelo con una emoción distinta. Pero en seguida volvió a sentirlas lejos, como antes, igual que leídas en un libro o pintadas sobre un telón° de colores gastados. En el fondo, todo aquello de los viajes le parecía una invención muy hermosa, pero sólo una invención, y no se lo creía mucho. Eloy no se iría; ¿cómo se iba a ir?

Muchas veces, desde el monte Ervedelo, cuando estaba sola mirando anochecer y se volvía a acordar de la conversación que tuvo allí mismo con su amigo, aunque trataba de sentir verdad que el sol no se había apagado, sino que seguía camino hacia otras tierras desconocidas y lejanas, y aunque decía muchas veces la palabra "América" y se acordaba de los dibujos del libro de Geografía, no lo podía, en realidad, comprender. Se había hundido el sol por detrás de las montañas que rodeaban aquel valle, y se consumía su reflejo en la ciudad recién abandonada, envuelta en un vaho° caliente todavía. Empezaban a encenderse bombillas. Cuántas ventanas, cuántas vidas, cuántas historias. ¿Se podía abarcar° más? Todo aquello pequeñito eran calles, tiendas, personas que iban a cenar. Había vida de sobra° allí abajo. Alina no podía imaginar tanta. Otros países grandes y florecientes los habría, los había sin duda; pero lo mismo daba. Cuando quedaban oscurecido el valle, manso° y violeta el río; cuando empezaban a ladrar los perros a la luna naciente° y se apuntaba° también el miedo de la noche, todo se resumía en este poco espacio que entraba por los ojos. El sol había soplado° los candiles, había dicho "buenas noches"; dejaba la esperanza de verlo alzarse mañana. Alina en esos momentos pensaba que tenía razón su padre, que era un engaño querer correr detrás del sol, soñarle una luz más viva en otra tierra.

Cuando cumplió los diez años, empezó a hacer el bachillerato. Por entonces, la ciudad le era ya familiar. Su madre bajaba muchas veces al mercado con las mujeres de todas las aldeas que vivían de la venta diaria de unos pocos huevos, de un puñado de judías. Alina la acompañó cuestas abajo y luego arriba°, adelantando a los otros grupos, dejándose adelantar por ellos o pasando a engrosarlos°, y escuchó en silencio, junto a su madre, las conversaciones que llevaban todas aquellas mujeres, mientras mantenían en equilibrio las cestas sobre la cabeza muy tiesa°, sin mirarse, sin alterar el paso rítmico, casi militar. Ellas ponían en contacto las aldeas y encendían sus amistades, contaban las historias y daban las noticias, recordaban las fechas de las fiestas. Todo el cordón° de pueblecitos dispersos, cercanos a la carretera, vertía desde muy temprano a estas mensajeras, que se iban encontrando y saludando, camino de la ciudad, como bandadas° de pájaros parlanchines°. A Alina le gustaba ir con su madre, trotando de trecho en trecho° para adaptarse a su paso ligero. Y le gustaba oír la charla de las mujeres. A veces hablaban de ella y le preguntaban cosas a la madre, que era seria y reconcentrada°, más amiga de escuchar que de hablar. Habían sabido que iba a ingresar° la niña en el Instituto. La niña del maestro.

—Herminia, ¿ésta va a ir a Orense al Ingreso?

—Va.

Polizón: persona que viaja en avión o barco clandestinamente
Telón: tela, lienzo
Vaho: soplo, aliento
Abarcar: coger, comprender
Vida de sobra: mucha vida
Manso: tranquilo
Naciente: que acaba de salir
Se apuntaba: se empezaba a sentir
Soplado: expulsar aire por la boca
Cuestas abajo y luego arriba: caminos en

pendiente que bajan y caminos que suben
Engrosarlos: unirse a estos grupos
Tiesa: erecta, rígida
Cordón: serie, suma
Bandadas: grupos, conjunto
Parlanchines: habladores
De trecho en trecho: cada cierto trayecto o trozo del camino
Reconcentrada: reservada
Ingresar: comenzar a estudiar

—Cosas del padre, claro.

—Y de ella. Le gusta a ella.

—¿A ti te gusta, nena°?

—Me gusta, sí señora.

Después, según fueron pasando los cursos, los comentarios se hicieron admirativos.

—Dicen que vas muy bien en los estudios.

—Regular.

—No. Dicen que muy bien. ¿No va muy bien, Herminia?

—Va bien, va.

Alina estudiaba con su padre, durante el invierno, y en junio bajaba a examinarse al Instituto por libre°. Solamente a los exámenes de ingreso consintió que su padre asistiera. Lo hizo cuestión personal.

—Yo sola, papá. Si no, nada. Yo bajo y me examino y cojo las papeletas° y todo. Si estáis vosotros, tú sobre todo, me sale mucho peor.

Se había hecho independiente por completo, oriunda del terreno°, confiada, y era absolutamente natural verla crecer y desenredarse° sola como a las plantas. Benjamín aceptó las condiciones de la hija. Se jactaba de ella, la idealizaba en las conversaciones con los amigos. Cada final de curso, varias horas antes del regreso de Alina, lo dejaba todo y salía a esperarla a la tienda de Manuel, que estaba mucho antes del pueblo, al comienzo de los castaños de Indias de la carretera, donde las mujeres que regresaban del mercado, en verano, se detenían a descansar un poco y a limpiarse el sudor de la frente debajo de aquella primera sombra uniforme. Casi siempre alguna de ellas, que había adelantado a Alina por el camino arriba, le traía la noticia al padre antes de que llegara ella.

—Ahí atrás viene. Le pregunté. Dice que trae sobresalientes°, no sé cuántos.

—No la habrán suspendido° en ninguna.

—Bueno, hombre, bueno. ¡La van a suspender!

—¿Tardará?°

—No sé. Venía despacio.

Alina venía despacio. Volvía alegre, de cara al verano. Nunca había mirado con tanta hermandad y simpatía a las gentes con las que se iba encontrando, como ahora en estos regresos, con sus papeletas recién dobladas dentro de los libros. Formaban un concierto aquellas gentes con las piedras, los árboles y los bichos de la tierra. Todo participaba y vivía conjuntamente: eran partículas que tejían° el mediodía infinito, sin barreras. En la tienda de Manuel se detenía. Estaba Benjamín fuera, sentado a una mesa de madera, casi nunca solo, y veía ella desde lejos los pañuelos que la saludaban.

—Ven acá, mujer. Toma una taza de vino, como un hombre, con nosotros —decía el padre, besándola.

Y ella descansaba allí, bebía el vino fresco y agrio. Y entre el sol de la caminata, la emoción, el vino y un poquito de vergüenza, las mejillas le estallaban° de un rojo bellísimo, el más vivo y alegre que el maestro había visto en su vida.

—Déjame ver, anda. Trae esas papeletas.

—Déjalo ahora, papá. Buenas notas, ya las verás en casa.

—¿Qué te preguntaron en Geografía?

Nena: niña
Por libre: sin que hubiera tomado clases durante el año académico en el instituto
Papeletas: papeles donde van escritas las notas
Oriunda del terreno: que proviene, procede, del campo

Desenredarse: desarrollarse, madurar
Sobresalientes: notas de 9 en la escala de 1 a 10
Suspendido: no pasar una asignatura
¿Tardará?: ¿pasará mucho tiempo?
Tejían: cosían
Estallaban: explotaban, estaban llenas

—Los ríos de América. Tuve suerte.

—¿Y en Historia Natural?

—No me acuerdo, …ah, sí, los lepidópteros.

—Pero deja a la chica, hombre, déjala ya en paz —intervenían los amigos.

En casa, el abuelo Santiago lloraba. No podía aguantar la emoción y se iba a un rincón de la huerta, donde Alina le seguía y se ponía a consolarle como de una cosa triste. Le abrazaba. Le acariciaba la cabeza, las manos rugosas°.

—Esta vez sí que va de verdad°, hija. Es la última vez que veo tus notas. Lo sé yo, que me muero este verano.

Al abuelo, con el pasar de los años, se le había ido criando un terror a la muerte que llegó casi a enfermedad. Estaba enfermo de miedo, seco y nervioso por los insomnios. Se negaba a dormir porque decía que la muerte viene siempre de noche y hay que estar velando° para espantarla°. Tomaba café y pastillas para no dormir, y lloraba muchas veces, durante la noche, llamando a los de la casa, que ya no hacían caso ninguno de sus manías°, y le oían gemir° como al viento. Alina tenía el sueño muy duro, pero era la única que acudía a consolarle, alguna vez, cuando se despertaba. Le encontraba sentado en la cama, con la luz encendida, tensa su figurilla enteca° que proyectaba una inmensa sombra sobre la pared; en acecho°, como un vigía°. Efectivamente, casi todos los viejos de la aldea se quedaban muertos por la noche, mientras dormían, y nadie sentía llegar estas muertes, ni se molestaban en preguntar el motivo de ellas. Eran gentes delgadas y sufridas, a las que se había ido nublando° la mirada, y que a lo mejor no habían visto jamás al médico. También el abuelo había estado sano siempre, pero era de los más viejos que quedaban vivos, y él sabía que le andaba rondando la vez.

Las últimas notas de Alina que vio fueron las de quinto curso. Precisamente aquel año la abrazó más fuerte y lloró más que otras veces, tanto que el padre se tuvo que enfadar y le llamó egoísta, le dijo que aguaba° la alegría de todos. Alina tuvo toda la tarde un nudo en la garganta, y por primera vez pensó que de verdad el abuelo se iba a morir. Le buscó en la huerta y por la casa varias veces aquella tarde, a lo largo de la fiesta que siempre celebraba el maestro en el comedor, con mucha gente. Merendaron empanada°, rosquillas° y vino y cantaron mucho. Por primera vez había también algunos jóvenes. Un sobrino del dueño del Pazo, que estudiaba primero de carrera, tocaba muy bien la guitarra y cantaba canciones muy bonitas. Habló bastante con Alina, sobre todo de lo divertido que era el invierno en Santiago de Compostela, con los estudiantes. Ya, por entonces, estaba casi decidido que Alina haría la carrera de Letras° en Santiago, y ella se lo dijo al chico del Pazo. Era simpático, y la hablaba con cierta superioridad, pero al mismo tiempo no del todo como a una niña. Alina lo habría pasado muy bien si no estuviera todo el tiempo preocupada por el abuelo, que había desaparecido a media tarde, después de que el maestro le había reprendido con irritación, como a un ser molesto. No le pudo encontrar, a pesar de que salió a los alrededores de la casa varias veces, y una de ellas se dio un llegón° corriendo hasta el cruce de la iglesia y le llamó a voces desde allí.

Rugosas: llenas de arrugas
Va de verdad: va en serio
Velando: vigilando
Espantarla: asustarla
Manías: caprichos, obsesiones
Gemir: quejarse, lamentarse
Enteca: débil, enfermo
En acecho: vigilando
Vigía: vigilante

Nublando: obscureciendo, enturbiando
Aguaba: estropeaba, destruía
Empanada: tipo de comida
Rosquillas: tipo de dulce, postre
Carrera de Letras: estudios humanísticos
    que incluyen: filosofía, lenguas clásicas,
    filología, etc.
Se dio un llegón: se acercó

Volvió el abuelo por la noche, cuando ya se habían ido todos los amigos y había pasado la hora de la cena, cuando la madre de Alina empezaba a estar también muy preocupada. Traía la cabeza baja y le temblaban las manos. Se metió en su cuarto, sin que las palabras que ellos le dijeron lograsen aliviar su gesto contraído°.

—Está loco tu padre, Herminia, loco —se enfadó el maestro, cuando le oyeron que cerraba la puerta—. Debía verle un médico. Nos está quitando la vida.

Benjamín estaba excitado por el éxito de la hija y por la bebida, y tenía ganas de discutir con alguien. Siguió diciendo muchas cosas del abuelo, sin que Alina ni su madre le secundaran°. Luego se fueron todos a la cama.

Pero Alina no durmió. Esperó un rato y escapó de puntillas° al cuarto del abuelo. Aquella noche, tras sus sobresaltos de quinto curso, fue la última vez que habló largo y tendido° con él. Se quedaron juntos hasta la madrugada, hasta que consiguió volver a verle confiado, ahuyentado el desamparo° de sus ojos turbios° que parecían querer traspasar la noche, verla rajada° por chorros° de luz.

—No te vayas, hija, espera otro poco —le pedía a cada momento él, en cuanto la conversación languidecía°.

—Si no me voy. No te preocupes. No me voy hasta que tú quieras.

—Que no nos oiga tu padre. Si se entera° de que estás sin dormir por mi culpa, me mata.

—No nos oye, abuelo.

Y hablaban en cuchicheo°, casi al oído, como dos amantes.

—¿Tú no piensas que estoy loco, verdad que no?

—Claro que no.

—Dímelo de verdad.

—Te lo juro, abuelo. —Y a Alina le temblaba la voz—. Me pareces la persona más seria de la casa.

—Me dicen que soy como un niño, pero no. Soy un hombre. Es que, hija de mi alma, la cosa más seria que le puede pasar a un hombre es morirse. Hablar es el único consuelo. Estaría hablando todo el día, si tuviera quien me escuchara. Mientras hablo, estoy todavía vivo, y le dejo algo a los demás. Lo terrible es que se muera todo con uno, toda la memoria de las cosas que se han hecho y se han visto. Entiende esto, hija.

—Lo entiendo, claro que lo entiendo.

Lloraba el abuelo.

—Lo entiendes, hija, porque sólo las mujeres entienden y dan calor. Por muy viejo que sea un hombre, delante de otro hombre tiene vergüenza de llorar. Una mujer te arropa°, aunque también te traiga a la tierra y te ate, como tu abuela me ató a mí. Ya no te mueves más, y ves que no valías nada. Pero sabes lo que es la compañía. La compañía de uno, mala o buena, se la elige uno.

Desvariaba° el abuelo. Pero hablando, hablando le resucitaron los ojos y se le puso una voz sin temblores. La muerte no le puede coger desprevenido° a alguien que está hablando.

Contraído: preocupado
Secundaran: apoyaran
De puntillas: caminando con la punta de los pies
Largo y tendido: mucho tiempo y detalladamente
Ahuyentado el desamparo: espantando la soledad
Turbios: sucios, manchados
Rajada: rota, abierta

Chorros: rayos grandes
Languidecía: parecía llegar a un final
Si se entera: si descubre
En cuchicheo: en voz baja
Arropa: cubre con ropa, da calor
Desvariaba: deliraba, decía disparates o cosas sin sentido
Desprevenido: inadvertidamente, descuidado

El abuelo contó aquella noche, enredadas°, todas sus historias de América, de la abuela Rosa, de gentes distintas cuyos nombres equivocaba y cuyas anécdotas cambiaban de sujeto, historias desvaídas° de juventud. Era todo confuso, quizá más que ninguna vez de las que había hablado de lo mismo, pero en cambio, nunca le había llegado a Alina tan viva y estremecedora° como ahora la desesperación del abuelo por no poder moverse ya más, por no oír la voz de tantas personas que hay en el mundo contando cosas y escuchándolas, por no hacer tantos viajes como se quedan por hacer y aprender tantas cosas que valdrían la pena; y comprendía que quería legársela° a ella aquella sed de vida, aquella inquietud.

—Aquí, donde estoy condenado a morir, ya me lo tengo todo visto, sabido de memoria. Sé cómo son los responsos° que me va a rezar el cura, y la cara de los santos de la iglesia a los que me vais a encomendar, he contado una por una las hierbas del cementerio. La única curiosidad puede ser la de saber en qué día de la semana me va a tocar la suerte. Tu abuela se murió en domingo, en abril.

—¿Mi abuela cómo era?

—Brava, hija, valiente como un hombre. Tenía cáncer y nadie lo supo. Se reía. Y además se murió tranquila. Claro, porque yo me quedaba con lo de ella —¿tú entiendes?—, con los recuerdos de ella —quiero decir—, que para alguien no se habían vuelto todavía inservibles. Lo mío es distinto, porque yo la llave de mis cosas, de mi memoria, ¿a quién se la dejo?

—A mí, abuelo. Yo te lo guardo todo —dijo Alina casi llorando—. Cuéntame todo lo que quieras. Siempre me puedes estar dando a guardar todo lo tuyo, y yo me lo quedaré cuando te mueras, te lo juro.

Hacia la madrugada, fue a la cocina a hacer café y trajo las dos tazas. Estaba desvelada° completamente.

—Abuelo, dice papá que yo no me case, siempre me está diciendo eso. ¿Será verdad que no me voy a casar? ¿Tú qué dices?

—Claro que te casarás.

—Pues él dice que yo he nacido para estar libre.

—Nunca está uno libre; el que no está atado a algo, no vive. Y tu padre lo sabe. Quiere ser él tu atadura°, eso es lo que pasa, pero no lo conseguirá.

—Sí lo consigue. Yo le quiero más que a nadie.

—Pero no es eso, Alina. Con él puedes romper, y romperás. Las verdaderas ataduras son las que uno escoge, las que se busca y se pone uno solo, pudiendo no tenerlas.

Alina, aunque no lo entendió del todo, recordó durante mucho tiempo esta conversación.

A los pocos días se encontró con Eloy en la carretera. Estaba muy guapo y muy mayor. Otras veces también le había visto, pero siempre de prisa, y apenas se saludaban un momento. Esta vez, la paró y le dijo que quería hablar con ella.

—Pues habla.

—No, ahora no. Tengo prisa.

—¿Y cuándo?

—Esta tarde, a las seis, en Ervedelo, Trabajo allí cerca.

Nunca le había dado nadie una cita, y era rarísimo que se la diera Eloy. Por la tarde, cuando salió de casa, le parecía por primera vez en su vida que tenía que ocultarse. Salió por la puerta de atrás, y a su padre, que estaba en la huerta, le dio miles de explicaciones de las ganas que le habían entrado de dar un paseo. También le molestó encontrarse, en la

---

Enredadas: mezcladas, de manera confusa
Desvaídas: imprecisas
Estremecedora: conmovedora, impresionante
Legársela: dársela

Responsos: oraciones por los muertos
Desvelada: sin sueño
Atadura: vínculo, unión, ligadura

falda del monte, con el abuelo Santiago, que era ahora quien guardaba la única vaca vieja que vivía, "Pintera". No sabía si pararse con él o no, pero por fin se detuvo porque le pareció que la había visto. Pero estaba medio dormido y se sobresaltó°:

—Hija, ¿qué hora es? ¿Ya es de noche? ¿Nos vamos?

—No, abuelo. ¿No ves que es de día? Subo un rato al monte°.

—¿Vas a tardar mucho? —le preguntó él—. Es que estoy medio malo.

Levantaba ansiosamente hacia ella los ojos temblones°.

—No, subo sólo un rato. ¿Qué te pasa?

—Nada, lo de siempre: el nudo aquí. ¿Te espero entonces?

—Sí, espérame y volvemos juntos.

—¿Vendrás antes de que se ponga el sol?

—Sí, claro.

—Por el amor de Dios, no tardes, Adelaida. Ya sabes que en cuanto se va el sol, me entran los miedos.

—No tardo, no. No tardo.

Pero no estaba° en lo que decía. Se adentró en el pinar° con el corazón palpitante, y, sin querer, echó a andar más despacio. Le gustaba sentir crujir° las agujas de pino caídas en el sol y en la sombra, formando una costra° de briznas° tostadas. Se imaginaba, sin saber por qué, que lo primero que iba a hacer Eloy era cogerle una mano y decirle que la quería; tal vez incluso a besarla. Y ella, ¿qué podría hacer si ocurría algo semejante? ¿Sería capaz de decir siquiera una palabra?

Pero Eloy sólo pretendía darle la noticia de su próximo viaje a América. Por fin sus parientes le habían reclamado, y estaba empezando a arreglar todos los papeles.

—Te lo cuento, como te prometí cuando éramos pequeños. Por lo amigos que éramos entonces, y porque me animaste mucho. Ahora ya te importará menos.

—No, no me importa menos. También somos amigos ahora. Me alegro de que se te haya arreglado. Me alegro mucho.

Pero tenía que esforzarse para hablar. Sentía una especie de decepción, como si este viaje fuera diferente de aquel irreal y legendario, que ella había imaginady para su amigo en esta cumbre del monte, sin llegarse a creer que de verdad lo haría.

—¿Y tendrás trabajo allí?

—Sí, creo que me han buscado uno. De camarero. Están en Buenos Aires y mi tío ha abierto un bar.

—Pero tú de camarero no has trabajado nunca. ¿Te gusta?

—Me gusta irme de aquí. Ya veremos. Luego haré otras cosas. Se puede hacer de todo.

—¿Entonces, estás contento de irte?

—Contento, contento. No te lo puedo ni explicar. Ahora ya se lo puedo decir a todos. Tengo junto° bastante dinero, y si mis padres no quieren, me voy igual.

Le brillaban los ojos de alegría, tenía la voz segura. Alina estaba triste, y no sabía explicarse por qué. Luego bajaron un poco y subieron a otro monte de la izquierda, desde el cual se veían las canteras donde Eloy había estado trabajando todo aquel tiempo. Sonaban de vez en cuando los barrenos° que atronaban° el valle, y los golpes de los obreros abriendo

---

Sobresaltó: alarmó, asustó
Monte: pequeña montaña
Temblones: que tiemblan
No estaba: no estaba pensando
Pinar: bosque de pinos
Crujir: ruido que hacen las agujas de pino secas
    cuando se pisan con el pié

Costra: capa, corteza
Briznas: trozos muy pequeños
Tengo junto: he ahorrado
Barrenos: utensilio que sirve para hacer
    agujeros en las rocas o minas
Atronaban: producían ruidos muy fuertes como
    truenos

las masas de granito, tallándolas° en rectángulos lisos°, grandes y blancos. Eloy aquella tarde había perdido el trabajo por venir a hablar con Alina y dijo que le daba igual°, porque ya se pensaba despedir. Se veían muy pequeños los hombres que trabajaban, y Eloy los miraba con curiosidad y atención, desde lo alto, como si nunca hubieran sido sus compañeros.

—Me marcho, me marcho —repetía.

Atardeció sobre Orense. Los dos vieron caer la sombra encima de los tejados de la ciudad, cegar° al río. Al edificio del Instituto le dio un poco de sol en los cristales hasta lo último. Alina lo localizó y se lo enseñó a Eloy, que no sabía dónde estaba. Tuvo que acercar mucho su cara a la de él.

—Mira; allí. Allí…

Hablaron del Instituto y de las notas de Alina.

—El señorito del Pazo dice que eres muy lista, que vas a hacer carrera.

—Bueno, todavía no sé.

—Te pone por las nubes.°

—Si casi no lo conozco. ¿Tú cuándo le has visto?

—Lo veo en la taberna. Hemos jugado a las cartas. Hasta pensé: "A lo mejor quiere a Alina".

La miraba. Ella se puso colorada.

—¡Qué tontería! Sólo le he visto una vez. Y además, Eloy, tengo quince años. Parece mentira que digas eso.

Tenía ganas de llorar.

—Ya se es una mujer con quince años —dijo él alegremente, pero sin la menor turbación°—. ¿O no? Tú sabrás.

—Sí, bueno, pero…

—¿Pero qué?

—Nada.

—Tienes razón, mujer. Tiempo hay, tiempo hay.

Y Eloy se rió. Parecía de veinte años o mayor, aunque sólo le llevaba dos a ella. "Estará harto de tener novias —pensó Alina—. Me quiere hacer rabiar."

Bajaron en silencio por un camino que daba algo de vuelta. Era violento tenerse que agarrar alguna vez de la mano, en los trozos difíciles. Ya había estrellas. De pronto Alina se acordó del abuelo y de lo que le había prometido de no tardar, y se le encogió el corazón°.

—Vamos a cortar por aquí. Vamos de prisa. Me está esperando.

—Bueno, que espere.

—No puede esperar. Le da miedo. Vamos, oye. De verdad.

Corrían. Salieron a un camino ya oscuro y pasaron por delante de la casa abandonada, que había sido del cura en otro tiempo y luego se la vendió a unos señores que casi no venían nunca. La llamaban "la casa del camino" y ninguna otra casa le estaba cerca. A la puerta, y por el balcón de madera carcomida°, subía una enreda-dera de pasionarias, extrañas flores como de carne pintarrajeada°, de mueca° grotesca y mortecina°, que parecían rostros de payasa vieja. A Alina, que no tenía miedo de nada, le daban miedo estas flores, y nunca las había visto en otro sitio. Eloy se paró y arrancó una.

—Toma.

Tallándolas: cortándolas
Lisos: suaves
Le daba igual: no le importaba
Cegar: ocultar, esconder
Te pone por las nubes: habla muy bien de ti
Turbación: alteración, vergüenza
Se le encogió el corazón: se estremeció, se

preocupó
Carcomida: destruida por la carcoma, un insecto cuya larva hace agujeros en la madera
Pintarrajeada: mal pintada
Mueca: gesto, expresióm
Mortecina: relacionada con la muerte

—¿Que tome yo? ¿Por qué? —se sobrecogió° ella sin coger la flor que le alargaba su amigo.

—Por nada, hija. Porque me voy; un regalo. Me miras de una manera rara, como con miedo. ¿Por qué me miras así?

—No; no la quiero. Es que no me gustan, me dan grima°.

—Bueno —dijo Eloy. Y la tiró—. Pero no escapes. Corrían otra vez.

—Es por el abuelo. Tengo miedo por él —decía Alina, casi llorando, descansada de tener un pretexto para justificar su emoción de toda la tarde—. Quédate atrás tú, si quieres.

—Pero ¿qué le va a pasar al abuelo? ¿Qué le puede pasar?

—No sé. Algo. Tengo ganas de llegar a verle.

—¿Prefieres que me quede o que vaya contigo?

—No. Mejor ven conmigo. Ven tú también.

—Pues no corras así.

Le distinguieron desde lejos, inmóvil, apoyado en el tronco de un nogal°, junto a la vaca, que estaba echada en el suelo.

—¿Ves cómo está allí? —dijo Eloy.

Alina empezó a llamarle, a medida que se acercaba:

—Que ya vengo, abuelo. Que ya estoy aquí. No te asustes. Somos nosotros. Eloy y yo.

Pero él no gemía, como otras veces, no se incorporaba. Cuando entraron agitadamente en el prado, vieron que se había quedado muerto, con los ojos abiertos, impasibles°. Las sombras se tendían pacíficamente delante de ellos, caían como un telón, anegaban° el campo y la aldea.

A partir de la muerte del abuelo y de la marcha de Eloy, los recuerdos de Alina toman otra vertiente más cercana, y todos desembocan en Philippe. Es muy raro que estos recuerdos sean más confusos que los antiguos, pero ocurre así.

Los dos últimos cursos de bachillerato, ni sabe cómo fueron. Vivía en la aldea, pero con el solo pensamiento de terminar los estudios en el Instituto para irse a Santiago de Compostela. Ya vivía allí con la imaginación, y ahora, después de los años, lo que imaginaba se enreda y teje° con lo que vivió de verdad. Quería escapar, cambiar de vida. Se hizo huraña° y estaba siempre ausente. Empezó a escribir versos que guardaba celosamente y que hasta que conoció a Philippe no había enseñado a nadie, ni a su padre siquiera. Muchas veces se iba a escribir al jardín que rodeaba la iglesia, cerca de la tumba del abuelo. Aquello no parecía un cementerio, de los que luego conoció Alina, tan característicos. Cantaban los pájaros y andaban por allí picoteando° las gallinas del cura. Estaban a dos pasos los eucaliptos y los pinos, todo era uno. Muchas veces sentía timidez de que alguien la encontrase sola en lugares así, y se hacía la distraída para no saludar al que pasaba, aunque fuese un conocido.

—Es orgullosa —empezaron a decir en el pueblo—. Se le ha subido a la cabeza lo de los estudios°.

A las niñas que habían jugado con ella de pequeña se les había acercado la juventud, estallante° y brevísima, como una huella roja. Vivían todo el año esperando las fiestas del Patrón por agosto, de donde muchas salían con novio y otras embarazadas. Algunas de las de su edad ya tenían un hijo. Durante el invierno se las encontraba por la carretera, descalzas, con sus cántaros a la cabeza, llevando de la mano al hermanito o al hijo. Cargadas, serias,

---

Se sobrecogió: se asustó
Me dan grima: me molestan, me causan
    irritación
Nogal: tipo de árbol que da nueces
Impasibles: indiferentes, sin alterarse
Anegaban: inundaban, llenaban
Se enreda y teje: se mezcla, se confunde

Huraña: de mal humor, arisca
Picoteando: comiendo
Se le ha subido a la cabeza lo de los estudios:
    se ha vuelto arrogante, soberbia porque
    estudia. Se cree superior a todos
Estallante: que explota

responsables. También las veía curvadas° hacia la tierra para recoger patatas o piñas. Y le parecía que nunca las había mirado hasta entonces. Nunca había encontrado esta dificultad para comunicarse con ellas ni había sentido la vergüenza de ser distinta. Pero tampoco, como ahora, esta especie de regodeo° por saber que ella estaba con el pie en otro sitio, que podría evadirse de este destino que la angustiaba. Iba con frecuencia a confesarse con don Félix y se acusaba de falta de humildad.

—Pues trabaja con tu madre en la casa, hija —le decía el cura—, haz trabajos en el campo, habla con toda la gente, como antes hacías.

Luego, rezando la penitencia, se pasaba largos ratos Alina en la iglesia vacía por las tardes, con la puerta al fondo, por donde entraban olores y ruidos del campo, abierta de par en par. Clavaba sus ojos, sin tener el menor pensamiento, en la imagen de San Roque, que tenía el ala del sombrero levantada y allí, cruzadas dos llaves, pintadas de purpurina°. Le iba detallando los ojos pasmados°, la boca que asomaba entre la barba, con un gesto de guasa°, como si estuviera disfrazado y lo supiera. Llevaba una esclavina° oscura con conchas de peregrino y debajo una túnica° violeta, que se levantaba hasta el muslo con la mano izquierda para enseñar una llaga° pálida, mientras que con la derecha agarraba un palo rematado por molduras°. El perro que tenía a sus pies, según del lado que se le mirara, parecía un cerdo flaco o una oveja. Llevantaba al santo unos ojos de agonía.

—Se me quita la devoción, mirando ese San Roque —confesaba Alina al cura—. Me parece mentira todo lo de la iglesia, no creo en nada de nada. Me da náusea.

—¡Qué cosa más rara, hija, una imagen tan milagrosa! Pero nada —se alarmaba don Félix—, no vuelvas a mirarla. Reza el rosario en los pinos como hacías antes, o imagínate a Dios a tu manera. Lo que sea, no importa. Tú eres buena, no te tienes que preocupar tanto con esas preguntas que siempre se te están ocurriendo. Baila un poquito en estas fiestas que vienen. Eso tampoco es malo a tu edad. Diviértete, hija. —Se reía—. Dirás que qué penitencia tan rara.

El maestro, que siempre había sido bastante anticlerical, empezó a alarmarse.

—Pero, Herminia, ¿qué hace esta chica todo el día en la iglesia?

—Que haga lo que quiera. Déjala.

—¿Que la deje? ¿Cómo la voy a dejar? Se nos mete monja por menos de un pelo.°

—Bueno, hombre, bueno.

—Pero ¿cómo no te importa lo que te digo, mujer? Tú no te inmutas° por nada. Eres como de corcho.

—No soy de corcho, pero dejo a la hija en paz. Tú la vas a aburrir, de tanto estar pendiente de lo que hace o lo que no hace.

—Pero dile algo tú. Eso son cosas tuyas.

—Ya es mayor. Díselo tú, si quieres, yo no le digo nada. No veo que le pase nada de particular.

—Sí que le pasa. Tú no ves más allá de tus narices. Está callada todo el día. Ya no habla conmigo como antes, me esconde cosas que escribe.

—Bueno, y qué. Porque crece. No va a ser siempre como de niña. Son cosas del crecimiento, de que se va a separar. Se lo preguntaré a ella lo que le pasa.

Curvadas: dobladas
Regodeo: alegría
Purpurina: de color rojo
Pasmados: llenos de asombro
Gesto de guasa: gesto o expresión de burla
Esclavina: prenda de vestir corta de forma de
    capa

Túnica: prenda de vestir larga
Llaga: herida
Molduras: adornos
Se nos mete monja por menos de un pelo: se hace
    monja rápidamente
Inmutas: alteras, dejas impresionar

Y Alina siempre decía que no le pasaba nada.

—¿No será que estudias demasiado?

—No, por Dios, papá. Al contrario. Si eso es lo que más me divierte.

—Pues antes comías mejor, estabas más alegre, cantabas.

—Yo estoy bien, te lo aseguro.

—Verás este año en las fiestas. Este año nos vamos a divertir. Va a ser sonada°, la romería de San Lorenzo.

Aquel verano, el último antes de empezar Alina la carrera, se lo pasó Benjamín, desde junio, haciendo proyectos para la fiesta del Patrón que era a mediados de agosto. Quería celebrar por todo lo alto° que su hija hubiese acabado el bachillerato y quería que ella se regocijase° con él, preparando las celebraciones. Pidió que aquel año le nombrasen mayordomo° de la fiesta. Los mayordomos se elegían cada año entre los cuatro o cinco mejor acomodados° de la aldea y ellos corrían con gran parte del gasto. En general todos se picaban° y querían deslumbrar° a los demás; pensaban que el San Lorenzo que patrocinaban° ellos había de tener más brillo que ninguno, aunque las diferencias de unos años a otros fueran absolutamente insensibles y nadie se percatara° de que había variado alguna cosa. El maestro, aquel año, soñaba con que su nombre y el de la hija se dijeran en Verín y en Orense.

—Nos vamos a arruinar, hombre —protestaba Herminia, cada vez que le veía subir de Orense con una compra nueva.

—Bueno, ¿y qué si nos arruinamos?

—No, nada.

Compró cientos de bombas y cohetes. Alquiló a un pirotécnico para los fuegos artificiales, que en el pueblo nunca se habían visto. Contrató a la mejor banda de música del contorno°, atracciones nuevas de norias y tiovivos°. Mandó adornar todo el techo del campo donde se iba a celebrar la romería con farolillos° y banderas, instaló en la terraza de su propia casa un pequeño bar con bebidas, donde podía detenerse todo el mundo, a tomar un trago gratis.

—El maestro echa la casa por la ventana° —comentaban.

—La echa, sí.

Días antes había bajado a la ciudad con Adelaida y había querido comprarle un traje de noche en una tienda elegante. La llevó al escaparate con mucha ilusión. Era azul de glasé y tenía una rosa en la cintura.

—Que no, papá. Que yo eso no me lo pongo, que me da mucha vergüenza a mí ponerme eso. No te pongas triste. Es que no puedo, de verdad. Anda, vamos.

—Pero ¿cómo "vamos"? ¿No te parece bonito?

—Muy bonito, sí. Pero no lo quiero. No me parece propio. Compréndelo, papá. Te lo agradezco mucho. Parece un traje de reina, o no sé.

—Claro, de reina. Para una reina.

No lo podía entender. Insistía en que entrase a probárselo para que se lo viese él puesto, por lo menos unos instantes. Pero no lo consiguió. Terminaron en una de aquellas tiendas de paños del barrio antiguo, hondas y solitarias como catedrales, y allí se eligió Alina dos

---

Sonada: se va a hablar mucho de ella
Por todo lo alto: a lo grande, con lujo
Regocijase: alegrase
Mayordomo: encargado de organizar las fiestas
Acomodados: con más dinero
Se picaban: competían entre ellos
Deslumbrar: sorprender
Patrocinaban: apoyaban

Percatara: notara, se diera cuenta
Contorno: de la región
Norias y tiovivos: artefactos de feria de un
    parque de atracciones.
Farolillos: farol, caja, hecha de colores que se usa
    como adorno en ferias
Echa la casa por la ventana: se gasta mucho
    dinero

cortes de vestido de cretona estampada° que le hizo en tres días la modista de la aldea. Volvieron muy callados todo el camino, con el paquete.

No fueron para Alina aquellas fiestas diferentes de las de otros años, más que en que se tuvo que esforzar mucho para esconder su melancolía, porque no quería nublar el gozo° de su padre. No sabía lo que le pasaba, pero su deseo de irse era mayor que nunca. Se sentía atrapada, girando° a disgusto en una rueda virtiginosa. Se reía sin parar, forzadamente, y a cada momento se encontraba con los ojos del padre que buscaban los suyos para cerciorarse° de que se estaba divirtiendo. Bailó mucho y le dijeron piropos°, pero de ningún hombre le quedó recuerdo.

—Ya te estaba esperando a ti en esa fiesta —le dijo a Philippe poco tiempo más tarde, cuando le contó cosas de este tiempo anterior a su encuentro—. Era como si ya te conociera de tanto como te echaba de menos, de tanto como estaba reservando mi vida para ti.

Benjamín perdió a su hija en aquellas fiestas, a pesar de que Philippe, el rival de carne y hueso, no hubiese aparecido todavía. Pero no se apercibió°. Anduvo dando vueltas por el campo de la romería, de unos grupos a otros, desde las primeras horas de la tarde, y estaba orgulloso recibiendo las felicitaciones de todo el mundo. Descansaba del ajetreo° de los días anteriores.

La romería se celebraba en un soto° de castaños y eucaliptos a la izquierda de la carretera. Los árboles eran viejos, y muchos se secaban poco a poco. Otros los habían ido cortando, y dejaron el muñón° de asiento para las rosquilleras°. Las que llegaban tarde se sentaban en el suelo, sobre la hierba amarillenta y pisoteada°, y ponían delante la cesta con la mercancía. En filas de a tres o cuatro, con pañuelos de colores a la cabeza. Vendían rosquillas de Rivadabia, peras y manzanas, relojitos de hora fija, pitos, petardos°. Estaban instaladas° desde por la mañana las barcas voladoras pintadas de azul descolorido y sujetas° por dos barras de hierro a un cartel alargado, donde se leía: "LA ALEGRÍA — ODILO VARELA". Otros años las ponían cerca de la carretera, y a Odilo Varela, que ya era popular, le ayudaban todos los niños del pueblo trayendo tablas y clavos. Pero esta vez habían venido también automóviles de choque° y una noria, y las barcas voladoras pasaron a segundo término.

También desde por la mañana, muy temprano, habían llegado los pulperos°, los indispensables, solemnes pulperos de la feria. Este año eran tres. El pulpero era tan importante como la banda de música, como la misa de tres curas, como los cohetes que estremecían° la montaña. Los chiquillos rondaban° los estampidos° de los primeros cohetes para salir corriendo a buscar la vara°. Y también acechaban la llegada del primer pulpero para salir corriendo por la aldea a dar la noticia. El pulpero, entretanto, preparaba

---

Cretona estampada: tela de algodón con dibujos
El gozo: alegría
Girando: dando vueltas
Cerciorarse: convencerse, asegurarse
Piropos: alabanza, cumplido, dirigido a una mujer
Apercibió: advirtió, dio cuenta
Ajetreo: ruido, confusión
Soto: pequeño bosque
Muñón: parte del árbol que queda después de haber sido cortado
Rosquilleras: las mujeres que hacen rosquillas –dulces–
Pisoteada: hierba sobre la que la gente ha caminado mucho

Petardos: dispositivo con pólvora que hacen explotar los niños en las ferias
Instaladas: colocadas, establecidas
Sujetas: atadas
Automóviles de choque: pequeños coches que se usan principalmente en las ferias para chocarse unos con otros
Pulpero: persona que tiene la tarea de cocinar y preparar el pulpo en la feria.
Estremecín: conmovían, sacudían
Rondaban: estaban alrededor de
Estampidos: ruidos, detonaciones
Vara: palo que queda después de explotar la pólvora

parsimoniosamente° sus bártulos°, consciente de la dignidad de su cargo, de su valor en la fiesta. Escogía, tras muchas inspecciones del terreno, el lugar más apropiado para colocar la inmensa olla° de hierro renegrido°. La cambiaba varias veces. Un poco más arriba. Donde diera menos el aire. Una vez asentada definitivamente, sobre sus patas, la llenaba de agua y amontonaba° debajo hojas secas, ramas y cortezas que iban juntando y recogiendo con un palo. A esto le ayudaban los chiquillos, cada vez más numerosos, que le rodeaban°. Luego prendía la hoguera°, y, cuando el agua empezaba a hervir, sacaba el pulpo para echarlo a la olla. Este era el momento más importante de la ceremonia, y ya se había juntado mucha gente para verlo. El pulpo seco como un esqueleto, con sus brazos tiesos llenos de arrugas, se hundía en el agua para transformarse. El pulpero echaba un cigarro, y contestaba sin apresurarse a las peticiones de las mujeres que se habían ido acercando y empezando a hacerle encargos°, mientras, de vez en cuando, revolvía dentro de la olla con su largo garfio de hierro°. El caldo del pulpo despedía por sus burbujas° un olor violento que excitaba y alcanzaba los sentidos, como una llamarada.

Por la tarde, este olor había impregnado el campo y se mezclaba con el de anguilas° fritas. También venían de cuando en cuando, entre el polvo que levantaban las parejas al bailar, otras ráfagas° frescas de olor a eucaliptos y a resina°. Alina las bebía ansiosamente, respiraba por encima del hombro de su compañero de baile, miraba lejos, a las copas oscuras de los pinos, a las montañas, como asomada a una ventana.

—Parece que se divierte tu chica —le decían al maestro los amigos.

—Se divierte, sí, ya lo veo. No deja de bailar. Y lo que más me gusta es que baila con todos. No está en edad de atarse a nadie.

—Se atará, Benjamín, se atará.

—Pero hay tiempo. Ahora, en octubre, va a la Universidad. Hará su carrera. Buena gana tiene ella° de pensar en novios. Ésta sacará una oposición°, ya lo veréis. Le tiran mucho los estudios.°

Desde la carretera hasta donde estaba el templete° de los músicos, con su colgadura° de la bandera española, todo el campo de la romería estaba cuajado° a ambos lados de tenderetes de vinos y fritangas°, con sus bancos de madera delante, y sobre el mostrador se alineaban los porrones° de vino del Ribeiro y las tacitas de loza° blanca, apiladas° casi hasta rozar° los rabos° de las anguilas que pendían° medio vivas todavía, enhebradas° de diez a doce por las cabezas. El maestro no perdía de ojo a la chica, ni dejaba de beber; se movía incesantemente de una parte a otra. Alina sonreía a su padre, cuando le pasaba

---

Parsimoniosamente: con calma
Bártulos: objetos que el pulpero necesita para hacer su trabajo
Olla: utensilio para cocinar
Renegrido: que se ha puesto de color negro
Amontonaba: hacía un montón
Rodeaban: hacían un círculo
Hoguera: fuego
Encargos: peticiones, pedidos
Garfio de hierro: objeto de hierro para dar vueltas al pulpo
Burbujas: espuma
Anguilas: tipo de pescado
Ráfagas: corriente, afluencia de un olor
Resina: sustancia que fluye de algunas plantas y da un olor intenso
Buena gana tiene ella: seguro que no tiene ganas
Sacará una oposición: pasará un examen con el que conseguirá un puesto vitalicio
Le tiran mucho los estudios: le gustan, le atraen, los estudios
Templete: lugar construido con madera donde se coloca la orquesta de músicos
Colgadura: acción de poner, colgar, la bandera
Cuajado: lleno de
Fritangas: frituras, comidas fritas
Porrones: recipientes de vidrios que se usan para beber a chorro
Loza: barro cocido con el que se hacen platos, tazas, etc.
Apiladas: amontonadas, puestas una encima de otra
Rozar: tocar
Rabos: colas
Pendían: colgaban
Enhebradas: unidas, atadas

cerca, bailando, pero procuraba° empujar a su pareja hacia la parte opuesta para esquivar° estas miradas indagadoras° que la desasosegaban°. Contestaba maquinalmente°, se reía, giraba. ("Bailas muy bien." "Perdona, te he pisado." "¿Y vas a ser maestra?") Se dejaba llevar, entornando° los ojos. A veces tropezaba con una pareja de niñas que se ensayaban° para cuando mozas, y que se tambaleaban°, mirándolos muertas de risa. Anochecía. Los niños buscaban los pies de los que bailaban con fuegos y petardos, y después escapaban corriendo. Ensordecía° el chillido° de los pitos morados que tienen en la punta ese globo que se hincha al soplar y después se deshincha llorando. Casi no se oía la música. Cuando se paraba, sólo se enteraba Alina porque su compañero se paraba también. Se soltaban entonces.

—Gracias.

—A ti, bonita.

Y el padre casi todas las veces se acercaba entonces para decirle algo, o para llevársela a dar una vuelta por allí con él y los amigos, hasta que veía que los músicos volvían a coger los instrumentos. La llevó a comer el pulpo, que pedía mucho vino. Le divertía a Benjamín coger él mismo la gran tijera del pulpero y cortar el rabo recién sacado de la olla. Caían en el plato de madera las rodajitas° sonrosadas y duras, por fuera con su costra de granos amoratados°. El pulpero las rociaba° de aceite y pimentón°.

—Resulta bien esto, ¿eh, reina?

—Sí, papá.

—Me gusta tanto ver lo que te diviertes. ¿Ves?, ya te lo decía yo que ibas a bailar todo el tiempo.

—Sí, bailo mucho.

—Es estupenda la banda, ¿verdad? Mejor que ningún año.

—Sí que es muy buena, sí.

Pero la banda era igual que siempre, con aquellos hombres de azul marino y gorra de plato°, que de vez en cuando se aflojaban° la corbata. Alina hubiera querido escucharles sin tener que bailar. Todo lo que tocaban parecía lo mismo. Lo transformaban, fuera lo que fuera, en una charanga° uniforme que no se sabía si era de circo o de procesión. Porque pasaba por ellos; le daban un conmovedor aire aldeano. Lo mismo que saben casi igual los chorizos° que las patatas, cuando se asan en el monte con rescoldo° de eucaliptos, así se ahumaban° los pasodobles y los tangos° al pasar por la brasa° de la romería. Esta música fue la más querida para Alina y nunca ya la olvidó. Y, sin saber porqué, cuando pasó el tiempo la asoció, sobre todo, a la mirada que tenía un cordero que rifaron° cuando ya era de noche. Ella y su padre habían cogido papeletas para la rifa, y estaban alrededor esperando a que se

---

Procuraba: trataba, intentaba
Esquivar: evitar
Indagadoras: que investigan, supervisan, vigilan
Desasosegaban: la ponían inquieta, impaciente, nerviosa
Maquinalmente: sin pensarlo
Entornando: cerrando casi completamente
Se ensayaban: se preparaban
Se tambaleaban: se movían de un lado a otro
Ensordecía: dejaba sordo
Chillido: ruido
Rodajitas: trozos pequeños
Amoratados: de color morado
Rociaba: echaba un poco, mojaba
Pimentón: especia de color rojo
Gorra de plato: gorra plana en la parte superior

Aflojaban: soltaban, ponían más floja
Charanga: banda de música no muy importante. Aquí parece significar "composición musical"
Chorizos: tipo de salchicha
Rescoldos: fuego de brasa que queda debajo de la ceniza
Ahumaban: llenaban de humo
Pasodobles y los tangos: tipos de baile
Brasa: estado de la madera o carbón al quemarse
Rifaron: sortearon. La rifa consiste en vender papeletas con números diferentes, y gana el premio aquél que tiene en su papeleta el mismo número que el que se saca de una bolsa

sortease°. El animal se escapó, balando° entre la gente, y no lo podían coger con el barullo°. Cuando por fin lo rescataron, se frotaba° contra las piernas de todos y los miraba con ojos tristísimos de persona. A Alina toda la música de la fiesta se le tiñó° de la mirada de aquel cordero, que la pareció lo más vivo e importante de la fiesta, y que en mucho tiempo no pudo olvidar tampoco.

En los primeros días de soledad e inadaptación que pasó al llegar a Santiago, todos estos particulares de la aldea recién abandonada los puso en poemas que luego entusiasmaron a Philippe. El, que venía a encontrar colores nuevos en el paisaje de España y a indignarse° con todo lo que llamaba sus salvajismos, se sintió atraído desde el principio por aquella muchacha, salvaje también, casi una niña, que poco a poco le fue abriendo la puerta de sus recuerdos. Una muchacha que nunca había viajado, a la que no había besado ningún chico, que solamente había leído unos cuantos libros absurdos; romántica, ignorante, y a la que, sin embargo, no se cansaba uno de escuchar.

—Pero es terrible eso que me cuentas de tu padre.

—¿Terrible por qué?

—Porque tu padre está enamorado de ti. Tal vez sin darse cuenta, pero es evidente. Un complejo de Edipo.

—¿Cómo?

—De Edipo.

—No sé, no entiendo. Pero dices disparates.

—Te quiere guardar para él. ¿No te das cuenta? Es monstruoso. Hay cosas que sólo pasan en España. Ese sentido de posesión, de dependencia. Te tienes que soltar° de tus padres, por Dios.

Philippe se había ido de su casa desde muy pequeño. No tenía respeto ninguno por la institución familiar. Desde el primer momento comprendió Alina que con sus padres no podría entenderse, y por eso tardó mucho en hablarles de él, cuando ya no tuvo más remedio porque iba a nacer el pequeño Santiago.

Pero, aunque esto solamente ocurrió a finales de curso, ya en las primeras vacaciones de Navidad. cuando Alina fue a la aldea, después de demorarse con miles de pretextos, comprendió Benjamín que existía otra persona que no era él; que Alina había encontrado su verdadera atadura. Y tanto miedo tenía de que fuera verdad, que ni siquiera a la mujer le dijo nada durante todo el curso, ni a nadie; hasta que supieron aquello de repente, lo del embarazo de la chica, y se hizo de prisa la boda.

Así que Adelaida no llegó a dar ni siquiera los exámenes de primero. Aquellos cursos que no llegaron a correr, toda la carrera de Alina, se quedó encerrada en los proyectos que hizo su padre la última vez que habló con ella de estas cosas, cuando fue a acompañarla en octubre a la Universidad. Hicieron el viaje en tren, una mañana de lluvia. Alina estaba muy nerviosa y no podía soportar las continuas recomendaciones con que la atosigaba°, queriéndole cubrirle todos los posibles riesgos, intentando hacer memoria para que en sus consejos no quedase ningún cabo por atar°. En los silencios miraban los dos el paisaje por la ventanilla pensando en cosas diferentes.

Benjamín no había ido nunca a Santiago, pero tenía un amigo íntimo, en cuya pensión° se quedó Alina.

Sortease: rifase
Balando: sonido que emiten los corderos
Barullo: confusión, jaleo
Se frotaba: se tocaba, se rozaba
Tiñó: contaminó, manchó
Indignarse: enfadarse, enojarse

Soltar: independizar, liberar
Atosigaba: sofocaba, asfixiaba
No quedase ningún cabo por atar: diera una información lo más completa posible
Pensión: alojamiento, hospedaje

—Dale toda la libertad que a los otros, Ramón, pero entérate un poco de la gente con quien anda y me escribes.

—Bueno, hombre, bueno —se echó a reír el amigo—. Tengo buena gana. La chica es lista, no hay más que verla. Déjala en paz. Se velará° ella sola.

Y a Benjamín le empezó a entrar una congoja° que no le dejaba coger el tren para volverse.

—Pero papá, mamá te está esperando.

—¿Es que te molesto, hija?

—No. Pero estás gastando dinero. Y yo ya estoy bien aquí. Ya voy a las clases. Ni siquiera puedo estar contigo.

Se demoró casi una semana. El día que se iba a marcar, dieron un paseo por la Herradura antes de que Alina le acompañase al tren. Aquellos días habían hablado tanto de las mismas cosas, que ya no tenían nada que decirse. Por primera vez en su vida, Alina vio a su padre desplazado, inservible, mucho más de lo que había visto nunca al abuelo Santiago. Luchaba contra aquel sentimiento de alivio que le producía el pensamiento de que se iba a separar de él. En la estación se echó a llorar, sin asomo° ya de entereza°, se derrumbó° sollozando en brazos de la hija que no era capaz de levantarle, que le tuvo que empujar para que cogiera el tren casi en marcha.

—Pero no te pongas así, papá. Si vuelvo en Navidades. Y además os voy a escribir. Son dos meses, total, hasta las Navidades.

Alrededor de quince días después de esta despedida, Alina conoció a Philippe.

*   *   *

Ha empezado a llover sobre el río. Menudos alfilerazos° sobre el agua gris. Alina se levanta. Tiene las piernas un poco entumecidas°, y muchas ganas de tomarse un café. Y también muchas ganas de ver a Philippe. Ahora hace frío.

Camino de casa, compra una tarjeta, y en el bar donde entra a tomar el café pide prestado un bolígrafo y, contra el mostrador, escribe:

"Queridos padres: os echo mucho de menos. Estamos contentos porque nos han hablado, hoy, de un apartamento más grande y seguramente lo podremos coger para la primavera. Santiago está mejor y ya no tose. Philippe ha empezado a trabajar mucho para la exposición que va a hacer. Casi no hablamos cuando estuvisteis aquí, siempre con el impedimiento° de los niños y del quehacer de la casa. Por eso no os pude decir cuánto quiero a Philippe, y a lo mejor no lo supisteis ver en esos días. Os lo explico mejor por carta. Ya os escribiré algo.

"Estoy alegre. He salido a buscar el pan y se está levantando la mañana. Pienso en lo maravilloso que será para los niños ir a San Lorenzo y ver las casas de Orense desde Ervedelo. Iremos alguna vez. Pronto. Os abraza. Alina."

Le corre una lágrima, pero se aparta para que no caiga encima de lo escrito. Levanta los ojos y va a pagar al camarero, que la está mirando con simpatía.

—*Ça ne vaut pas la peine, de pleurer, ma petite*° —le dice al darle el cambio.

Y ella sonríe. Le parece que es un mensaje de Eloy, su amigo, desde un bar de Buenos Aires.

*   *   *

Velará: cuidará, vigilará	*Menudos alfilerazos*: lluvia suave
Congoja: miedo, temor	*Entumecidas*: adormecidas, sin sensibilidad
Asomo: muestra, indicios	*Impedimiento*: impedimento, dificultad
Entereza: integridad, firmeza	*Ça ne… petite*: francés, no vale la pena llorar, mi
Se derrumbó: se cayó	pequeña

Benjamín se despertó con la cara mojada de lluvia y miró alrededor, aturdido. De pie, a su lado, estaba Herminia, con un gran paraguas abierto.

—Vamos a casa, anda —le dijo—. Sabía que te iba a encontrar aquí.

Benjamín se frotó los ojos. Se incorporó. Le dolía la espalda de dormir sobre la piedra.

—¿Qué hora es? —preguntó.

—Las tres de la tarde. Tienes la comida allí preparada y la cama hecha, por si quieres descansar. He aireado° bien el cuarto.

—No, no. Debo haber dormido aquí bastante, era por la mañana cuando me dormí. Y hacía sol.

Miró abajo, cuando se levantaba. Ahora estaba gris Orense, gris el río. La lluvia era mansa y menuda°.

—Vamos.

Bajaron del monte despacio.

—Mira que haberte quedado dormido en la peña —dijo ella—. Para haberte caído rodando. Estás loco.

—Anda, anda, ten cuidado donde pisas y deja los sermones. Siempre te tengo que encontrar detrás de mí.

No volvieron a hablar, atentos a no resbalar en la bajada. Al llegar al camino llovía más fuerte, y se juntaron los dos dentro del paraguas.

—A ver si no he hecho bien en venir. Para que luego empieces con los reumas como el otro invierno. Si no hubiera visto que se nublaba, no hubiera venido, no. Al fin, ya sé dónde te voy a encontrar cuando te pierdas.

—Bueno, ya basta. Has venido. Está bien, mujer.

Pasaron por el sitio donde Benjamín se había encontrado al cura. Dejaron atrás el prado donde se había quedado muerto el abuelo.

—Qué manía me está entrando con dormir por el día, Herminia. ¿Por qué será? Me parece que duermo más amparado° si hay luz y se oyen ruidos. Tanto como me metía° con tu padre, y me estoy volviendo como él.

—Que va, hombre. Que te vas a estar volviendo como él.

—Te lo digo de verdad que sí. Estoy viejo. Antes me he encontrado con don Félix y casi he estado amable. Me daba pena de él. Me parecía tan bueno.

—Siempre ha sido bueno.

—¡Pero no entiendes nada, rayo, qué tiene que ver que siempre haya sido bueno! A mí antes me ponía nervioso, lo sabes, no le podía ni ver. Y ahora casi me dan ganas de ir a misa el domingo. Tengo miedo a morirme. Como tu padre.

Cuando llegaron al sendero° que llevaba a la parte trasera de la casa, por donde había venido, Benjamín se quiso desviar y tomarlo de nuevo.

—No, hombre —se opuso la mujer—. Vamos por la carretera. Debajo de los castaños° nos mojamos menos. ¿No ves que está arreciando°? Estamos a un paso.

—No sé que te diga, es que…

—Es que, ¿qué?

—Nada, que a lo mejor nos encontramos a alguien y nos pregunta del viaje, y eso.

—¿Y qué pasa con que nos pregunten? Si nos preguntan, pues contestamos. No sé qué es lo que tenemos que esconder. ¿Que si está bien la hija? Que sí. ¿Que si son guapos los nietos? Que sí. ¿Que si se lleva bien° con el yerno?…

Aireado: ventilado
Menuda: delgada, fina
Amparado: protegido
Me metía: provocaba, me enfadaba

Sendero: pequeño camino
Castaños: tipo de árbol
Arreciando: aumentando, intensificando
Si se lleva bien: si tiene buena relación

—Bueno, venga —cortó el maestro—. Cállate ya. Vamos por donde quieras y en paz.

Del muro que terminaba, a la entrada de la carretera, salió volando un saltamontes y les pasó rozando por delante.

—Buenas noticias —dijo Herminia—. A lo mejor nos mandan a los niños este verano. ¿Tú qué dices?

—Nada, que yo qué sé. Cualquiera sabe lo que pasará de aquí al verano. Nos podemos haber muerto todos. O por lo menos tú y yo.

—¿Tú y yo, los dos juntos? ¿Nada menos? Pues si que das unos ánimos. Muérete tú, si quieres, que yo no tengo gana de morir todavía.

Sacaba Herminia una voz valiente y tranquila que el maestro le conocía muy bien.

—Desde luego, Herminia —dijo, y estaba muy serio—, no me querría morir después que tú. Sería terrible. De verdad. Lo he pensado siempre.

—Pero bueno, será lo que Dios quiera. Y además, cállate ya. Qué manía te ha entrado con lo de morirse o no morirse.

—Es que sería terrible. Terrible.

Sonaba la lluvia sobre los castaños de Indias que les cubrían como un techo. Ya llegando a la casa, el maestro dijo:

—No me voy a acostar. No dejes que me acueste hasta la noche. A ver si cojo el sueño por las noches otra vez. Me estoy volviendo como tu padre, y ahora que va a venir el invierno, me da mucho miedo. No quiero, Herminia, no quiero. No me dejes tú. Al verano le tengo menos miedo, pero el invierno…

—Tenemos que empezar a hacer el gallinero° —dijo ella.

CUESTIONARIO

1. ¿De qué viaje hablan Herminia y Benjamín al principio del cuento?

2. ¿Qué impresión tiene Benjamín del viaje? ¿Cómo trató Alina a sus padres durante la estancia en París?

3. ¿Tienen algún nieto Herminia y Benjamín?

4. ¿Qué trabajo u ocupación desempeña Philippe?

5. ¿Cuál es el tema de la canción que canta el padre de Alina? ¿Hay algún mensaje velado que le trata de transmitir aquél a su hija?

6. ¿Cómo se le ocurrió a Eloy la idea de irse a América?

7. ¿Qué participación tiene Benjamín en la fiesta del patrón?

8. ¿Qué reacción o decisión esperaba Adelaida de Eloy cuando estaban paseando solos?

9. Mientras Adelaida estudia, ¿qué hacían sus amigas? ¿Era buena estudiante?

10. ¿Por qué hay cierta tensión y/o rivalidad entre el abuelo y el padre?

11. Según Alina, el maestro y el abuelo se la disputaban para causas contradictorias, ¿cuáles son estas causas?

12. ¿Cómo se dieferencia Adelaida de sus amigas?

Gallinero: lugar donde duermen las gallinas

13. ¿De qué tenía miedo el abuelo?

14. ¿Por qué hay tirantez en la relación entre Benjamín y Philippe?

SELECCIÓN MÚLTIPLE

I. Según Alina, después de la visita que le hicieron sus padres, éstos se fueron pensando que ella

1. Era feliz

2. Era infeliz

3. Tenía un amante

4. Pensaba regresar a vivir con ellos

II. El abuelo era un hombre

1. Con muchas aventuras y experiencia

2. Sedentario y tranquilo

3. Irresponsable y despreocupado de la educación de su nieta

4. Que tuvo muchas aventuras amorosas

III. Según el abuelo, las mujeres

1. No te hacen hablar

2. Te humillan y te insultan

3. Te entienden y te dan calor

4. Te dan mucha libertad

IV. De acuerdo al abuelo, ¿de qué siente vergüenza un hombre?

1. De admitir sus errores

2. De llorar delante de otro hombre

3. De demostrar amor

4. De mostrar su miedo ante la vida

V. Una gran diferencia entre el maestro y el abuelo se basaba en

1. La educación que querían dar a Alina

2. Sus ideas sobre el matrimonio

3. El tipo de experiencias que habían tenido en la vida

4. Su concepto del trabajo

VI. Para el abuelo, cuando un ser humano se muere

1. Se termina con el el nombre de la familia

2. Hay que enterrarlo en el cementerio del lugar donde nació

3. Es porque Dios ha impuesto su voluntad

4. Se acaban los recuerdos y la memoria de toda una vida

ANÁLISIS CRÍTICO

1. Explique el significado del título del cuento, "Ataduras". ¿Significa lo mismo para unos y otros? Mencione ejemplos concretos y la identidad del que emite estos enunciados.

2. ¿Cómo podríamos categorizar la voz narrativa que nos cuenta este relato?

3. ¿Qué sentimientos luchan en la conciencia de Alina después que sus padres la visitan en París? ¿Son nuevos los problemas que tiene Alina o vienen de antes?

4. ¿Es Philippe un hombre abierto a la comunicación con Alina?

5. ¿Qué papel juega Benjamín en la educación de Alina?

6. ¿Qué relación y valor simbólico tienen el Sena de París y el Miño de Orense?

7. ¿Qué tiempos verbales dominan en la narración? ¿Qué temas cubre cada uno de ellos?

8. Mencione y comente algunos de los elementos costumbristas que ve en este cuento: ferias, comidas, costumbres, etc.

9. Un aspecto narrativo que vemos en este cuento es el de la anticipación, especialmente a través de Santiago. Mencione y comente algunos ejemplos pertinentes a este tema.

10. El cuento concluye con el comentario de Herminia: "tenemos que empezar a hacer el gallinero". ¿Qué significado cobra este proyecto en la vida del matrimonio?

ENSAYOS

1. El cuento de Carmen Martín Gaite sigue una estructura peculiar. La autora rompe con la estructura lineal y de desarrollo cronológico para contarnos una historia a base de fragmentos. Hay, por ejemplo, casos de simultaneidad de aconteceres y paralelismos. Haga un comentario sobre las distintas partes de que se compone el relato, y analice las diferencias o conexiones temáticas y estructurales entre unas y otras partes. Tenga presente el juego que hace la voz narrativa con el tiempo y los desplazamientos espaciales.

2. La mujer suele jugar un papel muy importante en toda la narrativa de Carmen Martín Gaite. Estudie el papel que juega Alina como personaje femenino. ¿Es diferente el papel que juega ella del que juega su madre? ¿Con quién se identifica más Alina, con los chicos o con las chicas? ¿Podemos decir que Alina es una mujer independiente? ¿En qué ámbito o espacio alcanza Alina la libertad?

BIBLIOGRAFÍA

Butler, Judith. *Gender Trouble. Feminism and the Subversion of Identity*. New York: Routledge, 1990.

Glenn, Kathleen M. y Lissette Rolón Collazo. *Carmen Martín Gaite: Cuento de nunca acabar/Never-ending Story*. Boulder, Colorado: Society of Spanish and Spanish American Studies, 2003.

Jurado Morales, José. *Del testimonio al intimismo. Los cuentos de Carmen Martín Gaite*. Cadiz: Servicio de Publicaciones de la Universidad de Cadiz, 2001.

---. *La trayectoria narrativa de Carmen Martín Gaite (1925-2000)*. Madrid: Gredos, 2003.

Lluch Villalba, María de los Ángeles. *Los cuentos de Carmen Martín Gaite. Temas y técnicas de una escritora de los años cincuenta*. Pamplona: Ed. de la Universidad de Navarra, 2000.

Martín Gaite, Carmen. *Cuentos completos*. Madrid: Alianza Editorial, 1980.

Puente Samaniego, Pilar de la. *La narrativa breve de Carmen Martín Gaite*. Salamanca: Plaza Universitaria, 1994.

Servodidio, Mirella y Marcia L. Welles. *From Fiction to Metafiction: Essays in Honor of Carmen Martín Gaite*. Boulder, Colorado: Society of Spanish and Spanish-American Studies, 1983.

Introducción al Análisis de la Poesía

El análisis de un poema requiere que tengamos en cuenta una serie de aspectos, tales como el cómputo silábico, el ritmo, la rima, la pausa, el encabalgamiento y la estrofa.

CÓMPUTO SILÁBICO

Al medir un verso, cada sílaba fonética se cuenta como una sílaba métrica. Hay, sin embargo, algunos fenómenos que influyen en el cómputo silábico. Antes de nada debemos partir de la base que los versos en español pueden ser *llanos (paroxítonos)*, *agudos (oxítonos)* y *esdrújulos (proparoxítonos)*..

1) Un verso es *llano*, o *paroxítono*, cuando el acento prosódico –la fuerza de la voz o entonación– o el acento ortográfico –el acento escrito– de la última palabra del verso cae en la penúltima sílaba. En estos casos, el número de sílabas fonéticas y métricas es el mismo:

> Jaca negra, luna grande
> 1 2 3 4 5 6 7 8
> Olalla pende del árbol (Federico García Lorca)
> 1 2 3 4 5 6 7 8

En estos dos versos podemos contar 8 sílabas fonéticas y, al ser versos llanos, contamos 8 sílabas métricas.

2) Un verso es *agudo*, u *oxítono*, cuando el acento prosódico u ortográfico de la última palabra del verso cae en la última sílaba. En estos casos, se añade una sílaba más al número de sílabas fonéticas:

> Llegan a Benamejí
> 1 2 3 4 5 6 7 7+1=8
> Cerca del Guadalquivir (Federico García Lorca)
> 1 2 3 4 5 6 7 7+1=8

En estos dos versos tenemos 7 sílabas fonéticas, pero al ser versos agudos debemos añadir una sílaba más al cómputo silábico y entonces tenemos 8 sílabas métricas.

3) Un verso es *esdrújulo*, o *proparoxítono*, cuando el acento de la última palabra del verso cae en la antepenúltima sílaba. En este caso es siempre un acento ortográfico, y se resta una sílaba al número de sílabas fonéticas:

> Como un gitano legítimo
> 1 2 3 4 5 6 7 8 9 9–1=8
> Sobre los yunques sonámbulos (Federico García Lorca)
> 1 2 3 4 5 6 7 8 9 9–1=8

Aquí tenemos 9 sílabas fonéticas y 8 sílabas métricas.

FENÓMENOS MÉTRICOS QUE AFECTAN AL CÓMPUTO SILÁBICO

Los fenómenos métricos que afectan al cómputo silábico son la *sinalefa*, la *sinéresis*, la *diéresis*, y el *hiato*. Los tres últimos se consideran licencias poéticas que permiten al poeta obtener un cierto número de sílabas métricas.

1) La *sinalefa*. Cuando una palabra termina en vocal o vocales, y la siguiente comienza con una vocal o vocales, se cuentan, junto con las consonantes con las que forman sílaba, como una sola sílaba:

> Qu*e e*s l*o i*mperfecto mejor;
> 1　　2　　3 4 5 6 7　　7+1=8
> La materia s*e a*nticipa　　　　　(Sor Juana Inés de la Cruz)
> 1　2 3 4　5　6 7 8　　　　　8

Estos dos versos tienen nueve sílabas fonológicas, pero debido a las sinalefas contamos ocho sílabas métricas. El primero de los dos versos es agudo, por eso añadimos una sílaba más al cómputo silábico.

2) *Sinéresis*. Cuando dos vocales fuertes –a, e, o– van juntas contamos dos sílabas, pero en virtud de esta licencia poética se unen para formar un diptongo y contamos una sola sílaba:

> Muerte, no me s*ea*s esquiva　　　　　(Santa Teresa de Jesús)
> 1 2　3　4　5　6 7 8　8

A fin de que este verso cuente, como el resto de los versos de la misma estrofa, con ocho sílabas métricas, las dos vocales fuertes de "seas" se unen en diptongo y se cuenta una sola sílaba.

3) *Diéresis*. Este fenómeno, contrario a la *sinéresis*, consiste en separar dos vocales que forman diptongo (a, e, o + i, u) para que den lugar a dos sílabas métricas:

> La luna en el mar r*ie*la　　　　　(José de Espronceda)
> 1 2　3　4　5　67 8

Es preciso deshacer, o romper, el diptongo de "riela" para que el verso tenga ocho sílabas, el mismo número de sílabas que los versos precedentes y siguientes.

4) *Hiato*. Es el fenómeno contrario a la *sinalefa*, y consiste en contar la vocal o vocales de una sílaba de final de palabra y la vocal o vocales iniciales de una sílaba a principio de la palabra siguiente no como una sola sílaba –*sinalefa*–, sino como dos sílabas métricas:

> Mi vers*o e*s un monte y es　　　　　(José Martí)
> 1　2　3 4　5　6　7　　7+1=8

Con objeto de mantener ocho sílabas métricas en todos los versos de esta estrofa, se rompe la *sinalefa* de "verso es" y en lugar de contar una sílaba contamos dos.

RITMO

El ritmo del verso depende de la colocación de los acentos. En español todos los versos llevan su acento en la penúltima sílaba. Esta afirmación puede resultar un poco sorprendente después de haber estudiado que hay versos *agudos* y *esdrújulos*. Sin embargo, desde el punto de vista de la acentuación, si un verso es *agudo*, al contar una sílaba más, el acento recae en la penúltima sílaba métrica. Por otra parte, si el verso es *esdrújulo*, al contar una sílaba menos el acento cae también en la penúltima sílaba métrica. Los acentos se clasifican en *estrófico*, *rítmico* y *extrarrítmico*.

1) Acento *estrófico*. Es el más importante, y siempre va colocado en la penúltima sílaba. Si el acento cae en sílaba par, el ritmo es *yámbico:*

> En una noche oscura.   (San Juan de la Cruz)

En este verso el acento cae en la sexta sílaba. Si el acento cae en sílaba impar el ritmo es *trocaico:*

> Por los rayos de la luna proyectada.   (José Asunción Silva)

El acento, en este verso, cae en la sílaba décimo primera.

2) Acentos *rítmicos*. Son los acentos situados en el interior del verso que coinciden con el acento *estrófico*. Por tanto, si el acento *estrófico* cae en sílaba par, los acentos interiores del verso estarán colocados en sílabas pares, y si el acento *estrófico* cae en sílaba impar los acentos interiores estarán colocados en sílabas impares.

3) Acentos *extrarrítmicos*. Son los acentos que no coinciden en su colocación con el acento *estrófico*:

> Y la pobre parece tan triste
> Con sus gajos torcidos que nunca
> De apretados capullos se visten.   (Juana de Ibarbourou)

En el primer verso, el acento *estrófico* va colocado sobre la sílaba novena –ritmo *trocaico*–, y el acento en la tercera sílaba es *rítmico*, pero el de la sexta sílaba es *extrarrítmico*. Lo mismo sucede con los otros dos versos que siguen.

CLASIFICACIÓN DE LOS VERSOS SEGÚN EL NÚMERO DE SÍLABAS

Los versos se dividen en *simples* y *compuestos*. Los versos *simples* constan de un solo verso, y los *compuestos* de dos. Los versos *simples* se dividen a su vez en:

1) Versos de *arte menor*, los versos que tienen un máximo de ocho sílabas, y

2) Versos de *arte mayor*, los versos que tienen entre nueve y once sílabas. Cuando un verso tiene doce o más sílabas se considera un verso compuesto.

1) Versos de *Arte Menor*. En español no existen versos *monosílabos* porque al caer el acento en esa misma sílaba se convierte en bisílabo. Tenemos, pues, versos *bisílabos*, de dos sílabas; *trisílabos*, de tres; *tetrasílabos*, de cuatro; *pentasílabos*, de cinco; *hexasílabos*, de seis; *heptasílabos*, de siete; y el verso por excelencia de la poesía española, el *octosílabo*, de ocho. Veamos el siguiente extracto de un poema de Vicente Huidobro:

> Desde
> La cruz santa
> El triunfo del sol canta
> Y bajo el palio azul del cielo
> Deshoja tus cantares sobre el suelo.

El verso primero tiene dos sílabas, el segundo cuatro, el tercero siete, el cuarto nueve, y el quinto once.

2) Versos de *Arte Mayor*. Entre estos versos contamos con el *eneasílabo*, de nueve sílabas; el *decasílabo*, de diez; y el *endecasílabo*, de once sílabas.

Los versos *compuestos*. Si un verso tiene doce o más sílabas es compuesto, es decir, está formado por dos versos simples separados por una *cesura*. Y una regla importante es que donde se produce la *cesura* no hay posibilidad de *sinalefa*. Algunos versos *compuestos* comunes son el *dodecasílabo* –formado por dos *hexasílabos*–, y el *alejandrino*, formado por dos *heptasílabos*. Los versos de quince o más sílabas no son frecuentes en nuestra poesía. Los siguientes versos de Antonio Machado son un ejemplo de versos alejandrinos:

> El rojo sol de un sueño/ en el Oriente asoma
>
> Luz en sueños. ¿No tiemblas,/ andante peregrino?

Cada uno de los versos consta de dos *heptasílabos*, y la *cesura* del primer verso impide la *sinalefa* entre "sueñ<u>o e</u>n".

PAUSA Y ENCABALGAMIENTO

Las *pausas* son necesarias en un poema, y existen varios tipos:

1) *Pausa estrófica*, la que tiene lugar al final de una estrofa.

2) *Pausa versal*, la que tiene lugar al final de un verso, y tanto ésta como la anterior son necesarias. Y

3) *La cesura*, que es una *pausa versal* que tiene lugar en el interior de un verso compuesto, y lo divide en dos *hemistiquios* iguales (*isostiquios*, 7+7) o desiguales (*heterostiquios*, 7+5). La *cesura* se da en un verso *compuesto*, impide, como vimos antes, la *sinalefa*, y si el primer *hemistiquio* es agudo o esdrújulo se computará, respectivamente, una sílaba más o una sílaba menos.

El *encabalgamiento*, por otro lado, se produce cuando no hay una correspondencia o coincidencia entre la *pausa versal* y la *pausa morfosintáctica*. De esta forma, una oración que comienza en un verso no concluye en el mismo, sino que continúa –cabalga– hasta el siguiente. En la estrofa siguiente se pueden apreciar dos encabalgamientos, uno en los versos 1–2, y otro en los versos 3–4:

> Éste, en quien la lisonja ha pretendido
>
> excusar de los años los horrores,
>
> y venciendo del tiempo los rigores
>
> triunfar de la vejez y del olvido.   (Sor Juana Inés de la Cruz)

El verso donde se inicia el *encabalgamiento* se llama *encabalgante*, y donde concluye *encabalgado*.

EL TONO

El *tono* tiene relación con la melodía de un verso y de la estrofa. Por norma general, cuanto más largo sea un verso tanto más bajo será su tono, y viceversa. El *tono* desciende un poco al llegar a una *pausa versal* y en oraciones afirmativas, pero descenderá más al llegar a una *pausa estrófica*, y el *tono* ascenderá más en una oración interrogativa.

LA RIMA

Antonio Quilis define la rima como "la total o parcial semejanza acústica entre dos o más versos, de los fonemas situados a partir de la última vocal acentuada"; y debemos entender por acentuada la vocal que recibe el acento prosódico –la fuerza de la voz o de la entonación– u ortográfico. Hay dos clases de rima: *consonante* y *asonante*.

1) Rima *consonante*. Se produce este tipo de rima cuando existe en dos o más versos una total identidad acústica en todos los fonemas, vocálicos y consonánticos, que se encuentran a partir de la última vocal acentuada:

> ¡No puedo cantar, ni qui*ero*,
> a ese Jesús del mad*ero*.   (Antonio Machado)

2) Rima *asonante*. Se produce este tipo de rima cuando existe en dos o más versos una identidad acústica en los fonemas vocálicos que se encuentran a partir de la última vocal acentuada:

> ¡Mi soledad sin desc*a*ns*o*!
> ojos chicos de mi cuerpo
> y grandes de mi cab*a*ll*o*.   (Federico García Lorca)

La rima puede adoptar otros tipos de disposición. Una de ellas, rima en *eco*, consiste en la repetición de los fonemas que forman parte de la rima en otras partes del mismo verso o en otros versos:

> Hoy se *casa* el mon*arca* con su m*arca*.   (López de Úbeda)

En este verso se ve la repetición de la rima asonante en "a–a" en tres partes del verso. Otra combinación es la repetición de la rima al principio del verso siguiente:

> Tu beldad que me des*pide*
> *pide* a mi amor que se aniña.   (Andrés de Prado)

DISPOSICIÓN DE LA RIMA

De acuerdo a su disposición en la estrofa, las rimas se pueden clasificar en rima *continua*, *gemela*, *abrazada* y *encadenada*.

1) Rima *continua*. Esta rima se produce cuando todos los versos de la estrofa tienen la misma rima, y da lugar a las estrofas monorrimas:

Era un ladrón malo que más quería hurt*ar*	A
que ir a la iglesia ni a puentes alz*ar*;	A
sabía de mal porcalzo su casa gobern*ar*,	A
uso malo que prisó no lo podía dej*ar*.	A (Gonzalo de Berceo)

2) Rima *gemela*. Esta rima se produce cuando los versos riman a pares, de dos en dos, y dan lugar a la estrofa conocida como *pareado*:

Y así de estas honras no hagáis caudal,	A
más honrad al vuestro, que es lo principal	A
servicios son grandes las verdades ciertas	B
las falsas lisonjas son flechas cubiertas.	B (Francisco de Quevedo)

3) Rima *abrazada*. Esta rima se da cuando dos versos que forman una rima gemela están enmarcados por dos versos que riman entre sí:

Érase un hombre a una nariz peg*ado*	A
érase una nariz superlat*iva*,	B
érase una alquitara medio v*iva*	B
érase un peje espada mal barb*ado*.	A (Francisco de Quevedo)

4) Rima *encadenada* o *cruzada*. Esta rima se da cuando hay dos pares de rimas que riman de manera alternativa:

Caronte: yo seré un escándalo en tu barca.	A
Mientras las otras sombras recen, giman, o lloren,	B
bajo tus miradas de siniestro patriarca	A
las tímidas y tristes, en bajo acento, oren.	B (Juana de Ibarbourou)

LA ESTROFA

El número de versos de una estrofa puede ser muy variado, pero en la práctica no se recomienda que una estrofa supere los diez versos. Las estrofas se pueden dividir, de acuerdo al número de sílabas del verso, en estrofas *isométricas* y estrofas *heterométricas*.

1) Las estrofas *isométricas* son aquéllas en las que todos sus versos tienen el mismo número de sílabas métricas:

No me mueve, mi Dios, para quererte	11
el cielo que me tienes prometido,	11
ni me mueve el infierno tan temido	11
para dejar por eso de ofenderte	11 (Anónimo)

2) Las estrofas *heterométricas* son aquéllas en las que dos o más de sus versos no comparten el mismo número de sílabas que los demás:

¡Y dejas, Pastor Santo,	7
tu grey en este valle hondo, escuro	11
con soledad y llanto!	7
y tú rompiendo el puro	7
aire, ¿te vas al inmortal seguro?	11 (Fray Luis de León)

La estructura de las estrofas se representa por medio de letras, y se usan dos tipos:
   –Letras mayúsculas, para indicar los versos de arte mayor, y
   –Letras minúsculas, para indicar los versos de arte menor.

FORMAS ESTRÓFICAS

Dependiendo del número de versos que contiene cada estrofa, éstas se pueden clasificar en las siguientes categorías:

1) *Pareado*. Estrofa formada por dos versos que riman entre sí:

   ¡Joven abuelo! Escúchame lo*arte*
   único héroe a la altura del *arte*   (Ramón López Velarde)

2) *Terceto*. Estrofa formada por tres versos que riman en AØA. El segundo verso suele ser un verso blanco, o sea que no rima ni con el primero ni con el tercero. El verso blanco no debemos confundirlo con el verso libre, el cual, además de no tener la misma rima tampoco tiene el mismo número de sílabas métricas:

Cada una rosa del rosal res*ume* A
un corazón, feliz o dolorido, Ø
que de amor en la brisa se cons*ume* A (Ricardo Miró)

El *terceto*, por lo general, suele formar parte de otro tipo de estrofa, como es el soneto, pero a veces va unido a otros tercetos para formar una serie de tercetos encadenados. En el primer caso, las dos últimas estrofas del soneto son dos *tercetos*, y la rima de éstos suele variar, dependiendo del gusto de la época o del poeta. Los tercetos encadenados son muy frecuentes, y consisten de series de tercetos endecasílabos cuya rima es ABA–BCB–CDC– etc., pero en otras ocasiones los poetas usan tercetos monorrimos: AAA,BBB,CCC, o tercetos independientes:

La dama i, vagar*osa* a
en la niebla del lago, Ø
canta las fina tr*ovas*. a
Va en su góndola encant*ada* b
de papel, a la misa Ø
verde de la mañ*ana* b (José M. Eguren)

3) Las estrofas de cuatro versos se presentan siguiendo distintas combinaciones:

A. *Cuarteto*. Estrofa formada por cuatro versos de arte mayor y rima en ABBA:

Yo siento por la luz un amor de salv*aje* A
cada pequeña llama me encanta y sobrec*oge* B
¿No será cada lumbre un cáliz que rec*oge* B
el calor de las almas que pasan en su vi*aje*. A (Juana de Ibarbourou)

B. *Serventesio*. Estrofa formada por cuatro versos de arte mayor y rima en ABAB:

Ruth moabita a espigar va a las *eras*, A
aunque no tiene ni un campo mezqu*ino*. B
Piensa que es Dios dueño de las prad*eras* A
y que ella espiga en un predio div*ino* B (Gabriela Mistral)

C. *Redondilla*. Estrofa formada por cuatro versos de arte menor y rima en abba:

Hombres necios que acus*áis* a
a la mujer sin raz*ón*, b
sin ver que sois la ocasi*ón* b
de lo mismo que culp*áis*. a (Sor Juana Inés de la Cruz)

D. *Cuarteta*. Estrofa formada por cuatro versos de arte menor y rima en abab:

Anoche cuando dormía
soñé ¡bendita ilusión!
que una fontana fluía
dentro de mi corazón. (Antonio Machado)

E. *Seguidilla*. Estrofa formada por cuatro versos que se manifiesta de dos maneras: la *seguidilla simple* y la *seguidilla gitana*. La *seguidilla simple* es una copla en la que los versos primero y tercero son heptasílabos y el segundo y el cuarto son pentasílabos:

Está muerto en el agua,	7
niña de nieve,	5
cubierto de nostalgias	7
y de claveles	5 (Federico García Lorca)

La *seguidilla gitana* consta de cuatro versos, de los cuales el tercero es endecasílabo y los restantes hexasílabos.

Otras estrofas de cuatro versos son la *cuaderna vía* y la *estrofa sáfica*. La *cuaderna vía*, de la que ya vimos un ejemplo al hablar de la rima continua, consta de cuatro versos que comparten la misma rima: AAAA, BBBB. Y la *estrofa sáfica*, que consta de tres endecasílabos y un pentasílabo, no tiene rima fija.

4) Estrofas de cinco versos. La más conocida es la *lira*, formada por dos endecasílabos –versos segundo y quinto–, y por dos heptasílabos. Su rima es: aBabB:

Si de mi baja lira	a
tanto pudiese el son que en un momento	B
aplacase la ira	a
del animoso viento	b
y la furia del mar y el movimiento	B (Garcilaso de la Vega)

Otras estrofas de cinco versos son la *quintilla*, formada por cinco versos octosílabos y distintos tipos de rima; y el *quinteto*, formado por cinco versos de arte mayor con el siguiente patrón de rima: AABAB

5) Estrofas de seis versos. La *sextilla*, estrofa formada por seis versos de arte menor y con distintos tipos de rima. Una de las variantes de la *sextilla* es la *copla de pie quebrado*, que se diferencia de la anterior en que los versos tercero y sexto son tetrasílabos:

Decidme: la hermosura,	8
la gentil frescura y tez	8
de la cara,	4
la color y la blancura,	8
cuando viene la vejez	8
¿cuál se para?	4 (Jorge Manrique)

Otras estrofas de seis versos son la *sexta rima*, formada por seis endecasílabos con rima en ABABCC, y la *sexteto-lira*, formada por heptasílabos y endecasílabos alternados y con distintos tipos de rima, uno de ellos es aBaBcC.

6) Estrofas de siete versos. Destaca la *séptima*, de poco uso, que está formada por siete versos de arte mayor y rima variada. Otro ejemplo es el de la *seguidilla compuesta*, que consta de una combinación de versos heptasílabos y pentasílabos.

7) Estrofas de ocho versos. La más conocida es la *octava real*, y su rima es en ABABABCC:

Estas que me dictó, rimas sonoras,	A
culta, sí, aunque bucólica Talía	B
–¡oh excelso Conde!–, en las purpúreas horas	A
que es rosas la alba y rosicler el día,	B
ahora que de luztu Niebla doras	A
escucha, al son de la zampoña mía,	B
si ya los muros no te ven de Huelva	C
peinar el viento, fatigar la selva.	C (Luis de Góngora)

Otras estrofas de ocho versos son la *Copla de arte mayor*, formada por versos dodecasílabos y rima en ABBAACCA; la *Octavilla*, de arte menor, y con rima en abbecdde, o ababbccb.

8) Estrofas de diez versos. La más conocida de todas ellas es la *décima*, formada por la unión de dos redondillas y dos versos situados en el medio del poema que sirven para unir ambas redondillas. Su esquema es: abbaaccddc:

Este retrato que ha hecho	a
copiar mi cariño ufano	b
es sobre escribir la mano,	b
lo que tiene dentro el pecho	a
que, como éste viene estrecho	a
a tan alta perfección,	c
brota fuera la afición	c
y en el índice la emplea,	d
para que con verdad sea	d
índice del corazón.	c (Sor Juana Inés de la Cruz)

Otra de las estrofas de diez versos, que gozó de gran popularidad en los siglos XVI y XVII, es el *Ovillejo*. El *ovillejo* consta de tres pareados, los cuales están formados por un octosílabo y un trisílabo o tetrasílabo, y una redondilla de ocho sílabas. Su esquema es: aabbcccddc:

¿Quién menoscaba mis bienes?	a
Desdenes	a
Y ¿quién aumenta mis duelos?	b
Los celos	b
Y ¿quién prueba mi paciencia?	c
Ausencia.	c
De ese modo, en mi dolencia	c
Ningún remedio se alcanza,	d
Pues me matan la esperanza	d
Desdenes, celos y ausencia.	c (Miguel de Cervantes)

Otra estrofa de diez versos, aunque no muy común, es la *copla real*, formada por versos de arte menor y rima en: abaabcdccd

Independientemente del número de versos que pueda formar una determinada estrofa, los poemas se pueden dividir en *estróficos* y no *estróficos*. Los primeros se componen de una o varias estrofas, y los segundos no presentan división alguna en estrofas.

POEMAS ESTRÓFICOS

De todos los poemas estróficos el más popular es el *soneto*. El *soneto* se compone de catorce versos, distribuidos en dos cuartetos y dos tercetos, y con la siguiente rima: ABBA–ABBA–CDC–DCD. Ejemplos de *sonetos* se pueden ver en los poemas de Garcilaso de la Vega, "En tanto que de rosa y de azucena", y de Luis de Góngora, "Mientras por competir con tu cabello", poemas incluidos en nuestra edición de literatura española. A veces se ven *sonetos* en los que los cuartetos han sido sustituidos por serventesios, y la rima de los tercetos ha experimentado combinaciones como CDE–CDE; o CDE–DCE. El *soneto* ha experimentado numerosas modificaciones a lo largo de su historia, tanto en la rima como en los metros usados: endecasílabos, dodecasílabos, alejandrinos, etc.

Otro de los poemas estróficos más conocido es el *villancico*, escrito en octosílabos o hexasílabos. El *villancico* se estructura en dos partes:
- El *estribillo*, formado por dos o cuatro versos, y
- El *pie*, formado por una estrofa de seis o siete versos, de los que los últimos versos riman con una parte o la totalidad del *estribillo*. A lo largo de toda la composición se repite esta estructura, pero mientras que el *pie* va cambiando, el *estribillo* permanece inmutable. El *villancico* se encuentra ya en la Edad Media, y es un poema que se utiliza para tratar temas religiosos y profanos. Una variante de éste es la *letrilla*, y se diferencia del *villancico* en que su contenido es satírico o burlesco. Veamos una *letrilla* de Góngora:

> La más bella niña
> de nuestro lugar,
> hoy viuda y sola
> y ayer por casar,
> viendo que sus ojos
> a la guerra van,
> a su madre dice,
> que escucha su mal:
> Dejadme llorar
> orillas del mar
> pues me diste, madre
> en tan tierna edad,
> tan corto el placer,
> tan largo el pesar
> y me cautivaste
> de quien hoy se va
> y lleva las llaves
> de mi libertad.
> Dejadme llorar
> orillas del mar.

Otros poemas estróficos son el *zejel*, la *glosa*, la *sextina*, la *canción* y el *madrigal*. El *zejel* se compone de un estribillo de uno o dos versos, de una estrofa de tres versos monorrimos, y de un cuarto verso que rima con el estribillo.

La *glosa* es un poema que consiste de dos parte: el *texto*, que es un poema breve y generalmente ya existente en la tradición literaria, y la *glosa*, que es un comentario al *texto*. La *glosa* se compone de tantas estrofas como versos hay en el *texto*, y los versos de éste se repiten al final de cada estrofa.

La *sextina* se compone de seis estrofas, y una *contera*. Cada estrofa consta de seis versos sin que rimen entre ellos, y cada verso termina en una palabra bisílaba. La palabra final de cada verso de la primera estrofa se debe repetir, siguiendo un orden diferente, en cada uno de los versos de las siguientes estrofas, y estos seis bisílabos deben aparecer en la *contera*, que consta de tres versos.

La *canción* presenta una compleja composición. Su número de estrofas ha variado dependiendo del poeta que la use, el número de versos en cada estrofa es también variable, y no hay reglas con respecto a la disposición de la rima. Sin embargo, el esquema de la primera estrofa debe repetirse en las demás estrofas, y cada estrofa consta de dos partes:

- Una serie de versos iniciales, de nombre *fronte*, que se divide en dos partes o *piede*
- Y una parte final, llamada *coda*, que puede estar subdividida en versos. Entre el *fronte* y la *coda* había algunas veces un verso de unión llamado *volta*, que rima con el último verso del segundo *piede*.

La canción concluye con una estrofa de menor número de versos de nombre *tornata*.

El *madrigal* no tiene ni un número fijo de estrofas ni de versos. Se compone de versos heptasílabos y endecasílabos, el tema debe ser idílico y amoroso, y debe ser de breve extensión.

POEMAS NO ESTRÓFICOS

Algunos de los poemas no estróficos son el *romance*, la *silva*, el *poema de versos sueltos*, y el *poema de versos libres*.

El *romance* se compone de una serie indefinida de versos octosílabos con rima asonante en los versos pares. Si los versos del *romance* constan de siete sílabas se denomina *endecha*, si tiene menos de siete se llama *romancillo*, y si tiene once sílabas *romance heroico*. En la selección de poemas de nuestro texto el lector puede consultar el "Romance de la pérdida de Alhama", el "Romance del Conde Arnaldos" y los romances de Lorca.

La *silva* es un poema en el que se combinan arbitrariamente versos heptasílabos y endecasílabos en rima consonante, aunque es frecuente encontrar versos sueltos:

> El que de cabras fue dos veces ciento
> esposo casi un lustro –cuyo diente
> no perdonó a racimo aún en la frente
> de Baco, cuanto más en su sarmiento–
> (triunfador siempre de celosas lides,
> lo coronó el Amor; mas rival tierno,
> breve de barba y duro no de cuerno,
> redimió con su muerte tantas vides)
> servido ya en cecina,
> purpúreos hilos es de grana fina.   (Luis de Góngora)

El *poema de versos sueltos* fue introducido en España por Boscán, y se sirve del endecasílabo. Este tipo de poema se ha empleado con frecuencia en epístolas y sátiras:

> La catedral de Barcelona dice:
> se levantan, palmeras de granito,
> desnudas mis columnas; en las bóvedas
> abriéndose sus copas se entrelazan,
> y del recinto en torno su follaje
> espeso cae hasta prender en tierra.   (Miguel de Unamuno)

El *poema de versos libres* no tiene estrofas, ni rima, ni patrón alguno en cuanto a la medida de los versos:

> ¡Ah, Miss X, Miss X:20 años!
> Blusas en las ventanas,
> Los peluqueros
> Lloran sin tu melena
> –fuego rubio cortado–...   (Rafael Alberti)

EL LENGUAJE FIGURADO

El lenguaje figurado es un tipo de lenguaje que se sirve de figuras retóricas y tropos. Aunque éstos se encuentran en la lengua común, es en el lenguaje literario donde mayor acto de presencia hacen. El uso constante de estas figuras y tropos produce en ellos un obvio desgaste, por ello se espera que el escritor renueve este tipo de lenguaje figurado con la creación de nuevas figuras retóricas y tropos. Veamos a continuación algunas de las figuras retóricas y tropos más comúnmente utilizados.

I. FIGURAS RETÓRICAS

Dejando para más adelante el estudio de los tropos, vamos a comenzar dividiendo las figuras retóricas en dos grupos: figuras de dicción y figuras de pensamiento.

1. FIGURAS DE DICCIÓN

Las figuras de dicción se basan en la especial colocación de las palabras en la oración, de tal modo que si se cambiara este orden la figura desaparecería. Estas figuras se consiguen o producen de distintas maneras:

A. Añadiendo palabras, con lo cual resulta el *pleonasmo* y el *epíteto*.

El *pleonasmo* consiste en añadir palabras que no son necesarias para comprender una idea o concepto: bajé abajo. Subí arriba. Lo oí con mis propios oídos. A veces, sin embargo, el uso del *pleonasmo* sirve para dar más énfasis o color a una frase.

El *epíteto* es el adjetivo calificativo que resalta alguna cualidad del sustantivo, pero no existe necesidad de expresarla: la oscura noche, la blanca nieve, "si de mi ingratitud el hielo frío" (Lope de Vega).

B. Omitiendo palabras, con lo cual resulta la *elipsis* y el *asíndeton*.

La *elipsis* consiste en la supresión de palabras en una frase con objeto de dotarla de mayor concisión: "Lo bueno, si breve, dos veces bueno" (Gracián). En este ejemplo se elide el uso del verbo "es".

El *asíndeton* consiste en la omisión de conjunciones para darle a la frase un sentido de rapidez: "llegué, vi, vencí" (Julio César).

C. Repitiendo palabras, con lo cual resulta la *anáfora*, el *polisíndeton*, y el *retruécano*.

La *anáfora* consiste en la repetición de una o varias palabras al principio de cada verso o de frases similares:

> *Todas* visten un vestido,
> *Todas* calzan un calzar,
> *Todas* comen a una mesa,
> *Todas* comían de un pan.   (Romance de Doña Alda)

El *polisíndeton* consiste en la repetición innecesaria de conjunciones para dotar a la frase de mayor lentitud y solemnidad:

> La otra fue más sensitiva
> y más consoladora y más
> halagadora y expresiva,
> cual no pensé encontrar jamás.   (Rubén Darío)

El *retruécano* consiste en la inversión de los términos de una frase en la oración que le sigue, produciéndose un cambio total de sentido:

> ¿O cuál es más de culpar,
> aunque cualquiera mal haga,
> la que *peca* por la *paga*
> o el que *paga* por *pecar*.   (Sor Juana Inés de la Cruz)

D. Combinando palabras, con lo cual resulta la *aliteración*, la *onomatopeya*, y el *hipérbaton*.

La *aliteración* consiste en la repetición de una o varias letras a lo largo de uno o varios versos o de una estrofa:

> El *m*ar sus *m*illares de olas
> *m*ece, divino.
> Oyendo a los *m*ares a*m*antes
> *m*ezo a *m*i niño.   (Gabriela Mistral)

La *onomatopeya* consiste en la imitación de sonidos reales por medio de los sonidos o el ritmo de las palabras que los designan en el verso:

> Sensemayá, la culebra,
> Sensemayá.
> Sensemayá, con sus ojos,
> Sensemayá.
> Sensemayá con su lengua,
> Sensemayá.   (Nicolás Guillén)

El *hipérbaton* consiste en alterar el orden gramatical de las palabras de una oración:

> Volverán las oscuras golondrinas
> en tu balcón sus nidos a colgar.   (Gustavo Adolfo Bécquer)

2. FIGURAS DE PENSAMIENTO

Las figuras de pensamiento dependen más de las ideas o del tema tratado que de la forma lingüística. La preceptiva literaria establece una clasificación de las mismas en cuatro grupos:

> A.   Figuras descriptivas
> B.   Figuras patéticas
> C.   Figuras lógicas
> D.   Figuras oblicuas

A. Figuras descriptivas. Dentro de este grupo podemos destacar la *prosopografía* y la *topografía*.

La *prosopografía* consiste en la descripción física, externa, de una persona o animal:

"Era todo un buen mozo, Sabiniano. De mediana estatura, ancho de espaldas, recio de piernas, y con un rostro varonil, de grandes ojos pardos, de fuerte nariz aguileña."   (Javier de Viana)

La *topografía* consiste en la descripición de un lugar o paisaje:

"El pueblecito de Camoruco es la puerta –una de las puertas– del Llano. La carretera parte el pueblo en dos, recta y clara, como la crencha en la cabeza de un elefante. El puebluco, tendido en la Sabana, consiste en dos hileras de casas a lo largo del camino."   (Rufino Blanco Fombona)

B. Figuras patéticas. De este grupo seleccionamos el *apóstrofe*, la *hipérbole*, y la *prosopopeya* o *personificación*.

El *apóstrofe* es la apelación, exclamación o pregunta dirigida a un ser animado o inanimado, real o imaginario:

¡Inteligencia, dame
el nombre exacto de las cosas!   (Juan Ramón Jiménez)

Oh, niño mío, niño mío
¡cómo se abrían tus ojos…   (Dámaso Alonso)

La *hipérbole* se basa en la exageración, en sacar las cosas de su justa medida engrandeciéndolas o empequeñeciéndolas:

El poeta es un pequeño Dios.   (Vicente Huidobro)

Allá muevan feroz guerra
ciegos reyes
por un palmo más de tierra.   (José de Espronceda)

La *prosopopeya* o *personificación* consiste en asignar cualidades propias de los seres animados a seres inanimados; o acciones y cualidades de los seres humanos a otros seres animados o inanimados:

Es la higuera el más bello
de los árboles todos del huerto.
si ella escucha,
si comprende el idioma en que hablo.   (Juana de Ibarbourou)

C. Figuras lógicas. Dentro de estas figuras podemos incluir el *símil*, la *antítesis*, la *paradoja*, y la *gradación*.

El *símil* o *comparación* expresa una relación de semejanza entre dos ideas, dos objetos o seres sirviéndose de las partículas "como," "cual," "igual que," y otras similares:

Sonreía como una flor.   (Rubén Darío)

Cuba cual viuda triste me aparece.   (José Martí)

La *antítesis* consiste en la contraposición de dos ideas o conceptos, o de una palabra o frase con otras de significado opuesto:

Y es la mujer, al fin, como sangría,
que a veces da salud y a veces mata.   (Lope de Vega)

La *paradoja*, según Pelayo H. Fernández, "es una antítesis superada" que une ideas o conceptos, aparentemente opuestos, en un solo pensamiento. Aunque parece tratarse de un absurdo, en el fondo expresa una verdad profunda:

> Muerte do el vivir se alcanza,
> no te tardes, que te espero
> que muero porque no muero.   (Santa Teresa de Jesús)

> que es enfermedad la vida
> y muero viviendo enfermo.   (Miguel de Unamuno)

La *gradación* o *clímax* consiste en una serie de palabras o pensamientos que siguen un curso ascendente o descendente:

> Soy un fue, y un será, y un es cansado.   (Francisco de Quevedo)

> No sólo en plata o viola troncado
> se vuelva, mas tú y ello juntamente
> en tierra, en humo, en polvo, en sombra, en nada.   (Luis de Góngora)

D. Figuras oblicuas. Dentro de estas figuras podemos incluir la *perífrasis*, o *circumlocución*, y la *ironía*.

La *perífrasis*, como el término indica, es un rodeo de palabras, y consiste en decir con varias o muchas palabras lo que se puede decir con una o pocas palabras. En el siguiente ejemplo, García Lorca se refiere al rocío de la mañana en los siguientes términos:

> Mil panderos de cristal
> Herían la madrugada.

Y Gustavo Adolfo Bécquer, se refiere al acto de quedarse dormido con estas palabras:

> ¿Será verdad que cuando toca el sueño
> con sus dedos de rosa nuestros ojos,…?

La *ironía* juega con y contrapone dos significados opuestos, y consiste en decir una cosa y sugerir o insinuar otra distinta. Por ejemplo, en *El Buscón*, de Francisco de Quevedo, el licenciado Cabra mata de hambre a sus pupilos, y en una ocasión el pupilero dice a éstos: "Váyanse hasta las dos a hacer un poco de ejercicio". Y en *Doña Perfecta*, de Benito Pérez Galdós, el narrador de la novela anterior llama a las cuevas donde se esconden unos pícaros, la "Estancia de los Caballeros".

II. TROPOS

El tropo apunta al cambio de significado que experimentan las palabras o frases. Los tropos más importantes son la *sinécdoque*, la *metonimia*, la *metáfora*, la *sinestesia*, la *alegoría*, la *parábola* y el *símbolo*.

La *sinécdoque* consiste en nombrar un todo con el nombre de una parte, o una parte con la del todo, en virtud de una relación de coexistencia o contigüidad entre unas y otros: veinte velas (en lugar de barcos) partieron a la mar. O, España derrotó a Turquía en Lepanto (se refiere a los ejércitos de ambos países).

La *metonimia* consiste en nombrar un objeto o idea con otro nombre, y entre ellos existe una relación de causalidad: el rey perdió su corona (se refiere a su poder). O, se tomó un Rioja (se refiere al vino de esta región).

La *metáfora* es quizá el tropo más utilizado en literatura, y se basa en la relación de identidad entre dos objetos. Se diferencia de la *comparación* o *simil* en que en ésta los dos términos de la comparación van ligados por las partículas "como", "cual", "tan", "igual que", etc. mientras que en la metáfora se elimina el nexo comparativo: juventud, divino tesoro (Rubén Darío). O

>¡Perla del mar! ¡Estrella de Occidente!
>¡Hermosa Cuba! (Gertrudis Gómez de la Avellaneda)

La *sinestesia*, considerada como un tipo de metáfora, consiste en describir una experiencia sensorial –visual, auditiva, olfativa, gustativa o táctil– sirviéndose de otra. Carlos Bousoño menciona algunos ejemplos en la poesía de Juan Ramón Jiménez: "Se oye la luz", "azul sonoro", etc. Un ejemplo clásico es el de "colores chillones".

La *alegoría* es una imagen que continúa a lo largo de una parte o de todo un poema o historia, y convierte en metáfora cada uno de los elementos del plano real. Por ejemplo, en el poema de Juan Ramón Jiménez, "Vino, primero, pura", el poeta repudia a una mujer con exceso de ropajes, pero le profesa su amor al quedar desnuda. Aunque el plano evocado corresponde a una mujer, el plano real apunta al rechazo del poeta de la poesía modernista, por su abuso ornamental, y sugiere su preferencia por una poesía más simple. Otro ejemplo, muy citado, es el de *El gran teatro del mundo*, de Calderón de la Barca, drama en el que el autor, los personajes y los papeles que representan se corresponden con Dios, los hombres y con la vida que lleva cada individuo.

La *parábola* es un tipo de alegoría que contiene un fin didáctico o moral. Ejemplos típicos de parábolas son las que aparecen en el Evangelio.

El *símbolo* es un tipo de metáfora, pero aquél tiene un valor universal y abstracto que no tiene ésta. El *símbolo* se utiliza para representar en el plano evocado un término concreto que traduce en el plano real un concepto abstracto. Algunos ejemplos de *símbolos* son el de la cruz, como representación del cristianismo, el de la rosa como representación de la belleza, y el del mar como representación de la muerte. Veamos un ejemplo de José Martí, quien utiliza la "bandera" como símbolo de la patria:

>Cual bandera
>que invita a batallar, la llama roja.

Credits

/ Adios Examen Final
Cordera 178-187

21-Examen Final /